法学教室 LIBRARY 　Rethinking Civil Law through Cases
Sakuma Takeshi / Sono Hiroo
Tadaka Hirotaka / Kubono Emiko

事例から民法を考える

佐久間 毅／曽野裕夫
田髙寛貴／久保野恵美子

有斐閣

はしがき

　本書は，法学教室 2011 年 4 月号（367 号）から 2013 年 3 月号（390 号）にかけて連載された「事例から考える民法」に加筆，修正をしてまとめたものである。

　法学教室の連載においては，以下のことを基本方針とした（367 号 79 頁参照）。
・事例問題とそれに関する解説というスタイルをとる。
・法科大学院生を主たる読者として想定する。もっとも，これは，司法試験対策向けということではなく，「学部生向けより一段高度」という意味である。そして，ここにいう「一段高度」とは，取り上げるテーマが高度，解説が基本書等より深く高度など，さまざまでありうる。
・読者に「自ら考える」ことを求める。そのために，問題に先駆けて論点が分かるようにはしない。また，問題だけでなく解説も考えるための素材と位置づける。さらに，解答（例）は用意しない。
・法科大学院での民法教育において重視されることがある要件事実論については，実体法理論の反映であると考え，実体法理論の検討・解説を優先して基本的には立ち入らない。
・判例や文献の引用は，（プライオリティに配慮したものとするのではなく）読者が自ら調べる際の手がかりを与えるためのものとする。
・各回の問題と解説は，最終的には担当者 1 人がその責任で執筆するものの，全体として一定の水準と整合性を確保するため，全員で意見交換を密におこなう。

　本書においても，これらの基本方針を維持している。そのうえで，本書では，読者の利用の便宜を考えて，問題を，連載の順ではなく，主たる論点についての民法典の体系順に並べた。また，解説の前に「チェックポイント」として主な論点を列挙し，巻末には民法典の体系と論点との対応表，判例索引，事項索引を用意した。

なお，本書では，法学教室連載からの単行本化の「先輩」にあたる『事例で考える会社法』（2011年）と異なり，問題の標準解答時間や解説のレベルを示していない。読者が自らのレベルに応じた使い方をするにはそれらが示されているほうが便利であろうと承知しつつ，先入観なしに問題に取り組み，解説を読んで考えてもらうことを重視して，このようにした。

　債権法を中心とした民法の改正作業が，いよいよ佳境を迎えつつある。法学教室に連載中はもちろん，本書の刊行に向けた作業を進めた際にも多くの論点について改正の方向性が必ずしも定かにならなかったことから，改正に向けた議論に立ち入って解説をした部分は多くない。そのため，民法改正がなったならば，本書の一部に大幅な変更が必要になることもあるだろう。本書が，民法改正に合わせた改訂を求められるほどに，幅広く利用されることを願っている。

　法学教室連載中は，法学教室編集室の皆さんに大変お世話になった。また，本書の刊行にあたっては，とくに同編集室の鈴木淳也さんにご協力いただいた。記して感謝申し上げる。

　　2014年3月

　　　　　　　　　　　　　　　　　　　　　　　　　　　執筆者一同

目　次

事例① ……………………………………………………………… 2
事例② ……………………………………………………………… 18
事例③ ……………………………………………………………… 36
事例④ ……………………………………………………………… 52
事例⑤ ……………………………………………………………… 64
事例⑥ ……………………………………………………………… 84
事例⑦ ……………………………………………………………… 102
事例⑧ ……………………………………………………………… 118
事例⑨ ……………………………………………………………… 136
事例⑩ ……………………………………………………………… 156
事例⑪ ……………………………………………………………… 174
事例⑫ ……………………………………………………………… 190
事例⑬ ……………………………………………………………… 208
事例⑭ ……………………………………………………………… 232
事例⑮ ……………………………………………………………… 252
事例⑯ ……………………………………………………………… 266
事例⑰ ……………………………………………………………… 282
事例⑱ ……………………………………………………………… 302
事例⑲ ……………………………………………………………… 320
事例⑳ ……………………………………………………………… 334
事例㉑ ……………………………………………………………… 352
事例㉒ ……………………………………………………………… 368
事例㉓ ……………………………………………………………… 384

　論点対応表（400）
　判例索引（404）
　事項索引（412）

細 目 次

事例① ——————————————————— 2
- I　はじめに ……………………………………………… 4
- II　被保佐人が保佐人の同意を得ずにした行為の取消しの結果の実現 ………………………………………… 4
  - 1　被保佐人が保佐人の同意を得ずにした行為の取消し（4）
  - 2　保佐人の代理権（6）
- III　被保佐人（制限行為能力者）の返還義務の範囲 …… 8
- IV　被保佐人が保佐人の同意なしにした代理権授与に基づく代理行為の効力 ………………………………… 11
  - 1　被保佐人が保佐人の同意なしにした代理権授与行為の効力（11）
  - 2　被保佐人が保佐人の同意なしにした代理権授与に基づく代理行為の効力（14）
- V　おわりに …………………………………………… 15

事例② ——————————————————— 18
- I　はじめに ……………………………………………… 20
- II　契約の成立 ………………………………………… 21
  - 1　表示意識必要説による場合（22）
  - 2　表示意識不要説による場合（22）
- III　契約の効力 ………………………………………… 23
  - 1　錯誤無効（23）
  - 2　詐欺取消し（23）
  - 3　錯誤無効への96条3項類推適用（24）
- IV　代理による契約の効果の帰属 ……………………… 25
  - 1　有権代理（25）
  - 2　109条の表見代理（25）
  - 3　110条の表見代理（26）
- V　94条2項類推適用による第三者の保護 ……………… 27
  - 1　94条2項の「類推適用」（27）

2　94条2項類推適用法理の射程 (28)
　Ⅵ　おわりに ……………………………………………………………… 31

事例③ ─────────────────────────────── 36
　Ⅰ　はじめに ……………………………………………………………… 38
　Ⅱ　所有権の取得時効の要件 …………………………………………… 38
　　　1　序論──要件の一般的整理 (38)
　　　2　Bの占有開始時から20年または10年の経過による
　　　　取得時効の完成 (39)
　　　3　Aの占有開始時から20年または10年の経過による
　　　　取得時効の完成 (42)
　Ⅲ　所有権の取得時効の効果 …………………………………………… 43
　Ⅳ　取得時効と登記 ……………………………………………………… 46
　　　1　判例準則 (46)
　　　2　時効取得 vs. 抵当権 (47)
　Ⅴ　おわりに ……………………………………………………………… 51

事例④ ─────────────────────────────── 52
　Ⅰ　はじめに ……………………………………………………………… 54
　Ⅱ　本件売買契約の効力 ………………………………………………… 54
　Ⅲ　解除と第三者 ………………………………………………………… 57
　　　1　解除前の第三者との関係 (57)
　　　2　解除後の第三者との関係 (58)
　Ⅳ　詐欺取消しと第三者 ………………………………………………… 59
　Ⅴ　錯誤無効と第三者 …………………………………………………… 61
　Ⅵ　おわりに ……………………………………………………………… 63

事例⑤ ─────────────────────────────── 64
　Ⅰ　はじめに ……………………………………………………………… 66
　　　1　共有とは (66)
　　　2　共有ないし遺産共有の法的性質 (67)
　Ⅱ　共有物の利用関係と共有者相互間での明渡請求 ………………… 68

1　問題の所在（68）
　　2　単独使用をする共有者への明渡請求の可否（68）
　　3　単独使用を認めない旨の決定に基づく明渡請求の可否（69）
　　4　【設問1】ではどうなるか（71）
　　5　E・F間の賃貸借契約の帰趨（73）
　　6　Fの支払うべき賃料の帰属等（補論）（74）
　Ⅲ　共有者の権利主張 ……………………………………………… 75
　　1　各共有者が単独でなしうる主張（75）
　　2　登記手続請求をめぐって（76）
　　3　【設問2】ではどうなるか（77）
　Ⅳ　共有と法定地上権 ……………………………………………… 79
　　1　乙建物のための甲土地の利用権は（79）
　　2　土地・建物の一方に共有関係がある場合（80）
　　3　土地と建物がともに共有であった場合（補論）（81）
　Ⅴ　おわりに ………………………………………………………… 82

事例⑥ ──────────────────────────── 84

　Ⅰ　はじめに ………………………………………………………… 86
　　1　賃料債権に対する物上代位権行使をめぐって（86）
　　2　物上代位権行使の妨害工作
　　　　──債権譲渡の手口と平成10年判決（87）
　　3　さまざまな物上代位妨害の手法（88）
　Ⅱ　転貸賃料債権への物上代位 …………………………………… 89
　　1　転貸賃料に対する物上代位の可否と平成12年決定（89）
　　2　平成12年決定のいう「例外」の妥当範囲とは（90）
　　3　所有者と賃借人が結託した場合に限定されるか（91）
　　4　小括（93）
　Ⅲ　物上代位と相殺 ………………………………………………… 93
　　1　差押時基準か登記時基準か（93）
　　2　平成13年判決の射程──自働債権の性質（94）
　　3　本設問における自働債権の取得時期（96）
　　4　将来分賃料を受働債権とする相殺の効力は（98）
　　5　小括（98）

Ⅳ　おわりに ……………………………………………………………… 99

事例⑦ ───────────────────────────── 102
　Ⅰ　はじめに ……………………………………………………………… 104
　　1　動産譲渡担保の経済的意義 (104)
　　2　譲渡担保権者と設定者間の法律関係
　　　──契約法の問題 (105)
　　3　譲渡担保権設定契約の第三者に対する効力
　　　──物権法の問題 (105)
　　4　本事例の論点 (106)
　Ⅱ　譲渡担保権設定契約の認定 ………………………………………… 106
　Ⅲ　譲渡担保権の重複設定
　　　──譲渡担保権者と競合する債権者の一例として(【設問1】関係) … 109
　　1　問題の所在と譲渡担保権の法的構成 (109)
　　2　重複設定と後順位譲渡担保権者による実行 (110)
　Ⅳ　集合動産譲渡担保における「通常の営業の範囲」
　　　──設定者からの第三取得者をめぐる問題の一例として
　　(【設問2】関係) ………………………………………………………… 112
　　1　特定動産の譲渡担保 (112)
　　2　集合動産譲渡担保 (113)
　Ⅴ　譲渡担保権者の物上代位(【設問3】関係) ………………………… 114
　　1　物上代位の可否と目的の範囲 (114)
　　2　物上代位の要件 (115)
　Ⅵ　おわりに ……………………………………………………………… 117

事例⑧ ───────────────────────────── 118
　Ⅰ　はじめに ……………………………………………………………… 120
　Ⅱ　双務契約をみる基本的視点 ………………………………………… 121
　　1　「債権総則」問題と「契約総則」問題の区別 (121)
　　2　給付危険の概念（債務αの問題）(122)
　　3　対価危険の概念（債務βの問題）(123)
　Ⅲ　履行不能の存否（債務αの問題）…………………………………… 123
　　1　特定と履行不能 (123)

    2 「必要行為完了」による種類物の特定（124）
    3 設問ではどうなるか（126）
 Ⅳ 履行不能の帰責事由 ……………………………………………… 127
 Ⅴ 危険負担（債務βの問題）………………………………………… 128
    1 債権者主義（534条）の修正（128）
    2 設問ではどうなるか（131）
 Ⅵ 受領遅滞による対価危険の移転 ………………………………… 133
    1 受領遅滞による危険移転（133）
    2 設問ではどうなるか——受領遅滞の存否（133）
 Ⅶ おわりに …………………………………………………………… 135

事例⑨ ──────────────────────────── 136

 Ⅰ はじめに ………………………………………………………… 138
    1 詐害行為取消権の要件判断の難しさ（138）
    2 責任財産保全と取消債権者優先と（138）
    3 問題の所在（139）
 Ⅱ 包括的債権譲渡の有効性 ………………………………………… 140
    1 包括的債権譲渡と公序良俗違反（140）
    2 債権譲渡予約と公序良俗違反（141）
    3 【設問1】ではどうなるか（141）
 Ⅲ 債権譲渡の詐害行為取消しの可否 ……………………………… 141
    1 被保全債権の存在（142）
    2 詐害性の判断基準・一般論（143）
    3 債権譲渡の詐害性(1)——代物弁済（144）
    4 債権譲渡の詐害性(2)——担保供与（145）
    5 代理受領との関係（146）
    6 予約型・本契約型の区別と将来債権の譲渡（147）
    7 【設問1】ではどうなるか（148）
 Ⅳ 詐害行為取消権行使の効果 ……………………………………… 149
    1 詐害行為取消しの効果・一般論（149）
    2 債権譲渡の取消しの効果(1)——弁済済みの場合（150）
    3 詐害行為の解除との関係（150）
    4 債権譲渡の取消しの効果(2)——未弁済の場合（151）

Ⅴ　取消権行使の期間制限と取消後の不動産に対する権利行使 …… 153
　　1　詐害行為取消権の時効消滅（153）
　　2　425条にいう「すべての債権者」とは（153）
　Ⅵ　まとめ ………………………………………………………………… 155

事例⑩ ──────────────────────────── 156
　Ⅰ　はじめに ……………………………………………………………… 158
　　1　問題の所在（158）
　　2　共同保証の法律関係（159）
　Ⅱ　保証委託関係の保証契約への影響 ………………………………… 161
　　1　詐欺取消し等（161）
　　2　動機の錯誤──「表示」または「認識可能性」（161）
　　3　「要素」性の判断（162）
　　4　保証取引の特殊性から考える（163）
　　5　【設問1】で勘案されるべき要素とは（164）
　Ⅲ　共同保証人の1人に対する免除の影響 …………………………… 165
　　1　共同連帯保証人間での免除の影響（165）
　　2　保証連帯特約の効力（166）
　　3　免除はどのような内容のものか（167）
　Ⅳ　共同保証人間での求償 ……………………………………………… 168
　　1　他の共同保証人に求償できる場合とは（168）
　　2　負担部分をどう確定させるか（169）
　　3　主債務者が無資力の場合の扱い（170）
　　4　連帯債務と共同連帯保証債務の類似性（171）
　Ⅴ　まとめ ………………………………………………………………… 172

事例⑪ ──────────────────────────── 174
　Ⅰ　はじめに ……………………………………………………………… 176
　Ⅱ　代理受領の効力を考える前提
　　　──債権譲渡担保が利用されていた場合 ………………………… 177
　　1　債権譲渡の第三債務者への対抗（177）
　　2　債権譲渡と相殺（179）

3　本事例において債権譲渡担保が利用されていた場合（180）
　Ⅲ　代理受領
　　　——とくに第三債務者に対する効力について ………………… 182
　　1　代理受領の意義（182）
　　2　第三債務者による債務者への弁済（184）
　　3　第三債務者による相殺（185）
　　4　本件相殺の効力（187）
　Ⅳ　おわりに ……………………………………………………………… 189

事例⑫ ——————————————————————————— 190
　Ⅰ　はじめに ……………………………………………………………… 192
　Ⅱ　AのBに対する請求について ……………………………………… 193
　　1　序論（193）
　　2　478条の趣旨（194）
　　3　478条による債務者の免責の要件（195）
　Ⅲ　AのCまたはDに対する請求について …………………………… 199
　　1　序論（199）
　　2　本件振込みによるDの普通預金債権の成否（200）
　　3　本件振込みによりDの普通預金債権の成立を認める場合
　　　における法律関係（202）
　　4　本件振込みによりDの普通預金債権は成立しないとする
　　　場合における法律関係（205）
　　5　Fへの本件払戻しによるCの免責の成否（206）
　Ⅳ　おわりに ……………………………………………………………… 207

事例⑬ ——————————————————————————— 208
　Ⅰ　はじめに ……………………………………………………………… 210
　Ⅱ　瑕疵担保責任の性質論 ……………………………………………… 211
　　1　法定責任説（211）
　　2　債務不履行責任説（214）
　　3　新築住宅の瑕疵に関する特別法（補論）（215）
　　4　本事例へのあてはめ（216）

Ⅲ　完全履行請求権の内容
　　（【設問1】関係）……………………………………………218
　　　1　瑕疵修補請求（218）
　　　2　代物請求（218）
　　　3　本事例へのあてはめ（219）
　Ⅳ　売主に対する建替え費用相当額の損害賠償請求
　　（【設問2】関係）……………………………………………219
　　　1　債務不履行に基づく損害賠償請求（219）
　　　2　瑕疵担保責任に基づく損害賠償請求（222）
　Ⅴ　契約関係にない請負人の責任追及
　　（【設問3】関係）……………………………………………225
　　　1　債権者代位権と635条ただし書の射程（225）
　　　2　建築施工者Bの不法行為責任（226）
　Ⅵ　おわりに……………………………………………………229

事例⑭ ──────────────────────────── 232
　Ⅰ　はじめに……………………………………………………234
　　　1　本事例における所有関係──前提問題（234）
　　　2　他人物売買をめぐる法律関係──問題の所在（235）
　Ⅱ　他人物売主の責任（【設問1】関係）……………………236
　　　1　代金減額と解除（236）
　　　2　損害賠償──債務不履行の一般規定との関係（241）
　Ⅲ　他人物売買と相続（【設問2】関係）……………………245
　　　1　権利者の諾否の自由（245）
　　　2　他人物売主の責任の相続（248）
　　　3　【設問2】ではどうなるか（249）
　Ⅳ　おわりに
　　　──処分授権について…………………………………250

事例⑮ ──────────── 252
- I はじめに ……………………………………… 254
- II 建物賃貸借における賃料の不当性の除去 ……… 255
- III 居住目的の建物賃貸借契約における
  一時金支払の特約の効力 ……………………… 257
  - 1 問題の所在 (257)
  - 2 居住目的でされる建物賃貸借契約の消費者契約該当性 (258)
  - 3 特約の消費者契約法 10 条前段該当性 (258)
  - 4 特約の消費者契約法 10 条後段該当性 (261)
- IV 更新料不払の効果 ……………………………… 264
- V おわりに ………………………………………… 265

事例⑯ ──────────── 266
- I はじめに ………………………………………… 268
  - 1 転貸借関係をめぐる諸問題 (268)
  - 2 サブリースとは (269)
- II 賃料減額請求の可否 …………………………… 270
  - 1 借地借家法 32 条の賃料増減請求 (270)
  - 2 サブリースをめぐる議論 (270)
  - 3 【設問 1】で考慮されるべき事情とは (271)
  - 4 減額請求を全否定する可能性 (272)
- III 賃貸借契約の解除と転貸人の賃料支払請求 …… 273
  - 1 転貸借契約の終了時期をめぐって (273)
  - 2 最高裁平成 9 年判決 (274)
  - 3 返還請求時説以外の見解 (275)
  - 4 【設問 2】ではどうなるか (276)
- IV 期間満了による賃貸借の終了と転借人への明渡請求 ………… 276
  - 1 明渡請求に関する判例法理 (276)
  - 2 平成 14 年判決とその評価 (277)
  - 3 平成 9 年判決との異同を考える (278)
  - 4 【設問 3】ではどうなるか (280)
- V おわりに ………………………………………… 280

事例⑰ ──────────────────────── 282
- I はじめに ……………………………………………………… 284
- II 請負における所有権帰属（その1）
  ──請負人と注文者だけのケース ……………………… 286
  - 1 物権法の論理ではどうなるか（286）
  - 2 契約法の論理による変更──所有権帰属に関する特約（288）
- III 請負における所有権帰属（その2）
  ──下請負人がいるケース ……………………………… 290
  - 1 物権法の論理ではどうなるか（290）
  - 2 契約法の論理による変更（290）
- IV 第三者が未完成建物を完成させた場合 ……………… 293
  - 1 添付法理ではどうなるか（293）
  - 2 加工規定を適用する基準時（294）
- V 【設問1】ではどうなるか ……………………………… 295
- VI 所有権を失う者の補償 ………………………………… 296
  - 1 元請負契約に基づいて下請負人が所有権を失う場合（296）
  - 2 添付の規定によって出来形部分の所有権を失う場合（297）
- VII 【設問2】ではどうなるか ……………………………… 299
- VIII おわりに ………………………………………………… 299

事例⑱ ──────────────────────── 302
- I はじめに ……………………………………………………… 304
  - 1 医師の法的責任とその内容（304）
  - 2 「因果関係」要件の構造と請求をなしうる損害の認定（305）
- II 不作為不法行為における因果関係と保護法益 ……… 306
  - 1 不作為不法行為における因果関係の立証（306）
  - 2 最高裁平成11年判決
    ──「生存していたであろうこと」との因果関係（306）
  - 3 最高裁平成12年判決
    ──「生存していた相当程度の可能性」との因果関係（307）
  - 4 賠償されるべき損害の内容（309）
  - 5 【設問1】ではどうなるか（310）
- III 扶養構成による損害賠償 ……………………………… 310

1　生命侵害の損害の法的構成（310）
　　2　相続を放棄した者による損害賠償請求の可否（311）
　　3　扶養利益の算定方法（312）
　　4　【設問2】ではどうなるか（313）
　Ⅳ　複数原因の競合と賠償範囲 ……………………………… 313
　　1　因果関係の有無をめぐって（313）
　　2　交通事故と死亡との間に因果関係がある場合（314）
　　3　因果関係がない場合における逸失利益の賠償請求（315）
　　4　因果関係がない場合における介護費用の賠償請求（317）
　　5　【設問3】ではどうなるか（318）
　Ⅴ　まとめ ……………………………………………………… 319

事例⑲ ──────────────────────────────── 320

　Ⅰ　はじめに …………………………………………………… 322
　Ⅱ　日常家事債務の連帯責任 ………………………………… 322
　　1　761条の一般的な説明（322）
　　2　日常家事の範囲──一般論（323）
　　3　日常家事の範囲──具体例で考える（324）
　　4　日常家事性の判断基準の検討（326）
　Ⅲ　本問へのあてはめ ………………………………………… 330
　Ⅳ　まとめ ……………………………………………………… 331

事例⑳ ──────────────────────────────── 334

　Ⅰ　はじめに …………………………………………………… 336
　Ⅱ　婚姻の破綻を理由とする離婚請求における有責性の考慮 …… 337
　　1　問題の所在（337）
　　2　判例の状況（338）
　　3　有責配偶者からの離婚請求の許否判断基準の検討（342）
　　4　【設問1】にあてはめる（344）
　Ⅲ　財産分与の性質及び算定の際に考慮される一切の事情 ……… 346
　　1　序（346）
　　2　財産分与の性質と考慮される事情（347）

  3　財産分与の手続 (349)
 Ⅳ　おわりに ……………………………………………………………… 350

事例㉑ ─────────────────────────── 352
 Ⅰ　はじめに ……………………………………………………………… 354
 Ⅱ　親の相続における子の寄与分の考慮 ………………………………… 355
  1　寄与分制度の概観 (355)
  2　寄与の類型 (355)
  3　扶養義務者間の求償と寄与分 (356)
  4　相続人の配偶者の寄与 (357)
 Ⅲ　婚姻の解消──死別 …………………………………………………… 358
  1　AがBの血族との親族関係の維持を望む場合 (358)
  2　AがBの血族との親族関係の解消・再婚等を望む場合 (359)
 Ⅳ　婚姻の解消──離別 …………………………………………………… 362
  1　夫婦の離婚 (362)
  2　離婚後に単独親権者が死亡した場合 (363)
  3　離婚後に再婚した場合の子と再婚夫婦との関係 (364)
 Ⅴ　まとめ ………………………………………………………………… 365

事例㉒ ─────────────────────────── 368
 Ⅰ　はじめに ……………………………………………………………… 370
 Ⅱ　連帯根保証債務の相続 ………………………………………………… 371
  1　根保証債務の相続 (371)
  2　連帯債務の相続 (374)
  3　相続人による選択 (375)
  4　【設問1】を考える (376)
 Ⅲ　相続債権者による遺産分割協議の詐害行為取消し ………………… 378
  1　問題の所在と判例の状況 (378)
  2　相続債権者と相続人債権者 (379)
  3　遺産分割協議の詐害性 (380)
  4　【設問2】を考える (381)
 Ⅳ　まとめ ………………………………………………………………… 382

事例㉓ ──────────────────────── 384
  Ⅰ　はじめに ·· 386
  Ⅱ　遺言の自由と遺言の撤回 ·· 386
    1　遺言の自由とその限界（386）
    2　遺言の撤回（387）
  Ⅲ　共同相続人の1人に特定の財産を相続させる旨の遺言 ········ 388
    1　遺言者の意思（388）
    2　遺言の性質と効果（389）
  Ⅳ　【設問1】について ··· 393
    1　第2遺言の効果（393）
    2　遺留分減殺請求（394）
    3　養子縁組の効力（395）
  Ⅴ　最判平成3年が残した課題
    ──権利取得の第三者に対する対抗 ································ 396
  Ⅵ　おわりに ·· 397

民法典の体系と本書事例で取り上げる論点との対応表（400）
判例索引（404）
事項索引（412）

凡　例

1　法令名の略語

　民法については，原則として条文番号のみを引用する。その他の，法令名の略語は，原則として，小社刊行の法令集の巻末に掲載されている「法令名略語」に従う。

2　判例集・判例評釈書誌の略語

民(刑)録	大審院民(刑)事判決録
民(刑)集	大審院・最高裁判所民(刑)事判例集
集民(刑)	最高裁判所裁判集民(刑)事
高民(刑)集	高等裁判所民(刑)事判例集
下民(刑)集	下級裁判所民(刑)事裁判例集
交民集	交通事故民事裁判例集
家月	家庭裁判月報
新聞	法律新聞

3　法律雑誌・判例評釈書誌等の略語

金判	金融・商事判例
金法	旬刊金融法務事情
銀法	銀行法務21
最判解民(刑)事篇	
平成(昭和)○年度	最高裁判所判例解説民(刑)事篇平成(昭和)○年度
ジュリ	ジュリスト
セレクト○	
（法教△号別冊付録）	判例セレクト○（法学教室△号別冊付録）
曹時	法曹時報
判時	判例時報
判タ	判例タイムズ
平成(昭和)○年度	
重判解（ジュリ△号）	平成(昭和)○年度重要判例解説（ジュリスト△号）

法協	法学協会雑誌
法教	法学教室
法時	法律時報
法セ	法学セミナー
民商	民商法雑誌
リマークス	私法判例リマークス
論ジュリ	論究ジュリスト
論叢	法学論叢

4 主要な書籍の略語

内田I	内田貴『民法I〔第4版〕』(東京大学出版会, 2008年)
内田II	内田貴『民法II〔第3版〕』(東京大学出版会, 2011年)
内田III	内田貴『民法III〔第3版〕』(東京大学出版会, 2005年)
内田IV	内田貴『民法IV〔補訂版〕』(東京大学出版会, 2004年)
大村・家族法	大村敦志『家族法〔第3版〕』(有斐閣, 2010年)
奥田・債権総論	奥田昌道『債権総論〔増補版〕』(悠々社, 1992年)
加藤・民法大系III	加藤雅信『新民法大系III』(有斐閣, 2005年)
加藤・民法大系IV	加藤雅信『新民法大系IV』(有斐閣, 2007年)
加藤・民法大系V	加藤雅信『新民法大系V〔第2版〕』(有斐閣, 2005年)
鎌田・物権法①	鎌田薫『民法ノート物権法①〔第3版〕』(日本評論社, 2007年)
鎌田ほか編・民事法II	鎌田薫ほか編著『民事法II〔第2版〕』(日本評論社, 2010年)
鎌田ほか編・民事法III	鎌田薫ほか編著『民事法III〔第2版〕』(日本評論社, 2010年)
窪田・家族法	窪田充見『家族法〔第2版〕』(有斐閣, 2013年)
佐久間・基礎1	佐久間毅『民法の基礎1〔第3版〕』(有斐閣, 2008年)
佐久間・基礎2	佐久間毅『民法の基礎2』(有斐閣, 2006年)
潮見・基本講義I	潮見佳男『基本講義 債権各論I〔第2版〕』(新世社, 2009年)

潮見・基本講義Ⅱ	潮見佳男『基本講義 債権各論Ⅱ〔第2版〕』（新世社，2009年）
潮見・契約各論Ⅰ	潮見佳男『契約各論Ⅰ』（信山社，2002年）
潮見・債権総論Ⅰ	潮見佳男『債権総論Ⅰ〔第2版〕』（信山社，2003年）
潮見・相続法	潮見佳男『相続法〔第5版〕』（弘文堂，2014年）
潮見・不法行為法	潮見佳男『不法行為法』（信山社，1999年）
潮見・プラクティス債権総論	潮見佳男『プラクティス民法 債権総論〔第4版〕』（信山社，2012年）
四宮＝能見・総則	四宮和夫＝能見善久『民法総則〔第8版〕』（弘文堂，2010年）
田髙・クロススタディ	田髙寛貴『クロススタディ物権法』（日本評論社，2008年）
道垣内・担保物権法	道垣内弘人『担保物権法〔第3版〕』（有斐閣，2008年）
トライアル	磯村保ほか『民法トライアル教室』（有斐閣，1999年）
中田・債権総論	中田裕康『債権総論〔第3版〕』（岩波書店，2013年）
二宮・家族法	二宮周平『家族法〔第4版〕』（新世社，2013年）
広中・債権各論	広中俊雄『債権各論講義〔第6版〕』（有斐閣，1994年）
山本・講義Ⅰ	山本敬三『民法講義Ⅰ〔第3版〕』（有斐閣，2011年）
山本・講義Ⅳ-1	山本敬三『民法講義Ⅳ-1』（有斐閣，2005年）
我妻・講義Ⅰ	我妻栄『新訂民法総則（民法講義Ⅰ）』（岩波書店，1965年）
我妻・講義Ⅲ	我妻栄『新訂担保物権法（民法講義Ⅲ）』（岩波書店，1968年）
我妻・講義Ⅳ	我妻栄『新訂債権総論（民法講義Ⅳ）』（岩波書店，1964年）
我妻・講義Ⅴ₁	我妻栄『債権各論上巻（民法講義Ⅴ₁）』（岩波書店，1954年）
我妻・講義Ⅴ₂	我妻栄『債権各論中巻（民法講義Ⅴ₂）』（岩波書店，1957年）
LQ親族・相続	前田陽一ほか『民法Ⅵ〔第2版〕』（有斐閣，2012年）

新版注釈民法	『新版注釈民法』（有斐閣，1988年～）
注釈民法	『注釈民法』（有斐閣，1964年～1987年）
担保法の判例Ⅰ	椿寿夫編集代表『担保法の判例Ⅰ』（有斐閣，1994年）
担保法の判例Ⅱ	椿寿夫編集代表『担保法の判例Ⅱ』（有斐閣，1994年）
改正の基本方針Ⅰ	民法（債権法）改正検討委員会編『詳解 債権法改正の基本方針Ⅰ』（商事法務，2009年）
改正の基本方針Ⅱ	民法（債権法）改正検討委員会編『詳解 債権法改正の基本方針Ⅱ』（商事法務，2009年）
改正の基本方針Ⅲ	民法（債権法）改正検討委員会編『詳解 債権法改正の基本方針Ⅲ』（商事法務，2009年）
改正の基本方針Ⅳ	民法（債権法）改正検討委員会編『詳解 債権法改正の基本方針Ⅳ』（商事法務，2010年）

執筆者紹介

佐久間　毅（さくま・たけし）
　京都大学大学院法学研究科教授
　《執筆担当》事例①，事例②，事例③，事例④，事例⑪，事例⑫，事例⑮

曽野　裕夫（その・ひろお）
　北海道大学大学院法学研究科教授
　《執筆担当》事例⑦，事例⑧，事例⑬，事例⑭，事例⑰

田髙　寛貴（ただか・ひろたか）
　慶應義塾大学法学部教授
　《執筆担当》事例⑤，事例⑥，事例⑨，事例⑩，事例⑯，事例⑱

久保野恵美子（くぼの・えみこ）
　東北大学大学院法学研究科教授
　《執筆担当》事例⑲，事例⑳，事例㉑，事例㉒，事例㉓

本書のコピー, スキャン, デジタル化等の無断複製は著作権法上での例外を除き禁じられています。本書を代行業者等の第三者に依頼してスキャンやデジタル化することは, たとえ個人や家庭内での利用でも著作権法違反です。

Rethinking Civil Law
through Cases

事 例

1

「任せてくれてもいいんじゃない？」

●事例
　Aは，2013年4月に保佐開始の審判を受けた。Aには子BとCがあり，Aと同居していたBが保佐人に選任された（13条2項に基づく同意事項の付加も，876条の4に基づく代理権の付与もされていない）。Aは，2013年6月中旬に，不動産業を営むCから，「経営が苦しいので援助してほしい。Bは反対すると思うので，内密にしてほしい。」と頼まれた。

【設問1】　2013年9月16日に，Aは，Cの仲介により，Dとの間で，所有する甲土地を代金額2500万円でDに売却する契約（以下，「甲売買」）を結んだ。同月30日に，代金の支払と移転登記手続が行われた。代金の支払は，Cの事務所で行われた。甲土地の登記済証とAの実印はBが保管していたが，AがBに気づかれないように持ち出し，移転登記手続に用いていた。代金として支払われた2500万円のうち，2000万円はその場でCに分け与えられ，500万円はCがAに代わって新たに開設したA名義の普通預金口座に預け入れられた。
　2014年2月10日に，Bは，甲土地の登記済証が見当たらないことからAに事情を聞き，前記の諸事実を知った。Bは，同年3月12日に，Dに対して甲売買の取消しの意思表示をした。ところが，Dは，甲土地の返還にも抹消登記手続にも応じようとしない。Aも，土地の返還も登記の抹消も必要がないと言い張っている。Bは，どのような対応をとることができるか。

【設問2】　【設問1】において，Dは，土地の返還と抹消登記手続に応じることにした。この場合，Dは，Aに対してどのような請求をすることができるか。
　なお，Aの前記普通預金口座は，2013年9月30日に500万円が入金された後，同年10月15日に80万円，同月20日に30万円，同月28日に50万円の出金があり，残高が340万円となっている。10月15日出金分の80万円はAが競馬や競輪に使い，同月20日出金分の30万円はAが1年前にEからした借金の返済に充てたことが分かっているが，同月28日出金分の50万円の使途

は不明である。

【設問3】　Aは，2013年11月初旬に，所有する不動産の管理・処分をCに委任してそのための代理権を与え，Bの目を盗んで登記済証と実印を持ち出してCに交付した。Cは，それらを利用して，2013年11月中に，乙土地の店舗敷地としての賃貸借契約（期間10年，賃料月額20万円。以下，「乙賃貸借」）をFとの間で，丙土地の駐車場としての賃貸借契約（期間1年，賃料月額2万円。以下，「丙賃貸借」）をGとの間で，丁土地の売買契約（代金額3000万円。以下，「丁売買」）をHとの間で，いずれもAの代理人として締結した。賃料，売買代金は，Aの了解のもと，Cが収受し，Aには渡されていなかった。
　事情を知ったBは，乙賃貸借については賃料をAまたはBが収受することにして継続し，丙土地と丁土地はAのもとに取り戻したいと考えている。これは可能か[1]。

---

[1] 本事例では，不動産登記手続において登記済証が利用されたとしている。これは，2005年の不動産登記法改正により，登記の申請には登記識別情報の提供を要することになり（不登22条），新たに登記済証が交付されることはなくなったものの，法改正前に交付されていた登記済証が提出されれば，登記識別情報が提供されたものとみなされる（不登附則7条）ことによる。

● CHECK POINT
- □ 保佐人の権限
- □ 制限行為能力者の返還義務の範囲
- □ 被保佐人が保佐人の同意を得ずにした代理権授与行為の効果

● 解説

I はじめに

　本事例は，被保佐人が保佐人の同意を得ずにした契約に関する問題である。各設問における主な論点は，次のとおりである。すなわち，【設問1】においては，契約の取消しは保佐人もすることができるが，被保佐人が協力しない場合にその取消しの結果はどのようにして実現されるか，である。【設問2】においては，取消しの結果として被保佐人が負う返還義務の範囲である。【設問3】においては，被保佐人が自らしたならば取消しの対象になる契約が任意代理人によってされた場合の法律関係である。
　以下では，保佐人の同意を要する行為を被保佐人がその同意を得ずにした場合の基本的な法律関係を整理しつつ，これらの問題を検討する。

II 被保佐人が保佐人の同意を得ずにした行為の取消しの結果の実現

1 被保佐人が保佐人の同意を得ずにした行為の取消し

　(1)　被保佐人が保佐人の同意を要する行為をその同意を得ずにした場合の法律関係は，おおむね次のとおりである。
　被保佐人は，13条1項に掲げられた行為（ただし，日常生活に関する行為を除く）または13条2項に基づく家庭裁判所の審判により指定された行為をするには，保佐人の同意を得なければならない。被保佐人がそれらの行為を保佐人の同意を得ずにした場合には，その行為は取り消すことができる[2]（13条4

項）。ただし，被保佐人が自己の行為能力または保佐人の同意の存在を相手方に誤信させるために詐術を用いていたときは，別である（21条）。取消しは，取消しの対象となる行為の相手方が確定しているときは，その相手方に対する意思表示によっておこなう（123条）。この取消しは，保佐人もすることができる（120条1項の「同意をすることができる者」）。もっとも，追認が有効にされたとき（122条本文），法定追認とされるとき（125条），または行使期間が経過したとき（126条）には，取り消すことができない。取消しがされると，行為は遡及的に無効になる（121条本文）。その行為による財産権の移転は生じなかったことになり，給付として得たものの返還に向けた法律関係が当事者の間に生じる。

(2) 【設問1】および【設問2】においては，保佐人Bがした取消しの意思表示により，甲売買は遡及的に無効になっている。この売買は，土地の売買であるから13条1項3号に該当し，かつ，日常生活に関する行為にあたるとはいえない3)。そうであるのに，被保佐人Aは，Bの同意を得ることなく甲売買をした。したがって，Bは，甲売買を取り消すことができ，実際，Dに対して取消しの意思表示をしている。そして，この取消しは，Aが契約相手Dに対して詐術を用いたことを示す事情は存在せず，また，取消しの意思表示は甲売買をBが知った時4)から約1か月後にされており，それ以前に追認または法定追認に該当する事実もないから，その効力が否定されることもない。

---

2) 保佐人の同意に代わる家庭裁判所の許可（13条3項）がある場合は別であるが，本稿で検討する事例においては，この許可が問題となることはない。

3) 日常生活に関する行為の範囲については，761条の日常家事に関する法律行為の範囲と同じか，それよりも狭いかという議論がある（これについては，山本・講義Ⅰ58頁以下参照）。日常生活に関する行為をより広く認めることになる前者の見解による場合，761条についての判例（最判昭和44・12・18民集23巻12号2476頁）に照らせば，日常生活に関する行為とは，生活を営むうえで通常必要とされる行為を意味し，通常必要であるかどうかは，その行為の種類，性質等の客観的事情に照らして判断されるほか，制限行為能力者の社会的地位，職業，資産，収入，その者が生活を営む地域の慣習などに従って判断されるべきことになる。甲売買のような土地売買は，その種類・性質等の客観的性質に照らした場合は当然として，Aが相当な資産家であったとしても，生活を営むために通常必要とされるものとはいえない。

4) 取消権の短期の行使期間は，追認をすることができる時から進行を開始する（126条前段）。「追認をすることができる時」に関して，民法には，成年被後見人についてのみ取消可能な行為の了知を要する旨の規定（124条2項）があるが，追認は取消権の放棄の性質をもつため，他の追認権者についても同様に解されている（山本・講義Ⅰ329頁）。

2 保佐人の代理権

(1) 以上より,【設問1】では,AがDに対して甲土地の明渡しと移転登記の抹消登記手続を請求すれば,認められることになる。ところが,Aは,これをすることに応じようとしない。【設問1】のような場合,取消しは甲土地を（その所有権だけでなく）「現実に取り戻す」ためにされると考えられるから,これでは取消しをした目的が達せられない。

(2) では,Bがこの取戻しのための請求をすることができるかといえば,当然にはできない。それをするにはAを代理するほかないが,保佐開始の審判がされただけでは保佐人に代理権が与えられることはないからである。保佐人が被保佐人を代理するためには,一般的には,代理権授与行為[5]によるか[6],876条の4に基づく代理権を付与する旨の審判（以下,「代理権付与の審判」）によって,その事項についての代理権を取得しなければならない。ところが,代理権授与行為は,被保佐人にその意思がなければされない。代理権付与の審判も,被保佐人の請求または同意がなければされない（876条の4第1項・2項参照）。したがって,【設問1】のように被保佐人が取消しの結果の実現を拒み続ける場合には,保佐人にできることは被保佐人を説得することしかない,ということになる。

問題は,こういった状況をどのように評価するか,である。それでよい（または,仕方がない）とする立場と,適当とはいえないので何らかの方策を考えるべきであるとする立場の両論がありうる。対立のポイントは,被保佐人の自己決定権の尊重と被保佐人の保護の要請のいずれを重視するかにあると思われる。

被保佐人は,一定の行為について「する自由」を制限されるものの,「しない自由」をその意思によらずに制限されることはない,とするのが民法の立場である。例えば,被保佐人が所有権を侵害された場合の所有権に基づく請求も,

---

[5] 代理権を授与する行為の法的性質については諸説あり（山本・講義I 362頁以下参照）,いずれの説をとるかにより呼称も変わりうる。以下では,この点に立ち入らず,本文のとおり「代理権授与行為」としておく。

[6] 代理権を授与するために保佐人の同意を要し,かつ,その代理権授与行為が保佐人と被保佐人との利益相反行為にあたるときには,同意は,保佐監督人があるときには保佐監督人が,保佐監督人がないときには保佐人の請求に基づいて家庭裁判所が選任する臨時保佐人が,すべきことに

時効の完成を阻止するための法的措置を講ずることも，被保佐人にそれをする意思がなければ，誰も何もできない。保佐人であっても同様である。これは，被保佐人は事理弁識能力をなお有するため，その自己決定権が尊重されるべきであり，他人の決定を強制することは過当保護にあたる，という考えに基づくものである。この考えを貫くならば，【設問1】において，Bひとりでは甲土地の取戻しのために何の法的措置も講じられないが，それは当然である（または，仕方がない）ということになる。

　もっとも，取消権行使の結果として生ずる権利の行使については，別の見方も可能である。確かに，被保佐人は，行為を「しない自由」を一般的に制限されることはない。しかしながら，保佐人に同意権が認められる行為については，その保護のために，「する自由」を制限されている。この限りでは自己決定権の尊重に対して保護の要請を優越させることが，民法においてすでに決せられているとみることができる。そして，この保護が現実に図られるためには，取消権の行使だけでは足りず，取消権行使の結果として生ずる権利の行使（実現）が必要になることもある。そういった場合に，この権利行使の権限が保佐人に認められないというのでは，法政策上の一貫性を欠く。このように考えるならば，取消しの目的を達成するために必要な行為については，保佐人に代理権（法定代理権）が認められるべきことになる[7]。これによれば，【設問1】において，Bは，甲土地の返還や移転登記の抹消登記手続をDに対して催告すること，Dが応じない場合に訴訟をAに代わって提起すること，それに備えて甲土地が他に処分されてしまわないよう処分禁止の仮処分を請求すること，それらのために弁護士との間でAに代わって委任契約を結ぶことなどをすることができる。

なる（876条の2第3項）。代理権授与行為につき保佐人の同意を要するか否かの判断については，Ⅳ1(1)で扱う。
[7] 須永醇『新訂民法総則要論〔第2版〕』（勁草書房，2005年）69頁参照。保佐人に対する代理権付与の審判という制度は，本人保護の実効性を確保する必要がある場合のために設けられたとされている（四宮＝能見・総則53頁）。問題は，本人の同意がなければ機能しない制度だけで本人保護にとって十分か，ということにある。

III　被保佐人（制限行為能力者）の返還義務の範囲

(1)　契約が取り消されると，両当事者は，その契約に基づく給付として得たものを保持する権原を失う。そのため，給付として得たものを返還する義務を負う。もっとも，制限行為能力を理由とする取消しについては，121条ただし書に例外が定められている。すなわち，制限行為能力者は，「現に利益を受けている限度」（これは，703条の「利益の存する限度」と同義とされている）で返還すればよい。したがって，制限行為能力者は，給付として得たものの返還を相手方から請求された場合，利得の消滅を主張立証することにより，返還義務の範囲を縮減することができる。

　この返還義務の例外的縮減は，取消しによる制限行為能力者の保護の実効性を確保するために認められている。すなわち，契約上の給付として得たものを原則どおりに全部返還しなければならないとすると，すでにそのものを失っており返還義務を履行できそうにないため取消しを断念せざるを得ない，という事態が予想される。制限行為能力者の保護がその判断能力，とりわけ財産管理能力に問題があるためであることを考えれば，この事態は避けられなければならない。そこで，取消しの結果として生ずる返還義務の履行のための新たな負担（取り消された行為をしていなければ生じなかったはずの負担）を制限行為能力者に免れさせることにしたのが，121条ただし書である。

　121条ただし書による返還の範囲について一般に説かれていること[8]は，この趣旨から理解することができる。すなわち，原物が消滅した場合であっても，形を変えて利益が残っているときには，その利益が返還されなければならない。この利益は，原物の価値変形物であり，取り消された行為がなければ制限行為能力者のもとになかったものであるため，その返還を認めても制限行為能力者に新たな負担を強いることにはならないからである。また，「形を変えた利益」には，取り消された行為による受益と無関係にされるべき出費（例えば，生活費）などを免れたことも含まれる。受益と無関係にされるべき出費に相当する額の返還を認めても，制限行為能力者の財産は受益がなければあったであろう

---

8)　例えば，山本・講義Ⅰ 86頁以下参照。

状態になるだけであり，取り消された行為がされていなければ生じなかった負担を強いることにならないからである。これに対し，受益と無関係にされるべき出費といえないもの（例えば，いわゆる浪費）については，それに相当する額の返還を認めると，取り消された行為をしていなければ生じなかったはずの負担を強いることになる。そのため，これについては返還する必要がないとされる。

(2) 以上を前提に，【設問2】について検討する。

Dは，甲売買が取り消されたとして，その代金とした支払った2500万円の返還をAに対して請求することができる。問題となるのは，Aが，どのような利得の消滅により争うことができるかである。

特定物については，利得の消滅を証明することに，それほどの困難はない。例えば，物の滅失や紛失を証明すればよい[9]。これに対して，金銭については，そう簡単ではない。主観的にはある売買の代金として得た金銭から支出したつもりであったとしても，その金銭が他の金銭と混蔵されてからの支出であったとすると，その支出によってまさに返還を求められている金銭の価値が消滅したと証明することは，相当難しいと思われるからである。もっとも，【設問2】では，甲売買の代金の一部はその場でAからCに与えられ，残りは普通預金口座に入金されており，しかもその普通預金口座にはそれ以外の入金がなく，かつ，入金後比較的短い間に相次いで出金があったきりであることから，以下で検討する支出については，甲売買の代金からの支出であると認められるものとする。

普通預金口座からの出金分のうち，競馬・競輪に使われた80万円については，利得の消滅が認められる。この支出は，甲売買による代金の取得と無関係にされるべきものとはいえないからである。これに対し，Eへの借金の返済に充てられた30万円については，利得の消滅は認められない。債務の弁済は，甲売買による代金の取得に関わりなくされるべきものだからである。使途不明の50万円についても，利得の消滅は認められない。利得消滅が認められるべき事情の証明がされていないからである。

Cへの2000万円の贈与は，甲売買による代金の取得に関わりなくされるべ

---

[9] それによって制限行為能力者が保険金を得たなど，価値変形物が残存しているとしても，それを根拠づける事情は相手方が主張立証すべきことである。

きものとはいえない。したがって，この贈与により，利得の消滅がひとまず認められる。ところが，ここには別の問題がある。この贈与は，取消可能である（13条1項5号）。そして，実際に取消しがされれば，Aは，2000万円の返還債権を取得することになる。これをどのように考えるか，という問題である。

　かりに，保佐人であるBが，A・C間の贈与を追認した後に甲売買について知り，甲売買を取り消していたならば，利得の消滅が否定されることはないだろう。しかしながら，そのような事態は相当まれであると考えられる。

　これに対し，Bが甲売買について知った後にA・C間の贈与を追認したならば，それによって贈与金の支出が確定することになるから，125条5号に該当し（または，準じ），そもそも甲売買の取消しが認められなくなると解される。Bが甲売買について知った後・その取消前にA・C間の贈与を取り消したならば，AがCに対する2000万円の返還債権を取得し，これが価値変形物としてDに返還されるべき利益になる（実際に返金を受けていたならば，その金額が返還されるべきことになる）。これらのことから，A側が甲売買の取消しまたは追認をすることができるようになった時において，A・C間の贈与の取消しが可能であったならば，Dは，A側のA・C間贈与についての効力判断によって不利益を受けない（Aは，A・C間贈与の効力判断によってDの利益を害することができない）立場にある，ということができる。そうであれば，本事例のようにA・C間の贈与の効力が不確定である場合に，贈与金分の利得の消滅を単純に認めることは適当ではないだろう。

　このように考えるとしても，Aの返還すべき利益が何であるかは難問である。甲売買とA・C間贈与の両方について取消し・追認の選択が可能である場合に，AはA・C間贈与の効力判断によってDの利益を害することができないという上述のことからは，甲売買を取り消す以上，A・C間贈与を追認するのであれば，Aは，2000万円全額をDに返還する義務を負うというべきである。これを避けるためには，A・C間贈与について追認の自由を制限されても仕方がないであろう。そこで，甲売買の取消しによってDに回復されるべき利益を確保するために，甲売買の取消しによりA・C間贈与の贈与者の地位がDに移転する（Dは，A・C間贈与をAの制限行為能力違反を理由として取り消すことにより，Cに対して贈与金相当額の返還を求めることができる），と解するのが適当ではないかと思われる。

Ⅳ 被保佐人が保佐人の同意なしにした代理権授与に基づく代理行為の効力

1 被保佐人が保佐人の同意なしにした代理権授与行為の効力

(1) 保佐人の同意を要する行為を列挙する13条1項には、代理権の授与は含まれていない。しかしながら、それは、代理権授与行為についてはおよそ保佐人の同意を要しないことを意味するわけではないはずである。被保佐人が自らする場合には保佐人の同意がなければ得られない結果を、任意代理の形式を用いるだけで保佐人の同意なしに得られるとすると、保佐人による被保佐人の保護という保佐制度の目的が達せられないことになりかねないからである。

通説的な理解（代理人行為説）[10]によれば、代理においては、本人と代理人との間で代理権授与行為がされ、代理人と相手方との間で代理行為がおこなわれる。代理権授与行為と代理行為は別個独立の法律行為であり、代理権授与行為によって代理人が代理権を取得し、その代理権の範囲内でされる代理行為によって本人と相手方との間に法律関係が生じる。このため、被保佐人たる本人がする代理権授与行為は13条1項に直接該当しないが、それによって授与された代理権の行使として13条1項に該当する代理行為がされた場合に法律関係をどのように考えるか、という上記の問題が生じる。

これに対して、学説のなかには、代理権授与行為と代理行為とで1つの総合的な法律行為が形成されるとするものや、代理権授与行為は中間的な行為にすぎず、代理においておこなわれる法律行為は代理行為だけであり、これは本人の行為であるとするものもある。これらの学説によるならば、任意代理の場合にも、法的には本人が例えば売買や賃貸借を相手方との間でおこなうものであるとして、その契約等につき13条1項が適用されることになる。しかしながら、現在のわが国においてこのような代理の構成を前提として法的な主張を組み立てることは、現実的とはいえないだろう。

代理行為と代理権授与行為とが別個の法律行為であるとしても、これらの行為の独立性を過度に強調することは適当ではない。代理において目的とされる

---

[10] 代理の法律構成については、四宮＝能見・総則312頁参照。

のは代理行為による本人・相手方間の法律関係の変動であり，代理権授与行為はその変動を生じさせるための前提となる行為にすぎない。そのため，法的問題の処理に際して，代理行為と代理権授与行為の間にあるこの関連性に留意すべき場合も少なくない。被保佐人がした代理権授与行為の効力をどのように解するかという問題も，その1つである。代理行為が13条1項に掲げられた行為に該当する場合には，被保佐人がその代理行為のための代理権授与行為をするには保佐人の同意を必要とする，と解すべきである。

(2) では，【設問3】における代理権授与行為の効力はどうなるか。

ここではまず，代理権授与を「Aの所有する不動産の管理・処分」について包括的にされたと捉えて効力を判断するのか，乙賃貸借，丙賃貸借，丁売買について個別的に捉えて効力を判断するのかが，問題になる。

【設問3】のような場合，A・C間では不動産の管理・処分一般について包括的に1個の代理権授与行為がされているから，全体として有効または無効とされるべきであるようにも思われる。しかしながら，不動産の管理・処分に含まれる行為のなかには，13条1項により保佐人の同意を要する行為もあれば，そうでない行為もある。【設問3】では，乙賃貸借と丁売買は保佐人の同意を要するが（13条1項3号・9号），丙賃貸借は保佐人の同意を要しない（同項9号参照）。このような場合において，代理行為がされた後も代理権授与を包括的に捉えて，そのなかに13条1項に掲げられた行為が含まれることから全体として保佐人の同意が必要であるとするならば，Aは，自らすることも，そのための個別代理権を授与して代理人にさせることも単独でできた行為についてまで，制限を受けることになる。これは，Aの自己決定権への過剰な介入といえる。また，代理権授与行為は代理行為のための手段であり，目的となる代理行為に複数の可能性が考えられるため，それに備えて包括的に行われるのであって，最終的に目的とされているのは個別的な代理行為であると解することができる。そうであれば，代理行為がされるまでは代理権授与を包括的に捉えるべきであるが，代理行為がされたならば，その限りで代理権授与は具体化されて目的を達しており，抽象的包括的な内容にとどまる代理権授与の他の部分と別個に捉えることができる。さらに，代理行為後も代理権授与行為の効力を包括的に判断する場合には，A側の取消権を不当に制約する結果になることがありうる。例えば，Bが事情を知った後に，Fに乙賃貸借の賃料をAに

支払わせた場合，Cへの代理権授与行為の追認または法定追認に該当するとされ，丁売買のAへの効果帰属を否定することもできないことになりかねない。これは不合理である。このような結果は，Bが，代理権授与行為を取り消して乙賃貸借，丙賃貸借，丁売買をすべて無権代理行為にしたうえで，効果の引受けを認める契約についてのみAに（同意を与えて）追認させれば[11]，回避することができる。しかしながら，そのような選択権をA側に認めることは，Aの保護にとっては好都合かもしれないが，包括的授与でなければ契約の効力を否定されることがなかったはずの丙賃貸借の相手方Gとの関係では，適当とはいえない。したがって，代理行為がされた後においては[12]，代理権授与の効力は，乙賃貸借，丙賃貸借，丁売買のそれぞれにつき別個に判断されるべきであると考えられる[13]。

　以上によると，丙賃貸借についての代理権授与は取消しの対象にならない。それに対し，乙賃貸借と丁売買についての代理権授与は取消可能である。

---

[11] 　無権代理行為の追認も，13条1項に掲げられていない。しかしながら，無権代理行為の追認は，本人が意思表示によって契約の効果を自己に生じさせる点で，その契約をすることと同様である。したがって，これについては，追認の対象となる無権代理行為が13条1項に該当するものである場合に，保佐人の同意を要すると解すべきである。これによると，かりに乙賃貸借・丙賃貸借・丁売買のすべてが無権代理行為になるとするならば，そのうちの乙賃貸借と丁売買の追認はAがBの同意を得てしなければならないのに対し，丙賃貸借の追認はAが単独ですることができる。

[12] 　代理行為がされる前は，本文にも述べたとおり，代理権授与行為は包括的に捉えられるべきであるから，その全体について取消しの可否を問題とすべきである。

　　代理行為がされる前も，代理権授与行為は，13条1項に該当する代理行為にかかる部分については，保佐人の同意なしにされたならば取消可能とされるべきである。この場合に，13条1項に該当しない代理行為にかかる部分についてのみ代理権授与を有効とすることは，代理人の意思に反することがありうるから，適当ではない。したがって，13条1項に該当する代理行為のための代理権を含む包括的内容の代理権授与は，全体として取消可能とすべきである。このように解しても，代理行為がされる前であれば，代理行為後に関して本文において挙げた問題点は，被保佐人本人の自己決定権への介入を除いて，生じない。また，被保佐人本人の自己決定権への介入についても，本人が取消後に改めて13条1項に該当しない代理行為のための代理権授与行為をすればよいから，過剰とはいえない。

[13] 　代理行為の効力を争うために代理権授与行為の代理行為後の取消しが主張された場合には，その代理権授与行為が本事例のように包括的な内容のものであったとしても，その取消しの主張は代理行為によって個別化された代理権授与のみに及ぶと解することになる。

2 被保佐人が保佐人の同意なしにした代理権授与に基づく代理行為の効力

(1) 被保佐人が保佐人の同意を得ずにしたことを理由として代理権授与行為が取り消された場合，その代理権の行使としてされた行為は無権代理行為となる。代理権授与行為の取消しは，代理行為の効果の帰属を否定するためにおこなわれるはずであるから，この場合に無権代理行為の追認について考える必要はない。したがって，考えるべきは，無権代理行為の相手方の信頼保護，具体的には表見代理規定による保護を認めるべきか，である。

この問題について，相手方保護のために表見代理規定が適用されることは原則としてないと考えられる[14]。

一般論として，制限行為能力違反を理由とする取消しは第三者にも対抗することができるとし，制限行為能力者の保護を第三者との関係でも貫くのが民法の立場である。表見代理規定を適用して第三者を保護することは，民法のこの立場に矛盾する。

また，表見代理に関する規定について個別にみても，その適用要件が充たされることは通常ないと考えられる。すなわち，もともと権限外行為の問題ではないから110条には該当せず，代理権消滅後に代理人としての行為がされる場合ではないから112条の適用もない。109条の表見代理については，代理権授与表示にはその意思表示類似性を理由として意思表示に関する規定が類推適用されてよいと解される。そうであるとすれば，被保佐人が保佐人の同意を得ずにした代理権授与表示は，「取消可能」である。そして，無権代理であり効果帰属を否定するとの主張には，「代理権授与表示の取消し」の主張が含まれると解してよい。したがって，109条の表見代理も成立しない[15]。

---

14) もっとも，四宮＝能見・総則300頁は，この場合も109条の表見代理によって相手方が保護されると考えるべきであるとしている。

15) ただし，前掲注14)参照。
　なお，代理の相手方が本人につき保佐開始の審判がされたことを知っており，保佐人に代理権授与への同意の有無を確認したところ，保佐人が同意していないにもかかわらず同意した旨を表示したときは，被保佐人への代理行為の効果帰属を否定することができないとされることはありうるだろう。もっとも，同じ問題は，被保佐人が保佐人の同意を要する行為を自らする場合に，保佐人が同意を与えていないにもかかわらず同意した旨を相手方に表示したときにも起こる。つまり，それは，相手方の信頼を惹起する保佐人の表示につき本人が責任を負わなければならないかという，ここで問題としているのとは別個の問題である。

(2) 以上によると,【設問3】については,次のようになる。

A・C間でされた代理権授与のうち,丙賃貸借にかかるものは取消しの対象にならない。したがって,A側が丙土地の返還をGに求めることはできない。

乙賃貸借にかかる代理権授与は取消可能であるが,追認することもできる。Bが追認すれば,それにより乙賃貸借のAへの効果帰属が確定する。乙賃貸借における賃貸人はAであるから,AがFに対して賃料の支払を請求することはできる。それに対して,Bは,代理権を有しない以上,Aのためであっても支払を請求することはできない。

丁売買にかかる代理権授与も,取消可能である。Bがこの取消しをしたならば,丁売買は無権代理行為となり,Hに対する丁土地の返還・移転登記の抹消登記手続請求が可能になる。それにもかかわらずAがこれらの請求をしようとしないときは,BがAに代わってすることができるかが問題になる。丁売買にかかる代理権授与の取消しは,丁土地の所有権をAに回復し,土地の返還・移転登記の抹消等を実現するためにおこなわれる。したがって,取消しの目的を達成するために必要な行為については保佐人に法定代理権が認められるべきであるとするⅡ2(2)において述べた見解による場合には,Bは,それらの請求をAに代わってすることができることになる。

Ⅴ おわりに

成年後見制度による保護の対象者のうち,成年被後見人は,事理弁識能力を欠く常況にあることから,自己決定権をほとんど保障されていない。これに対して,被保佐人,被補助人については,自己決定権の保障が本人保護の要請と並んで重視されており,そのバランスをどのようにとるかが重要な問題になる。1999年の制度改正前は,現在の保佐制度にほぼ相当する準禁治産制度において,準禁治産者の保護者(呼称は,被保佐人の保護者と同じく「保佐人」)に同意権のみが認められ,同意権を無視された場合の追認権・取消権は法律上認められていなかった。これに対しては,準禁治産者の保護に欠けるという批判が強かったものの,準禁治産者の保護者たる保佐人に追認権・取消権を認めると準禁治産者の自己決定権を不当に制限することになる,とする見解も存在した[16]。この見解からすれば,被保佐人の保護者たる保佐人への追認権・取消

権の法律による付与も疑問視されうるところ[17]．本稿において述べた見解は，総じて，本人保護の要請を本人の自己決定権の保障に対してさらに優越させようとするものであり，問題が大きいとされることになろう．ここでは，成年後見制度の根幹をなす理念をどのように捉えるべきかが問われることになる．

　成年後見制度における本人保護に関しては，ほかに，保護者による権限の適正行使の制度的保障が十分とはいえないという，制度そのものの信頼性に関わる大きな問題がある．高齢化が進み，成年後見制度の利用がさらに増えると見込まれるなかで，保護者の権限の適正な行使を確保するための安価で実効性ある方策が強く求められている．本事例で取り上げることはできなかったものの，この問題の検討はきわめて重要である．

16）辻正美『民法総則』（成文堂，1999 年）91 頁参照．
17）保佐人についてではないものの，同意権を有する補助人への追認権・取消権の付与を立法論的に疑問視するものとして，四宮＝能見・総則 48 頁．

2

「その土地，誰にも売ってません。」

●事例

　X（2013年11月の時点で80歳）は，妻（同78歳）とともに長年理髪店を営んでいたが，2008年に白内障を患ったのを機に店をたたみ，以後，年額約80万円の国民年金と1998年に取得した甲土地を月極駐車場として賃貸して得られる賃料（月額10万円）により生計を立て，不足するときには預金（約1000万円）を取り崩していた。諸事に不安を覚えるようになったXは，近所に住み親身に面倒を見てくれる姪Aに（X夫妻に子はなかった），2010年夏頃から甲土地の登記済証，実印，預金通帳，銀行届出印を預けていた。

【設問1】　Xは，Aに，甲土地の登記済証等を預けた頃から，甲土地にかかる駐車場契約の管理をゆだねているY不動産会社（Bが従業員を2名雇って営んでいた）との連絡と預金の管理を任せていた。

　2012年5月に，Xは，YがY社内手続のため管理契約確認書の作成への協力を求めてきているとAから聞かされ，Aの求めに応じて書類に署名し，Aから渡された実印を押捺した。この書類は，Xを売主，Yを買主とする甲土地の売買契約書であった。また，Aが，愛人関係にあるBに唆され，Xは目が悪いため書類を差し出せばAに代読させ，それを信じるという状況を利用して，Xに署名捺印させたものだった。その後まもなく，甲土地につきこの売買を原因とするX名義からY名義への所有権移転登記がされた。契約書において売買代金額は4000万円とされていたが，この売買はAとBが経営不振に陥ったYに甲土地を得させようとして仕組んだものであったため，代金の支払はされていなかった。

　2012年8月に，YとZの間で代金額を3000万円とする甲土地の売買契約が締結され，これを原因とするY名義からZ名義への所有権移転登記がされた。Zは，障害のある子を持ち，その将来の生活資金確保の目的でこの売買をしていた。また，売買代金額をかなり割安と感じていたが，資金調達の必要から早く処分したいためというBの説明を信じていた。

Aは，入ってこなくなった賃料分をXの前記預金の取崩しにより賄って事態の発覚を防いでいたが，Bにほかにも愛人がおり甲土地の売却代金の一部がその愛人のために使われたことを知り，2013年11月にXに事実を伝えた。Xは，弁護士に相談して，YおよびZに対して所有権移転登記の抹消登記手続を求めた。この請求の認否を論じなさい。

【設問2】　XとYとの間の売買に関する事情が，【設問1】と次の2点において異なっていたとすればどうか。①Aは，Xから駐車場契約につき全面的にゆだねられ，契約の更新，解除，新規締結などを代理人として行っていた。②2012年5月にXは，Aから駐車場契約の内容を改定したうえでの更新に必要と聞かされて，数通の書類に署名した。同様のことはそれまでにも何度かあったが，今回Xが署名した書類は，Aを代理人とするX・Y間の売買契約書とXを本人・Aを代理人とする白紙委任状であった。

● CHECK POINT

□ 意思表示の成立要件
□ 錯誤による意思表示の無効
□ 詐欺による意思表示の取消し
□ 代理による契約の効果の本人への帰属
□ 94条2項類推適用

● 解説

I　はじめに

　(1)　【設問1】・【設問2】のいずれにおいても，Xは，Y・Zに対して，所有権に基づく妨害排除請求の一種としての抹消登記手続請求をしている。これらの請求は，Xが甲土地を1998年に取得したこと，X名義からY名義，Y名義からZ名義への所有権移転登記が順次されたことという問題文に現れた事実から成り立つ。そこで焦点は，Y・Zの側からXの請求を妨げる事由が存在するか否かにある。

　(2)　【設問1】では，Y・Zは，X・Y間での甲土地の売買によるXの所有権喪失により争うと考えられる。ここでは，Xが契約書であるとの認識なく契約書に署名したことをもって売買契約の成立が認められるか否かが，まず問題になる。

　この売買契約の成立が認められる場合には，Xは錯誤無効（95条本文）を主張して争うだろう。この主張が成り立つならば，Yとの関係ではXの請求が認められることになる。それに対し，Zとの関係では，錯誤無効につき96条3項の類推適用があるか否かが問題になる。96条3項の類推適用はされないとする場合には，無権利者からの善意（無過失）の不動産転得者を保護する法理である94条2項類推適用法理が働くか否かが問題になる。

　X・Y間の売買契約の成立が否定される場合には，Yは甲土地につき無権利であり，Zはその無権利のYからの譲受人となる。したがって，Zが94条2

項類推適用法理による所有権の取得（すなわちXの所有権喪失）により争うことができるか否かが問題となる。

（3）【設問2】では，Yは争うことができない。Aに甲土地売却の代理権がなく，そのことにつきYは悪意だからである[1]。Zについては，110条の「第三者」に代理の相手方からの転得者が含まれるとするならば，110条の表見代理の成立によるXの所有権喪失をもって争うことが考えられる。そうでなければ，94条2項類推適用法理によるXの所有権喪失が問題になる。

以下では，X・Y間の売買契約の成否と効力に関連する事柄をまず整理し，そこでの考え方がどのように影響するかに留意しながら94条2項類推適用法理につき検討する。

II　契約の成立

【設問1】において，XとYとの間に売買契約は成立しているか。これは，Xが甲土地を相手方Y「に移転することを約し」，Yが「これに対してその代金を支払うことを約」したかどうかによる（555条）。問題となるのは，Xが，結果的に契約書に署名しているものの，その書面が契約書であることを知らず契約締結の認識を欠いていたこと，Yがそのことを知っていたこと，さらにYには当初から代金を支払うつもりがなかったことをどのように評価するか，である。

外形上契約締結の意思表示にあたる行為が契約締結の認識なしにされていた場合に契約締結の意思表示となるかは，意思表示が成立するためにいわゆる表示意識（または表示意思）を要するか否かの問題である。一般的な見解は，表示意識がなくても意思表示は成立しうるとする（以下，表示意識不要説）。これに対して，表示意識がなければ意思表示は成立せず，したがって契約の効果も生じないとする見解もある（以下，表示意識必要説）[2]。

---

[1]　厳密には，代理人Bが悪意であるため，101条1項によりYは悪意とされる。以下においても，本事例においてさほど重要でない事柄について説明が複雑になることを避けるため，Yのために契約を締結したのはBであることを捨象し，Yが自ら締結したかのように述べる。

[2]　この対立については，山本・講義I 125頁以下とそこに挙げられた文献を参照。

1 表示意識必要説による場合

　表示意識必要説の根底には，次のような考慮がある。すなわち，意思表示ひいては法律行為の成立が認められると，意思表示法・法律行為法の規律が適用されることになる。そこでは，表意者は，相手方の信頼や取引安全の保護の見地から，思いもよらない効果の引受けを強いられることがある。しかも，その効果が重要な財産の喪失や重い債務の負担であることもある。こういった重大な結果は，意思表示が当事者の意思に基づくものであること，すなわち，その結果を自らの責任で引き受けるものとしてとられた態度によってはじめて正当化される。ところが，意思表示をすることになるとの認識を欠く態度はこれにあたらない。確かに，その認識の欠如が過失（重大な過失も含む）によるものである場合もある。そして，相手方や転得者が意思表示の有効な成立を信頼していることもある。そういった場合には，相手方や転得者の保護が必要である。しかしながら，その保護の必要性が，意思表示ひいては法律行為の成立，したがってその効果の発生を認めるべきことを必然的に導くわけではない。むしろ，法律行為の領域ではなく事実行為の領域で問題が生じているとみるべきであり，損害賠償による処理が適当である。

　この考え方によると，【設問1】においてX・Y間の売買は成立しない。そのため，Zは，甲土地について無権利のYとの間で売買をしたことになる。

2 表示意識不要説による場合

　これに対して，表示意識不要説の根底には，意思表示の成立は厳格に判断せず容易に認めたうえで，意思表示・法律行為の効力に関する諸規定の解釈を通して，当該事情のもとで適切な結論を得られるようにすべきであるという考えがある。

　これによると，X・Y間の売買の成立は，Xが表示意識を欠いていたという一事をもっては否定されない。そのうえで，【設問1】においては，YもXが契約をするつもりのないことを知っており，YがAを使ってXから土地を騙し取ったというのが実情であるから，X・Y間に売買は成立しないとする考えもありえよう。しかしながら，このような場合でも，甲土地の転得者など第三者の保護を考慮して，X・Y間の売買の成立を認めるのが一般的な見解と思わ

れる。

III 契約の効力

X・Y間の売買の成立が認められるとしても，Xは，自己の意思表示の錯誤無効または詐欺取消しにより，売買の効力を否定することができる。

1 錯誤無効

表示意識不要説は，表示意識がない場合は効果意思がない場合の一種であり，錯誤の問題として扱うことが適当であるとする。【設問1】の事例はまさにこれにあたる。この場合，Xの錯誤は要素の錯誤にあたるものの，内容を確かめずに書面に署名をしたXには重大な過失があるとされ，Xによる錯誤無効の主張は認められない可能性がある（95条ただし書）。しかしながら，95条ただし書は，意思表示の有効に対する相手方の信頼を保護するために，表意者に重大な過失がある場合に意思表示の無効の主張を退けるものである。そうであるとすれば，相手方がそのような保護に値しないときには，無効の主張を認めてよいはずである。そこで，例えば，相手方が錯誤を惹起したと考えられるとき，相手方が錯誤を知っていた（または，重大な過失により知らなかった）とき，相手方も表意者と同一の錯誤に陥っていたときなどには，相手方が表意者の重大な過失をもって争うことはできないとする見解が有力である[3]。本事例においては，YがAを使ってXの錯誤を惹起したともいえそうであるし，少なくともYはXに契約をする意思のないことを知っていたということができる。したがって，Xの錯誤無効の主張は認められるはずである。

2 詐欺取消し

本事例におけるXの意思表示は，Yがこれを狙ってした違法と評価されるべき行為によるものであるから，詐欺による意思表示にもなる。そこで，Xは意思表示を96条1項により取り消すこともできる（Aの詐欺とするならば，Yが悪意のため96条2項による取消しとなる）。もっとも，この取消しは，Xに

---

[3] 山本・講義I 221頁とそこに掲げられた文献を参照。

とって実際上意味を持たない。その主張によりYに対する抹消登記手続請求は認められることになるが，ZはXの意思表示が詐欺によるものであることにつき善意（無過失）と考えられるため，Xは詐欺取消しをZに対抗することができず（96条3項），XのZに対する請求は認められないことになるからである。したがって，Xとしては，錯誤無効の主張をするほかない。

3　錯誤無効への96条3項類推適用

Xが錯誤を理由としてX・Y間売買の無効を主張することができるとしても，Zとの関係ではさらに，意思表示の錯誤無効に96条3項の類推適用がされるかどうかが問題になる[4]。

現在では，類推適用を認める考え方が有力である。錯誤による意思表示と詐欺による意思表示における表意者の帰責性を比べると，詐欺による意思表示において表意者は他人の違法な干渉により錯誤に陥るのに対し，錯誤による意思表示の場合には他人の干渉なく表意者が自ら錯誤に陥る場合も含まれており，その意味で錯誤者の帰責性は詐欺による表意者の帰責性と同等以上といえる。したがって，96条3項の基礎にある表見法理に照らせば，錯誤者が詐欺による表意者に比べて優遇されるべきではない，というわけである。この考え方によれば，ZはXの契約締結意思の欠如につき善意（無過失）と考えられるため，Xは錯誤無効をZに対抗することができず，Zに対する請求は認められない。

もっとも，これと異なる考え方もありうる。詐欺取消しは表意者の錯誤の重大性を問わずに認められるのに対し，錯誤無効は錯誤が重大である場合（要素の錯誤に該当する場合）に限って認められるから，錯誤者は詐欺による表意者に比べていっそうの保護に値する。そこで，錯誤者を第三者との関係でも保護するのが適当であり，96条3項の類推適用は否定されるべきである，という考え方である。この考え方によると，要素の錯誤が詐欺のために生じたからといって95条による無効の主張が制限されるわけではないから，Xは，Yとの間の売買の95条による無効を，Zとの関係でも主張することができる。したがって，Zは，甲土地につき無権利のYとの間で売買をしたことになる。

4）　この問題については，改正の基本方針Ⅰ120頁以下とそこに掲げられた文献を参照。
5）　代理権授与表示について意思表示に関する規定の類推適用を認めるならば，Xは，95条または96条の類推適用による代理権授与表示の無効または取消しによって争うことも一応できる。

IV 代理による契約の効果の帰属

【設問2】において，Y・Zは，Aが締結した売買の効力がXに及ぶことを明らかにすることができれば，Xの請求を退けることができる。

1 有権代理

本事例においては，AとYの間で甲土地の売買契約締結の意思表示がされ，その際に顕名がされている。そこで，この売買につきAが契約締結の意思表示に先立って代理権を取得した事実があれば，売買の効力がXに生じ，Xは甲土地の所有権を失ったことになる。ところが，Aは，甲土地を駐車場として貸す契約についてXを代理する権限を有していたものの，売買の代理権を有していなかった。したがって，有権代理によるXの所有権喪失は認められない。

2 109条の表見代理

そこで，Y・Zとしては，表見代理の成立により争うことになる。本事例で問題になりうるのは，109条の表見代理と110条の表見代理である。

109条の表見代理の成立が認められるためには，①A・Y間の契約締結の意思表示，②その際の顕名，③Xが，①に先立って，Yに対して，Aに①の契約のための代理権を授与した旨の表示をしたことが必要である。問題になるのは③であるが，代理権授与表示は意思表示類似のものであり，その成立と効力につき基本的に意思表示に準じて考えることができる。これによると，Ⅱ1・2に述べた考え方に従って表示の成否が分かれる。ただ，①〜③が認められても，相手方に代理権の不存在につき悪意または過失があれば，109条の表見代理は成立しない。本事例は，YがAに代理権のないことを知っているから，この場合にあたる[5]。

しかしながら，本事例においては本文に述べたとおりになるのでその必要はないうえ，その場合にはその無効や取消しをZに対抗することができるかどうかが問題となり，Ⅲ3に述べたとおりXの勝算は大きくない。

3 110条の表見代理

110条の表見代理も，一応問題にすることはできる。

110条の表見代理の成立が認められるためには，①Ａ・Ｙ間の契約締結の意思表示，②その際の顕名，③Ａが，①に先立って，①の契約以外の代理権（いわゆる基本代理権）を取得したこと，④Ｙが，①の当時，Ａが①の契約のための代理権を有すると信じたこと，⑤Ｙがそう信じることについて正当な理由があったと認められることが必要である。110条の解釈論として，③は「代理権」に限られるのか，それとも「（重要な）対外的行為権限」でもよいのかと，⑤の「正当な理由」とは何を意味するのか，ＹがＡの代理権を信じたことについての無過失か，表見代理の成立という評価を正当化するに足る理由をいうのか，という争いがある。しかしながら，いずれにせよ本事例ではＹが悪意のため④の要件が充たされず，110条の表見代理の成立が認められることはない。

110条に関してはさらに，そこにいう「第三者」に代理の相手方のほか，相手方からの転得者（さらに，その後の転得者）も含まれるかどうかが論じられることもある[6]。110条は109条を準用する規定であり，109条とあわせて読めば，そこにいう「第三者」が自称代理人のした契約の相手方を指すことは明らかである。また，表見代理は，本人に契約の効力が本来帰属しない場合につき，代理権の存在に対する信頼を保護するために例外を認める法理である。ところが，転得者の信頼の対象は，直接には前主が権利を有することであり，前主との間でその権利についての契約をした者がその契約をする代理権を有していたことではない。したがって，転得者は，110条の「第三者」に原則として含まれるべきではない。

110条の「第三者」に転得者を含めようとする見解の基礎には，おそらく，代理人による権限外行為につき一定の帰責性のある本人は，前主の権利を無過失で信じた者との関係では権利を失うことになっても仕方がない，という価値判断がある。これに対して，110条の「第三者」に転得者は含まれないとする

---

6) この問題については，山本・講義Ⅰ425頁以下とそこに挙げられた最高裁判決および文献を参照。

7) 94条2項類推適用のリーディングケースである最判昭和29・8・20民集8巻8号1505頁は，

立場には，その価値判断を否定するものと，価値判断は共有しつつも法的構成として適当ではないとするものがあると考えられる。価値判断を共有する場合には，権利喪失もやむを得ないとされるに足る本人の帰責性とはどのようなものかと（単に他の行為につき代理権を与えたことだけでは十分ではなく，例えば本人が意図せずしてであっても無権代理行為がされるにあたって具体的に関与したり，結果的に重要な役割を担ったりしたといった事情が必要であろう），適当な法的構成は何かが問題になる。

V　94条2項類推適用による第三者の保護

【設問1】において，X・Y間の売買の成立を否定する場合，その売買の成立は認めるものの錯誤無効につき96条3項の類推適用を認めない場合，および【設問2】の場合には，Zは，甲土地につき無権利のYとの間で売買をしたことになる。これらの場合には，94条2項類推適用法理によるZの保護の有無がさらに問題となる。

1　94条2項の「類推適用」

94条2項は，虚偽表示の無効は善意の第三者に対抗することができない旨を定める。これは，言うまでもなく意思表示の効力に関する規定であり，意思表示の有効に対する第三者の信頼を保護するためのものとされている。

ところが，この規定は，とくに不動産取引について，意思表示の効力とは無関係に，端的に登記への信頼を保護するために類推適用されている。例えば，XがAから甲土地を購入したが，Aの協力を得てY名義への移転登記手続をしたところ，後にこれを知ったYが甲土地を善意のZに売り渡したという場合は，94条2項の類推適用が認められる典型例とされている[7]。もっとも，この場合には，X・Y間に意思表示はなく，意思表示の無効を対抗することができないとして意思表示の効力が維持されることになるわけではない[8]。また，第三者の信頼の対象も，意思表示の有効ではなく，登記名義人における登記ど

このような事案に関するものである。
8)　意思表示の不存在（という意味での無効）を対抗することができず，意思表示の効力が認められるという捉え方もありえなくはないが，そのような捉え方は不自然である。

おりの権利の存在である。そうすると，ある規定の要件を完全には充たさないがその規定の予定する事態と本質的に同一と評価される事態について，その規定と同一の効果を認めることを類推適用と呼ぶならば，これを類推適用と呼んでよいものかどうかが疑問になりそうである。

これに関して，94条2項が直接適用される場合も，不動産取引については，第三者の信頼の第一次的対象は登記どおりの権利関係の存在であって，意思表示の有効は登記原因の真正の前提にすぎないのが通常と考えられる（虚偽の契約書だけをみてその契約の有効を信ずるという事態は，不動産取引については稀であろう）。また，意思表示の効力も，不動産に関する権利の所在を確定するための前提として問題とされている。したがって，不動産取引については，不実の登記が権利者の意思によりされている場合に，この登記を信じて不動産につき法律上の利害関係を有するにいたった者（第三者）を登記どおりの権利関係を認める形で保護することが，94条2項の定めるところということができる。これによると，上に挙げた例は，94条2項がまさに類推適用されてよい場合ということになる。

2 94条2項類推適用法理の射程

(1) 不動産登記に対する信頼保護のための94条2項の利用は，現在では相当広範に及んでいる。その要件の大枠は，次のように整理することができる。すなわち，①不実の登記の存在，②その登記の存在についての権利者の帰責性，③ある者が「第三者」に該当すること，④その者が登記の真正を信じたこと，または無過失で信じたこと，である。このうちとくに問題とされているのが，②の帰責性の内容と，その内容との関係で④において第三者に求められるべき主観的態様である。

(2) ②の帰責性として，これまでの判例において認められているのは，(a)権利者が意図的に不実の登記を作出したこと[9]，(b)他人の作出した不実の登記を

---

9) 前掲注7)最判昭和29・8・20，最判昭和37・9・14民集16巻9号1935頁，最判昭和45・7・24民集24巻7号1116頁ほか。
10) 最判昭和45・4・16民集24巻4号266頁，最判昭和45・9・22民集24巻10号1424頁，最判昭和48・6・28民集27巻6号724頁。
11) 最判平成18・2・23民集60巻2号546頁。
12) 前掲注11)最判平成18・2・23。

権利者が承認したこと[10]，またはあえて放置したこと[11]，(c)これら(a)(b)に同視すべき重大な帰責性が権利者にあること[12]，(d)権利者が他人名義の不実の登記（第一登記）を作出し，その他人が第一登記を利用して第三者の信じた不実の登記を作出したこと[13]の4つである[14]。そして，(a)(b)の場合には④において第三者は善意であればよく，(c)(d)の場合には善意無過失であることを要するとされている。

(3) 上記(a)が94条2項において本来想定されている権利者の帰責性に相当することは，明らかであろう。(b)のうち，権利者による承認も，第三者の登場時点における不実登記の存在は権利者の意思に基づくものであったという評価を導くものであり，94条2項で想定されている帰責性に相当するということができる。「あえて放置」も，「あえて」の部分を強調すれば，承認の場合と同様の評価をしうると考えられているのであろう。そこで，これらの場合には94条2項がそのまま類推適用され，善意の第三者が登記どおりの権利関係を認める形で保護されることになる。

これらに対して，(d)においては，権利者は意図して不実の第一登記を作出しているが，その登記は第三者が信じたものと異なる。第三者の信じた登記は他人によって作出されたものであり，権利者の意思に基づく行為はその一因にとどまる。ここでは，94条2項の前述の意味での類推適用をすることはできない。しかしながら，権利者の意思に基づく行為が最終的な不実登記の一因であることは確かであり，権利者自身が認めた不実登記の名義人による悪用は権利者が負うべきリスクともいえることから，不動産登記に対する信頼を保護すべきであるという要請を重くみるならば，登記を過失なく信じて法律上の利害関係に入った第三者を登記どおりの権利を認める形で保護することが適当である。そこで，判例において，94条2項の「類推適用」とすることはできないものの，94条2項と110条の「法意」に照らして，善意無過失の第三者保護が図られてきたとみることができる[15]。

---

13) 最判昭和43・10・17民集22巻10号2188頁，最判昭和45・6・2民集24巻6号465頁，最判昭和47・11・28民集26巻9号1715頁ほか。

14) これら4つの帰責性をもとに94条2項類推適用法理を類型化して捉えようとするのが一般的である。もっとも，その捉え方はさまざまである。例えば，四宮＝能見・総則208頁以下，佐久間・基礎1 133頁以下，中舎寛樹『民法総則』（日本評論社，2010年）191頁を参照。

(c)については，権利者が不実の登記をその意思に基づいて作出し，または存続させたことと同視することができるのはどのような場合かが問題になる。(c)を94条2項類推適用法理における帰責性と認めた前掲注11)最判平成18・2・23は，権利者の「余りにも不注意な行為」によって不実登記がされるにいたった場合がこれに該当するとしている。不注意な行為は，その不注意の程度がいかに重大であっても，意図的な行為とは質的に異なる。したがって，この場合に94条2項の単純な類推適用とすることはできない[16]。しかしながら，(d)についてと同様に，不動産登記に対する信頼を厚く保護するために権利者の帰責性を緩やかに解する立場は十分ありうる。問題は，どの程度の不注意な行為がその帰責性にあたるのか，である。これについては，不動産登記に対する信頼の保護をどの程度図るべきであると考えるかによって，さまざまでありうる[17]。ただ，権利者の権利喪失の根拠をその意思に基づく行為に求める立場においても，II〜IVで行った整理から次のことを指摘することができる。

まず，II 2・IIIにおいて述べたとおり，意思に基づいて効力を生ずるものとされる意思表示についても，意思表示の外形を備える行為がされた場合には，意思表示をすることの認識なしにされたものであっても，その認識の欠如が行為者の重大な過失によるときは，相手方保護のために意思表示の効力が認められるとするのが一般的見解である。この考え方からすれば，意図せざる不実登記の作出であっても，95条ただし書の重大な過失と同程度の過失が権利者にある場合には，登記を過失なく信じて法律上の利害関係に入った第三者を保護するために，権利者に権利を失わせてもよいことになりそうである。例えば，権利者が契約書の作成や登記手続に必要となる実印・登記済証・登記識別情報などを濫用の具体的危険を認識しながら，あるいは当然認識すべき状況において他人に無防備にゆだね続けた場合が，これにあたりうるかもしれない。また，

---

15) 前掲注13)に掲げた最高裁判決を参照。もっとも，近時は，「法意」という表現に意味を認めず，「類推適用」と異ならないと捉える見解もある（例えば，渡邉拓・判例評論576号〔判時1950号〕9頁，中舎・前掲注14)194頁）。なお，「類推適用」か，それと区別すべき一般法理の利用かは，ほかの場合にも問題となる。例えば，表見代理の規定に関して，道垣内弘人「代理に関わる類推適用など(2)」法教299号（2005年）53頁以下を参照。

16) 佐久間毅・NBL 834号（2006年）24頁，吉田克己・判タ1234号（2007年）54頁。

17) 例えば前掲注11)最判平成18・2・23についての異なる評価につき，佐久間毅・民法判例百選I〔第6版〕47頁参照。

他人の作出した不実登記を「あえて放置」した場合は、これを権利者の権利喪失の根拠と認めるにしても、承認とは質的に異なり、こちらにあたるとみる余地がある。さらに一歩進めれば、登記名義の回復に困難がなく、当然に回復すべき状況にあるにもかかわらず回復されていないという客観的状況がある程度の期間継続している場合も、ここに含まれるとする判断もありえよう。

次に、Ⅳ3において述べたとおり、110条の表見代理が相手方の悪意または過失ゆえに成立しない場合であっても、自称代理人に対して他に代理権を与えたことにとどまらない重大な帰責性が本人にあるときには、善意無過失の転得者との関係では本人が権利を失うことになっても仕方がないという価値判断がありうる。この価値判断によるならば、自称代理人が権限外の不動産取引を悪意または有過失の相手方との間でおこない、これを原因として不実の登記がされた場合において、その登記を無過失で信じた転得者があるときは、本人がその者との関係では自称代理人のした行為の結果を引き受けなければならず、この本人の帰責性を基礎に転得者が登記どおりの権利関係の承認という形で保護されるということも、ありうるだろう。前掲注11) 最判平成18・2・23は、この種の事案において、本人は、「94条2項、110条の類推適用により」、無権代理行為の悪意の相手方が不動産の所有権を取得していないことを、善意無過失の転得者に対して主張することができないとした。この最高裁判決は、上記のように理解することができるのではないかと思われる。

Ⅵ　おわりに

最後に、本事例において94条2項類推適用法理によってZが保護されることがあるか、あるとすればどのような場合かについてまとめておく。

(1)【設問1】においては、94条2項類推適用法理によってZが保護されることはないか、Zの保護のために94条2項類推適用法理を持ち出す必要はないと思われる。

意思表示の成立につき表示意識必要説をとる場合には、X・Y間に売買契約は成立せず、甲土地についてZは無権利のYからの譲受人となる。そこで、Zを保護するために94条2項類推適用法理が働くこともありそうである。しかしながら、表示意識必要説を前提とする場合、X・Y間の売買を原因とする

所有権移転登記がされたことについて，Xに権利を失わせるに足る帰責性が認められることはないはずである。表示意識必要説は，表示意識を欠く者に意思表示，したがって契約の効果を負わせないためのもの，ここでは甲土地の所有権を失わせないためのものである。このことは，Xの過失がいかに重大であっても変わりがない。したがって，この立場からは，V 2 (3)において(c)の帰責性に関して述べたような考慮はされるべきでないことになる（不実登記の意図的な作出または存続と同視しうる重大な帰責性が認められることはありえない）。もちろん，事案によっては，所有権移転登記後のXの態度から，Zが94条2項類推適用法理により保護されることはありうる。しかしながら，本事例においては，Y・Z間の売買の当時にXはY名義への所有権移転登記を知らず，知らなかったことを非難すべき事情もない。したがって，94条2項類推適用法理が働くことはない。

　表示意識不要説によりつつ当該事情のもとでX・Y間の売買の成立を否定する場合も，Xに甲土地の所有権を失わせるべきではないとの判断がその基礎にあることから，これと同様である。

　これらに対し，表示意識不要説によりX・Y間の売買の成立を認める場合は，やや異なる。この場合，【設問1】におけるX・Y間の売買は，Xの錯誤により無効である。そのうえで，XがZに対してもこの無効の主張をすることができるかどうかは，錯誤無効に96条3項が類推適用されるかどうかにかかる。この類推適用が認められるならば，それにより善意（無過失）のZは保護され，94条2項類推適用法理による必要はない。これに対し，錯誤無効への96条3項の類推適用を否定する立場は，要素の錯誤の場合には錯誤者を第三者との関係でも保護することが適当である，とするものである。そうであれば，錯誤無効を根拠づけるのと同じ事情をもって94条2項類推適用法理の基礎となる帰責性を肯定することは矛盾になる。したがって，表示意識不要説によりX・Y間の売買の成立を認める場合も，【設問1】においてZの保護のために94条2項類推適用法理は働かないか，必要がない。

　(2)　【設問2】については，Ⅳ3とV 2(3)において述べたとおりである。
　代理人による権限外行為につき重大な帰責性のある本人は，無権代理行為の相手方が悪意・有過失の場合であっても，善意無過失の転得者との関係では権利を失うことになっても仕方がない，という価値判断をとるかどうかにかかる

(いうまでもなく，この価値判断は，不動産登記に対する信頼をどの程度保護することが適当かという判断と密接に関わる)。

この価値判断をとらないならば，Aの無権代理行為により不実登記がされるにいたるまでのXの態度のみをもって，94条2項類推適用法理の基礎となる帰責性がXにあると認めることはできない。

それに対し，この価値判断をとる場合において，その価値判断を実現するための法的構成として110条の「第三者」に転得者を含めることは適当でないと考えるときには，Aの無権代理行為により不実登記がされるにいたるまでのXの態度を基礎に，94条2項類推適用法理によりZを保護してXの請求を認めないとすることがありうる。最終的な結論を導くにあたっては，とくに次の事情をどのように考慮するかが焦点になる。すなわち，Xの帰責性に関して，一方で，Xが重要な財産をAに任せきりにしていたこと，Aに言われるまま内容の確認もせずに書面に署名し実印を押捺したことといった，Xの帰責性を根拠づける方向に働きうる事情がある。しかし他方で，Xは高齢で目が不自由であり，姪であるAを頼るのも仕方がないといえる状況にあるという，Xの帰責性を否定する方向に働きうる事情もある。これらをどのように評価するのかが，まず問題になる。次にZの過失の有無に関して，不動産業者であるYが買い取った土地をわずか3か月で買値より1000万円，率にして25％も下回る価格で売却することは，不自然でありうる。そこで，Zがこの事情を知っていたか否か，知らなかったとしてどの程度容易に知りえたかに照らして，廉価での売却は資金調達を急ぐ必要があるためという説明を受けただけでZが納得したことを，どのように評価するのかが問題になる。

(3) 最後に，【設問1】と【設問2】とで異なった結論になることがあってもよいのだろうか。いずれの場合も，Zを保護すべき理由と程度は変わらない。そうであるとすれば，考えるべきはXの帰責性だけである。

【設問1】と【設問2】では，X・Y間の売買が結ばれた形式（X自身による締結か，Xの代理人Aを介した締結か）に違いがある。しかしこれは，AがXを騙すために差し出した書面の文言が少し違っただけのこととみることができる。そうであれば，Xの帰責性も変わらず，2つの場合の結論は同じでなければならない。一般的には，このように考えられるであろう。

ただ，【設問1】では，Xは自らを当事者とする契約が結ばれることを認識

していない。これに対して,【設問2】では,XはAを代理人として自ら当事者となる契約が締結されることを認識し,それを欲してもいる。もちろん,Xが考えていた契約と実際に結ばれた契約は異なるが,契約締結についてのXの認識において2つの場合には違いがある。この違いに意味を認めるならば,【設問1】と【設問2】とで異なる結論になることもありうることになる。

3

「『継続は力なり。』 そう思う→はい そう思わない→いいえ」

●事例

　Aの父Bが1987年5月6日に死亡し，AがBを単独で相続した。Bは，遺言を残していなかった。Bは，生前，農地甲およびその隣接地である乙において野菜を生産していた。Aは，1981年8月頃にBから，健康上の理由により離農することになったC（Bの兄）から甲を貰い受け，生産の規模を大きくすることにしたと聞かされたことがあり，相続により乙とあわせて甲を取得したと信じていた。もっとも，甲については，Bの話にそった内容の「覚書」と題するCがBに宛てた1981年8月25日付の手書きの書面が存在していたものの，登記名義はCのままになっていた。Bは，1985年秋頃から体調を崩し，農業を営める状態ではなくなったため，知人Dに，甲および乙で，農地機能を維持するために耕作を続けてもらっていた（B・D間で借地料・管理料等の金員の授受は一切されず，生産された野菜はDが自由に処分していた）。Bが死亡した後もしばらく同様であったが，1988年7月に，Aが，Dから甲および乙の返還を受け，野菜の生産を始めた。

　1986年1月にCが死亡し，その子EがこれをC単独で相続した。Eは，甲はCの所有に属し，Bに無償で耕作させているものと思っていた。同年4月に，Eと農業用水路を設置することにしたFとの間で甲につき地上権設定契約が締結され，その旨の登記（「本件地上権設定登記」）がおこなわれた。Aは，甲を相続した当時すでに水路が設けられていたことから，Bがその設置を了承していたものと考えていた。1995年10月に起こった水害の際に水路に大量の土砂が流入し，復旧作業がしばらく続けられたものの捗らず，Fは，1997年5月に別の場所に別の水路を設けた。甲の水路であった部分（「本件水路部分」）は，遅くとも1999年春には畦道のようになっていた。

　甲についてはほかに，2001年6月6日にEとGの間で，2007年9月12日にEとHの間で，それぞれ抵当権設定契約が締結され，その旨の登記がされている。

　Aは，2010年7月に，乙の隣接地を購入し，その土地と甲および乙の合筆

の手続をとろうとして、甲と乙が別筆の土地であること、甲についてEを所有者とする登記がされていること、甲につき本件地上権設定登記、Gの抵当権設定登記およびHの抵当権設定登記がされていること、これまでAが納付してきた固定資産税は乙についてのものだけであったことを知った。

　この場合について、次の設問に答えなさい。なお、設問は、それぞれ独立の問いである。

【設問1】　2010年9月4日に、Aは、Eに対して甲の所有権移転登記手続を、Fに対して本件地上権設定登記の抹消登記手続を、それぞれ請求した。Aのこれらの請求は認められるか。

【設問2】　2012年10月10日に、Gが抵当権の実行としての競売を申し立てた。そこで、Aは、第三者異議訴訟を提起した。Aの請求は認められるか。
　Aが、2010年9月4日に、Eに対して甲の所有権移転登記手続を求める訴えを起こし、これに勝訴して移転登記を得ていた場合はどうか。

● CHECK POINT
- [ ] 所有権の取得時効の要件
- [ ] 所有権の取得時効の効果
- [ ] 取得時効と登記

● 解説

I　はじめに

　本事例でAがする請求は、いずれも、甲の所有権に基づく請求である。そして、その際、Aは、所有権の取得原因として、取得時効を挙げることになる。したがって、本事例では、①Aが時効によって甲を取得したか否か、②取得したとすれば、その効果としてE～Hの権利が消滅することになるか否か、③消滅することになるとしても、Aは、甲の時効取得をE～Hに対抗することができるか否かが、問題になる。

　そこで、以下では、所有権の取得時効の要件と効果、いわゆる「取得時効と登記」の問題について、本事例に即しつつ、解説および検討をする。

II　所有権の取得時効の要件

1　序論——要件の一般的整理

　時効による所有権の取得のためには、現在の一般的な見解によると、時効が完成し、援用権者が時効の援用をすることが必要である。このうち、時効の完成には、162条によれば、他人の物を、所有の意思をもって、平穏に、かつ、公然と、20年間継続して占有することが必要である（同条1項）。もっとも、占有が善意無過失で開始されていた場合には、時効完成に要する占有期間は10年となる（同条2項）。

　時効完成のこれらの要件については、時効の完成の主張を容易にする規定や考え方が、数多く存在する。

まず、要件のいくつかについて、その立証が民法の規定によって容易にされている。すなわち、186条1項によって、占有者の所有の意思と善意、占有の公然性と平穏性が推定される。これによって、占有の事実が主張立証されれば、取得時効の効果を争う者が反対の事実、すなわち、占有者における所有の意思の不存在、占有開始時の占有者の悪意、暴行または強迫もしくは隠匿による占有であることのいずれかを主張立証しなければならないとされている[1]。また、同条2項により、前後両時点における占有の事実が主張立証されたならば、その間の占有の継続が推定される。なお、時効の起算点は固定され、時効援用権者が起算点を任意に選択することは許されないとするのが判例[2]である。もっとも、これは、取得時効の効果を主張する者が実際の占有開始時を特定して主張立証しなければならないとするものではない。取得時効の効果を主張する者は、開始時の占有としてある時点での占有を主張立証することで足りる。前記判例は、取得時効の効果を争う者に、それ以前の占有開始を主張立証して争うことを認めるものである。

次に、判例[3]によれば、占有開始の当時に目的物が他人の所有に属していたことは、取得時効の要件にならない。162条は取得時効の対象物を「他人の物」とするが、これは、自己の物については取得時効を援用する意味がないという通常の場合を想定したものにすぎないとされている。

さらに、占有者は、時効期間を充たすために、自己より前の占有者の占有をあわせて主張することができる（187条1項）。ただし、この場合、時効取得を争う者は、前の占有者の占有における時効完成を妨げ、または遅らせる事情を主張立証して争うことができる（同条2項）。

2　Bの占有開始時から20年または10年の経過による取得時効の完成

（1）つづいて、本事例のAにおける甲の取得時効の完成について、問題となる点を検討する。その際、相手方としては、さしあたりEを例にとる（F、G、Hが争うときも、同じである）。

本事例においては、Aの取得時効の完成として、Bの占有開始時から20年

---

1) 新版注釈民法(7) 72頁以下 [稲本洋之助] 参照
2) 最判昭和35・7・27民集14巻10号1871頁。
3) 最判昭和42・7・21民集21巻6号1643頁、最判昭和44・12・18民集23巻12号2467頁。

または10年の経過による時効の完成，Aの占有開始時から20年または10年の経過による時効の完成が考えられる。これらのいずれであるかによって，問題となる事柄に異なるところがある。

(2) はじめに，Aが，Bの占有開始時から20年の経過による時効の完成を主張する場合について，検討する。

この場合，Aは，①1981年8月のある時点でBが甲を占有していたこと[4]，②1987年5月6日にBが死亡したこと，③AはBの相続人であること，④現在Aが甲を占有していること[5] を，主張立証すればよい。本事例においては，①に関して厳密にどの時点であるかを別にすれば，これらの事実は認められる。

(3) そこで，Eが，取得時効の完成を妨げる事実を主張立証することになる。本事例において具体的に考えられるのは，Bの所有の意思の不存在を主張立証して争うことである。

所有の意思の不存在を根拠づける方法は，一般的には2つある。1つは，占有取得の原因が他主占有権原であると示すことである。もう1つは，占有に関する外形的・客観的諸事情（他主占有事情）から所有の意思の不存在を根拠づけることである。本事例では，Bの占有取得の原因として具体的に考えられるのは，自主占有権原である贈与しかない。したがって，Eとしては，他主占有事情の主張立証により，Bの所有の意思の不存在を根拠づけるほかない。

他主占有事情とは，真の所有者であれば通常とらない態度をとったことや所有者であれば当然とるべき行動に出なかったことなど，占有者が「外形的客観的にみて占有者が他人の所有権を排斥して占有する意思を有していなかったものと解される事情」をいう[6]。他主占有事情にあたりうる具体的事実の代表的なものとして，占有者が所有登記名義人に対して移転登記手続を求めなかったことや，当該不動産に課される固定資産税を負担していなかったことがある。

---

4) 本文(1)において述べたように，Aとしては，開始時の占有として任意のある時点での占有を主張立証すれば足りる。しかしながら，Eがそれに先行する時点での占有を主張立証すれば，結局，その時点が時効の起算点となる。そこで，以下では，説明が意味なく複雑になることを避けるために，Aが実際の占有開始時における占有を主張立証することとする。

5) 厳密には①から20年経過時における占有であるが，現在の占有をいえば，20年経過時の占有が主張立証される。

6) 最判昭和58・3・24民集37巻2号131頁。

そのほか，本事例における甲のような農地の譲渡の場合には，農業委員会の許可がなければ所有権は移転しないため（農地3条1項），占有者がこの許可の申請に向けた行為をしなかったことも，他主占有事情になりうる。そして，本事例のBについても，これらの事実が認められうる。BがCまたはEに移転登記手続を求めた事実は，現れていない。また，Aが甲にかかる固定資産税を納めていなかったのは納税通知書の送付を受けなかったためと解されるので，そうであれば，Bも同様であったと推測される。さらに，Bが甲の所有権取得につき農業委員会の許可[7]を得るための行為をしたという事情は現れていない。もっとも，Bが甲を取得した原因が贈与であったとすれば，BとCは兄弟であり，贈与の当時Cに健康上の問題があったこと，しばらくしてB自身も体調を崩したことを考慮すれば，Bは移転登記手続を求めるのが当然であり，これを求めないことは所有者として不自然であるとまでいえるかには，疑問がある。農地移転の許可の申請がされなかったことについても，同様である。また，固定資産税を支払っていないことも，Bは少なくとも乙にかかる固定資産税を納付していたと思われるところ，課税額の内訳は必ずしも明らかでないこと，農地については宅地等と比べて税率が相当低い[8]ことから，Bも，Aと同様に甲にかかる固定資産税を負担していると誤信していた可能性がないとはいえない。したがって，上記事情のみによってBの所有の意思の不存在が根拠づけられるとはいい難いように思われる[9]。

(4) Bにかかる他主占有事情についてこのように評価するならば，本事例では時効中断事由にあたる事実が現れていない（Dが甲で耕作をしていたことは，B・Aとの使用貸借に基づくものと解され，B・Aの占有喪失にあたらない）ことから，Bの占有開始時から20年の経過による取得時効の完成は認められる。したがって，Aがその後に時効の援用をしたことも主張立証すれば，Aが甲を時効により取得したと認められる[10]。

---

7) 農地の譲渡による所有権移転の許可の申請は，「当事者」すなわち譲渡人と譲受人が共同ですることになる（農地3条1項柱書本文，同法施行規則10条1項柱書本文）。
8) もっとも，三大都市圏にある農地には宅地並み課税がされるものもある。
9) このような判断に関して，最判平成7・12・15民集49巻10号3088頁を参照。
10) 本文前出のとおり，農地の譲渡等による所有権移転には農業委員会の許可が必要であり，この許可がなければ所有権移転登記もされない。それに対し，時効による所有権の取得については，農業委員会の許可を要しないとされている（最判昭和50・9・25民集29巻8号1320頁）。

(5) (2)に挙げた①〜④に加えて，⑤占有開始の当時，Bに（186条2項参照）甲を自己の所有と信ずるにつき過失がなかったと認められるならば，期間10年の取得時効（以下，「短期取得時効」ということがある）の完成が認められる。

この点については，甲が一般の不動産であれば，B・C間での甲にかかる贈与契約の締結，Cが甲の所有登記名義人であったこと，Bがその契約の履行として甲の引渡しを受けたことが主張立証されたならば，特段の事情のない限り，Bの無過失が認められる[11]。ところが，農地については，譲渡による所有権移転には原則として農業委員会の許可を要することが法定されている。このため，農地の譲受人がこの許可を得ていない場合には，特段の事情がない限り，無過失とはいえないとされている[12]。そして，本事例において，甲のCからBへの所有権移転につき農業委員会の許可があった事実は現れていない。したがって，Bの占有開始時を起算点とする短期取得時効の完成は認められない。

3 Aの占有開始時から20年または10年の経過による取得時効の完成

(1) 187条1項は，相続による占有の承継の場合にも適用される[13]。そのため，Aは，自己の占有のみを主張することもできる。この場合，相続による占有の観念的承継が認められるため[14]，Aは，Bが死亡した時（1987年5月6日）に占有を開始したことになる。そこで，Aは，①1987年5月6日以前においてBが甲を占有していたこと，②1987年5月6日にBが死亡したこと，③AはBの相続人であること，④Aは現在甲を占有していることを主張立証すれば，取得時効の完成を根拠づけることができる。

本事例において，Eに提出しうる抗弁はない[15]。そのため，Aが時効の完成後に時効の援用をしたことも主張立証すれば，Aは甲を時効により取得し

---

[11] 大判大正15・12・25民集5巻897頁を参照。
[12] 最判昭和59・5・25民集38巻7号764頁。
[13] 最判昭和37・5・18民集16巻5号1073頁。
[14] 最判昭和28・4・24民集7巻4号414頁。
[15] Bの占有が他主占有であったならば，Eは，Aの主張する占有が他主占有者の相続によるものであることを抗弁とすることができる。そのために，Eは，Bの他主占有権原または他主占有事情を主張立証すればよい。Eのこの抗弁が成り立つ場合には，1988年7月にAが現実に開始した占有が所有の意思をもってするものと認められるときに，取得時効が完成しうることになる（最判昭和46・11・30民集25巻8号1437頁）。もっとも，ここでは，本文2(3)において述べた

たと認められる。なお、この場合、取得時効は、2007年5月6日の満了をもって完成する。

(2) (1)に挙げた①〜④に加えて、⑤占有開始時のAの無過失が主張され、根拠づけられたならば、取得時効は1997年5月6日の満了をもって完成したことになる。

162条2項の無過失とは、占有者がその物を自己の所有に属すると信じたこと（善意）についての無過失である。したがって、Aにおいて、相続開始の当時、甲が相続財産に属すると信じたことについて過失がなかったと認められる必要がある。この点については、Bの生前に、AがBから甲取得の経緯を聞かされていたこと、Bは甲の所有者であるかのように振る舞っていたこと、そのことに関して具体的に争いがあったとの事実は現れていないことなどから、Aの無過失が認められると思われる。

III 所有権の取得時効の効果

(1) Aが甲を時効によって取得すると、それまで甲を所有していたEは、その所有権を失う[16]。したがって、【設問1】のAのEに対する請求は認められる。

(2) 時効による所有権の取得は原始取得とされている[17]。原始取得においては、承継取得と異なり、取得された物に前主のもとで存在していた負担や責任が、当然には承継されない。そうすると、そのような負担や責任がどのような場合に消滅し、どのような場合には消滅しないのかが、問題になる。本事例においては、Fの地上権、G・Hの抵当権の帰趨が問題になる。

ことにより、EがBの他主占有権原と他主占有事情のいずれについても立証に成功しないものとしておく。

16) 時効の効果は起算日に遡る（144条）から、厳密にいえば、Aが自己の占有のみを主張した場合にはEが甲の所有権を失うが、Bの占有の承継を選択した場合には、Cが甲の所有権を失い、Eは、甲を相続しておらず、はじめから無権利であったことになる。もっとも、現実には、Aの時効取得が認められるまでEが甲の所有者である。また、IVで扱う「取得時効と登記」の判例法理も、このような考えを前提としている。

17) 大判大正9・7・16民録26輯1108頁、我妻・講義I 481頁。また、その意味の詳細な分析につき、道垣内弘人「時効取得が原始取得であること」法教302号（2005年）46頁以下。

これについては，継続した占有の状態を基礎に権利を認めるという取得時効の制度趣旨から，占有の態様によって定まるとするのが通説である[18]。占有の態様が所有権以外の権利も排除したものであったならば，時効取得者にその権利の制約がない所有権を取得させるために，その権利は消滅する。占有の態様が所有権以外の権利を排除したものとはいえないときには，その権利の制約つきの所有権が時効取得される。

本事例において，Fの地上権については，Aは，自己の占有のみを主張する場合には占有開始の当初から，Bの占有を承継する場合には占有期間の途中から，その地上権を容認している。時効は，時効期間の全部を通して継続した事実状態を保護するために法律効果を認めるものであるから，時効取得によって所有権以外の権利の消滅が認められるためには，その権利を排除した占有が時効期間の全部を通して継続する必要があると解される[19]。したがって，Aが，Bの占有開始から20年，自己の占有開始から20年または10年のいずれによる取得時効の完成を主張する場合であっても，取得時効の効果としてFの地上権が消滅することはない。

もっとも，時効の起算点の任意選択が認められるならば，本件水路部分が事実上廃用となったことが明らかである1999年春以降のいずれかの時点を起算点として選択すれば，取得時効の効果としてFの地上権の消滅が認められることになる。しかしながら，時効の起算点は占有開始の時に固定されるとするのが，確立した判例である。

(3) GやHの抵当権については，これと異なる考慮が必要になる。抵当権は占有を伴わない観念的な権利であるため，占有の客観的状態から抵当権を排斥した占有か否かを判断することができないことと，抵当権については397条の規定があるからである。

397条については，異なる2つの見解がある。1つは，397条は，抵当不動

---

18) 我妻・講義Ⅰ 481頁，道垣内・前掲注17) 46頁。
19) 鳩山秀夫『法律行為乃至時効』（巌松堂書店，1915年）679頁。また，道垣内・前掲注17) 50頁以下も参照。
20) 新版注釈民法(9) 658頁［柚木馨＝小脇一海］，我妻・講義Ⅲ 422頁以下。
21) 大判昭和15・8・12民集19巻1338頁，最判昭和43・12・24民集22巻13号3366頁，最判平成24・3・16民集66巻5号2321頁参照。

産の時効取得の効果として当然のことを規定したものであり，同条の意義は，占有者が債務者または抵当権設定者である場合を除外した点にあるとする見解である。これが通説[20]であり，判例もこの理解を前提としていると解される[21]。もう1つは，397条は，抵当権が被担保債権と独立に時効によって消滅することを定めたものであるとする見解[22]である。

2つの見解は，例えば，占有開始時における抵当権の存在について占有者に悪意または過失が認められる場合や，占有継続中に占有者が抵当権の存在を認識し，または認めていた場合に，違いを生じうる。

前者の見解による場合には，抵当権の存在はその目的不動産の所有権の取得を妨げるものではないから，抵当権の存在についての占有開始時における占有者の悪意または過失は，占有者が目的不動産を自己の所有に属すると無過失で信じることと両立する。したがって，占有者が所有権に関して善意無過失であるときは，抵当権の存在についての主観的態様に関わらず，162条2項による取得時効の完成が認められる。そのうえで，時効により取得された所有権が抵当権の負担を伴うか否かは，占有の態様が抵当権の存在を排斥していたものか否かによって定まる。もっとも，この場合における占有の態様の判断は，抵当権が占有を伴わない権利であるため，難しい。これについては，占有者が抵当権の存在を容認していた場合には，取得時効の効果として抵当権が消滅することはないとするのが通説[23]であり，この旨を述べた近時の最高裁判決[24]がある。もっとも，占有者はどのような場合に抵当権の存在を容認していたことになるのか[25]，観念的な権利である抵当権の容認が占有の態様を定めることになるのかなど，なお明らかでない点がある。

これに対し，後者の見解による場合には，抵当不動産にかかる取得時効の完成は，その不動産の取得の要件としてではなく，抵当権の消滅時効の要件として問題になるから，時効期間は，占有者の占有開始時における抵当権の存在に

---

22) 注釈民法(5)236頁[安達三季生]，星野英一『民法概論(2)』（良書普及会，1983年）293頁，道垣内・担保物権法230頁。
23) 新版注釈民法(9)659頁[柚木＝小脇]。
24) 前掲注21)最判平成24・3・16。
25) 例えば，占有者が抵当権の存在を認識しつつ，抵当権の主張が何らされていないため異議を唱えない場合はどうか。一方で，放置をもって容認とみることは，一般的にいえば適当ではない。他方で，とはいえ，抵当権を排除した占有ともいえそうにない。

ついての主観的態様によって定まることになる[26]。すなわち，占有者が占有開始時に抵当権の存在につき善意無過失の場合に時効期間は10年となるが，そうでなければ20年となる[27]。そして，この見解による場合，抵当権の存在につき悪意で始まった占有によっても20年の経過で抵当権は時効消滅するから，期間の途中で占有者が積極的に抵当権を承認したり，抵当権の存在を確認する判決があったりするなど，抵当権の消滅を妨げる特段の事由がない限り，取得時効の完成に必要な期間の占有の継続により抵当権の消滅時効は完成すると解される[28]。

もっとも，本事例においては，G・Hの抵当権はBまたはAの占有の開始後に設定されており，Aは，時効期間が満了するまでそれらの抵当権の存在を知らなかった。したがって，いずれにせよ，取得時効の効果が認められるのであれば，その取得時効の効果として，または397条によって，G・Hの抵当権は消滅する。

Ⅳ　取得時効と登記

1　判例準則

(1)　そうすると問題になるのは，G・Hの抵当権との関係で，取得時効の効果が認められるかどうかである。本事例では，Aが自己の占有のみを主張した場合には，1997年5月6日の経過により[29]，Bの占有の承継を選択した場合には2001年8月頃に，取得時効は完成している。Aがその後に時効の援用をすれば，取得時効の効果が認められる。もっとも，不動産の時効取得の主張についても，177条の適用があるとするのが判例である。しかも，この適用に

---

[26]　注釈民法(5) 236頁［安達］，道垣内・担保物権法230頁。
[27]　もっとも，占有者が抵当権の対抗を受けるのは，その抵当権が登記されている場合だけであり，その場合には，少なくとも占有者の過失が認められると解される（道垣内・担保物権法230頁）。
[28]　占有者が抵当権の存在を認識しつつ異議を唱えなかったことによって，抵当権の消滅が妨げられることはない。
[29]　Aが占有開始時の無過失を根拠づける事実の主張立証を行わない場合であっても，GまたはHがその主張立証をすることは認められると考えられる。時効期間につき占有者の選択にゆだねる旨の規定は存在しないこと，時効期間を10年とすることが時効の効果の主張を受ける者にとって有利になることがあること（例えば，期間20年であれば時効完成の当事者になるところ，期

ついては，判例により独特の準則が形成されている。そのため，G・Hの抵当権の帰趨については，この判例準則に照らした検討が必要となる。

(2) 「取得時効と登記」に関する判例準則は，次のように整理される。

①時効取得は原始取得であるものの，その取得によって時効完成時の所有者が権利を失うことから，時効取得者と時効完成時の所有者は承継取得の「当事者」と同様の関係にある。したがって，時効完成時の所有者に対しては，登記がなくても時効取得を対抗することができる[30]。このことは，時効完成時の所有者が，時効取得者の占有開始後に目的不動産を取得した者であっても異ならない[31]。

②時効完成後に目的不動産を取得した第三者に対しては，登記がなければ時効取得を対抗することができない[32]。

③時効期間は，時効の基礎となる占有の開始時点を起算点として計算することを要し，時効援用権者が時効の起算点を任意に選択して，時効完成の時期を早めたり遅らせたりすることはできない[33]。これは，上記①と②の区別の実効性を保つための準則である。

④時効完成後の第三取得者が登記を備えた後も時効取得者が占有を継続している場合には，第三取得者の登記具備の時点を起算点として新たに取得時効の進行が開始し，その取得時効期間の満了により，新たな取得時効の完成が認められる[34]。この場合，時効取得者と第三取得者との関係は，①～③の準則によって処理される。

2　時効取得 vs. 抵当権

(1)　以上の判例準則は，占有者と目的不動産の原所有者または第三取得者と

　　　間10年であれば時効完成後の第三者になり，時効取得の主張に対して対抗要件の抗弁を提出することができる場合），そうであれば占有者に時効期間の選択を認めることは占有者に時効完成の時期の選択を認めることになることが，その理由である。そこで，以下では，Aはその占有開始の時において無過失であったと解されることから（Ⅱ3(2)参照），期間10年の時効のみを問題とする。

30)　大判大正7・3・2民録24輯423頁。
31)　前掲注17)大判大正9・7・16，最判昭和41・11・22民集20巻9号1901頁ほか。
32)　大連判大正14・7・8民集4巻412頁，最判昭和33・8・28民集12巻12号1936頁。
33)　前掲注2)最判昭和35・7・27。
34)　最判昭和36・7・20民集15巻7号1903頁。

の関係に焦点をあてたものである。そのため，この判例準則が目的不動産について他の権利を取得した者との関係でどこまで妥当するのかが，問題になる。本事例では，G・Hの抵当権との関係である。

(2) この問題に関して，近時の最高裁判決が2つある。最判平成15・10・31 判時1846号7頁（以下，「平成15年判決」）と前掲注21)最判平成24・3・16（以下，「平成24年判決」）である。

2つの判決の事案は，次の点で共通している。すなわち，不動産（丙）につきXの取得時効が完成した後に，Yが原所有者Zから抵当権の設定を受け，その登記を備えた。Xはその後も丙の占有を継続し，Yの抵当権設定登記の時から起算した取得時効期間が満了した。この場合に，Xが，再度の取得時効の効果としてYの抵当権の消滅を主張した。

もっとも，2つの判決の事案は，次の点で異なっていた。すなわち，平成15年判決においては，Xは，Yの抵当権設定登記がされた後にもとの取得時効の援用をして所有権移転登記を備えており，その後にYの抵当権設定登記時を起算点とする再度の時効取得を主張していた。それに対して，平成24年判決では，Xは，同じくYの抵当権設定登記時を起算点とする取得時効の援用をしたが，それ以前にもとの取得時効の援用をしていなかった。

このような事案において，平成15年判決は，Xの主張を認めなかった。Xは，登記を了した「時効の援用により確定的に」所有権を取得しているから，「起算点を後の時点にずらせて」再度の時効完成を主張することは許されない（つまり，準則③に反する），というのがその理由である。

それに対し，平成24年判決は，Xの主張を認めた。同判決では，その理由として，この場合には，「占有者は，自らが時効取得した不動産につき抵当権による制限を受け，これが実行されると自らの所有権の取得自体を買受人に対抗することができない地位に立たされ」る。占有者と抵当権者との間のこのような権利の対立関係は抵当権設定登記がされた時に生じると解されるところ，このような事態は，時効完成後に「不動産が第三者に譲渡され，その旨の登記がされた場合に比肩する」ことが挙げられている。

以上より，「取得時効と登記」に関する上記1の判例準則は，抵当権との関係でも基本的に妥当するものとされているということができる。

(3) そこで，上記1の判例準則に従うとするならば，【設問2】は次のよう

になると解される。

　AがBの占有の承継を選択した場合には，時効の完成は2001年8月頃である。この場合，Gの抵当権は，時効完成前に設定されていたことになるから，Aの時効の援用により消滅する。Aは，この効果を，時効を原因とする登記をしていなくても主張することができる（準則①）。これに対し，Hの抵当権は，時効完成後に設定され，登記されたものである。そのため，Aは，時効取得を，登記を得ていないためHに対抗することができない（準則②）。また，Aは，Hの抵当権設定登記後も甲の占有を継続しているが，その期間は5年強であり，再度の取得時効は完成していない。

　Aが自己の占有のみを主張した場合には，1997年5月6日の経過により時効が完成している。この場合，GもHも，時効完成後の抵当権取得者である。そうすると，Aは，この時効取得については，登記を得ていないため，G・Hに対抗することができない（準則②）。しかしながら，Aは，G・Hの抵当権設定登記後も甲の占有を継続しており，時効期間を10年とするならば[35]，2011年6月6日の経過によりGの抵当権設定時を起算点とする再度の取得時効が完成している。そこで，Aが，1997年5月完成にかかる時効の援用をしておらず，2011年6月完成にかかる時効の援用をしたのであれば，Gの抵当権は消滅する（平成24年判決が認める準則④の適用）。Hの抵当権も，2011年6月完成にかかる時効に関しては時効完成前に取得された権利であるから，準則①がそのまま適用されるのであれば，消滅する。そうであれば，この場合には，Aの第三者異議の訴えが認められる。

　これに対し，AがEに対する訴訟に勝訴して移転登記を得ていた場合には，Aは，1997年5月完成にかかる時効か，2001年8月頃完成にかかる時効のいずれかによって，甲の所有権を確定的に取得している。この場合には，Aは，Gの抵当権設定時を起算点とする再度の時効完成を主張することができない（平成15年判決）。そのうえで，2001年8月頃完成にかかる時効であれば，Gの抵当権の消滅は認められる。それに対し，1997年5月完成にかかる時効の場合には，Aの所有権取得はG・Hの抵当権取得に登記において後れるため，G・Hの抵当権の消滅は認められない。

35）　Ⅲ(3)参照。

(4) もっとも，平成15年判決および平成24年判決によるこのような処理には，次の疑問がある。

まず，平成15年判決の事案と平成24年判決の事案において，再度の時効完成の主張が認められるか否かが異なる点である。確かに，上記1の判例準則を抵当権についても適用すれば，異なる結論となることはありえよう。しかしながら，占有者と抵当権者の間の実質的な利益状況は，2つの事案で全く異ならないといってよいはずである。そうであるのに，占有者がする法的主張の順が違うだけで結論が正反対になることは適当か，という疑問がある。

つぎに，時効完成後に抵当権設定登記がされたことをもって，第三取得者が所有権移転登記をしたことに「比肩する」事態と評価することにも，疑問がある。平成24年判決は，抵当権の実行にいたる場合を考えれば抵当権設定登記の時点で時効取得に相容れない処分がされていると捉えうることを，その理由としている。しかしながら，第三取得者が所有権の登記を備えた場合には，その時点で，それまでは援用をして登記を備えれば確定的な所有権取得の原因になるはずであった取得時効の完成が，法的に無意味になる。そこで，事実としては継続している占有であっても，その時点から，法的には全くの無権利者による新たな占有が開始されたとみられることになり，再度の時効の完成が考えられる。それに対して，抵当権設定登記がされただけでは，それ以前の取得時効の完成が法的に無意味になるわけではない。その後に時効の援用をして登記を備えることにより，抵当権の負担つきではあるものの，すでに完成していた時効の効果として所有権を確定的に取得することができる。そうであれば，準則④の適用の前提が欠けていることになる[36]。

さらに，これと重なる面もあるが，時効完成後の抵当権設定登記時からの再度の時効取得を認めることは，過大な結果を生ずることがある。時効完成後に抵当権設定登記がされても，その後に，本事例におけるＨのような後順位抵当権者や，場合によっては目的不動産の第三取得者が現われ，登記を備えることがある。そのような場合に，時効完成後にされた現存する最も古い抵当権設定登記の時を起算点とする再度の時効取得を認めると，準則①により，その時効の完成前に現れていた後順位抵当権者や第三取得者も，時効取得の反射的効

---

[36] 内田Ⅰ 454 頁。

果として権利を失うことになる。しかしながら，占有者は，抵当権設定登記がされても，その前に完成していた時効を原因とする登記を備えることができ，その登記により後順位抵当権者や第三取得者の出現を防ぐことができたはずである。時効完成後の抵当権設定登記の時を起算点とする再度の時効取得を認めることは，本来準則②によって定められるべき時効取得者と時効完成後の後順位抵当権者・第三取得者との間の優先劣後の関係を，逆転させる結果になる。

　以上によるならば，時効完成後の抵当権設定登記時を起算点とする時効につき仮に397条を適用するとしても，その効果は当該抵当権の消滅にとどまると解すべきではないか，と思われる。

V　おわりに

　以上においては，取得時効の完成の要件についても，「取得時効と登記」の問題についても，判例を前提として解説・検討をおこなった。もっとも，これらの問題についての判例には根本的な批判があり，その批判を前提とする有力な反対学説も存在する。紙幅の関係もあり，そういった批判や反対学説にはほとんど触れることができなかったが，反対学説によれば本事例はどのように解されるべきかを読者諸氏において検討されることを期待する。

4 「そんなの，絶対，認めない！」

●事例

　A（77歳）は，丘の中腹にある自宅（その建物を甲，土地を乙とする）に住んでいた。夫とともに懸命に働いて手に入れ，一男一女を育てあげた家であり，Aは，この家に強い愛着をもっていた。ただ，子2人が独立し遠方に住むようになり，夫に先立たれてひとり暮らしになってからは，その広さが孤独感をいっそう増すこともあった。また，膝を悪くしてからは，外出のたびに急な坂道を上り下りしなければならないことがつらかった。

　そんなあるとき，Aは，日ごろ何かと気を配ってくれる甥Bから，乙付近の地盤に問題があり，集中豪雨があると急に崩落するところもあるらしいと教えられ，専門家に調べさせようかと，もちかけられた。Aは，近くに住むBを普段から頼りにしており，また，Bが不動産業を営んでいることもあって，この申し出を受け入れた。後日，Bは，Cら3人を連れてA宅を訪れ，建設コンサルタント会社の者であるとAに紹介した。Cらは，ボーリング調査らしきことを行った。2週間後，Cが，BとともにA宅を再訪し，Aに，「調査報告書」と題する書面を手渡し，対策を講じなければ乙に地盤崩壊の可能性があること，その対策には2000万円程度の費用を要することを告げた。しかし，実際には，これらすべてが，Aに甲と乙を売却させるためのBの偽計であった。

　途方に暮れるAに，Bが，甲・乙の相場価格はあわせて4500万円程度であるが，崩壊対策費がかかるので3000万円でなら購入してもよい，転居先も手配すると申し出た。Aは，子らに事情を話して相談のうえ，Bの申し出を受けることにした。Aは，Bから，急な話なので，代金のうち300万円はすぐに支払うが，残りは3か月後に支払うことにしてほしいと頼まれ，これを了承した。2011年11月18日に，Aは，Bが用意した契約書に署名押印し（以下，「本件売買契約」），Bから300万円を受け取り，Bに委任状・実印・登記済証・印鑑証明書を交付した。Bは，これらを用いて，甲と乙につき所有権移転登記手続をした。また，Aは，同月21日に，Bが仲介した借家に転居し，甲・乙をB

に明け渡した。

　Bは，2012年3月1日になっても残代金の支払をしなかった。Aが支払を求めたところ，Bは，もう1か月待ってほしいと言い，同年4月15日には，さらにもう1か月待ってほしいと言った。Aは，子らとも相談のうえ，同月20日に，Bに対して，「今月中に2700万円を支払うか，そうでなければ，300万円を返すので，家を返してほしい。」と伝えた。しかし，その後も，Bは，2700万円の支払も甲・乙の返還もしなかった。同年6月10日に，Aの長男がBに会い，事情を厳しく問い質していたところ，前記地質調査等はBの偽計であったことが発覚した。これを伝え聞いたAは，同日，Bに対し，「ひどいじゃないの。危なくないと知っていたら，売らなかったわ。すぐに返しなさい。」と述べた。しかし，Bは甲・乙を明け渡さず，甲・乙いずれについても所有権移転登記の抹消登記手続もしていない。また，甲にはDのための抵当権設定登記（2011年12月1日付）が，乙にはEのための抵当権設定登記（2012年5月15日付）とFのための抵当権設定登記（2012年6月14日付）が，それぞれされている。いずれの登記も契約締結日にされており，契約締結の当時，Dは，Bの前記偽計を知らなかった。Eは，Bの偽計は知っていたが，AがBに甲・乙の返還を求めている事実は知らなかった。Fは，Bの偽計を知ったAが怒って甲・乙の返還をBに求めている事実を知っていた。

　Aは，Bに対し甲・乙の返還と所有権移転登記の抹消登記手続を，D・E・Fに対し上記各抵当権設定登記の抹消登記手続を請求した。AのD・E・Fに対する請求は認められるか。

● CHECK POINT

□ 契約の解除と第三者
□ 詐欺取消しと第三者
□ 錯誤無効と第三者

● 解説

I はじめに

AのD・E・Fに対する請求は、所有権に基づく請求である。

この請求に対し、D・E・Fは、本件売買契約によるAの所有権喪失をもって争うことになる。

これを受けて、Aには、3つの争い方がある。本件売買契約の解除（以下、「本件解除」）、本件売買契約の意思表示の詐欺取消し（以下、「本件取消し」）、本件売買契約の意思表示の錯誤無効である。

Aによる契約の解除、詐欺取消しまたは錯誤無効の主張が成り立つ場合には、ついで、D・E・Fとの関係でAのそれらの主張が認められるか、あるいは、D・E・Fがそれらの効果のAによる主張を認めないとして争うことができるかが、問題になる。

以下では、本件売買契約の効力について簡単に触れたうえで、Aによる本件解除等またはそれらの効果の主張がD・E・Fとの関係で認められるかを検討する。

II 本件売買契約の効力

(1) はじめに、Aによる本件解除の主張は成り立つか、である。

ここでは、Bの代金債務の履行遅滞が問題となっており、541条に基づく解除となる。この解除の効果が生じるための要件は、解除権発生の要件たる①履行期の経過、②その後の履行の催告、③その催告の時からの相当期間の経過と、

④解除の意思表示（540条1項）である（ただし、④の意思表示が効力を生ずる前に履行がされれば、解除の効果は生じない）。本件では、残代金の支払期日である2012年2月18日を過ぎている（①）。また、2012年4月20日にAが「今月中に……」とBに伝えたことは、履行の催告（②）と履行がない場合の契約解除の意思表示（④）にあたる。そして、支払猶予期間としての10日間は、本件事情の下では相当な期間と解される（また、その経過前にBは残代金の支払をしていない）から、本件売買契約は、その10日間が経過した（③）2012年5月1日に、解除されたと認められる。

　(2)　つぎに、Aによる詐欺取消しの主張は成り立つか、である。

　詐欺をしたBは契約の当事者であるから、この取消しの効果が生じるための要件は、取消権の発生要件たる①相手方の詐欺（故意の違法な欺罔行為）、②その詐欺による意思表示と（96条1項）、③取消しの意思表示（123条）である。Bの偽計は、Aに甲・乙売却の意思表示をさせる目的でされており、本件売買契約はAに重大な不利益を被らせるものであるから、詐欺にあたる（①）。また、Aがこの詐欺により甲・乙売却の意思表示をしたことは明らかである（②）。そして、2012年6月10日のAの「ひどいじゃないの。……」というBに対する発言は、Aの取消しの意思表示にあたると解しうる（③）。したがって、本件売買契約におけるAの意思表示は、同日取り消されたと認められる。

　(1)において述べたように、Aは、2012年4月20日に契約解除の意思表示をし、同年5月1日には解除の効力が生じたと考えられる。この場合に、その後にされた契約取消しの意思表示に効力が認められるのだろうか（Aによる錯誤無効の主張についても同じ問題がある）。解除の効果の理解の仕方については、いくつかの考え方がある[1]。判例[2]は、解除により契約の効力が初めから失われるとする立場（直接効果説）であると解されている。これによると、すでに効力が失われている契約についての取消しが認められるのかどうか（本事例でいえば、Aによる詐欺取消しの主張に対して、EまたはFがそれに先立つAの契約解除によって争うことができるかどうか）が、問題になりうる。

---

1)　これについては、山本・講義IV-1 193頁以下を参照。
2)　例えば、大判大正6・10・27民録23輯1867頁は、原状回復義務は不当利得返還義務であるとし、大判大正6・12・27民録23輯2262頁は売買につき、大判大正8・4・7民録25輯558頁は贈与につき、所有権は解除により譲渡されなかったことになるとする。

これについては，次のように考えられる。
　解除は契約の有効な成立を前提とするのに対し，取消しは契約の有効な成立を否定するものであり，両者は趣旨を異にする制度である。また，解除と取消しとでは効果に異なるところがある[3]ため，解除後の取消しを認める実益もある。そして，解除の意思表示をしたことは，取消権放棄の意味を当然に含むとはいえない[4]。さらに，契約の相手方や第三者には，解除後の取消しから守られるべき利益が一般的にあるとはいえない。したがって，解除後の取消しも認められると解すべきである。
　(3)　最後に，Aによる錯誤無効の主張は成り立つか，である。
　錯誤による意思表示の無効の要件は，法律行為の要素に錯誤があることである（95条本文）。もっとも，錯誤無効の要件については種々の見解がある[5]。本事例におけるAの錯誤はいわゆる動機錯誤であるが，動機錯誤による意思表示の無効のためには，動機が表示されて意思表示の内容になったと認められることを要するとするのが判例であるとされている。どのような場合に動機が表示されて意思表示の内容になったと認められるのかについても考え方は分かれているが[6]，本件売買契約における甲・乙の売買代金は，Aの誤信の対象である地盤崩壊の危険性をAとBがともに前提として定めたものであることから，Aの動機はBに少なくとも黙示されており，かつ，A・B間の意思表示の内容になっていると認めてよいと思われる。そして，この錯誤は売買代金額を相場額よりその3分の1にあたる1500万円程度も低下させた原因であり，極めて重大なものといえる。したがって，Aによる錯誤無効の主張も成り立ちうるであろう。

---

3) 例えば，本事例でまさに問題となるように第三者に対する効果の主張のほか，当事者間の返還義務に違いが生じうる（給付の返還の範囲につき，解除については原物またはその価値の全部返還であるのに対し，取消しについては取消原因により利得消滅の抗弁が認められる。利息・使用利益・果実の返還についても違いがありうる）。
4) 541条による解除の場合，解除権者が取消原因の存在を知りつつ履行の催告をしたときには，125条2号により法定追認となる可能性がある。それ以外の場合でも，解除の意思表示をした者が意思表示の当時に取消原因の存在を知っていた場合には，その者は取消権を放棄したと認められることもあるだろう。
5) 例えば，佐久間・基礎1 153頁以下。
6) 佐久間・基礎1 154頁以下。

III 解除と第三者

Aは，2012年5月1日に本件売買契約を解除したと認められても，それによって「第三者の権利を害することはできない」(545条1項ただし書)。この規定の意味は，解除の効果をどのように解するかによって異なる[7]。直接効果説からは，解除前に現れた第三者（「解除前の第三者」）を解除の遡及効による地位の喪失から守るための特別の規定と解されている（α説）。それに対し，解除の効果は遡及しないとする立場からは，その旨を注意的に規定したものとなる。なお，後者の立場には，次の2つがある。1つは，解除の時に所有権は売主に復帰する，とする見解である（以下，β説）。もう1つは，解除は当事者間に原状回復義務を生ずるのみであり，所有権は原状回復義務たる所有権移転義務の履行によって売主に復帰する，とする見解である（以下，γ説）[8]。

1 解除前の第三者との関係

本事例において，本件解除の前に，本件売買契約により給付された甲に抵当権を取得したDは，解除前の第三者にあたる[9]。このDに対するAの請求は，α説・β説・γ説のいずれによっても認められない。α説によれば，Dが解除前の第三者であるため，545条1項ただし書により，AからBへの甲の所有権移転の消滅に遡及効が認められないからである（その結果，Aには，Dの抵当権が設定された甲が復帰することになる）。β説によれば，Aは，Dの抵当権が設定された甲を取得することになるからである。γ説によれば，Aは，Bから所有権移転義務の履行を受けていない段階[10]では甲の所有権を有しないから

---

7) 以下では，解除に関する一般論の説明においても，売買契約の解除を例にとる。
8) β説，γ説によると，本来，売買契約の解除を原因としてされる登記は，売買契約を原因とする所有権移転登記の抹消登記ではなく，移転登記であるべきことになると思われる。しかし，以下では，この点にはこだわらない。
9) 第三者の登場時期が解除の前後いずれである場合についても，第三者は545条1項ただし書によって保護を受けるために登記を備えている必要があるかにつき考え方の対立がある。もっとも，本事例では，D・E・Fはいずれも抵当権設定登記を得ているから，この点を問題にする必要はない。
10) 解除を原因とする登記がされることによって，所有権移転義務は履行されることになると考えられる。

であり，その義務の履行を受けたとしても，Dの抵当権が設定された甲を取得することになるからである。

2 解除後の第三者との関係

これに対し，EとFは，本件解除の後に現れた第三者（以下，「解除後の第三者」）である。

(1) a説に立つとされる判例においては，解除による所有権移転の消滅は，177条により，登記をしなければ解除後の第三者に対抗することができないとされている[11]。もっとも，解除後の第三者が，その主観的態様のゆえに177条の第三者に該当しないとされる場合は，別である。そして，177条の第三者に関して，判例は，実体法上物権変動があった事実を知る者において，その物権変動につき登記欠缺を主張することが信義に反すると認められる事情のある場合に，この第三者（「背信的悪意者」）は177条の第三者に該当しないとしている[12]。

これによると，本事例におけるEは，本件解除が自己の抵当権取得に先行することを知らないから，177条の第三者から除外されることはない。したがって，AのEに対する請求は認められない。Fも，抵当権設定契約の当時，本件解除については知らなかったから，解除を原因とする物権変動については悪意者とはいえない。ただ，Fは，本件取消しの事実は知っていたから，自己の抵当権取得に先行してAからBへの甲の所有権移転が消滅したことを知っていたことになる。そのため，Aとしては，Fに対しては，本件取消しにより争うことが考えられる（Ⅳ(2)参照）。

判例に対しては，解除による物権の遡及的消滅を認めるならば，解除後の第三者は無権利者との間で権利取得行為をしたことになるはずであり，177条の第三者に該当しない，とする批判がある。このように批判する立場からは，直接効果説によるのであれば，解除後の第三者の保護は94条2項の類推適用によって図られるべきである，とされている[13]。これによると，本事例におけ

---

11) 大判昭和14・7・7民集18巻748頁，最判昭和35・11・29民集14巻13号2869頁。
12) 最判昭和31・4・24民集10巻4号417頁，最判昭和40・12・21民集19巻9号2221頁。背信的悪意者排除論に対しては学説上批判も強いが，その点には立ち入らない。
13) 例えば，内田Ⅰ450頁。

るEとFの主観的態様については，Fは，乙についてのB所有名義の登記が真実に反することを知りつつ抵当権の設定を受けているから，悪意の第三者であるのに対し，Eは，(Bの偽計を知っていたとはいえ)Bに所有権がないことを知らなかったから，94条2項類推適用に関しては善意の第三者である。もっとも，本事例においては，Aは，本件解除によって不実となったAからBへの所有権移転登記の存続を容認したわけでも，長期間放置したわけでもない。したがって，94条2項を類推適用するに足る帰責性がAにあったとは認められないだろう。そうであれば，AのEに対する請求もFに対する請求も，EとFの主観的態様が問題とされるまでもなく認められることになる。

(2) β説による場合には，Aは，本件解除により乙をBから取得することになる。この所有権取得については，177条が適用される。したがって，AのEまたはFに対する請求が認められるか否かについては，(1)において判例に関して述べたことと同様である。

(3) γ説による場合には，Aが解除によるBの原状回復義務の履行によって乙を取得したか否かによって，分けて考える必要がある。

Aが乙を取得していなければ，AのEまたはFに対する請求は認められない。そして，EまたはFがBから抵当権の設定を受けた時点では，本件売買契約の解除を原因とする登記はされていないから，Aが乙を取得していたとはいえないだろう。

その後にAが乙を取得したとしても，その取得は，EまたはFの抵当権取得に後れるものとなる。この場合，B・E間またはB・F間の抵当権設定契約が公序良俗に反して無効であるとか，EまたはFによる抵当権取得のAに対する主張が信義則上許されないとかいうのでなければ，AのEまたはFに対する請求は認められない。抵当権設定契約の当時，Eは，Bの偽計を知っており，Fは，Aによる取消しの事実を知っていた。しかしながら，これらの事情のみをもって，各抵当権設定契約の公序良俗違反性，EまたはFの抵当権取得の主張の信義則違反性が根拠づけられるとはいえないだろう。

IV 詐欺取消しと第三者

つぎに，Aが本件売買契約の意思表示の詐欺取消しによって争う場合を検

討する。

(1) Aが2012年6月10日に本件売買契約の意思表示を取り消したと認められたとしても，この「取消しは，善意の第三者に対抗することができない」(96条3項)。この規定は，一部に異論があるものの[14]，取消しの遡及効（121条本文）から第三者を保護するための規定とされている。そのため，ここにいう第三者は，取消しの前に法律上の利害関係を有するにいたった者に限られる[15]。本事例では，DとEがこれにあたる。

Bの偽計について，Dは知らなかったのに対し，Eは知っていたから，Dは善意者であり，Eは悪意者である。したがって，AのDに対する請求は認められず，Eに対する請求は認められる。Ⅲに述べたように，判例に従うならば，Aが本件解除をもって争う場合には，AのEに対する請求は認められない。そこで，Aとしては，Eとの関係では本件取消しをもって争うべきことになる。

(2) 取消後に現れた第三者との関係では，96条3項は適用されない。しかしながら，判例によれば，契約によって生じていた物権変動の取消しによる遡及的消滅も，177条により，登記をしなければ第三者に対抗することができない[16]。これによると，本事例におけるAのFに対する請求については，甲・乙について本件取消しを原因とする抹消登記はされていないものの，Fは抵当権取得の時において本件取消しの事実を知っていたから，Fが背信的とされるかどうかによって，その認否が決まる。一般的には，Fは，自己の抵当権と相容れない先行する物権変動の事実を知るだけであり，背信的悪意者にあたるとはされないだろう。しかしながら，二重売買の場合と異なり，先行する物権変動の原因が取消しである場合には，第三者は，取消者と対等な立場で同一前主からの物権の取得を競うものとはいえないとも考えられる。そうであれば，この場合の悪意の第三者は，取消しによる権利の原状の回復を妨害する者であるとみることもできる。このようにみるのであれば，Aによる取消しを知りつつ乙に抵当権を取得したFは背信的悪意者にあたる，ということができる。

なお，判例の立場には，解除後の第三者に関してⅢ2(1)において述べたのと

---

14) 川島武宜『民法総則』（有斐閣，1965年）301頁，松尾弘「権利移転原因の失効と第三者の対抗要件——虚偽表示，詐欺取消および解除を中心として」一橋論叢102巻1号（1989年）86頁以下，武川幸嗣「法律行為の取消における第三者保護の法律構成序説——民法96条3項の意義と法理を中心に」慶應法研69巻1号（1996年）535頁以下など。

同様に，取消しの遡及効により取消後の第三者は無権利者との間で権利取得行為をしたことになるという立場からの批判がある[17]。

V 錯誤無効と第三者

最後に，本件売買契約のAの意思表示が錯誤により無効であると認められるとして，この無効の主張が第三者との関係で制限されることはないのかを検討する。

(1) 本件売買契約は，取消しや（直接効果説による）解除の場合には，有効に成立したものの遡及的に無効になり，または消滅する。これに対し，錯誤の場合には，本件売買契約は成立時から無効であり，AからBへの甲・乙の所有権移転がそもそも生じていなかったこととなる。もっとも，そうであっても錯誤による意思表示の無効はある種の第三者に対抗することができないとすることは，考えられないではない。

現在では錯誤による意思表示の無効は原則として錯誤者からしか主張することができないとされていることから，錯誤者が無効の主張をするまでは，意思表示は事実上効力を有するものとして扱われる。この点で，錯誤無効の主張は取消しに類似する。また，詐欺取消しと錯誤無効は，錯誤者を意思表示の拘束から解放する点で共通しており，95条による無効主張の場合には他人の干渉によらず自ら錯誤に陥った者を含む点で，表意者の帰責性が96条による詐欺取消しの場合よりも大きいことがある。こういったことから，学説上，錯誤無効への96条3項類推適用が有力に説かれている[18]。

(2) 錯誤無効について96条3項を類推適用する場合，「第三者」とはどのような者をいうかが問題となる。96条3項や（直接効果説による場合の）545条1項ただし書において，第三者が取消前または解除前に現れた者に限定される理由は，取消しまたは解除に遡及効が認められるからである。錯誤による意思表示の無効は，意思表示の成立時点からのものであり，法律上は，錯誤無効の主

---

15) 大判昭和17・9・30民集21巻911頁参照。
16) 前掲注15)大判昭和17・9・30。
17) 例えば，内田Ⅰ83頁。

張によって法律関係が遡及的に変動するわけではない。しかしながら，実質的にみれば，上述のとおり，錯誤無効の主張までは意思表示の効力が認められ，無効の主張により，意思表示は成立時点から無効であったと認められる。したがって，錯誤無効について96条3項を類推適用するのであれば，第三者とは，錯誤無効の主張の前に現れた者をいうと解すべきことになろう[19]。

　もっとも，96条3項が錯誤無効に類推適用されるとする場合には，本事例において，AとDまたはEとの関係では，詐欺取消しの場合とは別に錯誤無効の場合について考える実益は（詐欺取消しと錯誤無効のいずれの立証が容易かという点を別にすれば）ない。本問では，2012年6月10日にされたAの1つの発言が詐欺を理由とする取消しの意思表示にも錯誤無効の主張にも解されるから，詐欺取消しの主張の時期と錯誤無効の主張の時期は同じである。また，Bの偽計を知らないDがAの錯誤については知っているとする事情は存在しないから，Dは，いずれにせよ善意者である。Eは，Bの偽計を知っていることによって，Aへの詐欺についてもAの錯誤についても悪意者である。したがって，Aが錯誤無効をもって争ったとしても，Dに対する請求は認められず，Eに対する請求は認められるという，Ⅳ(1)において述べた結論に変わりはない。

　これに対して，錯誤無効について96条3項の類推適用はされないとするならば，Aが本件売買契約の意思表示の錯誤無効をもって争えば，Dに対する請求も認められる。Dは，無権利のBとの間で抵当権設定契約をしたことになるからである。この場合のDの保護は94条2項類推適用によって図られることになるが，B・D間の契約の時点でAは錯誤に気づいてさえいないから，その類推適用を基礎づける帰責性がAに認められず，Aの請求が妨げられることはない。

　(3)　錯誤無効の主張後に現れたFとの関係では，錯誤無効について96条3項類推適用を認めるか否かによって結論が異なることはないと考えられる。

---

18)　例えば，我妻・講義Ⅰ304頁，内田Ⅰ86頁。もっとも，95条の無効主張には錯誤の要素性が必要であり，この点で95条による錯誤無効の主張者は，詐欺取消しをした者よりも厚く保護されてよいとする考えも成り立つ。96条3項類推適用の支持者からは，詐欺取消しの場合も錯誤の要素性が認められることが多いとの反論がされているが（内田Ⅰ86頁），そのような場合は，95条による錯誤無効は錯誤に陥った原因を問わないのであるから，まさに本事例がそうである

錯誤無効への96条3項の類推適用を否定する見解によれば，第三者保護は，第三者の登場時期が錯誤無効の主張の前後いずれであっても，94条2項類推適用によって図られることになる。錯誤無効への96条3項類推適用を肯定する見解による場合も，錯誤無効の主張によって，遡及的に意思表示が無効になったのと同様の状態に事実上みうるだけであって，法律上は，AからBへの甲・乙の所有権移転は一度も生じていないため，無効主張後に現れたFも，無権利のBとの間で乙について抵当権設定契約をしたことになる。したがって，この場合も，Fが援用しうるのは94条2項類推適用となる。本事例では，FはBが無権利であることを知っていたから，Aの請求は認められる。

Ⅵ　おわりに

　以上に述べたことは，すべて，現行民法の規定とそれに関する判例および解釈を前提にしている。もっとも，民法改正に向けた議論を進めている法制審議会・民法（債権関係）部会では，例えば，錯誤による意思表示の効果を取消可能とすること，錯誤による意思表示の無効または取消しの場合についても96条3項と同様の第三者保護規定を置くこと，その規定によって第三者が保護されるための主観的要件を善意無過失とすることなどについて，検討が進められている[20]。民法改正の結果しだいで，本事例におけるAの請求の認否，その結論にいたる法律構成が，現行民法下とは異なることになる可能性がある。

ように，表意者は錯誤無効を主張すればよく，95条と96条とで評価上の不均衡があるとまではいえないだろう。したがって，問題は，錯誤が重大であれば，錯誤者を善意の第三者との関係でも保護するのが適当か，という価値判断に帰着する。

19)　内田Ⅰ86頁。
20)　「民法（債権関係）の改正に関する中間試案」第3，2。

5

「私だって所有者だ」

● 事例

　Aは，甲土地とその上の乙建物を所有し，乙建物の1階を自身の経営する駄菓子卸売業の事務所として，甲土地の更地部分を営業車の駐車スペースとして利用していた。また，乙建物の2階には，当初はAとその妻B，長男C，長女D，次男Eが居住していたが，C・Dはそれぞれ結婚を機に乙建物から出て暮らすようになり，1980年以降，乙建物に居住していたのは，A・Bと，Aの仕事を手伝っていたE，そしてEの妻子となっていた。

　1995年3月，Aは，Eに卸売業の経営を委ねて一線から退くこととし，マンションを購入してBとともに移り住んだ。このとき，Eの費用負担で乙建物に大規模な改修が施されたことから，乙建物はAとEの共有とされ（持分は各2分の1），その旨の登記もなされた。甲土地はA所有のままとされたが，Eによる甲土地の利用につきA・E間で特段契約が結ばれたことはなく，Aへの対価の支払もされなかったが，固定資産税等の負担はEがするようになった。なお，CやDからこの件について異議が述べられたことはなかった。

　Bは2010年10月に，そして後を追うようにAも2011年2月に死亡し，C・D・EがAを相続した。ちょうどこの頃，不景気のあおりを受けてAから受け継いだ卸売業の業績が急速に悪化したため，Eは，卸売業を大幅に整理して乙建物内の事務所スペースも縮小したうえ，新たな収入源を得るべく，2011年4月，乙建物の1階と甲土地の更地部分のそれぞれ約半分のスペースをFに毎月36万円の賃料で賃貸し，Fはここを学習塾とその駐車場として利用するようになった。現在までのところ遺産分割はなされていない。こうした状況において，以下の各設問のような事態が生じた（設問はそれぞれ独立した問いである）。

【設問1】　Fに賃貸した甲土地の駐車場部分に，2011年5月，Cが経営する建設会社により建築資材が大量に置かれはじめた。EがCにただちにこれらを除去するよう要請したのに対し，Cは，これに応じないばかりか，EとFに

対して甲・乙の明渡しを請求するとともに，Eに対して，2011年2月以降，明渡完了までの間に発生する，Eが甲・乙を使用することの対価およびFがEに支払うべき賃料相当額の各3分の1を自己に支払うよう請求してきた。EとCそれぞれの請求は認められるか。

【設問2】 2008年12月に，自身の営む事業の業績が悪化し資金繰りに窮するようになったCが，Aの目を盗んで実印や必要書類を持ち出し，これらを使用して，甲土地につき贈与を原因としたAからCへの所有権移転登記をなし，ただちに自己の借入金の担保として銀行Gの抵当権を設定し，その登記もなしていたとする。2011年6月，これに気付いたEは，Cに対して所有権移転登記の抹消登記手続を，Gに対して上記抹消登記手続の承諾をそれぞれ求め，訴えを提起した。Eの請求は認められるか。

【設問3】 2011年3月，Cは，銀行Hから融資を受けるため，C・D・Eの共有する甲土地の登記名義をCの単独所有にしてHのための抵当権を設定することを認めてほしいとD・Eに懇請し，同人らの承諾を得てその旨の登記がなされた。その後Hの抵当権実行として甲土地が競売されIが買受人となったとき，Iからの乙建物収去，甲土地明渡しの請求を，甲・乙の使用を続けるEは拒むことができるか。

● CHECK POINT

- □ 共有者による共有物の明渡請求
- □ 共有物の管理の方法
- □ 共有者がなしうる登記手続請求
- □ 共有関係がある場合の法定地上権の成否

● 解説

I　はじめに

1　共有とは

　1つの物を複数の者が共同で所有することを共有という。共有が発生する原因としては，複数人で共同出資して1つの財産を購入した場合をはじめ様々なものがあるが，相続人が数人あるときの相続財産の帰属についても共有は生ずる（898条）。各共同相続人は，その相続分に応じて被相続人の権利義務を承継するものとされ（899条），相続人たる子が複数いるときは各人の相続分は原則として均等である（900条4号）。本事例では，Aが単独所有していた甲土地は，Aの死亡によって，C・D・Eが各3分の1ずつの持分割合で共有することとなり，また，当初AとEが持分2分の1ずつで共有していた乙建物は，Aの持分につき共同相続が開始した結果，CとDが各6分の1，Eが3分の2の割合で共有する状態となっている。

　共有をめぐっては，共有者各人が，どのような場合にどこまでの権利主張ができるのかが種々問題となる。例えば，各共有者とも共有物を持分に応じて使用できるはずなのに（249条），一部の共有者のみが使用を続けていたり，共有者以外の第三者が不法占拠していたり，あるいは，共有物につき虚偽の登記がなされていた等々の場合において，各共有者は，単独で，明渡しや登記名義を回復するための請求をすることができるのか。とりわけ，遺産共有の場合には，共同購入によって共有が生じた場合等とは異なり，事前に共有物の使用等について共有者間で合意がなされてはいないため，こうした紛争が生じやすい。以

下ではそうした共有をめぐる問題の一端を検討することとしたい。

2 共有ないし遺産共有の法的性質

　事例の検討に入る前に，ここで総論的事項を確認しておこう。共有，ないし各共有者のもつ持分（権）の法的性質については，大別して2つの理解のしかたがある。1つは，共有物に対する所有権はあくまで1つで，その1つの所有権が各共有者に分属すると解し，各共有者のもつ持分を所有権の一部分として把握するものである（単一説）。一方，各共有者の有する持分をそれぞれ独立した1個の所有権（＝持分権）であるとみて，それが集合した状態が共有であるとする見解もある（複数説）。複数説が現在の学説の多数となっており，判例も単一説から複数説に移行したとされる。両説で具体的な問題に対する結論に相違はほとんどないが[1]，結論にいたる議論の筋道は変わってくる[2]。

　ところで，本事例にもみられる遺産共有の法的性質に関しても，共有説と合有説という学説の対立がある。共有説は，遺産共有を249条以下の共有に近いものと解するのに対し，合有説は，遺産の一体性・団体性を強調し，持分の処分を制限的に解するものである[3]。共有持分を第三者に処分できることが前提とされた909条ただし書のある現行法の理解としては共有説が支配的であり，判例も戦前戦後を通じて一貫して共有説の立場にあるとされる（最判昭和30・5・31民集9巻6号793頁等）。もっとも，遺産分割は258条等の定める共有物分割とは異なる手続となっており（907条）[4]，また，共同相続人の1人が相続

---

1) 両説で結論に相違が生ずる点を指摘するものとして，七戸克彦・民法判例百選Ⅰ〔第6版〕153頁，千葉恵美子ほか『民法2物権〔第2版補訂版〕』（有斐閣，2008年）80頁以下〔七戸克彦〕等参照。
2) 単一説では，共有物に対する権利行使は共有者全員の共同であるべきことを原則としつつ，保存行為（252条ただし書）については，例外的に各共有者が単独で権利行使することも認められる，という説明となる。他方，複数説では，各共有者とも自身の持分権を基礎として単独で権利行使をすることが認められるのが原則であるが，他の共有者にその影響が及ぶことに鑑みて，単独での権利行使に限界が設けられている，という理解のしかたとなる。
3) 遺産共有の法的性質をめぐる学説状況に関しては，泉久雄「遺産共有」法教123号（1990年）66頁，松倉耕作「共同相続財産の『共有論』と債務責任」加藤一郎＝米倉明編『民法の争点Ⅰ』（有斐閣，1985年）240頁等参照。
4) もっとも，遺産中における個別の共有持分が第三者に譲渡され，その譲受人から分割請求がなされた場合には，258条の共有物分割訴訟によることとなる（最判昭和50・11・7民集29巻10号1525頁，最判昭和53・7・13判時908号41頁）。

分を第三者に譲渡した場合に他の共同相続人に取戻権が認められていること（905条）や，遺産分割は一括して行われるのが原則とされていること（906条）等，遺産を一体的に扱うことを志向した規定も存する。遺産共有には，遺産分割までの暫定的な状態であることも含め，共有一般とは扱いを異にする点のあることに留意する必要がある。

II　共有物の利用関係と共有者相互間での明渡請求

1　問題の所在

一部共有者が単独で共有物の使用をしている場合，持分に応じた使用ができなくなっている他の共有者は，この者に対してどのような主張ができるか。【設問1】に即して，共有者間における共有物に関する利用方法の決定と明渡請求の当否について考えてみよう。

EはAとの間には使用貸借関係があって利用権を確保できていたと解しうる（この点についてはIV1参照）。しかし，共有物の利用については，252条本文の「管理」に該当する事項として，各共有者の持分権価格の過半数で決せられると解されており，CがDの賛同を得て甲土地についてのEの使用貸借を解除すれば，Eの利用権は消失する。Cとしては，こうした手順をふんで，Eに明渡しを請求することが考えられるし，甲土地に持分権を有している以上，せめて持分に応じた共有物の使用という趣旨で，甲土地の一部を利用するぐらいは認められるはずだと主張するかもしれない。他方，Eとしては，Aが死亡する以前よりEが単独使用を続けていて，そのことをCも容認していたのだから，Cがいきなり甲土地の使用を開始したことには異を唱えたいところであろう。

2　単独使用をする共有者への明渡請求の可否

単独使用をする共有者に対して，他の共有者は共有物の明渡しを求めることができるか。この問題について，判例は，単独使用をする共有者に対して他の共有者が自己の持分に応じた利用を妨げてはならないという不作為の請求をなすことは認めるものの（大判大正11・2・20民集1巻56頁），たとえ多数持分権者であっても，共有物を現に占有する少数持分権者に対し，当然にその明渡し

を請求することはできないとする（最判昭和41・5・19民集20巻5号947頁）。少数持分権者であっても，自己の持分に基づいて共有物を占有する権原は有しており，また，共有者の1人からなされた明渡請求を認めると，その者に持分の範囲を超えた使用を認めることにもなるからである。なお，共有者の1人から賃貸を受けた第三者が独占使用している場合も，共有者の権原に基づいた占有といえる以上，同様に明渡請求は認められない（最判昭和63・5・20判時1277号116頁）。

では，単独使用する共有者への明渡請求が認められる余地は全くないのか。前掲昭和41年判決は，明渡請求を一切認めないとしたわけではなく，共有物の明渡しを求めるには，「その明渡を求める理由を主張し立証しなければならない」としている。ここにいう「理由」が具体的に何をさすのかは，学説により見解の相違があるが[5]，単独使用をする当該共有者の使用を認めない旨の決定が共有者間でなされれば明渡請求が認められることもありうると解するのが一般的といえる。

もっとも，現に単独使用をする共有者の占有権原を失わせる決定を共有者間で行っただけでは，明渡しを請求するのに十分とはいえない（ちなみに，前掲昭和41年判決は，遺産の不動産を単独使用する共同相続人が，相続開始前すでに被相続人との間の使用貸借契約が消滅していたため占有権原を失っていた事案において，それでもなお明渡請求を斥けたものである）。明渡請求が認められる前提となる共有者間での使用方法に関する決定は，少なくとも，明渡しを受けた後の具体的な使用方法も含んだものである必要があるといえる。

3　単独使用を認めない旨の決定に基づく明渡請求の可否

では，上述のような内容の決定が共有者間でなされれば，つねに明渡請求が認められると解してもよいのか。現に単独使用をする共有者の占有が，不法に始まったものであるとか，共有者間での利用方法の決定後にそれに反する形で始まったというのであれば，各共有者は単独でも使用の停止や原状回復を請求できるとしても問題はない（Ⅲ1(1)参照）。しかし，共有となる以前より共有物の単独使用が続いているような場合に，その者が反対していても，持分の価

---

[5]　この点については，村田博史・民法判例百選Ⅰ〔第6版〕151頁およびそこでの引用文献等参照。

格の過半数を占める他の共有者の賛成があれば，この者の使用を禁じ，明渡請求を可能とする決定ができる，とすることには，慎重な判断を求める見解も少なくない。

　例えば，学説には，252条本文の「管理」に該当するとして持分価格の過半数で決定できるのはあくまで各共有者の使用収益の態様にとどまるのであって，多数決をもって共有者に大きな不利益を生ずることは許されず，その者の承諾なく一部共有者の使用利益それ自体を否定することはできない，とするものがある[6]。また，一度決定した共有物の使用方法を変更することは，251条にいう「変更」にあたるとか，「管理」と解するとしても権利濫用・信義則違反等により対処すべきとする見解もみられる[7]。本事例のように，共同相続人の1人が相続開始前から単独使用している場合にあっては，現に単独使用をする共有者の使用を排除し他の共有者に使用させる決定をするのは，現状を「変更」するものとして，共有者全員の同意を要する（251条）との解釈も十分考えられる。

　また，遺産管理の特殊性を強調し，共同相続の場合は多数決による処理を認めるべきではない，とする説も有力である。遺産たる不動産を誰にどのように使用させるかは本来906条の基準により遺産分割手続で決めるべき事項だから，後の遺産分割への影響も考慮せず，多数持分権者の意思支配を前提とする現状変更を認めるのは妥当でない，というのである[8]。

　しかし，前述のとおり，一般論としては，持分価格の多数をもって一部共有

---

6) 石田穣『民法大系2物権法』（信山社，2008年）381頁。
7) 塩崎勤「共有物の保存・管理をめぐる諸問題」牧山市治＝山口和男編『民事判例実務研究(1)』（青林書院，1980年）105頁等。なお，やや特殊な事例であるが，大判昭和9・7・12民集13巻1372頁は，共有墓地使用区画の割当を変更するのには共有物の管理方法変更の手続のほか，墓地使用者の同意を要するものとした。
8) 品川孝次「演習」法教8号（1981年）106頁，同・上智法学論集10巻3号（1967年）96頁，星野英一・法協84巻5号（1967年）171頁等。
9) 252条本文に依拠して，持分価格の過半数で一部共有者の単独使用を決することは，249条で認められているはずの，それ以外の共有者の持分に応じた利用を妨げることになる。この点の理解のしかたは諸説分かれており，例えば，全共有者と利用を認められた共有者との間で利用権が設定されたとみるもの等がある（我妻・講義Ⅲ 360頁。なお，鎌田・物権法① 237頁以下参照）。
10) なお，最判平成10・3・24判時1641号80頁は，共有者の一部が他の共有者の同意を得ることなく共有物に物理的な改変を加えた事案につき，他の共有者は，各自の共有持分権に基づいて，

者の単独使用を認めない旨を決定することは許されないものではなく、これに不服のある少数持分権者としては分割請求をすればよい、とするのが学説の多数である[9]。また、遺産共有も249条以下で規定された共有と性質を異にするものとは一般に解されておらず（Ⅰ2参照）、遺産の管理方法を決する特別の規定も設けられていないから、遺産分割前であっても遺産の管理方法について決定がなされれば、それに基づき明渡請求をすることは認められてよいであろう。判例も、共同相続人の1人が相続開始前から使用貸借に基づき単独使用している場合、持分価格の過半数で使用貸借を解除することによりこの独占的利用を終了させられるとしている（最判昭和29・3・12民集8巻3号696頁）。

もっとも、一般論としてはそのようにいえるとしても、具体的事案においては、不動産利用権者保護の見地等から、従前から使用する者の占有を奪う決定を有効と解してよいか慎重に見極める必要がある。諸般の事情を考慮し、少数持分権者の利用を認めない決定を持分価格の多数で行うことを、権利濫用と判断すべきこともあろう[10]。あるいは、相続開始前から使用貸借により単独使用を認められていた者について、遺産分割によって所有関係が確定するまでの間は使用貸借関係が継続する旨の合意が共有者間であったと解すべき場合等も想定しうる[11]。

4 【設問1】ではどうなるか

以上のことをふまえると、【設問1】の（Fへの賃貸に関する事項は後述すると

同行為の禁止のみならず、原状回復も求めうるとしたうえで、その例外につき次のように述べる。「共有物に変更を加える行為の具体的態様及びその程度と妨害排除によって相手方の受ける社会的経済的損失の重大性との対比等に照らし、あるいは、共有関係の発生原因、共有物の従前の利用状況と変更後の状況、共有物の変更に同意している共有者の数及び持分の割合、共有物の将来における分割、帰属、利用の可能性その他諸般の事情に照らして、他の共有者が共有持分権に基づく妨害排除請求をすることが権利の濫用に当たるなど、その請求が許されない場合もある」。

11) 最判平成8・12・17民集50巻10号2778頁は、共同相続人の1人が相続開始前から被相続人の許諾を得て遺産である建物で被相続人と同居してきたときは、特段の事情のない限り、被相続人が死亡し相続が開始した後も、遺産分割により建物の所有関係が最終的に確定するまでの間は、引き続き同居の相続人に無償使用させる旨の合意があったものと推認される、として、被相続人の死亡後は、少なくとも遺産分割終了までの間は、他の相続人等が貸主となり、使用貸借契約関係が存続する、としたものである。

して）C・Eそれぞれの明渡請求の当否についてはどう判断すべきか。

(1) まずCのEに対する明渡請求について考えてみよう。甲土地についてはEの共有持分が過半数に満たないため、C・Dの賛成があれば、A・E間での使用貸借を解除し、さらにCが単独使用するものとする等、Eによる使用を全面的に排除する利用方法を決定することもできる。共有者C・D・E間でのそうした決定を経た後には、CのEに対する明渡請求も認められる余地はいちおう生じよう。ただ、本設問で実際にこうした手順をふめばEへの明渡請求が認められるとしてよいかは、次の2つのレベルで慎重に検討すべきところである。

第1に、使用貸借の終了に関してである。Eの単独使用は甲土地が共有となる以前よりなされていて、C・Dもそれを了解していたこと、Eが家業を継いでいること等を勘案して、使用貸借の終了を決定すること自体認められないとの判断もありえなくはない。ただ、Fへの賃貸が開始していることは家業継続のためという点の判断を微妙なものとしており、また共有となって長期間が経過したわけではないからC・Dにおいて使用貸借を継続させる黙示の合意を認定することにも無理があろう。少なくとも、Fに無償で甲土地の使用を継続させるべき義務がC・Dに課されるとは容易には認定しがたい。

第2に、使用貸借の解除が認められるとしても、Eに対する明渡しを可能とするような、例えばCによる単独使用の決定をC・Dでなしうるかというと、話は別である。Eの現在の使用を継続させることの必要性は十分認められるところであり、Eの使用を全否定し、その必要性が高いとまではいえないCやDによる単独使用を、E反対のまま共有者間での決定とすることは、権利濫用により認められないと判断される可能性が高い（もちろん、Cによる甲の使用の必要性や、Eが他の物件で居住や卸売業の営業を継続できる状況が整っているのなら、結論は変わってくる）。

なお、明渡請求ができないとした場合でも、使用貸借の終了が認められるのであれば、C・Dとしては、単独での占有権原をもたないEに対して、持分に応じ（甲土地については各3分の1）、使用利益の対価を不当利得として返還請求することはできる（大判明治41・10・1民録14輯937頁、最判平成12・4・17判時1713号50頁等）。

(2) 使用貸借の解除とEの単独使用を認めない使用方法の決定を有効と解

してよい場合において，Eがなおこの決定に反対するときは，Eとしては，遺産分割において甲・乙を自己が単独使用できる方法を求めていくこととなろう。共同相続人間の合意が得られず協議分割も家庭裁判所による調停も不調に終わったときには，審判分割に移行する（本事例ではその可能性が高いであろう）。審判による場合には，具体的相続分をふまえつつ，遺産や各相続人をめぐる一切の事情を考慮して（906条），遺産分割が行われることになる。具体的相続分を定めるうえで，Eについては寄与分も勘案されるであろうし（904条の2），CやDが結婚や起業をする際にAから相当額の資金援助を得ていた等の場合には特別受益（903条1項）も認定される。そのような場合であれば，甲・乙をEに帰属させる判断が下される可能性は小さくない。ただ，Eによる甲・乙の単独での所有が必要と認められるものの，他の遺産をもってしてはC・Dの相続分に不足があるときには，Eの単独所有を認めつつ，EにC・Dへの金銭の支払をさせる方法になることも想定される[12]。

(3) では，EがCに対して明渡しないし妨害排除の請求をすることも否定されるべきか。確かに，Eが他の共有者Cに対して明渡請求をすることも，CのEに対する請求と同様，使用方法の決定がない限りは認められない，ともいえそうである。しかし，CがEやFの占有を妨げているのは明らかであるから，Eとしては，占有保全の訴え（198条）によって，建設資材の除去や損害賠償をCに請求することは，現時点でも可能といえるであろう。

5　E・F間の賃貸借契約の帰趨

Eによる甲・乙の利用ないし賃貸をC・Dが認容する場合（C・Dの拒絶が認められないと解される場合も含む[13]）ならともかく，そうでないときは，C・D

---

[12] 共同相続人の1人が農業経営を継ぐ場合における農地の遺産分割の審判例では，農地は農業経営者に単独所有させ，農地以外の遺産はそれ以外の者に分割するものとし，不足分につき生ずる単独所有を認められた者のそれ以外の者に対する債務を割賦払等で償還させる，という方法が多くみられるほか，農地を全相続人の共有としたうえで，後にこの者が他の相続人の持分権を買い取っていく方法や，農地を各相続人に分割して単独所有させ，農業経営者が他の相続人に小作料を支払う方法等がある（詳細については，新版注釈民法27,328頁以下［加藤正男］参照）。

[13] 例えば，Eが家業を継いでいる以上はC・Dによる使用貸借の解除は認められない，としたうえで，Fへの賃貸は経営不振に陥った卸売業を補完する位置づけにあると解した場合には，なおEはFへの賃貸を単独でなしうると解されることとなろう。

としては，Eが単独で賃貸借契約を結んだことを問題とすることもありえよう。これについては，不動産賃貸借契約が，「管理」（252条本文）と「変更」（251条）のいずれに該当するかで結論は変わってくる。「管理」とするなら，甲土地はともかく乙建物についてはEの持分が3分の2となるため，Eが単独で賃貸借契約を結ぶことも許される。この点，賃貸借について一般には管理に該当するものの，借地借家法の適用があるものについては，法定更新が認められる結果（借地借家6条・28条），ごく長期にわたり所有者が使用収益できない状態が存続する可能性があることから，「変更」に該当するとの見解が多数である14)。

　このことをふまえつつ【設問1】を考えると，甲土地を駐車場として利用させる内容の賃貸借については借地借家法の適用がないため（借地借家2条1号参照），「管理」に該当するといえるが，Eの持分は3分の1しかないため，C・Dがこれに反対すれば，E・F間の賃貸借契約自体は有効ではあるものの，これが適法なものとはいえない以上，FはC・Dに占有権原を主張できなくなる。また，乙建物についてはEが3分の2の共有持分を有しているものの，その賃貸借には借地借家法の適用があって「変更」にあたると解すると，甲土地と同様の帰結となる。ただし，本設問においては，EがFに賃貸したのが甲・乙の一部にとどまるものであること等を勘案すれば，E単独での賃貸借契約締結も認められるとする余地はあろう。

　C・Dの同意なき賃貸借が許されないとした場合，C・Dは，Ⅱ2で述べたとおり，共有持分権をもつEから賃借したFに対して明渡しの請求はできないが，FがEに支払う賃料につき持分に応じた額をEに請求することはできる。

6　Fの支払うべき賃料の帰属等（補論）

　本事例からは離れるが，Fが相続開始前より甲・乙両物件をAから賃借し

---

14)　大阪地判昭和36・3・17下民集12巻3号522頁等参照。なお，「管理」の具体的内容に関しては，田髙寛貴「財産管理論」北居功ほか編著『コンビネーションで考える民法』（商事法務，2008年）301頁以下等参照。

15)　本設問でも，C・DがE・F間の賃貸借契約を認め，C・D・Eが賃貸借契約の貸主となった場合には，同様の状況となる。

ていたという場合には，相続開始後はC・D・Eが賃貸人となるが[15]，このときFの支払うべき賃料の収取に関しては，やや面倒な問題が生ずる。すなわち，後の遺産分割によってEが甲・乙を自己の単独所有にできた場合，遺産分割の効力は相続開始時に遡及するから（909条），遺産分割で甲・乙両物件がE所有とされると相続開始の当初からEに帰属することになり，C・Dは賃料を受領できる立場にはなかったことになるからである。

この点につき，判例は，遺産分割までの間に遺産である賃貸不動産を使用管理した結果生ずる賃料債権は，遺産とは別個の財産というべきであって，各共同相続人がその相続分に応じて分割単独債権として確定的に取得し，後の遺産分割の影響は受けないとした（最判平成17・9・8民集59巻7号1931頁）。当該事案の特殊性等からすると判決には問題がないではないが[16]，相続開始から遺産分割までの間が長期にわたる可能性もあること等に鑑みると，同判決の述べるところは一般論としては妥当といってよいであろう。

Ⅲ 共有者の権利主張

1 各共有者が単独でなしうる主張

共有物に関する各共有者の権利主張については，単独でもできることと，全員でなければできないことがある。まずは登記手続請求以外の事項について判例の状況をまとめておこう。

(1) 持分権の主張

各共有者が自己の持分権について権利主張することは単独でできる。例えば，第三者が共有地の所有権を主張している場合に，共有者の1人は自己の持分権の存在や範囲につき単独で確認請求をすることができる（最判昭和40・5・20民集19巻4号859頁）。なお，共有者間で持分権の侵害につき紛争が生じたときにも単独で権利主張ができる[17]。

---

16) 道垣内弘人・平成17年度重判解（ジュリ1313号）91頁，尾島茂樹・家族法判例百選〔第7版〕138頁等参照。

17) 例えば，一部共有者が無断で共有物の変更行為を行った場合に持分権の侵害を理由として変更行為の禁止ないし原状回復の請求をしたり（前掲注10）最判平成10・3・24），あるいは共有者間で自己の持分権についての確認請求をする等である。

(2) **共有であることの主張**

これに対して，共有物であることを対外的に主張するのは，各共有者とも単独ではできず，共有者全員でしなければならない（固有必要的共同訴訟）。各共有者が単独で訴えられるとすると，共有であることの確認を求める一部共有者の提起した訴えが敗訴に終わった場合，その判決の効力が他の共有者にも及ぶ結果，他の共有者は自己の権利を守る機会のないまま権利を失ってしまうこと等がその理由である[18]。

(3) **共有物の侵害に対する主張**

ただし，共有物が第三者によって侵害された場合の妨害排除請求や返還請求は，各共有者が単独ですることもできる（大判大正10・3・18民録27輯547頁，大判大正10・6・13民録27輯1155頁，最判昭和31・5・10民集10巻5号487頁等）。なぜこうした場合に各共有者が単独で共有物全体についての権利主張ができるのかの説明は，Ⅰ2で述べた共有の法的性質の理解いかんによって変わってくる。単一説では，共有物に対する侵害の除去は保存行為（252条ただし書）に該当するからとされ，複数説では，持分権に対する侵害として請求できるとされる。

なお，不法占拠者等に対する損害賠償請求権や不当利得返還請求権については，各共有者に持分に応じて分割帰属するから，各共有者は単独ではその持分相当額の請求しかできない（最判昭和41・3・3判時443号32頁，最判昭和51・9・7判時831号35頁等）。

2　登記手続請求をめぐって

では，不法な登記がなされている場合に各共有者がなしうる登記手続請求はどのような内容となるか，判例の立場を以下に示してみよう。

---

[18] 共同訴訟の提起を拒む共有者が現れた場合，共有者の一部を欠いたものであるとして訴えが却下されると，紛争の迅速で簡素な解決を図れなくなる。この問題に関し，最判平成20・7・17民集62巻7号1994頁は，訴えの提起に同調しない構成員を被告に加えて構成員全員が訴訟当事者となる形式がとられれば，第三者に対する入会権確認の訴えを提起することもできるとした。これによれば，必要的共同訴訟とされる不都合は回避できることとなる。

[19] 最判平成22・4・20判時2078号22頁は，甲・乙の共有する不動産につき甲・乙・丙を共有者とする所有権保存登記がされている場合，甲は丙に対し，甲の持分についての更正登記手続を求

(1) 自己の持分権についての登記手続請求

a・b・cが共同相続した不動産につき，bが勝手に単独所有権取得の登記をし，さらに第三取得者dがbから移転登記を受けた場合，aがb・dに対して請求できるのは，aの持分についての一部抹消（更正）登記のみとなる（最判昭和38・2・22民集17巻1号235頁）。a単独では，他の共有持分権も含めた形のa・b・cの共有に改める登記手続請求はできないのである。このような場合に一部の共有者から抹消登記が請求されたときでも，判決では共有者の持分の限りでの更正登記が命じられることとなる[19]。

(2) 無権利者が登記名義を有する場合

共有物につき実体上何らの権利も有しない無権利者が登記名義人となっている場合には，各共有者は単独でその登記の抹消登記手続を請求することができる。判決には，この場合の登記抹消請求は妨害排除であって保存行為に属する，という単一説を前提とした理由づけを示すものがあるが（前掲最判昭和31・5・10，最判昭和33・7・22民集12巻12号1805頁等），複数説の立場からは，持分権自体に基づく請求として説明されることになる。

なお，共有者の1人が，自己の持分権を仮装譲渡しその旨の登記も経由した場合において，判例は，他の共有者は単独でその持分権移転登記の抹消手続を請求することができるとしている（最判平成15・7・11民集57巻7号787頁）。議論が分かれうるところであるが，同判決では，各共有者は，その持分権に基づき共有物に加えられた妨害を排除することができるところ，不実の持分権移転登記がされている場合には，その登記によって共有不動産に対する妨害状態が生じているといえる，という理由が示されている[20]。

3 【設問2】ではどうなるか

以上の判例の状況をふまえると，【設問2】の場合にEがCになしうる登記

められるのみで，乙の持分についての更正登記手続までは求められないとの判断を前提としつつ，この場合に甲が丙に対して丙の持分に関する部分の抹消登記手続請求をしたとき，この請求には更正登記手続を求める趣旨が含まれているとして，持分の限りでの更正登記を命じた。

[20] まったくの無権利者の名義となっている登記の抹消登記の手続は，勝訴判決を得た一部共有者の単独で申請をすることが可能であるが，これと同様に，他の共有者の無効な持分の移転登記を抹消する登記の手続も，勝訴判決を得た共有者が単独で申請できるかは議論がある（詳しくは，佐久間・基礎2 209頁以下参照）。

手続請求の内容はどのように解されることになるか。
(1) 一部抹消（更正）登記のみ認容する見解
　AからCへの甲土地の贈与の事実が認められず，Eが甲土地の共有持分を取得したことが明らかにされたとしても，E単独ではその全部抹消登記手続請求は認められない，と解することも可能である。全部抹消登記についての登記権利者は共有者（共同相続人）たるC・D・Eの全員であり，しかもCは3分の1の持分権を現に有していて，全部抹消登記の権利者と義務者が同一人に帰着した結果，混同により登記手続請求権が消滅した状態にある。そうすると，Eは，全部抹消登記を求める権利を有せず，自己の持分についてのみ抹消に代わる移転登記を請求しうるにすぎない，ということになる。これは，共有者間での登記手続請求の事案類型（上述の2(1)）のなかに【設問2】の場合を位置づけるものといえる。

(2) 全部の抹消登記手続請求を認める見解
　他方，【設問2】の場合は無権利者に対する登記手続請求の事案類型（上述の2(2)）に位置づけられるとして，E単独で全部抹消登記手続請求をなしうるとの解釈も可能である。【設問2】においては，共有関係が生ずる以前に，この時点では何らの権利ももたない者によって不実の登記がなされたものであり，この点で共有関係が生じた後に一部共有者が不実の登記をなした場合とは異なる。そうであるならば，AからCへの移転登記は，全面的に実体を欠くものとして，E単独での抹消登記手続請求が認められてよい（その結果，登記名義はAの単独所有の状態に復する）ということになろう。下級審裁判例にはこのような帰結を導いたものがある[21]。
　Cも共有者の1人となっている現時の権利状態を基礎にすれば，(1)のように更正登記のみを認容する道筋を描くことも理論上可能ではあろう。しかし，登記は実体的な権利変動の過程をも反映すべきなのが本来であること等からすれば，実体をまったく反映していないAからCへの移転登記の抹消は，現時の共有者の1人であるEが単独でも行えるとするのが妥当のように思われる。
　なお，C名義とした登記の全部抹消登記が認められた場合には，Gの抵当権登

---

21) 大阪高判昭和49・10・9金判444号10頁，高松高判昭和59・4・26金判701号17頁等。
22) 民事執行法184条は，担保不動産競売における代金納付による買受人の不動産の取得は，担保権の不存在または消滅により妨げられないとしている。同条によれば，たとえ【設問3】でD・

記も（94条2項の類推適用が認められる事情でもない限り）全部無効となる。Gとしては，甲土地につきC・D・Eの共有とする旨の登記がなされた後，あらためてCから持分につき抵当権設定を受けその旨の登記を経由するしかない。

IV　共有と法定地上権

1　乙建物のための甲土地の利用権は

　遺産共有の段階において共有者の1人が単独の登記名義としたうえで，自身の単独所有であると称して第三者にこれを売却し，登記移転もなされたという場合について，判例・通説は，177条の適用はなく，他の共有者は登記なくして当該第三者に自身の持分権を主張することができるものとしている（前掲最判昭和38・2・22）。

　もっとも，第三者が善意・無過失で他の共有者に帰責性が認められる場合には94条2項類推適用等によって第三者の権利取得が認められる可能性はある。Cが単独所有名義で抵当権が設定されている【設問3】において，D・Eは持分権の主張もしたいところであろうが，D・Eの同意の下でC名義の登記がなされている以上，94条2項により，抵当権者や買受人に対し持分権を主張することはできず，Iによる甲土地の所有権取得が認められることとなろう[22]。

　では，Eとしては，持分権の主張は無理であるとしても，乙建物の存続のため引き続き甲土地を占有利用することをIに主張することはできないだろうか。もしEがCとの間で賃貸借契約を締結していたとか地上権の設定を受けていたというのであれば，Eは，乙建物の所有権登記をもって甲土地の賃借権を第三者にも対抗することができる（借地借家10条）。しかし，EはCに甲土地の賃料を支払っていないとすれば（固定資産税の負担ぐらいでは賃貸借とは認められない[23]），Eの甲土地に対する利用権は，せいぜい使用借権にとどまるものといわざるをえず，Iら第三者に対抗することはできない。

　借地借家法15条では，借地権に準共有関係がある場合に自己所有の土地に自己借地権を設定することが認められており，この方策をEがとっていればI

Eの持分を対象とする抵当権が無効と判断されることがあったとしても，同条によってIは有効に甲土地の所有権を取得することができることになる。

にも利用権を主張することができる。本設問でEがこうした措置を講じていなかった場合には，Eが主張できる利用権として残されるのは，法定地上権ということになる。問題は，抵当権設定当時に土地と同地上の建物が同一人に帰属するという成立要件（388条）が，その一部に共有関係を含む場合にも認められるか，である[24]。

2　土地・建物の一方に共有関係がある場合

共有において法定地上権の成否が問題となる場合は，いくつかのパターンに分かれる。共有となっているのが，(i)土地のみ，(ii)建物のみ，(iii)土地と建物の双方，の各場合があり，それぞれについて，抵当権が設定されたのが，(α)土地のみ，(β)建物のみ，(γ)土地と建物の双方，という各場合が想定される[25]。

(1)　土地に共有関係のある場合

判例は，a・bが共有する土地上にaの建物が建っていて，aの共有持分に抵当権が設定されていた場合〔上記(i)-(α)〕につき，法定地上権の成立を否定する（最判昭和29・12・23民集8巻12号2235頁）。一部共有者が共有地につき地上権設定行為をしても，これに同意しなかった他の共有者がこの処分に服すべきいわれはない，という理由による。法定地上権が認められると，当初あった約定利用権よりも強力な負担が，抵当権設定者以外の共有者の土地持分権にも及んでしまうのが問題というわけである。また，土地がa・bの共有，建物がaの単独所有で建物に抵当権が設定された場合〔上記(ii)-(β)〕も，判例は，他の共有者が予め容認していない限り法定地上権の成立は認められないとしている（最判昭和44・11・4民集23巻11号1968頁）。

(2)　建物に共有関係のある場合

他方，a所有の土地にa・b共有の建物があって，土地に抵当権が設定され

---

23) 判例には，建物の借主がその建物等につき賦課される公租公課を負担しても，それが使用収益に対する対価の意味をもつものと認めるに足りる特別の事情のない限り，この負担は，借主の貸主に対する関係を使用貸借と認める妨げとなるものではない，としたものがある（最判昭和41・10・27民集20巻8号1649頁）。なお，借主の金員の負担が貸主に対する使用対価の支払とは認められない等の理由から両者間の契約を賃貸借ではなく使用貸借であると判断し，不動産競売による買受人から占有者に対する引渡命令が発せられた事例として，東京高決平成10・12・10判時1667号74頁等がある。

24) なお，共有関係と法定地上権の成否に関する諸学説，判例について，これらを整理する視点と

た場合〔上記(ii)-(a)〕について，判例は法定地上権の成立を認めている（最判昭和46・12・21民集25巻9号1610頁）。土地所有者aは，自己のみならずbのためにも土地の利用を認めていたといえる，というのがその理由である。確かに，この場合に法定地上権の成立を認めても，抵当権設定者ではないbに不利益が及ぶものではなく，持分権が他人に処分されたとはいえないであろう。C所有の土地にC・D・E共有の建物が存在する状況と同視できる【設問3】も，このパターンに属するものであり，同判例からすれば，法定地上権の成立が認められることになろう。

3　土地と建物がともに共有であった場合（補論）

では，CがC・D・Eの共有する甲土地の自己の持分権についてのみ抵当権を設定し，これが実行された場合では，結論が変わるだろうか。

判例は，土地と建物がともにa・bの共有であるときに土地のaの持分が強制競売され買受人が現れた場合〔上記(iii)-(a)に相当〕に法定地上権（民執81条）の成立を認めなかった（最判平成6・4・7民集48巻3号889頁）。その理由は，前掲最判昭和29・12・23と同様，法定地上権の成立を認めると，bの土地持分権が強力な物権的制約を受けることになり，持分権の自由な使用収益が妨げられる等というものであった。

もっとも，法定地上権の成立を認めることは，建物の存続の基盤をより強固なものとすることになり，建物所有者にとってはプラスに働く。本事案では，Eの持分権は土地に対するものよりも，建物に対するもののほうが大きいから，総合的にみると法定地上権の成立を認めたほうがEの利益に資することにもなりそうである。また，土地共有者C・D・Eがいずれも乙建物のための利用を容認していた場合には，法定地上権の成立を認める余地もあるのではないか。

　　して「利用合意アプローチ」「分析アプローチ」「一体契約的アプローチ」を提示する松本恒雄・判タ794号（1992年）30頁も参照されたい。
25）　共有物に抵当権が設定された場合については，共有物全体に抵当権が設定されているか，一部の持分権についてのみ設定されているかによっても類型は分かれる。このように共有関係があるときの法定地上権の成否が問題となる事例パターンはごく多岐にわたる。詳細については，東京地裁民事執行実務研究会『不動産執行の理論と実務(上)〔改訂版〕』（法曹会，1999年）265頁以下参照。

実際，前掲最判昭和29・12・23，最判昭和44・11・4等，いずれも抵当権設定者以外の共有者が容認していた場合に法定地上権の成立の余地を認める言い方がされていた。

　しかし，土地と建物の持分割合の大小といった事項まで勘案しなければ法定地上権の成否を判断できないとするのは，物件の価額等に関する高度かつ困難な評価判断を執行機関に強いることになる。また，他の共有者の容認いかんで法定地上権の成否を判断することの当否に関しては，これを否定的に解した最判平成6・12・20民集48巻8号1470頁に注目したい。この事案を簡略化して示すと，a・b共有の土地の上にa・c共有の建物があり，土地全部につき抵当権が設定され，これが実行，競売された，というものである。判決は，bがaの妻で法定地上権の発生を容認していたと考えられるとしても，「土地共有者間の人的関係のような事情は，登記簿の記載等によって客観的かつ明確に外部に公示されるものではなく，第三者にはうかがい知ることのできないものであるから，法定地上権発生の有無が，他の土地共有者のみならず，右土地の競落人ら第三者の利害に影響するところが大きいことにかんがみれば，右のような事情の存否によって法定地上権の成否を決することは相当ではない」とした[26]。

　結局のところ，迅速な処理を求められる執行手続においては，判断基準はできるだけ一義的，客観的なものであることが要請されるのであり，そうだとすれば，ここで想定した事例については，一律に法定地上権の成立を否定する解釈がとられるべきこととなる。C・D・Eとしては，抵当権設定の前に，乙建物のための甲土地の利用につき，第三者対抗要件を具備した形での約定利用権を設定しておく必要があるのであって，この措置を講じていなかった以上，乙建物の収去，甲土地の明渡しをＩが請求してきたときに，これを斥けられないことになってもやむをえない，ということになろう。

V　おわりに

　各共有者がどこまでのことを単独で権利主張できるのか，その理解に困難を

---

[26]　本判決については，髙橋眞・民法判例百選Ⅰ〔第6版〕186頁およびそこでの引用文献を参照されたい。

覚える向きは多いことであろう。各共有者が有する持分権はそれぞれ自由に使用収益処分ができる内容をもつものであって，共有者といえども他の共有者の持分権を侵害することはできない。他方，各人が自己の持分権の侵襲を受けた場合にはその回復を求めることができるが，共有物が不可分のものである以上，持分権の権利行使が共有物全体に及ぶことは否定できない。そのさいに，他の共有者の持分権に影響の及ぶことがどこまで許容されるのかが問われることになる。例えば，第三者が共有物を不法占拠している場合には，各共有者は単独でも妨害排除を請求できるとされ，他方で，登記を共有の名義とするための訴えについては全共有者ですべきとされるが，このことは，持分権保護の必要性と，権利行使の結果として他の共有者の持分権に悪影響が及ぶ可能性のバランスから導かれる帰結ともいえよう。

さらに，【設例3】で検討したように，執行手続の局面等では，他の共有持分権者の利益のみならず，第三者の利益を害さないようにするための調整も必要になる。ここでは自己の持分権処分に関わる各共有者の具体的な意思の有無や判断が劣位におかれる可能性もあることに留意すべきであろう。

最後に強調しておきたいのは，当該論点に関する一般論だけで判断するのではなく，具体的事案に即して結論を導くことの重要性である。【設問1】でも，明渡しや使用利益の支払の請求が認められるか否かの判断は，様々な事項を勘案しつつ行われるべきであり，いずれの要素を重視するかで結論を導くための法律構成も変わってくる。1つの物をめぐって複数の人が関与する共有関係について，どのような場合に，誰のどの利益を優先させる帰結が導かれるべきか，共有の諸論点を総合的に整理・理解するのと同時に，その一般論を具体的な事案においてどう用いるべきかも，種々の事案の考察を通じて，さらに学んでいってもらいたい。

6

「取られてたまるか」

● 事例

　Aが所有する商業用賃貸ビル（本件建物）は，老朽化のため傷みが激しく，入居者がいない状態であったが，Aには大規模な改修に踏み切るほど資力に余裕はなかった。2006年4月，Aから話を聞き本件建物に興味をもった友人Bは，本件建物を購入して自ら改修したいとの意向と，その際はAに工事業者の手配や改修後のテナント募集も依頼したい旨をAに伝えたところ，Aはこれに応じた。同年10月，Bは，銀行Cから2億円を借り入れ，うち1億6000万円をAに支払って本件建物の所有権移転を受けるとともに，Cのための抵当権を本件建物に設定し，各登記を経由した。同年12月，Aが手配したDとBの間で代金を8000万円とする本件建物改修工事の請負契約が結ばれ，2007年10月に同工事は完了した。以下の各設問（それぞれ独立した問いである）においてCの請求は認められるか。

【設問1】　B・D間では，工事代金の支払を着工時と竣工時に半額ずつ行う旨が約されていたが，Bは竣工時の支払ができなかった。そこで，2007年12月，準備ができ次第，Aが残金を立て替えてDに支払い，そのかわり本件建物の収益を得ることがA・B間で合意され，これに基づき，Aは，Bとの間で本件建物の賃貸借契約を，入居を希望してきたEとの間で転貸借契約を締結した。AはEから収取した転貸賃料600万円のうち200万円をBの銀行口座に振り込み，Cはこの口座からの引落しで毎月の債務の弁済をBから受けていた。ところが，Aは，2008年3月にA・B間での合意に従い工事残代金（遅延損害金を含む）4500万円をDに支払って以降，Bの口座への賃料振込みを止めてしまい，そのためBのCに対する債務の不履行が生じた。そこでCは，BのAに対する賃料を物上代位により収取しようとしたが，A・B間の契約内容が不明確であったため断念し，かわりにAがEに対して有する将来の賃料債権のうち被担保債権額に満つるまでの分につき差押命令を求めた。

【設問2】 2006年9月，Bは，Aから紹介されたFとの間で，期間を2007年12月から15年，賃料月額100万円とする賃貸借契約を締結し，同日，2017年12月から毎年800万円ずつFに返還する約定で保証金4000万円をFから受領した。その後，Bの業績不振の噂を聞いたFは，Bが保証金を返還してくれるのか不安になり，Bと保証金減額の交渉を開始した。その結果，2008年6月，BとFは，従前の賃貸借契約を解消したうえで，これと同内容の賃貸借契約を締結するとともに，保証金について，額を2000万円に減じたうえ従前の保証金の一部をこれに充てること，2012年7月以降毎年400万円ずつ返還すること，本件建物につき差押え等があった場合にはBは保証金返還債務につき当然に期限の利益を失うことを合意し，保証金の差額2000万円がBからFに返還された。2010年5月，Bの一般債権者が本件建物を差し押さえたため，Fはただちに保証金返還請求権をもって2010年6月分以降20か月分の賃料債権を対当額で相殺する旨の意思表示をBにした。一方Cは，2011年4月，Bの履行遅滞を受け，BのFに対する賃料債権のうち被担保債権額に満つるまでの分につき差押命令を得，2011年9月，支払に応じないFを相手に，2011年5月～9月分の賃料の支払を求め，訴えを提起した。

● CHECK POINT

□ 転貸賃料債権に対する抵当権者の物上代位権行使
□ 物上代位と相殺の優劣
□ 保証金返還請求権の法的性質・発生時期

● 解説

I はじめに

1 賃料債権に対する物上代位権行使をめぐって

　抵当権者は，抵当不動産の売却，賃貸，滅失または損傷によって抵当不動産所有者が受けるべき金銭等に対して優先弁済効を及ぼすことができる（372条・304条）。この抵当権者による物上代位のうち賃料債権に対するものについては，これに否定的な見解がかつては多数であった。なぜなら，動産先取特権等とは異なり，抵当権の場合，目的物である不動産，とりわけ土地は，使用したからといって価値が減少するわけではなく，「賃料は交換価値のなし崩し的現実化」という説明が妥当せず，また，抵当権者が賃料債権に物上代位を及ぼすことは，所有者がもつ使用収益権限を奪うことになってしまうからである。
　ところが，最高裁はこれを全面的に肯定する判断を示し（最判平成元・10・27民集43巻9号1070頁），折しも不動産市況の冷え込みから，競売をしても抵当物件が思うように売却できなかったこともあって，実務では，賃料債権に対

---

1) もっとも，最近は不動産競売による売却率が高くなっていることから，賃料債権に対する物上代位権行使の件数は少なくなっており，担保不動産収益執行も創設以来その利用例はごく少数にとどまっている（東京地方裁判所民事執行センター「東京地裁民事執行センターにおける平成22年の事件概況等」金法1918号〔2011年〕84頁以下等参照）。
2) 担保不動産収益執行（民執180条2号）は，抵当権者が賃料債権につき物上代位権を行使して，賃料をまるごと持っていってしまうことにより，賃貸人が物件の管理費用を捻出できなくなり，物件が荒れてしまう，という問題に対処するべく設けられたものであった。同手続によれば，裁判所の選任した管理人が賃料を受け取り，管理費用等を支出した後の残余が抵当権者に配当されることになる。

する物上代位がひろく行われるようになった[1]。また，理論上も，2003年の担保・執行法改正において371条が改正され，またこれを基礎として民事執行法上に担保不動産収益執行制度が創設される等，抵当権者の収益収取権が正面から認められるに及び[2]，賃料債権に対する物上代位権行使は，収益収取権に基づく抵当権実行の一形態として確たる位置づけがなされるようになった。賃料債権に対する物上代位権行使が被担保債権の不履行後にのみ認められると一般に解されているのも，これを抵当権実行として機能させるという認識に基づいたものといえる。

こうした理解を前提とすると，抵当権者が被担保債権の不履行後に抵当権の実行として抵当不動産から生ずる賃料債権を収取する方法には，物上代位権行使と担保不動産収益執行の2つがあることになる。前者は，372条が準用する304条が規律し（執行は民事執行法193条以下の「債権等についての担保権実行」の方法による），後者は，371条に基づき民事執行法180条2号が規律するものであり，両者は根拠条文を異にする別個の制度であることに留意されたい[3]。

2 物上代位権行使の妨害工作——債権譲渡の手口と平成10年判決

他方，賃料債権に対する物上代位権行使が盛んになるにつれ，抵当不動産所有者の側では，抵当権者に賃料を取られまいと，物上代位権行使を妨害するための策を講ずるようになった。

はじめに現れたのが，抵当不動産の所有者が賃料債権を他に譲渡してしまう手法である。最判平成10・1・30民集52巻1号1頁（以下「平成10年判決」という）の事案は次のようなものであった。xはaに30億円を貸し付け，その担保としてb所有の建物に抵当権の設定を受けた。bは，この建物を賃貸し月

---

[3] もっとも，担保不動産収益執行と物上代位の関係，あるいは抵当権者が収取できる賃料の範囲をめぐっては，学説が錯綜している（詳しくは，生熊長幸「担保不動産収益執行と民法371条改正および敷金返還請求権に関する若干の問題」ジュリ1272号〔2004年〕101頁以下参照）。第1に，371条で抵当権の効力が及ぶとされる果実の範囲（直接には担保不動産収益執行の場合にあたる）につき，多数説は，債務不履行前に弁済期の到来した未払賃料債権は対象外とするが，民事執行法188条が準用する同法93条2項に依拠し，これにも抵当権の効力が及ぶとする説も有力である。第2に，371条が物上代位にも適用されるかについても見解が分かれており，否定するのが多数であるが，これを肯定するものもある。実務では，物上代位と担保不動産収益執行のいずれの方法でも，被担保債務の不履行後には，不履行前に生じていた分も含め，賃料の収取ができる，という扱いになっているようである。

額700万余円の賃料を得ていたが，aが倒産するやいなや，この建物をyに月額200万円，譲渡転貸自由という条件で一括賃貸し，従前の入居者にはyが転貸をする形に改めた。そのうえで，bは，cから7000万円を借り受け，その翌日に代物弁済としてyに対する賃料債権3年分をcへ譲渡し，確定日付あるyの承諾も得た。その後，xは抵当権に基づく物上代位権の行使としてbのyに対する将来の賃料債権のうち貸金債権相当額分を差し押さえ，yに対して賃料の支払を求めた。

　この事案をみると，bがyやcと結託してxの物上代位権行使を妨げようとしたことが一目瞭然であろう。原審では，差押え前に債権譲渡の対抗要件が具備されている以上，物上代位はできないとし，bらの妨害工作は奏功した如くであった。しかし，最高裁は，304条1項にいう「払渡し又は引渡し」に債権譲渡は含まれず，抵当権者は，物上代位の目的となる賃料債権が譲渡され，対抗要件が備えられた後においても，自ら目的債権を差し押さえて物上代位権を行使することができる，と判示した。物上代位の要件である「差押え」の意義につき，原審が優先権保全説（第三者保護説）に依拠して差押えによる物上代位の公示と債権譲渡の対抗要件具備の先後によってその優劣を決するとしたのに対し，最高裁は，第三債務者保護説をとって，差押えは第三債務者の保護のための要件であり，それ以外の第三者との関係では，抵当権設定登記が物上代位の公示となり，これを基準に優劣が判断されるとしたのである[4]。

3　さまざまな物上代位妨害の手法

　この平成10年判決によって，債権譲渡を用いた妨害工作は阻止されたが，その後も物上代位の妨害はさまざまな形をとって続いた。その代表例が，設問にも登場する，転貸借や相殺を用いた手法である。転貸借による手法とは，抵当不動産の所有者が第三者と結託してこの者に一括賃貸し，従前の賃借人には新賃借人が転貸をする形にしたうえで（これは平成10年判決の事案にもみられる），賃料額をごく低廉なものにしたり，さらに悪質な場合には賃貸人が賃借

---

[4]　物上代位の要件である「差押え」の意義や物上代位権の対抗要件に関しては，さまざまな見解があるが，具体的内容については教科書等の叙述に譲る（学説状況を詳細に叙述したものとして，生熊長幸『物上代位と収益管理』〔有斐閣，2003年〕103頁以下，平野裕之『民法総合3担保物権法〔第2版〕』〔信山社，2009年〕102頁以下等）。

人から将来生ずる賃料の一括払を受けたことにして賃料債権を消滅させる，というものである。また，相殺による手法とは，賃借人が賃貸人に対して反対債権（保証金返還請求権等）を取得し，これをもって将来分の賃料債権を相殺によって消滅させるものである。いずれも，賃料債権がなくなってしまっている以上，もはや物上代位はできない，という状態にするわけである。平成10年判決後も数年の間，最高裁の判断としては，抵当権者の物上代位権行使を妨害する動きを封ずるべく，物上代位を強化することを志向するものが次々と現れることとなった。

　以下では，まず【設問1】において，抵当権者による転貸賃料債権に対する物上代位権行使の可否について，次いで【設問2】において，抵当権者の物上代位権行使と賃借人による相殺の優劣について，それぞれの問題を扱う最高裁判決の意義とその射程を明らかにしつつ，当該事案において導かれるべき結論を具体的に検討していくことにしよう。

II　転貸賃料債権への物上代位

1　転貸賃料に対する物上代位の可否と平成12年決定

【設問1】において，抵当権者Cは，抵当不動産所有者Bの賃借人Aに対する賃料債権につき物上代位権を行使できるのは明らかであるとして，では，Aが受け取る転貸賃料に対しても，Cは物上代位権を行使することができるのか。

　この点につき，最決平成12・4・14民集54巻4号1552頁（以下「平成12年決定」という）は，原則として372条が準用する304条1項の「債務者」に抵当不動産の賃借人は含まれないとしつつも，例外として，「所有者の取得すべき賃料を減少させ，又は抵当権の行使を妨げるために，法人格を濫用し，又は賃貸借を仮装したうえで，転貸借関係を作出したものであるなど，抵当不動産の賃借人を所有者と同視することを相当とする場合」には，転貸賃料債権に対して抵当権に基づく物上代位権を行使できるとした。

　平成12年決定は，原則として転貸賃料に対する物上代位が否定されるべき理由について，「転貸賃料債権を物上代位の目的とすることができるとすると，正常な取引により成立した抵当不動産の転貸借関係における賃借人（転貸人）の利益を不当に害することにもなる」と述べている。確かに，一般的な転貸借

がなされた場合に、抵当権を負担する立場にない賃借人が転貸賃料を収取できなくなるのは妥当とはいえないであろう。そして、平成12年決定において注目されるべきは、物上代位ができる「例外」が認められていることである。Ⅰ3でも述べたように、転貸借関係は賃料債権に対する物上代位権行使を阻止するべく用いられることが多々あり、そうした妨害工作に抗する意義を平成12年決定は有していたといえる。

　実際、平成12年決定の事案は、根抵当権者が被担保債権を取得したその日に、抵当権設定者が当初からの賃貸借契約を転貸借契約関係に置き換えたという、物上代位権行使を妨げる意図があからさまなものであった。差戻審でも、抵当不動産の入居者との間に第三者を介在させなければならない理由がみあたらないこと、転貸借に置き換えられた後の所有者の賃料収入が大幅に減少していること、競売手続開始が予期される物件なのに10年という長期の賃貸借契約が締結されたこと、賃借人（転貸人）が賃貸人に毎月の賃料を支払っているかが疑わしいこと等の事実から、本件賃貸借契約は、正常な取引によって成立したものではなく、むしろ、所有者と賃借人とが、所有者が取得すべき賃料を減少させ、または抵当権の行使を妨げるために賃貸借契約を仮装したうえで転貸借関係を作出したものである、と判断された[5]。

2　平成12年決定のいう「例外」の妥当範囲とは

　では、【設問1】の場合はどうか。平成12年決定のいう「抵当不動産の賃借人を所有者と同視することを相当とする場合」をどの範囲で認めるのか、そして本設問の事案をどのように分析するのかによって、結論は分かれうる。

　上述のとおり、平成12年決定の事案は、賃貸人と賃借人とが結託して抵当権者の物上代位権行使を妨害しようとしたことが明白で、まさに「賃借人を所有者と同視」しうるようなものであった。しかし、本設問の場合は、A自身が探してきたEと新たに転貸借契約が結ばれたのであって、従前からの入居者との関係をわざわざ転貸借に置き換えた、というわけではない。また、そもそも転貸借契約が締結されたのは、改修工事の残代金を支払えなくなったBをAが支援したことを契機とするものであった。こうしたことからすれば、

5）　東京高決平成12・9・7金法1594号99頁。

本設問における転貸借には，A・Bに抵当権者の物上代位権行使を妨げる意図があったとは必ずしもいえない。少なくとも，Bが転貸借関係の作出に積極的であったとはうかがわれず，むしろ「致し方なし」という思いであったとも推察される。

このことを平成12年決定の基準に照らしてみると，A・Bには「所有者の取得すべき賃料を減少させ，又は抵当権の行使を妨げる」目的はなく，「賃貸借を仮装した」わけでもない。そして，A・B間で意を通じて措置を講じたのでない以上，「賃借人を所有者と同視」することにも無理がある。そうすると，本設問の場合，転貸賃料債権に対するCの物上代位権行使は認められない，となりそうである。

平成12年決定のように，賃借人は，304条にいう「債務者」（抵当権の場合は抵当不動産所有者をさす）ではないから転貸賃料債権に対する物上代位は認められない，というのを原則＝出発点とするのなら，賃借人を所有者と同視しうることは，物上代位を認めるための不可欠の要素ともいいうる。そうした理解を前提とすれば，同決定にいう「例外」に該当するのは，もっぱら抵当権者の物上代位を妨害するために両者が結託して必然性のない転貸借関係をあえて作出した場合に限られる，という見方も十分ありえよう。

3　所有者と賃借人が結託した場合に限定されるか

しかし，そこまで転貸賃料債権に対する物上代位が認められる範囲を限定してしまってよいのか。ここで，本設問におけるA・Bの関係をあらためて検討しておこう。Aには，Eから得る転貸賃料とBに支払う賃料の差額分をもって，Bに対する立替金返還請求債権（Bに代わって負担した工事代金）を回収する意図があったと推察される。Bに対する賃料支払が中断されたのは，（あるいはBにとっては想定外のことであったかもしれないが）Aの立場からすれば，Bに対する債権を回収する——すなわち立替金返還請求債権と賃料債権とを相殺する——という意味をもつ措置であったといえる。ここでは，Aは，抵当不動産から生ずる賃料を，Bに対する債権の回収に用いているといえる。

かりに，この場合に転貸料債権へのCの物上代位を認めないとすると，先に抵当権の設定を受けていたCに優先して，Aは自己の債権の回収を抵当不動産から生ずる賃料から受けられることになる。しかし，平成10年判決が抵

当権設定登記をもって物上代位が公示されると判断したことについては，抵当権者は，設定登記によって，将来の賃料債権まで物上代位によって優先弁済効を及ぼすことを確保できるのであって，以後，他の債権者等がこれを自らの債権の回収の原資として利用する措置を講ずることはできない，という意味が含まれていたとも解しうる。そうであるならば，債権回収を図るために転貸借がなされたことによって，抵当不動産から生ずる収益の収取が妨げられるのは妥当とはいえない。

　実際，平成12年決定と同様，転貸賃料債権に対する物上代位につき原則否定の立場をとる学説にあっても，①人格同一視型，②妨害目的型，③債権回収目的型の各場合に，例外として物上代位を認めるべきであるとするのが多数である[6]。このうち③の債権回収目的型とは，一般債権者が既存の賃貸借関係に割り込み，安い賃料で賃借人となるとともに，従前の賃借人から従前の契約条件どおりの転貸賃料を収取し，これによって債権の回収を図る，というものである。つまり，抵当権者の物上代位を妨害する意図が賃貸人と賃借人に認められない場合にも転貸賃料債権への物上代位が認められてしかるべき，というのである。平成12年決定に対する批判も，その多くは，本決定の述べるところを字義どおり解釈するのでは，物上代位が許容される範囲が狭くなってしまう点に向けられている[7]。平成12年決定の後に現れた下級審裁判例にも，当初から抵当権妨害を目的としたのでなくとも，転貸賃料債権に対する物上代位権行使が認められる余地のあることを示したものがある[8]。

　ここで注目したいのは，「転貸賃料債権に対する物上代位」事例と「債権譲渡と物上代位」事例の類似性である。本設問では，Ａ・Ｂ間で締結されたのは

---

[6] 　学説については，安永正昭・金法1620号（2001年）29頁以下およびそこでの引用文献を参照されたい。

[7] 　鎌田薫・平成12年度重判解（ジュリ1202号）61頁，占部洋之・法教242号（2000年）154頁等。なお，鎌田薫「賃料債権に対する抵当権者の物上代位」石田喜久夫・西原道雄・高木多喜男先生還暦記念『金融法の課題と展望(下)』（日本評論社，1990年）80頁は，抵当権設定後の賃借人の有する転貸賃料債権については物上代位を認めるべきものとする。

[8] 　福岡地小倉支決平成19・8・6金法1822号44頁は，本設問よりも相当程度，所有者―賃借人（転貸人）間の契約内容に不審な点が認められる事例ではあるが，転貸人が「当初からそのような意図を有していたか否かは別として，現に，所有者の取得すべき賃料を減少させ，又は抵当権の行使を妨げるために，法律関係を不明確にし，本来抵当権者である債権者に優先し得ない自己の債権の回収をはかっているものといわざるを得ない」としている。

賃貸借契約であったが，BのEに対する賃料債権をAが譲り受ける旨の債権譲渡契約が締結されていたとしても，生ずる状況（Aが入居者Eからの賃料を収取し，それによって抵当不動産所有者に対する債権を回収すること）にはそれほど差異はなかったといえる。にもかかわらず，A・B間で締結された契約の形式が賃貸借であるのと債権譲渡であるのとで，結論が変わるのは，妥当とはいえないであろう。確かに，最高裁の判決文は，債権譲渡の事例については，ひろく物上代位を許容する表現となっている（平成10年判決）のに対し，転貸賃料への物上代位権行使については，否定されるのが「原則」，肯定されるのが「例外」という形となっている（平成12年決定）。しかし，この「例外」をまさに例外として狭く解釈すると，利益状況が類似する債権譲渡の場合とのバランスが崩れてしまうことにもなりかねない。そうした観点からも，転貸賃料債権に対する物上代位権行使の許容範囲は，ある程度ひろく捉える必要がありそうである。

4 小括

本設問は，平成12年決定のいう判断基準をそのまま用いると，転貸賃料債権に対する物上代位権行使が認められないようでもある。しかし，以上に述べたことからすると，Cの転貸賃料に対する物上代位が認められる余地は十分ある。そうした見地に立つとすれば，本設問で物上代位権行使が否定されるのは，適正価額の賃料が賃借人Aから所有者Bに現に支払われていて，Cがそちらに物上代位をすることでも差し支えがないといえるような場合に限られることになろう。

Ⅲ　物上代位と相殺

1　差押時基準か登記時基準か

次に，【設問2】の検討に移ろう。ここでは，Cによる物上代位権行使と，Fによる保証金返還請求権を自働債権とする相殺の優劣が争われている。この問題に関しては，相殺が優位する場合として，自働債権の取得時期が，差押え前であればよいとする説（差押時基準説）と，抵当権設定登記よりも前でなければならないとする説（登記時基準説）の2つの見解の対立があった。

前者は，相殺につき無制限説をとった最大判昭和45・6・24民集24巻6号587頁からアプローチするものである。同判決は，511条の解釈として，第三債務者は差押え前に取得した債権を自働債権とする限り，相殺適状に達しさえすれば，差押え後でも相殺をなしうるとするものである（図ⓑ参照）。ここにいう差押えが物上代位権行使のためのものにも妥当すると解するならば，差押え前に取得した保証金返還請求権等を自働債権とする相殺は，物上代位に優先できることになる。従前の下級審裁判例には，この立場をとるものも少なくなかった[9]。しかし，これによると，抵当権が設定された後に賃借人に反対債権を取得させて賃料債権との相殺をすることにより，賃料債権に対する物上代位権行使が容易に妨げられてしまうことになる。

そうしたなか現れた最判平成13・3・13民集55巻2号363頁（以下「平成13年判決」という）は，登記時基準説を採用し，抵当権者の物上代位権行使をより優先させる判断を示した。すなわち，同判決は，抵当権設定登記をもって物上代位は公示されているとみる平成10年判決に依拠しつつ，「抵当権者が物上代位権を行使して賃料債権の差押えをした後は，抵当不動産の賃借人は，抵当権設定登記の後に賃貸人に対して取得した債権を自働債権とする賃料債権との相殺をもって，抵当権者に対抗することはできない」とした（図ⓒ参照）。この判決には，「抵当権設定登記前に取得した自働債権」での「差押後の相殺」なら物上代位に優立しうる，という2つの判断要素が含まれていることに留意されたい（詳しくは後に5で触れる）。

2　平成13年判決の射程——自働債権の性質

もっとも，平成13年判決の基準をそのまま本設問にあてはめてよいかは，なお慎重に検討する必要がある。というのも，この13年判決の事案は，当初の賃貸借契約自体に抵当権の妨害を目的とした詐害的賃貸借の疑いがあるものであった。しかも，この事案の自働債権は，保証金返還請求権というよりは，当初の賃貸借契約を解消して新たな賃貸借契約を締結し，当初契約の保証金よりも新契約の保証金の額を低く設定した結果その差額につき生じたもので，非常に高額（賃料の36か月分にも相当する）でもあって，まさに貸金債権そのも

---

[9] 学説や裁判例の状況につき，詳しくは，松岡久和「賃料債権に対する抵当権の物上代位と賃借人の相殺の優劣(1)」金法1594号（2000年）60頁以下等参照。

図

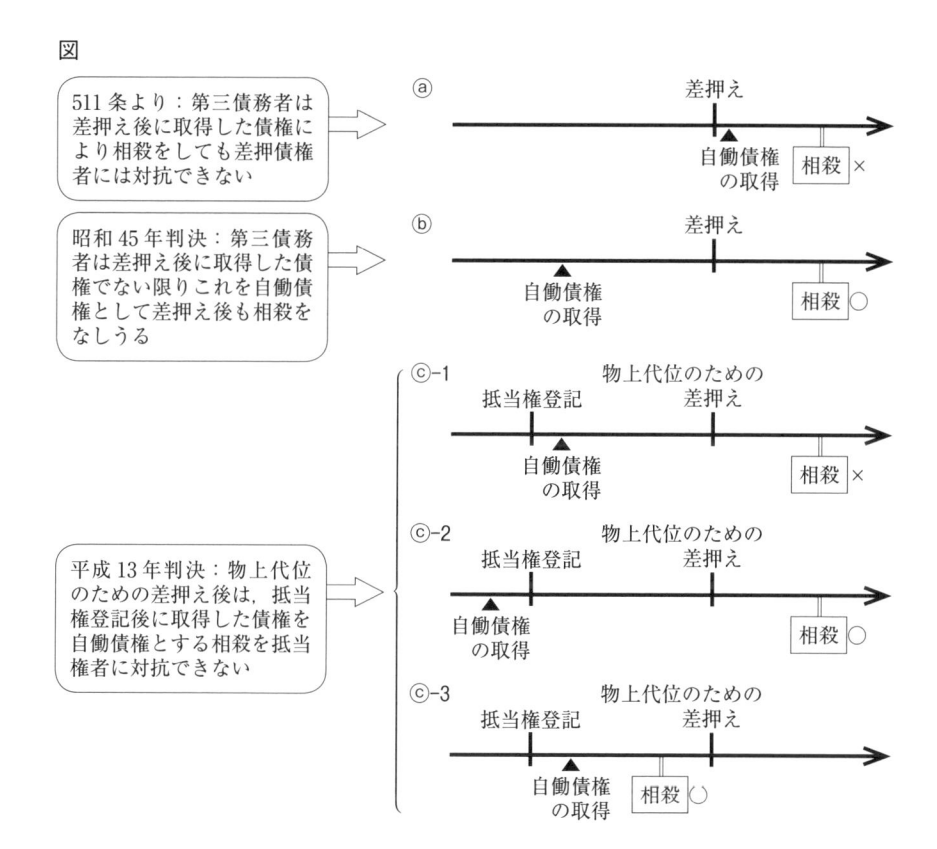

```
511条より：第三債務者は
差押え後に取得した債権に
より相殺をしても差押債権
者には対抗できない
```
→ ⓐ ──────┼──▲──┼═══→
　　　　　　差押え
　　　　　　　　自働債権　相殺 ×
　　　　　　　　の取得

```
昭和45年判決：第三債務
者は差押え後に取得した債
権でない限りこれを自働債
権として差押え後も相殺を
なしうる
```
→ ⓑ ──▲──┼──────┼═══→
　　自働債権　差押え　　　　相殺 ○
　　の取得

ⓒ-1　　抵当権登記　物上代位のための差押え
　　──┼──▲──┼──────┼═══→
　　　　自働債権　　　　　　　　相殺 ×
　　　　の取得

```
平成13年判決：物上代位
のための差押え後は，抵当
権登記後に取得した債権を
自働債権とする相殺を抵当
権者に対抗できない
```
→ ⓒ-2　抵当権登記　物上代位のための差押え
　　──▲──┼──────┼═══→
　　自働債権　　　　　　　　相殺 ○
　　の取得

ⓒ-3　　抵当権登記　物上代位のための差押え
　　──┼──▲──┼═══→
　　　　自働債権　相殺 ○
　　　　の取得

の，というべきものであった[10]。こうした事案の特徴からすると，平成13年判決は，賃貸借契約と一定の関連性をもつ保証金返還請求権をもってする相殺には適合しない，とか，詐害的な場合にのみ妥当する，とかいった見方もありうるところである。

　従前より学説の多くは，賃貸借契約ととくに密接な関係にある敷金返還請求権や必要費償還請求権を自働債権とする相殺について物上代位に劣後させることに疑問を呈してきた。そして，最判平成14・3・28民集56巻3号689頁（以下「平成14年判決」という）は，賃貸借終了により目的物が賃貸人へ引き渡

---

[10] 高橋眞・金法1656号（2002年）11頁，松岡久和・セレクト'01（法教258号別冊付録）17頁等参照。

された後には，賃料債権が敷金の充当により消滅するとして，抵当権者の物上代位権行使を否定した。

では，保証金返還請求権についてはどのように考えるべきか。一口に保証金といっても，その実質は多様であり，①敷金としての性質を有するもの，②返還義務のない権利金の性質をもつもの，③約定期間よりも早期に退去する場合の制裁金として課されるもの，④建設企画者が建設資金に利用することを目的とした賃借人からの融資金（いわゆる建設協力金）等があるとされる[11]。敷金の性質を有する場合の返還請求については，上述のとおり，物上代位に優先する扱いがなされるべきであるとして，では，本設問のような建設協力金としての性質をもつ保証金についてはどうか。

建設協力金としての保証金も，賃借人に返還されるという意味では敷金と類似している。ただ，敷金は，賃借人が負うべき賃貸借契約から生ずる債務を担保するための預かり金であるのに対し，建設協力金は，賃貸借契約に付随したものであるとはいえ，賃借人から賃貸人に対する融資の意味合いをもつ。そうすると，保証金返還請求権を主張する場合の賃借人は，むしろ賃貸人の債権者としての色彩が強い立場にあるといえる。

そうであるとすれば，本設問のような保証金返還請求権についても，平成13年判決の射程が及ぶとして，自働債権の取得が抵当権設定登記の前か後かで判断をしてよいであろう。実際，平成13年判決の示した基準は，建設協力金の性質をもつ保証金の返還請求権を自働債権とする相殺が問題となった最判平成21・7・3民集63巻6号1047頁（以下「平成21年判決」という）でも踏襲されている。

3 本設問における自働債権の取得時期

本設問では，相殺の有効性をめぐって，なお次のような点にも議論の余地がある。その第1は，自働債権の取得時期についてである。

上述の平成21年判決は，物上代位ではなく担保不動産収益執行と相殺の関係が問題となったものであるが[12]，事案を時系列的に示すと，①賃貸借契約

---

[11] 東京地判平成13・10・29金法1645号55頁等参照。
[12] 担保不動産収益執行にも，従前の物上代位に関する判例法理がそのまま妥当するものといってよい（道垣内弘人ほか『新しい担保・執行制度〔補訂版〕』〔有斐閣，2004年〕47頁等参照）。

の締結と保証金の支払→②抵当権設定登記→③保証金返還請求権につき期限の利益喪失条項の合意→④合意された期限の利益喪失の事由の発生→⑤抵当権者の申立てにかかる担保不動産収益執行開始決定→⑥相殺の意思表示，というものであった。同判決は，賃借人は保証金返還債権を抵当権設定登記前に取得しており，相殺の意思表示がされた時点で自働債権である保証金返還残債権と受働債権である賃料債権は相殺適状にあったから，相殺をもって収益執行に対抗することができるとした。

　では，本設問において，Ｆによる保証金返還請求権の取得時期はいつか。平成13年判決の事例では，①最初の賃貸借契約の締結と保証金の支払，②新たな賃貸借契約の締結と保証金に関する合意，③差額分の返還請求権の発生のうち，いずれの時点で自働債権が取得されたのか見解は分かれうるものの，いずれも抵当権設定登記後のことであるから，相殺をもって物上代位に抗しえないという結論に変わりはない。これに対し，本設問では，保証金の支払後に抵当権設定登記がなされ，その後に保証金についての新たな合意がなされている。そうすると，自働債権の取得を，当初の保証金支払時とみるか，新たな賃貸借契約の締結に伴う保証金の合意時とみるかで結論が変わってくることになる。

　例えば，新たな賃貸借契約の締結をしたのがＦとは直接の関係をもたない第三者であって，当初支払われた保証金がいったん全額返還され，新たな入居者からあらためて保証金が差し入れられた等の事情があった場合には，新たな合意の時点で保証金返還請求権が取得されたとみるべきであろう。しかし，本設問の場合は，賃貸借契約が結び直されたとはいえ，一貫してＦが賃借人であり，その趣旨は，当初の賃貸借契約に付随する保証金返還請求権につき弁済期を前倒しさせることにあるものと評価できる。そうであるなら，本設問は，保証金返還請求権自体は抵当権設定登記前に生じていて，その弁済期を早める合意だけが登記後であったという，平成21年判決の事案と近似したものといいうる。

　なお，当初は2017年まで保証金の返還は請求できず，したがって相殺もできなかったはずなのに，抵当権設定登記後に，期限の利益喪失の合意を新たに行って相殺可能な状態に持ち込んだ場合でも，Ｆの相殺がＣの物上代位権行使に優位してよいのか，との疑問は生じよう。しかし，差押えと相殺につき無制限説を採る以上は，抵当権設定登記の前に弁済期が到来している必要はない

し，物上代位のための差押えの効力発生前に弁済期が到来している必要もないと解される[13]。平成21年判決でも，こうした理解が前提とされている。

4　将来分賃料を受働債権とする相殺の効力は

相殺の有効性に関する第2の問題は，そもそも将来分の賃料債権を受働債権とする相殺は可能なのか，ということである。将来賃料債権の性質については，弁済期未到来の既発生債権と，未発生の将来債権という2つの見方ができ，後者と解した場合には債権の発生前における相殺が認められないと解する余地も生ずる[14]（平成21年判決の原審ではこのことが争点の1つとなった[15]）。学説には，賃料債権は，賃借人が当該期間中に目的物を使用したことによって発生するものであるから，当該期間が経過するまでは賃料債権を受働債権とする相殺も認められない，とするものもある[16]。しかし，将来の賃料債権も差押えが可能であるとされていることとの均衡からしても，将来の賃料債権を受働債権とする相殺は認められてよいように思われる[17]。

5　小括

以上述べてきたように，本設問の場合，FのBに対する保証金返還請求権は，抵当権設定登記前の2006年9月時点で取得されたものであり，相殺をもって抵当権者の物上代位権行使を拒むことはできると解される。

---

[13]　生熊長幸・平成21年度重判解（ジュリ1398号）88頁，松岡久和・現代民事判例研究会編『民事判例Ⅰ 2010年前期』（2010年）171頁参照。
[14]　松岡・前掲注13）同頁等参照。
[15]　平成21年判決の1審は，相殺を有効としたものの，2審は，未発生の賃料債権を受働債権とする相殺はできないとした。なお，2審の係属中に当該賃料債権の弁済期が到来し，あらためて相殺の意思表示がなされたため，最高裁ではこの点の判断はされなかった。
[16]　福永有利「物上代位権と相殺権の優劣」銀法544号（1998年）24頁，山野目章夫「抵当権の賃料への物上代位と賃借人による相殺(上)」NBL713号（2001年）9頁等。
[17]　松岡・前掲注9）66頁，道垣内弘人・金法1620号（2001年）36頁等。
[18]　このことは，平成13年判決が，「物上代位権の行使としての差押えのされる前においては，賃借人のする相殺は何ら制限されるものではない」，「抵当不動産の賃借人が賃貸人に対して有する債権と賃料債権とを対当額で相殺する旨を……あらかじめ合意していた場合においても，賃借人が上記の賃貸人に対する債権を抵当権設定登記の後に取得したものであるときは，物上代位権の行使としての差押えがされた後に発生する賃料債権については，物上代位をした抵当権者に対して相殺合意の効力を対抗することができない」と述べることからも明らかといえる。

ちなみに，先に3に述べたような事情があって，保証金返還請求権の取得が抵当権設定後の2008年6月の時点であったと解すべき場合だとすれば，平成13年判決と同様，抵当権者の物上代位のほうが相殺に優位することとなる。ただし，差押えの前における賃料債権の処分はなお可能であるから（図ⓒ-3参照），差押え前に相殺がなされている以上，差押え前に発生していた賃料債権分（2011年4月までの分）については，相殺による賃料債権の消滅が認められることとなろう[18]。

Ⅳ　おわりに

　最高裁判決が，平成10年判決以降も一定期間，物上代位権行使を阻止する動きに抗するべく，物上代位権行使を強化する方向を示したとⅠ3で述べたが，平成13年判決以降は，むしろ抵当権者の物上代位権行使に歯止めをかける方向での判断も示されるようになった[19]。敷金の充当に関する平成14年判決も，そうした動向の中に位置づけることができる。学説には，抵当権者の物上代位についての最高裁の姿勢が変化したとか，第三債務者保護説＝登記時基準説を撤回するに近い意味をもつ，との評価もみられる[20]。実際，物上代位の要件である差押えが，第三債務者保護だけの意味をもつものでないことは判例上も明らかとなってきている[21]。担保法は，進展著しい金融取引社会の動向を受

---

[19]　最判平成14・3・12民集56巻3号555頁は，抵当権登記後で差押え前になされた転付命令と物上代位の優劣につき，債権譲渡の場合とは異なり，物上代位権行使を否定した。ここでは，物上代位権行使のための差押えは，物上代位権の効力保全・第三者の不測の損害防止に求められている。

[20]　松岡久和「物上代位に関する最近の判例の転換(上)(下)」みんけん543号3頁以下・544号3頁以下（2002年）等参照。

[21]　一例として，抵当権に基づき物上代位権を行使する者が債権差押事件において配当要求をすることにより優先弁済を受けることはできない旨示した最判平成13・10・25民集55巻6号975頁があげられる。ここでは，304条1項ただし書にいう「差押」に配当要求が含まれるか，民事執行法154条1項の「先取特権を有する債権者」に物上代位に係る抵当権を有する債権者が含まれるかが解釈論上の論点となるが，同判決は，これら条文の文言解釈として肯定するのには無理がある旨述べる。ただ，配当要求によっても，第三債務者の二重払いの危険は回避できるし，執行手続上，物上代位権行使の意思の表明は明確になされていると評価することはできる。物上代位権行使を否定したこの判決は，差押えの意義が第三債務者保護のみにとどまらないことを示唆したもの，ということができる。

けて，民法の中でもとりわけ変動が激しい領域であるとされる。物上代位の問題を考える際にも，一連の判決のもつ意味を精確にとらえ，また判例の動向を把握することが必要である。

　また，具体的事案を検討するにあたっては，物上代位権行使がどの範囲で許容されてよいのかを，抵当権者と相対する者の間の利害関係を分析することを通じて精査し，そのうえで，最高裁判決の示す基準をどう用いるのかを追究し，適切なあてはめを行ってもらいたい。

7

「わたしは誰？」

●事例

　ブリ，ハマチ等の養殖を業とする株式会社であるAは，養殖魚用飼料を買い付けるための資金の融資を継続的に銀行Bから受けるに当たって，担保を提供することをBから求められた。そこで，平成12年6月30日に，次の①～④の内容の「譲渡担保権設定契約」をBと締結して，同日，占有改定の方法で目的物をBに引き渡した。

　①譲渡担保の目的は，Aが県知事から漁業権の免許を受けている漁場甲にある生簀(いけす)内のA所有の養殖魚の全部とする。②被担保債権は，BがAに対して現在および将来有する一切の債権とし，極度額を10億円とする。③Bは，Aが上記目的物を無償で使用し，飼育管理し，通常の営業のために第三者に適正な価格で譲渡することを許諾する。④上記③により第三者に譲渡された養殖魚は譲渡担保の目的から除外され，Aは目的物を搬出したときは，速やかに新たな養殖魚を生簀に搬入して補充しなければならず，Aが補充した養殖魚は，当然に譲渡担保の目的を構成する。

　なお，本件生簀の周辺には，譲渡担保権が設定されていることを示す標識等は立てられていなかった。

　以上の場合において，次の設問に答えなさい。なお，設問はそれぞれ独立の問いである。

【設問1】　平成15年4月30日，Aは，継続的な取引関係のある商社Cとの間で，漁場甲にある生簀内のAが所有する養殖魚（Bのために譲渡担保を設定したのと同じ養殖魚である）について，「買戻特約付売買契約」を締結し，占有改定の方法で養殖魚をCに引き渡すとともに，代金の支払を受けた。この契約では，①その養殖魚はAが自己の費用負担で飼育管理をつづけること，②平成16年4月30日までにAは売買代金の1割増しの価格で養殖魚を買い戻すことができること，③Aについて破産等の手続が開始されたときは，Cはただちに養殖魚を第三者に譲渡することができることが約定された。Aにつ

いて破産手続が開始した場合，CはAに対して目的物の引渡しを求めることができるかどうか論じなさい。

【設問 2】　Aは，平成15年6月30日，商社Dとの間で，漁場甲の生簀内のAが所有する養殖魚を目的物とする売買契約を締結した。Dは第三者に売却するためにこの契約を締結したものであり，Dは同年11月30日までにすべての目的物を生簀から移動すべきものとされ，その間はAが善良なる管理者の注意をもって飼育管理を行うこととされた。同年11月下旬に，DがAに対して目的物の引渡しを求めて訴えを提起したのに対して，Bには対抗手段があるかどうか論じなさい。

【設問3】　平成15年8月，本件漁場において赤潮が発生し，そのために本件生簀内の養殖魚の3分の2が死滅し，Aは，保険会社Eと締結していた損害保険契約に基づいて，Eに対する保険金請求権を取得した。しかし，赤潮のダメージが大きく，Bがそれ以上の貸付けを拒絶したため，Aは運転資金に窮し，養殖業を廃止する決意を固め，生簀の売却先も探しはじめた。Bは，Aに対する債権を回収するために譲渡担保権を実行して，AのEに対する保険金請求権を差し押さえて物上代位することができるかどうか論じなさい。

● CHECK POINT

□ 集合動産譲渡担保
□ 譲渡担保権設定契約の認定
□ 譲渡担保権の重複設定（後順位担保権者との関係）
□ 集合動産譲渡担保権における「通常の営業の範囲」（第三取得者との関係）
□ 譲渡担保権に基づく物上代位

● 解説

I はじめに

1 動産譲渡担保の経済的意義

　担保として提供可能な不動産を有さない事業者は，抵当権設定による融資を受けることはできない。しかし，そのような事業者であっても，生産機械や在庫商品など，価値のある動産を所有していることがある。民法上で認められている動産の約定担保権は質権しかなく，質権は債権者に担保物を現実に引き渡さなければ効力を生じないから（344条・345条），設定者が動産を占有しながら担保に提供する担保権（占有非移転型担保）は，典型担保としては存在しない。

　これを可能にする実務上の知恵として生まれたのが，動産の譲渡担保である。設定者が高額な生産機械や，本事例に即していえば，養殖用の生簀そのものを担保目的物とするような場合を除けば，担保価値のある動産として考えられるのは，在庫商品である。それも，個別の在庫商品ではなく，例えば一定の倉庫にあるひとかたまりの在庫商品というように，営業の過程において販売のために搬出され，また在庫が補充されるという形で，つねに流動する在庫商品が目的物とされる。このような目的物を担保とする譲渡担保を「集合動産譲渡担保」または「流動動産譲渡担保」という。最高裁も，「構成部分の変動する集合動産であっても，その種類，所在場所及び量的範囲を指定するなどの方法によって目的物の範囲が特定される場合には，一個の集合物として譲渡担保の目

的とすることができる」としてこれを認めている（最判昭和 62・11・10 民集 41 巻 8 号 1559 頁）。

　本事例においても，A・B 間の契約は，この方法によって目的物が特定され，また，生簀内の養殖魚は A による搬出・補充が予定されるものであり（その旨の合意もある），集合動産の譲渡担保設定契約といえる。

2　譲渡担保権者と設定者間の法律関係――契約法の問題

　譲渡担保権設定契約に基づき，設定者は，担保目的物の現実の占有をし，その目的物を使用することができる。

　担保権者は，弁済期が徒過しても債務者が弁済をしなければ，裁判所を介した競売によらずに，清算金――担保目的物の価額が被担保債権の額を上回る場合におけるその差額――の支払と引換えに目的物の引渡し（現実の引渡し）を求める方法によって担保権の私的実行をすることができる（目的物の引渡しと清算金の支払は同時履行の関係にある〔最判昭和 46・3・25 民集 25 巻 2 号 208 頁〕）。他方，設定者は担保権者が私的実行をする前であれば，債務を弁済して目的物を受け戻すことができる（受戻権）（最判昭和 57・1・22 民集 36 巻 1 号 92 頁）。ここまでは，譲渡担保設定契約の当事者間の関係であるから債権的な権利義務関係である。譲渡担保の法律構成については，「所有権的構成」と「担保権的構成」がありえ，後述のように議論のあるところであるが，当事者間の法律関係は，そのどちらの構成をとったとしても，結局は契約によって定まることとなる。

3　譲渡担保権設定契約の第三者に対する効力――物権法の問題

　当事者間においては契約の解釈によって法律関係が定まるとしても，第三者に対する効力は，物権法の法理によって定まることとなる。譲渡担保を第三者に対抗するためには，担保権者は対抗要件を備えなければならず，通常，それは占有改定（183 条）の方法によるが（最判昭和 30・6・2 民集 9 巻 7 号 855 頁），動産所有者（設定者）が法人である場合には動産譲渡登記（動産債権譲渡特 3 条 1 項）による対抗要件具備も可能である。同一の目的物についての占有改定と動産譲渡登記の優劣は，他の対抗要件の優劣関係と同様に，それらの先後によって決まる。これは集合動産譲渡担保についても同様である[1]。

譲渡担保権者は第三者（目的物の第三取得者，競合する担保権者・一般債権者）に対して，（端的にいえば）優先弁済権を主張できるのか。また，設定者は第三者に対して所有権を主張できるのか，ということが問題となる。これら譲渡担保の対外的効力は，「所有権的構成」と「担保権的構成」のいずれをとるかによって違いが生じうる。

4 本事例の論点

上述のとおり，A・B間の契約は集合動産譲渡担保権設定契約であることは疑いないが，【設問1】と【設問2】においては，それぞれA・C間，A・D間の契約が，譲渡担保権設定契約なのか，それとも真正の売買なのかが問題となる。すなわち，譲渡担保権設定契約の認定の問題である。以下，Ⅱではこの点を扱うが，結論を先取りしていえば，A・C間の契約は譲渡担保，A・D間の契約は真正の売買ということになろう。

また，【設問1】では，競合する譲渡担保権者（BとC）の優劣関係，およびその前提として，そもそも譲渡担保の重複設定が認められるのかも問題となる。Ⅲではこの問題を扱う。【設問2】では，譲渡担保権者（B）が設定者からの第三取得者（D）に対して，自らの優先権を主張できるのかどうかが問われる。この点は，特定動産の譲渡担保と，集合動産の譲渡担保では違いがあり，Ⅳではこの問題を扱う。

最後に【設問3】では，譲渡担保権に基づく物上代位の可否およびその範囲が論点となる。これも，譲渡担保権者が他の債権者に優先して弁済を得ることができるかという問題であるが，集合動産譲渡担保の特殊事情にも配慮しなければならない。これをⅤで扱う。

Ⅱ 譲渡担保権設定契約の認定

譲渡担保権設定契約の当事者間の法律関係は，契約の解釈によって定まるの

---

1) 動産譲渡登記により集合動産譲渡担保の対抗要件を備える場合には，「動産の種類」に加え，①シリアルナンバー等，「動産を他の同種類のものと識別するための特質」，または，②「動産の保管場所の所在地」によって特定することとされる（動産債権譲渡特7条2項5号，動産・債権譲渡登記規則8条1項）。

であるが，これらの契約は，債権担保目的がその実質でありながら，設定者から担保権者への所有権譲渡という形式をとることが多い。特に，買戻特約付売買契約や再売買予約の形式をとる契約が真正の売買なのか，（買主が売主に支払う代金が実質的には信用供与に当たり，売主が買主に支払う買戻代金・再売買代金が実質的には被担保債権の弁済となる）譲渡担保権設定契約であるのかの認定が問題となりうる。なお，579条以下が規定する買戻特約は，不動産売買に関する規定であって，特約の登記によって第三者対抗力を有する点（581条）に意義がある。これらの規定は動産の買戻特約付売買には適用されないが，動産の買戻特約付売買は，譲渡担保であると認定されることによって，第三者に対する物権的効力を有するにいたる。

買戻特約付売買や再売買予約が，譲渡担保または真正売買のどちらであっても，売主は，一定の期間内であれば，一定の金額を支払うことによって譲渡した目的物を受け戻すことができる（買戻権や再売買予約完結権が受戻権を表していることになる）。しかし，売主が受戻しをせず（買戻権や再売買予約完結権を行使せず）に，買主が確定的に所有権を取得することになる場合，譲渡担保と認定されれば（担保目的物の適正価値が買主の支払った代金を上回るときには）買主に清算金の支払義務が生じるのに対して，真正売買と認定されればこれが生じないという違いがある。したがって，譲渡担保権設定契約の認定に当たっては，当事者が担保目的でこれらの取引をしているのかどうか，つまり，形式的には譲受人とされる当事者が確定的に所有権を取得する際に，清算を予定しているか否かが大きな意味を有する（最判平成18・2・7民集60巻2号480頁〔不動産譲渡担保の事案〕）。

【設問 2】におけるA・D間の契約では，Dに売却した養殖魚をAが受け戻すアレンジメントはされておらず，いわば片道切符であるから，これは担保目的の取引とはいうことができず，真正の売買ということになろう。【設問 1】のA・C間の契約はどうか。CからAに対する代金支払が実質的には信用供与とみることができ，その担保目的で買戻特約付売買がなされたかどうかがポイントである。Aの買戻し価格が売買代金の1割増しとして定められているのが利息に相当しうること（真正の買戻し〔＝解除〕においては，買戻代金は買主が支払った代金および契約費用の合計である〔579条〕。典型的な真正の買戻しは，一定期間内の転売禁止特約を付した不動産売買において，買主の特約違反を理由と

する売主の買戻しを認めるような場合である）。また，売り渡した養殖魚の飼育管理の費用は，買戻しの有無にかかわらず売主Aが負担するとされていること（真正の買戻しにおいては，買戻しが実行されないかぎり買主が費用を負担する〔583条2項〕）からすれば，この売買は担保目的であるという認定に傾くと思われる。

なお，被担保債権が存続することも担保目的であるからには必須であるとの見解もある[2]。しかし，前掲最判平成18・2・7は，「買戻特約付売買契約の形式が採られていても，目的不動産を何らかの債権の担保とする目的で締結された契約は，譲渡担保契約と解するのが相当である」としており，被担保債権の存続に拘らないことを明らかにしている（すなわち，被担保債権が存続する場合には譲渡担保，存続しない場合には売渡担保とし，売渡担保の場合には清算金支払義務がないとする区別が廃棄された）[3]。形式的に被担保債権が残るかどうかではなく，より実質的に担保目的であるかどうかを判断するものといえる。

ところで，同判決は，さらに「買戻特約付売買契約の形式が採られていても，目的不動産の占有の移転を伴わない契約は，特段の事情のない限り，債権担保の目的で締結されたものと推認され，その性質は譲渡担保契約と解するのが相当である」とも判示している。これに従えば，【設問1】でも，現実の占有はAがしているため，A・C間の契約は譲渡担保であると推定されることになりそうである。しかし，この点は，不動産の買戻特約付売買と動産の買戻特約付売買とは同列に論じられないであろう。動産の取引においては，真正売買であっても，買主が買い受けた商品を売主が保管すること（仕入寄託）は珍しくないばかりか，本件の目的物の特殊性（生きた養殖魚であるから，すぐに加工するのでないかぎり，生簀での飼育管理が必要となる）からである[4]。

---

2) 田髙寛貴『担保法体系の新たな展開』（勁草書房，1996年）256頁。
3) 福田剛久・最判解民事篇平成18年度253頁，小山泰史・民法判例百選Ⅰ〔第6版〕193頁。
4) 田髙・クロススタディ297頁。

III 譲渡担保権の重複設定
——譲渡担保権者と競合する債権者の一例として(【設問1】関係)

1 問題の所在と譲渡担保権の法的構成

IIで検討したとおり,【設問1】におけるA・C間の契約が,譲渡担保権設定契約だと認定された場合には,【設問1】の状況は,すでにA・B間で譲渡担保権が設定されているのと同じ目的物について,A・C間でさらに譲渡担保権が設定されたという状況である(A・C間の契約が真正売買だとすれば,IVで検討する【設問2】の問題となる)。

まず考えなければならないのは,そもそもこのような重複設定が認められるのかということである。これは譲渡担保について「所有権的構成」をとるのか,「担保権的構成」をとるのかによって考えの道筋が変わってくる問題である。まずは,この議論を確認しておこう。

一般に,判例・学説は,「所有権的構成から担保的構成へ」という流れにあるとされる[5]。「所有権的構成」とは,譲渡担保の設定によって所有権は完全に担保権者に移転するが,担保権者はその所有権を担保目的以外に行使しないという拘束を,設定契約によって負うとする考え方である。譲渡担保権者に対するこの拘束は,あくまでも設定者との間の債権的なものであって,担保権者は第三者との関係では完全な所有権者であるため,設定者は悪意の第三者に対しても権利主張ができないという脆弱な地位に置かれることになる。

このような所有権的構成の問題点を克服する試みが「担保権的構成」である。この構成では,譲渡担保権者はあくまでも担保権を取得するにすぎず,設定者にも何らかの物権的な権利が残ることとなる[6]。このなかにも多様なヴァリエーションがあるが,主要な考え方は次の2つである。第1は,譲渡担保権者には担保目的で必要な範囲で所有権が移転し,それ以外の範囲では設定者に物権(「設定者留保権」)が留保されているとする説である[7]。第2は,譲渡担保権者は,一種の制限物権を取得し,所有権は設定者に残るとする見解である[8]。

---

5) 例えば,道垣内・担保物権法298頁以下参照。
6) 立法にも,譲渡担保について担保権的構成に立脚するとみられるものがある。国税徴収法(昭和34年公布)24条参照。

判例は，所有権的構成を基本としながらも，設定者から担保権者への所有権移転は，担保目的という実質に応じた物権の拘束を受けると解しているといえよう。そのような現在の判例法理の転機となったリーディングケースが，最判昭和57・9・28判時1062号81頁であるとされる[9]。これは，不動産譲渡担保権の設定者が目的物の不法占有者に対して，物権的請求権に基づく明渡請求をすることができるか否かが問題となった事案で，最高裁は，譲渡担保の趣旨・効力に鑑み，設定者が不法占有者に対して明渡請求をすることを認めている。これは，譲渡担保権の設定を受けても，所有権が完全に譲渡担保権者に移転しているわけではないということを意味する。同判決の一般論が注目される。すなわち，「譲渡担保は，債権担保のために目的物件の所有権を移転するものであるが，右所有権移転の効力は債権担保の目的を達するのに必要な範囲内においてのみ認められるのであって，担保権者は，債務者が被担保債務の履行を遅滞したときに目的物件を処分する権能を取得し，この権能に基づいて目的物件を適正に評価された価額で確定的に自己の所有に帰せしめ又は第三者に売却等することによって換価処分し，優先的に被担保債務の弁済に充てることができるにとどまり，他方，設定者は，担保権者が右の換価処分を完結するまでは，被担保債務を弁済して目的物件についての完全な所有権を回復することができるのであるから……，正当な権原なく目的物件を占有する者がある場合には，特段の事情のない限り，設定者は，前記のような譲渡担保の趣旨及び効力に鑑み，右占有者に対してその返還を請求することができる」というのである[10]。

2 重複設定と後順位譲渡担保権者による実行

さて，譲渡担保権者を所有権者であると構成し，譲渡担保権者が対抗要件を

---

7) 道垣内・担保物権法298頁以下，内田Ⅲ523頁（裁判実務との乖離を小さくできる点で，この構成が優れているとする）。

8) 米倉明『譲渡担保の研究』（有斐閣，1976年）44頁，高木多喜男『担保物権法〔第4版〕』（有斐閣，2005年）333頁，近江幸治『民法講義Ⅲ担保物権〔第2版補訂〕』（成文堂，2007年）295頁など。

9) 道垣内弘人「日本民法の展開(3)判例の法形成──譲渡担保」広中俊雄＝星野英一編『民法典の百年Ⅰ』（有斐閣，1998年）311頁以下（特に339頁）。

10) 譲渡担保権者が所有権者であるとすれば，設定者の破産手続・再生手続において，管財人に対して（自らが所有権者であると主張して）取戻権（破62条，民再52条，会更64条）を行使できるはずであるが，前掲最判昭和57・9・28以前にも，判例は，譲渡担保権者による取戻権の行

備えていれば，もはや所有権を有さない設定者は，他人の所有物に譲渡担保権を設定することはできないはずである。たしかに，後れて譲渡担保権の設定を受けた者が善意・無過失であれば，即時取得（192条）が可能となる余地はあるが，判例は，一般的に，占有改定による引渡しでは即時取得は成立しないとする（最判昭和35・2・11民集14巻2号168頁）。これに対して，譲渡担保権者を担保権者であると構成すれば，所有権（又は設定者留保権）は設定者に残っているから，設定者が二重に担保権を設定することが可能となる。そして，その場合には，対抗要件（占有改定，動産譲渡登記等）を備えた順に先順位の譲渡担保権になる。判例（最判平成18・7・20民集60巻6号2499頁）も，重複設定自体は認めており，担保権的構成に親和的な処理をしている場面のひとつである。

　しかし，重複設定がされたとしても後順位担保権者の地位にどれだけの意味があるのかは疑問である。先順位担保権者が実行する際には，先順位担保権者は後順位担保権者に対して通知をする義務はないから[11]（そもそも後順位担保権者が占有改定によって対抗要件を備えている場合には，先順位担保権者は後順位担保権者の存在を知らないのが通常である），結果的に後順位担保権者は実行手続に参加する機会が保障されない。先順位担保権者が支払う清算金から他の一般債権者に優先して弁済を受けることができるのか，また，先順位担保権が消滅した場合に順位が昇進するのかという点も，必ずしも明らかになっていない点である[12]。

　逆に，後順位担保権者は譲渡担保権を実行することができるか。判例（前掲最判平成18・7・20）はこれを否定する。その理由とするところは，配当の手続が整備されている民事執行法上の執行手続が行われる場合と異なって，先順位

権を否定し，再生手続のなかで担保権者として別除権（破65条，民再53条。なお，会更47条参照）として処理すべきとしていた（最判昭和41・4・28民集20巻4号900頁〔旧法下における会社更生手続に関する事案〕）。これは担保権的構成に親和的である。これに対して，設定者の一般債権者が目的物を差し押さえた場合における執行手続において，担保権者が第三者異議の訴え（民執38条1項）を提起することを認めているのは（最判昭和56・12・17民集35巻9号1328頁），所有権の構成と親和的である。担保権的構成によれば，担保権者は配当要求（民執133条の類推適用）によるべきことになろうか。

11) この点は，仮登記担保法が，後順位担保権者に対する通知義務を定める（仮登記担保5条）のと異なる。
12) 宮坂昌利・最判解民事篇平成18年度850頁以下は，順位昇進の可能性を示唆する。なお，仮

の譲渡担保権者が優先権を行使する機会を与えられないからということである。
　【設問1】にこれをあてはめれば，Cは後順位担保権者であるけれども，譲渡担保権の実行に基づく引渡請求（別除権〔破65条〕）をすることは許されないということになる。

Ⅳ　集合動産譲渡担保における「通常の営業の範囲」
　　　── 設定者からの第三取得者をめぐる問題の一例として
　　　　（【設問2】関係）

1　特定動産の譲渡担保

　【設問2】におけるA・D間の契約が，真正売買であることは異論ないであろう（Ⅱ参照）。したがって，Dは，譲渡担保権設定者Aから担保目的物の譲渡を受けた第三取得者に当たる。ところが，A・B間の契約は，集合動産譲渡担保であり，設定者には「通常の営業の範囲内」[13]で目的物の処分をする権限が与えられている。A・B間の譲渡担保権設定契約ではその旨が明記されているが，在庫商品のように流動する集合動産を目的物とした場合については，原則として，設定者にはそのような権限があると解されよう（一切の処分が許されないのであれば集合動産とする意味がない）。

　これは，特定動産の譲渡担保には見られない権限である。特定動産の譲渡担保の場合，所有権的構成をとれば，所有権は設定者から担保権者に移転しているから，第三取得者は所有権を承継することはない。ただ，第三取得者が善意・無過失であれば，即時取得（192条）が問題となるだけである。設定者から担保権者への引渡しは占有改定又は動産譲渡登記によってなされているのが通常であるから，目的物を現実に占有しているのは設定者であり，第三取得者が善意・無過失であるケースは多いと思われる（これに対して，譲渡担保設定などの標識を立てるなど，明認方法が施されていれば過失の認定に傾くことはある）[14]。

　　登記担保法は，後順位の仮登記担保権者は設定者の清算金請求権に物上代位をすることができるとする（仮登記担保4条）。
[13]　小山泰史『流動財産担保論』（成文堂，2009年）263頁以下参照。
[14]　登記の有無を調査しなかったことは，当然には過失に当たらないと解されている。植垣勝裕＝小川秀樹編著『一問一答動産・債権譲渡特例法〔3訂版増補〕』（商事法務，2010年）37-38頁。

動産譲渡登記についても，動産を譲り受けようとする者に調査義務があるとは一般的にはいえないから，担保権者が動産譲渡登記を備えていても，第三取得者による即時取得を当然に排除することはできない[14]。

担保権的構成をとった場合には，設定者は担保権の付着した所有権を有していることになるから，第三取得者はその権利を承継取得することができよう。もっとも，設定者が第三者に目的物を譲渡することは，設定者による譲渡担保権設定契約の違反に当たる可能性もある（第三取得者や転得者の即時取得によって譲渡担保権が消滅することもありうるからである）。そうだとすれば，137条2号の類推適用によって，設定者はただちに期限の利益を喪失して担保権者が譲渡担保権を実行できるということも考えられる。

2 集合動産譲渡担保

以上に対して，集合動産譲渡担保においては，設定者には「通常の営業の範囲内」での処分権がある。すなわち，「通常の営業の範囲内」の処分であれば，集合動産の構成物が，集合動産の空間的範囲から搬出されることによって集合動産譲渡担保の効力から免れ，また，新たな構成物がその空間的範囲に補充されることによって集合動産譲渡担保の効力が及ぶようになる。つまり，集合動産に含まれる「構成物」は常に変動しているが，「集合動産」としては同一性を維持しつづけているということになる[15]。これは，設定者が，在庫商品に担保権を設定しながら，文字通り通常の営業を継続することができるということを意味し，これこそが，集合動産譲渡担保の利点である。

「通常の営業の範囲内」に当たるか否かは，設定者の営業活動の態様，処分行為の反復継続性や目的物の補充可能性等の事情を総合して判断するとされる[16]。少なくとも，構成部分の搬出と補充のサイクル（在庫商品の新陳代謝）がスムーズに回転しているのであれば，「通常の営業の範囲内」での処分が行われていることになろう。

---

15) 集合動産の法律構成については，「集合物論」，「分析論」，さらには「価値枠論」などの考え方があるが，本設問についてはどの考え方をとっても結論において違いは生じない。それぞれの見解に立った場合の推論の違いについては，古積健三郎ほか「集合動産譲渡担保と動産売買先取特権」鎌田ほか編・民事法Ⅱ 148頁以下参照。

16) 武川幸嗣・判例評論582号（判時1968号）24頁。

これに対して問題となるのは,「通常の営業の範囲」を逸脱すると評価されるような処分である。危機時の処分や無償の譲渡などはそれに当たるが,この場合の法律関係はどうなるであろうか。この場合には,「通常の営業の範囲」における処分権のない動産譲渡担保の原則に戻ると考えられる。判例も,通常の営業の範囲外であれば承継取得は生じないとするが（最判平成 18・7・20 民集 60 巻 6 号 2499 頁），搬出されてしまえば譲渡担保の効力が及ばなくなるとも考えているようである。

　以上を【設問 2】にあてはめてみよう。契約上, A には処分が認められている。では, A から D への, 生簀の養殖魚全部の売却は,「通常の営業の範囲内」であるといえるか。全部が一斉に搬出され, 生簀が空になる状況は, 譲渡担保権者からすればたしかに不安を覚える。しかし, 養殖魚の場合には, 成長を待って一斉の搬出が行われ, その後, 補充が行われてまた成長を待つというサイクルが通常の営業であることがありうる[17]。

　D への処分が「通常の営業の範囲内」であるとすれば, 搬出された養殖魚については, 譲渡担保権は及ばなくなるので, D は譲渡担保権の付着しない所有権を取得する。したがって, B は対抗手段を失う。

　これに対して, D への処分が「通常の営業の範囲内」でない場合には, どうなるか。搬出がまだされていなければ担保権の効力は及び, B には第三者異議の訴え（民執 38 条 1 項）が認められる（前掲注 10 参照）。他方, 養殖魚が集合動産の空間的範囲を離脱すれば, 担保権は及ばなくなる。しかし, これは A による, A・B 間の設定契約違反に当たるから, A は期限の利益を喪失し, B はただちに残りの目的物に対して譲渡担保権を実行することが認められよう。

V　譲渡担保権者の物上代位（【設問 3】関係）

1　物上代位の可否と目的の範囲

　譲渡担保権設定者が, 担保目的物の価値代償物である保険金請求権を取得し

---

[17]　田髙・クロススタディ 300 頁。
[18]　その前提問題として, 設定者は被保険利益を有するのかということが問題となりうる。被保険利益を有さなければ損害保険契約を有効に締結することができないためである（保険 3 条）。判例は, 不動産譲渡担保の目的物に火災保険がかけられていた事案において, 設定者も担保権者も

た場合に，譲渡担保権者はその保険金請求権に物上代位をすることができるであろうか[18]。

まず，物上代位は，優先弁済効を有する典型担保に認められている制度であるから（先取特権に関する304条が質権と抵当権に準用されている〔350条・372条〕。優先弁済権のない留置権には304条は準用されない），304条は，優先弁済権のある譲渡担保にも類推適用すべきであろう[19]。判例も，やや特殊な事案において譲渡担保に基づく物上代位を認めていたが（最判平成11・5・17民集53巻5号863頁〔売買代金債権に対する物上代位〕），近時の最高裁決定において，そのことを一般的に認めるにいたった（最決平成22・12・2民集64巻8号1990頁）。すなわち，集合動産譲渡担保の事案において「集合物譲渡担保権は，譲渡担保権者において譲渡担保の目的である集合動産を構成するに至った動産……の価値を担保として把握するものであるから，その効力は，目的動産の滅失した場合にその損害をてん補するために譲渡担保権設定者に及ぶ」とする。

また，譲渡担保に物上代位規定を類推適用するとして，物上代位一般の問題として保険金請求権に対しても物上代位をすることが可能かどうかも問題となる。保険金請求権は，担保目的物を売却した売買代金債権のような代償物ではなく，保険契約者が支払った保険料の対価とみる余地もあるからである。しかし，担保権者に保険金請求権に対する物上代位——つまり優先弁済権——を認めても，譲渡担保権設定者も他の債権者も，その地位が不利になるわけではないから（保険事故が発生しなければ担保権者はいずれにせよ担保目的物から優先弁済を受ける），担保権の実効性確保の観点から認められるべきであろう。判例も大審院以来そのように解してきたが，前掲最決平成22・12・2は最高裁として初めて保険金請求権に対する物上代位を認めた判決であるともされる[20]。

2 物上代位の要件

以上からすれば，特定動産の譲渡担保権を実行する場合においては，目的物が滅失して保険金請求権が発生していれば，担保権者がその債権に対して物上

「共に，譲渡担保の目的不動産につき保険事故が発生することによる経済上の損害を受けるべき関係にあり，……いずれも被保険利益を有する」としている（最判平成5・2・26民集47巻2号1653頁〔ただし，旧商法630条の解釈〕）。

19) 田髙寛貴「流動動産譲渡担保権に基づく物上代位権行使の可否」金判1372号（2011年）3頁。

代位をできることになる。しかし，集合動産譲渡担保については，構成部分の変動（商品の搬出・補充）が予定されているという特殊性を考慮しなければならない。すなわち，設定者は，「通常の営業の範囲内」で個別動産を売却し，回収した売買代金を資金として，在庫を補充するという事業サイクルを有しているのであり，個別動産が滅失して保険金請求権が発生した場合には，回収した保険金は（売買代金に代わって）在庫を補充するための資金となるべきものである。しかも，在庫の補充によって集合動産が従前と同じ状態に回復すれば，物上代位の基礎が失われるともいえる[21]。したがって，この保険金請求権に対して物上代位がなされると，設定者の「通常の営業」は打撃を受ける。そこで，前掲最決平成22・12・2は，集合動産譲渡担保について，原審が保険金請求権が発生した時点での物上代位権行使を認めたのに対し，「譲渡担保権設定者が通常の営業を継続している場合には，目的動産の滅失により〔保険金請求権〕が発生したとしても，これに対して直ちに物上代位権を行使することができる旨が合意されているなどの特段の事情がない限り，譲渡担保権者が当該請求権に対して物上代位権を行使することは許されない」とした。

学説においては，「通常の営業の継続」（あるいは「通常の営業の停止」）の意味をめぐって議論がなされているが[22]，問題の核心は，設定者が事業のためのキャッシュフローの循環を必要としているか，それともそれが必要なくなったかということであろう（その必要がなくなるということは特定動産の譲渡担保と同じになるということであり，これを従来「固定化」と称し，第三者による差押え等も固定化事由とされた。しかし，差押えがなされても通常の営業が継続することはありうるので，「通常の営業の停止」と「固定化」との間にはずれがある[23]）。

以上を【設問3】にあてはめるとどうか。Aはすでに通常の営業を廃止する

---

20) 小山泰史「流動動産譲渡担保に基づく物上代位」NBL 950号（2011年）27頁。
21) 古積健三郎・速報判例解説9号（2011年）83頁，86頁。
22) 小山・前掲注20）27頁以下，古積・前掲注21）85頁以下，田髙・前掲注19）4頁，門口正人「集合物譲渡担保と物上代位」金法1930号（2011年）46頁，森田修「『固定化』概念からの脱却と分析論回帰の志向」金法1930号（2011年）54頁など参照。
23) 門口・前掲注22）50頁。森田（修）・前掲注22）も最高裁平成22年決定が実行における「固定化」概念から距離をおいていることを強調する。「固定化」概念とその批判については，山野目章夫「流動動産譲渡担保の法的構成」法時65巻9号（1993年）25頁以下，森田宏樹「集合物の『固定化』概念は必要か」金判1283号（2008年）1頁，森田修『債権回収法講義〔第2版〕』（有斐閣，2011年）157頁以下参照。

決意を固めているが，そのような主観的な事情ではなくて，在庫商品の新陳代謝のためのキャッシュフローをAが必要としなくなっているか否かが，物上代位を認めるべきか否かの分岐点ということになろう。Aは，養殖業には必須の生簀の売却先も探す段階になっており，もはや事業のためのキャッシュフローの循環は不要になっているといえよう。したがって，Bによる保険金請求権に対する物上代位も認められるものと思われる。

Ⅵ　おわりに

譲渡担保は取引実務で工夫されたアレンジメントであり，それに相応しい法的ルールが，判例によって，決して杓子定規な形式論によってではなく，実質論に配慮しながら柔軟に形成されてきた分野である。譲渡担保権者は，所有権者なのか，担保権者なのかという問い（「わたしは誰？」）も，その解答からただちに一義的な結論が導かれるわけではない。頭を柔らかくして学習すべき分野である。

8 「あっしには，かかわりのねえことでござんす」

● 事例

　ファミリー・レストランや居酒屋など数種類の飲食店をチェーン展開するB社は，2009年末に，翌年夏から秋にかけて各店舗で開催する「北海道フェア」で用いる食材として，北海道十勝地方の農家Aから，Aが2010年6月から9月の収穫期に収穫する「恵味86」という品種——実在する品種である——のトウモロコシ500 tを，1kg当たり100円，総額5000万円で買い受けることとした。BがAと取引をするのは初めてのことであったが，Aの生産する「恵味86」は，例年評判が高く，買い付けの引き合いが多かった。そこで，Bは代金の内金として3000万円を前払いするという条件で，この収穫期における予想されるAの総収穫量800 tの60％余りの買い付けに成功したものである。

　また，この契約では，Aが自己所有の倉庫のひとつである甲倉庫に目的物を保管して，Bが必要に応じて甲倉庫までトラックで出向いてトウモロコシを受領すること，Bは10月末日までに全部を受領することとされた。

　Bは，約定に従って内金として3000万円を支払ったうえで，2010年8月までに，200 tのトウモロコシの引渡しを受けたが，その年に収穫されたAの「恵味86」は，冷夏のためか，粒皮が例年よりもやや固めで，AのB以外への「恵味86」の販売も低調であったし，Bの北海道フェアでの売上げも期待していたほどには伸びなかった。そのためBは，9月以降はしばらく引き取りに行かずにいた。Aは，Bが引き取りに来ればいつでもBの求めに応じた引渡しをできるように，甲倉庫に「恵味86」を多めに，余裕をもって確保して待っていたが，甲倉庫にあった在庫は9月末にすべて盗難されてしまった。

　この場合について，以下の設問に答えなさい。設問はそれぞれ独立の問いである。

【設問1】　Aは，甲倉庫とは別に，自己所有の乙倉庫にも，約定の収穫期に収穫した「恵味86」を保管しており，それらは盗難にあっていないとする。このとき，Bは，内金の残余1000万円の返還をAに求めることができるかどう

か論じなさい。

【設問2】　Aは，その収穫期の「恵味86」を，すべて甲倉庫に保管しており，そのすべてが盗難にあったとする。Bは，内金の残余1000万円の返還をAに求めることができるかどうか論じなさい。

【設問3】【設問2】と同じ事案で，ただ盗難が生じたのが，9月末ではなく，11月に入ってからのことであったとする。このとき，Bは内金の残余1000万円の返還をAに求めることができるかどうか論じなさい。

● CHECK POINT

- □ 給付危険と対価危険の概念
- □ 種類物の特定
- □ 売主の善管注意義務
- □ 債権者主義による危険負担
- □ 受領遅滞の効果

● 解説

I　はじめに

　契約が有効に成立しているとすれば，その契約に基づいて支払った契約代金の返還請求が認められるためには，代金支払債務が消滅している必要がある。そのような消滅原因として本事例で検討を加えるべきなのは，①契約解除の可否と，②危険負担制度の適用の有無である。

　ところで，解除の要件は，Aの債務が履行不能である場合（543条）と，それ以外の場合（541条）とで異なる。また，危険負担制度（534条～536条）の適用があるのは，Aの債務が履行不能——そのなかでもAに帰責事由なき後発的履行不能——の場合に限られる。したがって，まず検討しなければならないのは，Aの債務が履行不能に陥っているかどうかということである。その決め手は，目的物が「特定」していたかどうかということである。本事例における売買契約の目的物は「恵味86」という種類物であるが，それには，「一定の収穫期にAが生産するもの」という制限がついているから，Aの債務は制限種類債務である。【設問1】では，甲倉庫以外に乙倉庫にもその制限の範囲内の在庫が残っている可能性があるのに対して，【設問2】では，甲倉庫以外にはその制限の範囲内の在庫は残っていないという違いがあり，それぞれの場合における「特定」の有無を論ずべきことになる（Ⅲ）。

　Aが履行不能に陥っているとすれば，その履行不能についてのAの帰責事由の有無によって，解除と危険負担のどちらが適用されるのかが異なってくる。

したがって，Aの帰責事由の有無が次に論じなければならない点である（Ⅳ）。Aに帰責事由があれば，Bは543条に基づいて契約を解除して代金支払債務を消滅させることができる。これに対して，Aに帰責事由がなければ，危険負担の制度が適用されることになる。民法は，「物権の設定または移転を目的とする契約」——その典型は本事例のような売買契約——については「債権者主義」によるとしている（534条）。これは，Aの債務がAに帰責事由なく後発的に履行不能に陥っても，Bの反対債務は消滅しない（Bは目的物の引渡しは受けられないが，代金は支払わなければならない）ということを意味する。しかし，周知のとおり，学説はこぞってこの帰結に反対している。そこで，534条の解釈・適用を制限する余地がないか，という点も論じなければならない（Ⅴ）。

以上に対して，【設問1】【設問2】で，Aの債務が履行不能に陥っていないとすれば，BはAが債務を履行していないこと——引渡しの遅滞または目的物の品質が契約に適合していないこと——を主張して催告解除（541条）の手続によって契約を解除しなければ，代金支払債務を消滅させることはできない。この点については，紙数の制約から本稿では省略したい（ただし，制限種類債務における目的物の品質については，Ⅵ2で触れる）。

【設問3】では，【設問1】【設問2】とは異なり，目的物が全部滅失したのは引渡期日以後のことであり，Bが受領遅滞に陥っていた可能性がある。そうだとすれば，受領遅滞の効果として「危険の移転」が生じて，Bは代金支払債務を免れない可能性がある。そこで，受領遅滞の要件・効果が問題となる（Ⅵ）。

さて，以上の検討を行うに先立って，Ⅱにおいては，本事例のような双務契約——当事者双方が対価的な債務を負う契約——において，当事者の一方が債務を履行しない場合の権利義務関係を考えるに当たっての，頭の使い方を整理しておきたい。

Ⅱ 双務契約をみる基本的視点

1 「債権総則」問題と「契約総則」問題の区別

双務契約において債務 α とその反対債務に当たる債務 β があるとして，①債務 α について債務者が債務不履行に陥っているか否か，陥っているとして債務 α について履行強制や損害賠償請求をすることができるか，債務 α について債

権者が受領遅滞に陥っているかどうか，陥っているとしてそれが債務 a にどのような影響を及ぼすかという「債権総則」の問題がまずある。これらの問題は債務 β が存在しない場合でも，つまり，双務契約の場合に限らず債権一般について生じる問題である[1]。

以上とは区別されるべき問題として，②債務 a が履行されない場合における，反対債務 β の帰趨の問題がある。これを扱うのが，「同時履行の抗弁権」（533 条），「危険負担」（534 条～536 条），「契約解除」（541 条以下）である。これらは，双務契約においてのみ問題となることから「債権総則」ではなく「契約総則」の問題である。

双務契約においては，これら①②の問題領域の両方を扱わなければならないが，それらを混線させずに，明確に切り分けて考えることが大事である。そして，そのための有用な分析概念が，「給付危険」と「対価危険」である。

2 給付危険の概念（債務 a の問題）

債務の完全な給付ができなくなった場合，債務者は，その債務から解放されるのか。物の引渡債務を例にとっていえば，目的物が滅失・損傷した場合に，債務者は代わりの物を再調達して債権者に引き渡す義務を負い続けるのか，それともそのような義務を負わないのか。これは完全な給付ができないことの不利益——「給付危険」——を誰が負うのかという問題である。債務者が再調達義務を負い続ける場合には，債務者が給付危険を負っているといい，債務者が再調達義務を負わない場合には，給付義務は債権者が負っているという。

給付危険は，目的物が「特定」した時に，債権者に移転する（「特定」のことを，〔危険の〕「集中」とよぶこともある）。そして，特定後に目的物が滅失・損傷した場合には，完全な物の給付は「履行不能」になり，債務者は目的物の再調達義務から解放される。特定物債務においては，契約締結時にすでに特定が生じているから，契約締結時から給付危険は債権者が負っている。種類債務に

---

[1] もっとも，受領遅滞（413 条）の効果または弁済提供の効果（492 条）とされるもののうち，「同時履行の抗弁権の喪失」と「危険の移転」は，債務 a の受領遅滞が債務 β に与える効果であり，双務契約においてのみ問題となる。しかし，それ以外の効果——債務不履行責任の免責（492 条），供託権・自助売却権の発生（494 条・497 条），特定物保管上の注意義務（400 条）の軽減，増加費用の負担移転（485 条ただし書）——は，いずれも，債務 β とは無関係に債務 a について生じる効果である。

おいては、給付危険は、契約締結後に目的物が特定した時（401条2項）に債権者に移転する。

なお、特定後に目的物が滅失・損傷した場合には、債務者は再調達義務を負わないが、その滅失・損傷について債務者に帰責事由（例、善管注意義務違反〔400条〕）があるときには、善管注意義務違反に基づいて債務者は損害賠償義務を負う（415条）。帰責事由がない場合には、履行不能により債務が消滅する（条文にない民法の原則）。

3 対価危険の概念（債務βの問題）

給付危険が、債権が双務契約以外を発生原因とする場合についても生じる問題であるのに対して、対価危険は、双務契約においてのみ問題となる。債務αの完全な給付が不可能（履行不能）となった場合において、債務αの債権者は、対価を得ることなく自らが負う反対債務（債務β）を履行するという不利益——これを「対価危険」という——を負わなければならないのか。

これを扱うのが、「契約解除」と「危険負担」の制度である。すなわち、債務αの履行不能について債務者に帰責事由（善管注意義務違反）があれば、債権者は契約を解除（543条）して債務βを消滅させれば、対価危険を負わずに済む（解除せずに損害賠償請求権〔415条〕と代金債権を相殺すれば、結果的に同じこととなるが、本事例のように代金を前払いしている場合には、この方法をとることはできない）。これに対して、債務αの履行不能について債務者に帰責事由がない場合には、対価危険の所在は、「危険負担」（534条～536条）の制度によって解決される。

III 履行不能の存否（債務αの問題）

1 特定と履行不能

物の引渡債務においては、目的物が「特定」していなければ履行不能は生じない。特定物債務は、契約締結時（債務発生時）から目的物が特定しているから、給付危険は契約締結時から債権者が負い、契約締結後に目的物が滅失・損傷することにより後発的履行不能となる（損傷にとどまる場合には、完全な物の給付が不能となる）。

種類債務においては、「特定」が生じるまでは、その種類に属する個体のいずれかが滅失・損傷しても、同一種類の個体は他に存在するから履行不能は生じない。特定は、合意による方法でできるのは当然として、それ以外に①「債務者が物の給付をするのに必要な行為を完了」することによる特定、および、②債務者が債権者から与えられた指定権を行使することによる特定の2つの方法がある（401条2項）。このなかで特に本事例において重要なのが、①の「必要行為完了」による特定である。以下、持参債務と取立債務を区別して、「必要行為完了」が何を意味するかを検討する。

2 「必要行為完了」による種類物の特定

(1) 持参債務の場合

「給付をするのに必要な行為を完了」するとは、債権者が目的物を受領しようと思えば受領できる状態に目的物をおくことをいう。持参債務の場合——これが民法の原則である（484条）——には、債務者が目的物を他の種類物から分離して、債権者の住所で「現実に提供」することによって特定が生じると解されている（大判大正8・12・25民録25輯2400頁）。ここで注意が必要なのは、「現実の提供」が必要だといっても、それは弁済の提供に関する493条本文の解釈論とは無関係なことであるということである。ここでは、たまたま同じ「現実の提供」から、「特定」という効果（401条2項）と「債務不履行責任の免除」という弁済提供の効果（492条）が生じるにすぎない[2]。

「特定」と「弁済の提供」を区別しなければならないことは、債権者があらかじめ受領を拒絶している場合や債務の履行について債権者の行為が必要な場合のことを考えれば分かりやすい。これらの場合、債務者は「現実の提供」を

---

2) 潮見・債権総論 I 65頁、注釈民法⑽ 85-86頁［山下末人］。
3) 奥田・債権総論 43頁、注釈民法⑽ 86頁［山下］。
4) 潮見佳男・民法判例百選 II〔第6版〕5頁。なお、漁業用タール事件の差戻審判決（札幌高函館支判昭和37・5・29高民集15巻4号282頁）も、取立債務における特定のためには「分離」が必要であるとする。
5) 漁業用タール事件判決の最高裁調査官解説（三淵乾太郎・最判解民事篇昭和30年度194頁、196頁）以来、通知が必要だと解されている。この点につき、潮見・前掲注4)5頁参照。
6) 三淵・前掲注5)196頁は、不特定物売買においては特定によって所有権が移転するとされる点（最判昭和35・6・24民集14巻8号1528頁参照）に着目して、分離がなければ所有権が移転す

しなくても,「口頭の提供」(弁済の準備をしたことを通知してその受領の催告をすることをいい,必ずしも目的物の分離は必要ない)をすれば債務不履行責任の免除という効果は生ずるのに対して(493条ただし書),「特定」という効果が生じるためには,「現実の提供」は必要ないとしても,少なくとも目的物の「分離」が必要だと考えられる[3]からである(荷印などによって,他の同一種類物から外形上区別できるようにすれば足りよう)。

(2) **取立債務の場合**

以上に対して,取立債務の場合における「特定」についてはどうか。リーディングケースとされる最判昭和30・10・18民集9巻11号1642頁(漁業用タール事件)は,取立債務について,「特定」を生じるためには「口頭の提供」——ここでも,口頭の提供による債務不履行責任の免除(492条)を問題にしているのではないので,493条の解釈論とは区別すべきことに注意——では足りないとするだけで,どうすれば十分であるのかについては沈黙している。学説では,一般的に,債務者は,「引渡しの準備」をして,目的物を他の同一種類物から「分離」して,債権者にその旨を「通知」することが必要だと考えられている。「特定」によって給付危険が移転するのであるから,分離なくして特定がありえないことは納得しやすい[4]。しかし,なぜ通知が必要とされるのかは必ずしも明らかではない[5]。そこには,493条ただし書が「口頭の提供」について,債務不履行責任の免除のためには弁済の準備と通知を求めていることとの混同——「特定」と「弁済の提供」の混線——があるのかもしれない[6]。それどころか,取立債務においては,債務者は引渡しの準備をして待っていれば,通知をしなくても,それは「現実の提供」に当たろうから,493条との関係においてさえ,通知は不要であるとも考えられよう[7]。このように考えると,

---

るはずがなく,特定には分離が必要であるとしているようである。そしてまた,分離がされても,そのことを債権者が知らなければ176条による所有権移転がないので通知が必要だと考えているのかもしれない。しかし,特定による所有権移転は絶対の命題ではないし,給付危険の移転と所有権移転が同時に生じなければならないものでもないように思われる。

7) 鎌田薫「弁済の提供と受領遅滞(債権者遅滞)」山田卓生ほか『分析と展開 民法Ⅱ〔第5版〕』(弘文堂,2005年)25頁,27頁,内田Ⅲ93頁参照。ただし,取立債務においていったん履行遅滞に陥った債務者が,履行遅滞を解消するために弁済の提供をする場合には,通知が求められよう。

目的物の分離のみによって「特定」（＝給付危険の移転）が生じる余地もあるのではなかろうか（もっとも，3(1)でみるように，「通知」があって初めて外形的に「分離」があったといえることはあるかもしれない）。

3 設問ではどうなるか

(1) 【設問1】について

本問におけるAの債務は，制限種類債務（「恵味86」という種類物の引渡債務であるが，「Aが一定の収穫期に生産する」ものという制限がついている）であり，かつ，取立債務である。なお，甲倉庫は引渡場所とされているにとどまり，制限種類債権の教室設例としてしばしばみられるような「甲倉庫にある『恵味86』」という制限が目的物についているわけではないことに注意を要する。【設問1】においては，Aが，甲倉庫に目的物を保管していたことが「特定」に当たるかどうかが問題である。Aには，乙倉庫にも「制限の範囲内」の種類物の在庫があるから，「特定」がされていなければAの債務は（少なくとも乙倉庫に在庫がある量については）履行不能には陥っていないからである。【設問1】では，甲倉庫が盗難にあった時点で，AはBに引き渡すべき残量200ｔを超える量の制限種類物を甲倉庫に保管していたのであるから，甲倉庫に保管していることだけをもって当然には特定がなされていたことにはならない。具体的に，B用の在庫であることが外形的に分かるように200ｔを分離しておくことが必要なはずである。仮に，甲倉庫に200ｔ以下しか制限種類物が保管されていなかったとしても，それが排他的にBに引き渡すべき在庫であることが（荷印や通知によって）外形的に明示されていなければ，【設問1】では特定があったとはいえず，履行不能に陥ったとはいえないと思われる。

(2) 【設問2】について——制限種類債務の履行不能

【設問2】においても，AがBに引き渡すべき目的物が，個別具体的に特定されていなければ特定が生じていないことは，【設問1】の場合と同じである。しかし，【設問2】では，制限の範囲内の目的物がすべて滅失している。それにもかかわらず，特定が生じていないから履行不能が生じないことになるのであろうか。現実に履行することが社会通念上不可能である以上，そのようなことはありえない。問題は，それをどう構成するかである。この点については，2つの考え方がありうる。1つは，制限種類債権は特定を待たずに履行不能が

生じうるとする見解である（通説）。もう１つは，制限種類債権においては，個別具体的な個体の特定まではされていなくても，「制限の範囲内」という程度の特定はされており，「制限の範囲内」の物がすべて滅失した場合には，給付危険の移転を判断するのに十分な程度の特定が生じている——種類債務と制限種類債務は明確に二分されるのではなく，当事者が契約でいかなる範囲内の物から給付をする義務を負い，その範囲内の物が物理的に滅失した場合に，当事者が契約の効力維持をどう考えていたかに焦点を当てて給付危険の議論を展開すべき——とする見解である[8]。後者は，特定を給付危険の移転というその効果と結びつけて機能的・相対的にとらえるわけである。どちらの見解に立ったとしても，【設問2】では債権者Bに給付危険が移転していることに違いはない。この２つの見解の違いが生じるのは，対価危険をめぐる扱いについてである。この点については，V２で検討する。

Ⅳ 履行不能の帰責事由

特定が生じていたとすれば，目的物の滅失は履行不能を生じさせる。この履行不能について，債務者Aに帰責事由があるとすれば，債権者Bは債務αの債務不履行に基づく損害賠償請求（415条）が可能となる他，契約を解除して債務βを免れることができる（543条）。これに対して，Aに帰責事由がないとすれば，債権者Bは危険負担（534条）の規定によって債務βを免れることができるかどうかが問題となる。

目的物が特定している場合の目的物の滅失・損傷についての帰責事由とは，善管注意義務違反（400条）のことである（債務不履行の帰責事由一般については，本書事例⑬の解説参照）。本事例では，どの程度の盗難防止措置をAが講じていたかによって，帰責事由の存否の評価が分かれようが，例えば，高価な貴金属の保管と，農作物の保管とでは，求められる「善良なる管理者の注意義務」の程度は異なってくると思われる。本事例においては，Aが一般的な施錠をしていたのであれば，善管注意義務違反はないといえるのではないか（判断は分かれうる）。

---

[8] 潮見・債権総論Ⅰ５頁。同旨，山本豊「種類債務の特定・受領遅滞ほか」鎌田ほか編・民事法Ⅱ164-165頁，中田・債権総論44-45頁。

また，本事例のような制限種類債権においては，個別の個体の特定を待たずに履行不能となることがありうることからすれば，種類債務のように，個別の個体の特定前は一切の注意義務は負わないというのも不適切である。そこで，学説は，制限種類債権については，債務者は目的物の保管について，善管注意義務よりも軽減された「自己の財産におけるのと同一の注意義務」を負うと解している（漁業用タール事件の差戻審である札幌高函館支判昭和37・5・29高民集15巻4号282頁も同旨）。【設問2】においては，制限の範囲内の物すべてが滅失しているが，Aは，Bに引き渡すべき目的物とそれ以外の目的物を一緒に甲倉庫に保管していたのであるから，「自己の財産におけるのと同一の注意義務」は果たしていたことになろう。

　なお，債務 a について債権者Bが受領遅滞に陥ることによって，注意義務の程度は，「自己の財産におけるのと同一の注意義務」に軽減される[9]（通説）。【設問3】ではBが受領遅滞に陥っている可能性があるが，制限種類債務においてはその前から債務者Aが負う注意義務は【設問2】におけるのと同様に「自己の財産におけるのと同一の注意義務」であるから，【設問3】において受領遅滞による注意義務の軽減を論ずる実益はない。

　Aの帰責事由によって履行不能が生じているのであれば，Bは，543条に基づいて契約を解除して，原状回復として前払い代金の返還を求めることができよう（545条1項）。さて，問題は，後発的履行不能に債務者の帰責事由がない場合の危険負担の適用である。

V　危険負担（債務 β の問題）

1　債権者主義（534条）の修正

　Aの債務（債務 a ）が，債務者Aの帰責事由なく履行不能に陥った場合，債

---

[9] 注意義務の軽減が「弁済の提供」の効果なのか，「受領遅滞」の効果なのかについては，周知のとおり議論がある。議論状況につき，鎌田・前掲注7)31頁など参照。特に本事例のような取立債務においては，債務者は弁済期前であっても「弁済の提供」をすることが可能であるが，それだけで注意義務が軽減されては，債権者は何ら関与する機会なく利益を害されることになる。それは不適切なので，注意義務の軽減は「受領遅滞」の効果とみるべきであろう。

[10] 法制審議会民法（債権関係）部会が2013年2月に決定した「民法（債権関係）の改正に関する中間試案」の第12（商事法務編『民法（債権関係）の改正に関する中間試案の補足説明』〔商

務 a は消滅する（条文にない民法の原則）。その場合であっても，債権者 B は反対債務（債務 $β$）を負い続けるのか。これが「危険負担」の扱う，対価危険——双務契約における債務の存続上の牽連関係——の問題である。民法の原則は，履行不能となった債務 a の債務者が対価危険を負担し，反対債務（債務 $β$）は消滅するとする「債務者主義」である（536 条 1 項）。しかし，「物権の設定または移転を目的とする双務契約」——本事例の売買契約も含まれる——については，534 条 1 項（特定物の場合）と同条 2 項（不特定物の場合）が特則をおき，履行不能となった債務 a の債権者が対価危険を負担し，反対債務（債務 $β$）は消滅しないとする「債権者主義」が採用されている。周知のとおり，534 条については立法論として批判が強く[10]，解釈論において制限的解釈がなされているところである。

　債権者主義（534 条）は，その根拠を，①所有者が危険を負担すべきこと（所有権移転時期は，原則として，特定物売買は契約締結時〔最判昭和 33・6・20 民集 12 巻 10 号 1585 頁〕，種類物売買は特定時〔最判昭和 35・6・24 民集 14 巻 8 号 1528 頁〕とされる），②利益あるところに危険があること（買主は値上がりの利益を得るのだから，滅失・損傷の危険も負うべきこと）に求められる。しかし，①については，目的物の実質的支配が債務者のもとにある場合であっても観念的な所有権の所在を基準にすることに対する批判，②については，値上がりの利益に対応する不利益は，目的物の滅失・損傷の不利益ではなく，値下がりの不利益であって，それはいずれにせよ買主が負担しているなどとする批判が強い（「利益あるところに危険あり」という場合の，目的物の滅失・損傷の「危険」に対応する「利益」は，目的物を使用・収益できるという利益であろう）。

　注意しなければならないのは，これらの学説も，対価危険が買主に移転すること自体を問題視しているわけではないということである。契約締結時から履行完了までの間のいずれかの時点で，対価危険は買主に移転せざるをえない。

事法務，2013 年〕所収）では，危険負担制度を原則として廃止して，契約解除に一元化する（＝債務者の帰責事由なき後発的不能における反対債務の存続を，危険負担ではなく，解除によって規律する）方向が示されている。これは，534 条に対する批判に応えるための提案ではないが，この方向で改正が実現すれば，結果的に現行 534 条をめぐる問題は消滅する。この点に関する議論については，森田宏樹「危険負担の解除権構成(1)(2)」法教 358 号（2010 年）87 頁，359 号（2010 年）62 頁（同『債権法改正を深める』〔有斐閣，2013 年〕所収）など参照。

問題はその時期である。534条をストレートに適用した場合には，特定物売買においては契約締結時（同条1項），不特定物売買においては特定時（同条2項）に対価危険が移転することになるが，その時点では目的物はまだ売主（債務者）の実質的支配下にあることが多く，買主にとっては不当に不利であると思われるのである。そのため，実際の不動産売買や動産売買の実務においては，売主の用意する標準契約書においてさえ，534条の適用は排除され，引渡時等に対価危険が移転するとされているほどである[11]。

そこで，学説においては大きくわけて2つの方向で，534条を制限的に適用すべきことが主張されている。第1の方向は，534条が任意規定であることから，上述の取引実務をふまえ，534条の適用を排除する明示の条項が契約に定められていなくても，その旨の黙示の合意があると解すべきで，その合意が任意規定に優先する（91条）とする方向である[12]。

第2の方向は，534条の解釈自体を制限的に修正しようとする方向である。これらの見解は，目的物の「特定」ではなくその「実質的支配」が買主に移転した時に対価危険も移転するという。どのような場合に「実質的支配」が移転したといえるのかという点については，(i)登記移転・(ii)支払・(iii)引渡し等が挙げられ，学説においてそのいずれを基準とすべきかについて議論があるところである[13]。多くの学説は(i)〜(iii)を組み合わせて主張しているが，(i)登記移転時を基準時とする見解は，登記移転によって確定的に目的物の収益・処分が可能になることから，「利益あるところに危険あり」によって基礎づけられる。(ii)支払を基準時とする見解も，支払によって収益が可能になること（575条）に着目するものであって「利益あるところに危険あり」によって基礎づけるものといえるし，さらに，支払によって所有権が移転するという考え方を前提と

---

[11] 池田眞朗ほか『民法 Visual Materials』（有斐閣，2008年）88頁（不動産売買契約書の例〔11条〕），92頁（動産売買契約書の例〔7条〕）など参照。

[12] 不動産売買については，契約成立を慎重に認定して成立時期を後ろにずらすことによって，534条1項を文言どおり適用しつつ，対価危険の移転時期を実質的にずらすという考え方もありうる。円谷峻「危険負担」山田ほか・前掲注7)133頁，138頁参照。

[13] 学説の議論状況については，潮見・債権総論Ⅰ 472頁以下，山本・講義Ⅳ-1 128頁以下参照。判例の立場は明らかとはいえない。最判昭和24・5・31民集3巻6号226頁は，特定物たる動産（蚊取線香）の売買契約の事案において，契約締結後に目的物が空襲で焼失しても，代金債権は消滅しないとしており，534条を文言どおりに適用したようにみえる（潮見・同書471頁，山本・同書128頁注71)。しかし，この事案は，買主が預かっていた売主の蚊取線香を買主が買い

すれば、「所有者が危険を負担する」によっても基礎づけられることとなろう[14]。以上に対して、(iii)「引渡し」によって対価危険が移転するという見解は、買主は引渡しによって使用収益をできるようになることや、目的物を実質的に管理しえた者が危険を負担すべきであるという考え方[15]によって基礎づけられる。近時は、「引渡し」によってのみ対価危険が移転するとする見解が有力になっているように思われる。

さて、実質的支配の移転時を具体的にどの時点とみるかはともかく、これらの見解をとった場合、目的物の「特定」によって給付危険が移転し、「実質的支配の移転」によって対価危険が移転することになり、給付危険と対価危険の移転時期にズレが生じる。給付危険移転後、対価危険移転前の時期に、売主の帰責事由によらずに目的物が滅失した場合には、売主には再調達義務がないが、買主の代金支払義務もないということになる。これは、結果的に、危険負担による債務者主義が実現していることになる。しかし、これは536条1項を適用した結果ではなく、534条の制限的解釈の帰結――実質的支配が移転するまでは対価危険が移転しないこと――として構成されるべきであろう（物権の設定・移転を目的とする契約には534条のみが適用される[16]）。

このような修正的解釈は534条の文言に忠実であるとは言い難い。しかし、534条を文言どおりに適用することの明らかな不当性についての共通認識に基づいて、このような解釈が学説において受け入れられているのである。

2　設問ではどうなるか

これを本事例についてみると、特定がまだ生じていないと思われる【設問1】においては、対価危険が問題となることはない。特定前は536条1項が適用

受けた事案であるから、目的物の実質的支配は買主にあったという事案である。つまり、534条1項をそのまま適用しようが、実質的支配の移転時に対価危険が移転すると解そうが、結論は変わらない事案であり、判例の立場はいまだ明らかではないというべきであろう。半田吉信「危険負担」法教68号（1986年）29頁、30頁、内田Ⅱ68頁。

14) 広中・債権各論337頁以下。
15) 河上正二「『弁済の提供』とその周辺」法教152号（1993年）55頁、58頁（トライアル172頁、179頁）は、このことを「危険の最安価損害回避者こそがもっともふさわしい危険負担者である」と表現する。
16) 山本・講義Ⅳ-1 142頁。

されると誤解してはいけない。特定前は債務 a の履行不能がありえないから、債務 β の運命に関する危険負担の問題が生じないのである[17]。【設問2】においては、個体の特定まではされていないが、制限種類債権における「制限の範囲内」の物が全部滅失しているから A の債務は履行不能である。上述（Ⅲ3(2)）のとおり、これを制限種類債権は特定を待たずに履行不能になったと解する見解と、個体の特定はされていなくても「制限の範囲内」という程度の特定はなされているとする見解がありうる。前者の見解は、履行不能ではあるが特定が生じていないのであるから534条2項は適用されず、原則の536条の債務者主義が適用されるという。この見解によれば、536条が適用される制限種類債務と534条1項が適用される特定物債務とで、履行不能の場合における反対債務の存続について異なる扱いがされることになる。しかし、その区別の正当化根拠は示されていないように思われる。

これに対して、後者の見解に立てば、「制限の範囲内」という程度の特定は生じており、それによって履行不能を基礎づけうるのであるから、遅くとも滅失時には特定していたとして534条2項が適用されると考えられる。そのうえで、その場合でも534条を制限的に解し、実質的支配が移転していなければ対価危険は移転しないと解釈することになろう。「引渡し」を実質的支配の移転時とみる見解に立てば、【設問2】においては、引渡前に目的物が滅失しているから、対価危険は B に移転しておらず、B は代金の返還を求められることになろう。もっとも、「支払」を実質的支配の移転時とみる見解をとれば、B は代金を一部支払済みなのであるから、その限度で対価危険はすでに移転していることになる。しかし、これはかえって「支払」によって対価危険が移転するとする考え方の具体的妥当性に疑問を投げかける帰結であるように思われる。

[17] 新版注釈民法(13)〔補訂版〕681頁［甲斐道太郎］は、「物権の設定または移転を目的とする契約でも、それによって生ずる債務が種類債務や選択債務である場合には、目的物が特定する前にはこの規定〔=536条〕が適用される」とする。しかし、本文でも述べたとおり、「種類債務」においては特定前には履行不能は生じえないから、危険負担の問題にはならないはずであり、この説明はミスリーディングである。もっとも、同書671頁［甲斐］では、「制限種類債務」と「選択債務」については特定が生じなくても履行不能が生じて、536条が適用されるとしているので、上記引用箇所も同様の趣旨を意図したものかもしれない。なお、同書671頁が目的物の特定前に履行不能が生じて536条が適用される論拠として引用する大判大正12・2・7新聞2102号21頁（種類債務の事案）は、不特定物売買においては特定後初めて危険が買主に帰すると述べるに過ぎず536条に言及するものではないから、論拠として不十分ではないかと思われる。

VI 受領遅滞による対価危険の移転

1 受領遅滞による危険移転

債権者の受領遅滞（413条）の効果のひとつとして「危険の移転」が挙げられる[18]。ここでいう危険は，「対価危険」のことである。給付危険は「特定」によって常に「受領遅滞」に先行して移転しているからである[19]。受領遅滞による対価危険の移転は，受領遅滞までは対価危険が債務者にとどまっている場合，すなわち，①危険負担における債務者主義（536条）が適用される場合，②534条の制限的解釈によって対価危険が買主に移転していない場合，③特約で534条の適用が排除されている場合において意味を有する[20]。

受領遅滞による危険の移転は，(i)受領遅滞後の履行不能は，債権者の帰責事由による履行不能である[21]として536条2項の帰結と考えることもできるし（物権の設定・移転を目的とする債務には同条1項は適用されないが，同条2項は債務者が対価危険を負担する場合一般に適用されると考えられる），(ii)534条・536条とは無関係な，独自の「対価危険」の移転に関する制度であるとすることもできよう[22]。

2 設問ではどうなるか——受領遅滞の存否

それでは，Bは受領遅滞に陥っているか。本事例では，引渡時期について，Bが必要に応じて甲倉庫で受け取り，最終的には10月末までに全部を受け取るという約定がある。【設問1】と【設問2】においては，最終期限前に目的物が盗難にあっているので，Bが「受領を拒絶」（413条）していたとはいいにく

---

[18] これが「弁済の提供」の効果なのか，「受領遅滞」の効果なのかについては，周知のとおり議論がある。議論状況につき，鎌田・前掲注7)31頁など参照。

[19] 潮見・債権総論Ⅰ5頁は，受領遅滞によって「債務者の給付危険の負担を軽減してよい」とするが，これは「給付危険が移転する」ということではなく，保管上の注意義務（400条）の軽減や増加費用の負担移転（485条ただし書）のことである。受領遅滞によって移転する危険は対価危険である。潮見・プラクティス債権総論195-196頁参照。

[20] 中田・債権総論197頁参照。

[21] 履行遅滞中の履行不能は債務者に帰責事由ある履行不能であるとする通説的見解との均衡上，このように解されよう。

[22] 中田・債権総論197頁参照。なお，改正の基本方針Ⅱ364頁以下，特に368頁参照。

いであろう。10月末というのはAの履行期であるが，AはBの求めに応じて引渡しをできるように目的物を常備することが求められている（少なくとも，10月末までに総量500tの引渡しをできるように，期間を通じて合理的な量を常備することが求められよう）ので，期限の利益はAにはない。むしろ，この契約においてはBに（少なくとも契約上の）「引取義務」があり，10月末はその義務の履行期（期限）であるとみるのが素直であろう。そうすると，Bが，履行期到来前に確定的な受領拒絶の意思をAに示していた場合は別として，履行期までにBが受領遅滞に陥っているとはいえないと思われる。もっとも，信義則上，Bには一定の周期で引取りをする義務があって受領遅滞に陥っているという議論はありうるかもしれない。

　これに対して，【設問3】では，Bの引取義務の期限経過後に目的物が滅失している。これがBの受領遅滞に当たれば，対価危険はBに移転していることになる。しかし，これがAの履行遅滞後の履行不能であれば，Aに帰責事由ある履行不能とされ，Bは543条に基づく契約解除をすることによって代金支払義務を免れることとなる。履行遅滞と受領遅滞の分岐点は，売主が「弁済の提供」をしていたか否かという点にある。売主Aは，甲倉庫に必要量の目的物を用意し，弁済の準備をして，買主Bの取立て（引取り）を待っていたのであるから，準備した目的物が，契約に適合していたものであれば，それは「現実の提供」に当たるといえよう。

　それでは，本件で目的物の品質は契約に適合しているか。これは第1次的には，当事者の合意した品質を基準として判断すべきことである。そのような合意がない場合には，種類債務であれば「中等の品質」を備えていなければならないとされる（401条1項）。これに対して，制限種類債務においては目的物の品質は問題にならないと解されている（上述の漁業用タール事件）。本事例においては，Aの生産した一定の収穫期の「恵味86」が売買の目的物となっており，制限種類債務の事案であるから，判例に従うならば，品質が劣悪であっても，制限の範囲内の物が提供される以上，それは弁済の提供に当たることになりそうである。しかし，上記判例の趣旨は，制限種類債権において，品質についての合意がない場合について「中等の品質」の物の給付義務を定める401条1項の適用がないということに過ぎず，品質について明示または黙示の合意を排除するものではないというべきであろう[23]。本事例では，Aの収穫する

「恵味86」が高品質であることに着目して売買契約が締結されているのであるから，粒皮が例年よりも固いことをもって，品質に関する合意に違反しているとすることも可能なように思われる。これは，評価の分かれうる点かと思われる。

Ⅶ　おわりに

　お気づきのとおり，本事例は，解説中でもしばしば言及した漁業用タール事件（最判昭和30・10・18民集9巻11号1642頁）を下敷としたものである。この判例は，重要ではあるが，正確な理解の難しい判決ではないかと思われる。判旨は，唐突に，売主――本事例のAに相当する――の債務が，通常の種類債務なのか制限種類債務なのかという点（これは，履行不能の存否，目的物に求められる品質ひいては受領遅滞の存否に関わるとされる），そして，目的物の特定の有無について，原審の審理不尽を指摘する。個々の論点についての判示は決して難解ではないので，相互の関連を度外視してばらばらに字面を理解することは易しい。しかし，それらの論点がどういう論理展開のどこに当てはまるかというパズルは，自分で解かなければならない。本稿はそのヒントにもなっているはずである。

---

23)　山本(豊)・前掲注8)165頁参照。

9 「勝手なマネは許さない！」

●事例
　菓子卸売業者Aは，2010年3月，メーカーBとの間で製品を継続的に購入する基本契約を締結して取引を開始した。しばらくはAのBに対する代金支払も滞りなく行われていたが，2011年5月に生じた300万円，同年9月に生じた200万円，2012年2月に生じた500万円の各売掛代金債権の支払を，Bの再三の督促にもかかわらずAが行わないため，Bは，2012年7月にAとの取引を停止するとともに，計1000万円の売掛代金債権につき弁済期を2013年4月とし遅延損害金等を約した準消費貸借契約をAとの間で締結した。2013年1月現在，Bのなしうる主張等に関する次の各設問に答えよ（設問はそれぞれ独立の問いである）。

【設問1】　Aの経営者αの親戚Cは，2010年11月，αに懇請されて1000万円をAに貸渡した。当初は無担保での貸付だったが，2011年4月にはAが小売店Dに対して有する300万円の売掛代金債権につきCがAに代わって弁済を受領する旨の代理受領が合意され，Dの承諾も得た。同年8月，Cは，貸付金の一部の弁済として，先の代理受領の対象分も含め，現にAがDに対して有する400万円の債権をAから譲り受け，直ちにDから全額弁済を受けた。同年10月，倒産の危機に瀕したAから緊急の資金援助を求められたCは，200万円の新規融資に応じるとともに，Aが新たに取引を開始した小売店EにAが将来有することとなる売掛代金債権を包括的に譲り受けることとし，Aの債務不履行等があればCの請求により債権が確定的に移転することや，Aが予め作成してCに預けた債権譲渡通知書がCからEに送付されるまではAが取立てをできること等が約された。2011年12月と2012年4月にAはEに対する各400万円の債権を取得したが，Eへの取立てはなされなかった。2012年9月，支払期日までにAが債務の弁済をしなかったため，Cは，Aへ通告をしたうえで譲渡通知をEに送付し，同年10月にEから800万円の弁済を受けた。

以上の状況において，Bは，A・C間の債権譲渡に関していかなる主張ができるか。また，Eから受領した800万円の支払をBがCに求めてきた場合に，Cは，A・C間の債権譲渡を合意解除し，800万円をAに返還することによって，これを斥けることができるか。

【設問2】【設問1】において，EがCに対していまだ弁済をしていなかったなら，Bは，CないしEに対していかなる主張ができるか。

【設問3】　Aは，2010年2月，唯一のめぼしい財産ともいうべき自己所有の甲土地を1200万円でFに売却する旨の売買契約を締結し，同年11月に登記を移転させた。2009年にAに対して1000万円の債権を取得し，いまだ弁済を受けていないGは，売買契約の事実は当初より知っていたが，Aには甲土地以外にも十分な財産があり，かつ事業拡大の必要経費を捻出するためのものとAから聞かされていたため黙認していた。ところがGは，2011年2月になって，Aの債権者Fに便宜を図るための廉価での売却であったことを知り，2013年1月，Fに対して登記名義の回復を求める訴えを提起した。これは認められるか。仮にこの訴えが認められ，その後甲土地につき強制執行手続が開始されたとしたら，Bは配当を受けることができるか。

● CHECK POINT

- □ 将来債権の譲渡ないし譲渡予約の有効性
- □ 詐害行為取消権における詐害性要件
- □ 詐害行為取消権行使の効果と期間制限
- □ 詐害行為取消権の効果を享受できる債権者の範囲

● 解説

I はじめに

1 詐害行為取消権の要件判断の難しさ

本事例では，詐害行為取消権（424条）が主に問題となる。詐害行為取消権については，とりわけ「債務者が債権者を害することを知ってした法律行為」，すなわち詐害性の判断が難しい。この要件については，かつては客観的要件と主観的要件とに整序する理解がされていたが（二元説），現在の判例・通説は，「行為の客観的性質」「行為の主観的要素」「手段の相当性」等を総合考慮して要件具備を判断すべきものとしている（相関関係説）。当該事案を多角的に分析することが求められるわけである。

債務者も自己の財産は自由に処分・管理できるのが原則であり，詐害行為取消権の行使が債務者の財産管理権への不当な干渉になってはいけない。債権者の責任財産保全の必要性を汲みつつ，しかし債務者の経済活動の妨げにならないよう，債権者と債務者の利害をどう調整していくかが問われる。また，受益者も債権者の地位にある場合は，破産手続が開始されていない時点で，債権回収のための行為がどこまで許容され，どこからが他の債権者による取消権行使の対象となるのかという，債権者間の利害調整の視点も必要となる。

2 責任財産保全と取消債権者優先と

詐害行為取消権の難しさは効果についてもいえる。詐害行為取消権の法的構成については，形成権説（詐害行為を絶対的無効とする形成権とする）と請求権

説（財産の取戻しを請求する権利で詐害行為の効力は消滅しないとする）とを折衷させ，詐害行為を取り消すとともに財産の取戻しを請求する権利と捉える相対的取消説が判例・通説となっている。同構成からは，取消しの効果は取消債権者と受益者または転得者の間でのみ生じ，取消訴訟に関与しなかった者との関係では法律行為は依然として有効であること，債務者は被告とならないこと等の帰結が導かれる。しかし，不動産を目的とした詐害行為が取り消された場合は債務者へ登記名義が復帰し，その後債権者は不動産に強制執行をなしうるが，これは取消後の不動産が債務者所有となることを前提とした扱いで，取消しの効果が債務者に及ばないとする相対的取消しでは導きえないものなのではないか，という指摘がある。

他方，金銭を目的とした詐害行為の取消しでは，債務者に受領権限がない等の理由から，取消債権者が直接自己に支払をするよう請求できるとされ，結果として取消債権者は事実上優先的な回収も実現できる。しかし，このことは，責任財産保全という本来の制度趣旨や425条の定めとは相容れないものとも解される。

このように，効果についても，制度趣旨からすれば本来的というべき債務者への財産回復と，取消権の実効性確保の要請，取消債権者が実際上得られる優先弁済効といった諸要素をどう調整していくかが問われることとなる。

3 問題の所在

【設問1】と【設問2】では，債権譲渡の詐害行為取消しが問題となる。2011年の8月と10月の2つの債権譲渡がそれぞれどのような意味をもち，どのような意図でなされたのかが，詐害性を判断するうえでまず検討されなければならない。さらに，詐害行為取消権の行使は被保全債権の範囲内でのみ認められるとされることとの関係で，将来債権を対象とする後者の債権譲渡に関しては，詐害行為をどの時点で認定するかも問題となる。

また，譲渡債権がすでに弁済されている【設問1】と，いまだ弁済がされていない【設問2】の各場合において，詐害行為取消権行使の効果としてどのような内容の請求が認められるか。相対的取消構成から導かれる帰結はどのようなものか，詐害行為の対象が不動産の場合と金銭の場合のいずれと近しい扱いが相応しいか等々の観点からも考察を加えたい。

一転して,【設問3】は土地の売買契約についての詐害行為の事例であるが,ここでは,詐害行為取消権の期間制限に関する理解と,取消権行使の結果として登記名義が債務者に復帰した後の処理——取消権を行使できる者と取消権行使による利益を享受できる者とのずれを許容してよいか——の判断が求められる。
　以下,順次考察をすすめていこう。

II　包括的債権譲渡の有効性

1　包括的債権譲渡と公序良俗違反

　詐害行為取消権の前に,A・C間で2011年10月になされた将来債権の譲渡の有効性について検討をしておこう。仮に債権譲渡が無効と判断されるのなら,Bは,Aが有する不当利得返還請求権に代位して,Cに対し売掛代金債権相当の支払を求めることも可能となる。
　将来発生する債権の譲渡については,一定期間内に発生する不特定の債権が対象とされることがあり,その場合,過度に包括的であるとして公序良俗に反しないかが問題となりうる。将来債権の譲渡契約を有効と判示した判例（最判平成11・1・29民集53巻1号151頁）も,「契約締結時における譲渡人の資産状況,右当時における譲渡人の営業等の推移に関する見込み,契約内容,契約が締結された経緯等を総合的に考慮し」,①「譲渡人の営業活動等に対して社会通念に照らし相当とされる範囲を著しく逸脱する制限を加え」たり,②「他の債権者に不当な不利益を与える」場合には公序良俗違反になりうると指摘している。このうち②に関しては,担保目的で将来債権の譲渡がされることで,譲受人が譲渡人の他の債権者の引当てとなるべき財産から過剰な優先的回収可能性を獲得する場合,等と敷衍して説明されたりしている[1]。
　担保権設定の公序良俗違反に関しては,被担保債権に比して担保対象が過剰となっていないか,債務者の窮状に乗じ債務者に不当に不利な内容となっていないか等が審査されるべきこととなろう[2]。ここでの考慮要因は,後述する詐

---

[1]　潮見・プラクティス債権総論467頁。
[2]　道垣内弘人「将来債権の包括的譲渡の有効性と対抗要件」ジュリ1165号（1999年）66頁以下,角紀代恵「将来債権の包括的譲渡の効力」みんけん515号（2000年）19頁以下等参照。

害行為取消権の要件判断とも多分に重なるが、無効と取消しという効果の相違からすれば、公序良俗違反については、より慎重な判断が求められよう。

2 債権譲渡予約と公序良俗違反

債権譲渡予約についても、判例は、譲渡契約の場合と同様、譲渡人の経営を過度に拘束し、あるいは他の債権者を不当に害するときは公序良俗違反になりうるとしている（最判平成12・4・21民集54巻4号1562頁）。同判決は、当該事案が公序良俗違反ではないと判断される理由として、予約完結の意思表示がなされるまでは譲渡人が取り立てたり処分したりでき、かつ譲渡人の債権者もこれを差し押さえることができることを指摘している。この判決理由からすると、債権譲渡と比べ債権譲渡予約については公序良俗違反とされる可能性が低いと解されよう。

後述するように、判例は、債権譲渡について、取立権を譲渡人に留保しつつ即座に譲渡の効果を生じさせる本契約型と、譲渡の効果を将来に生じさせる旨を約しておく予約型とを対抗要件具備に関して明確に区別するが、公序良俗違反に関しては、取立権限を譲渡人に留めた本契約型なら、予約型に準じて扱ってよいであろう。

3 【設問1】ではどうなるか

【設問1】の2011年10月の将来債権譲渡については、これを本契約型と予約型のいずれとみるかは議論の余地があり、後に検討するが、少なくとも、取立権や通知が留保され他の債権者による執行をなお許す状態に留められていることからすれば、予約型に関する上述の平成12年判決の事案と類似するものといってよい。また、被担保債権額に比して譲渡される債権の額は、無効とすべきほどに大きいわけでもない。したがって、公序良俗違反とまではいえないものと解される。

III 債権譲渡の詐害行為取消しの可否

ここからは、詐害行為取消権の行使可能性について検討していこう。要件のうち、本事例で検討されるべきは、被保全債権の存在と行為の詐害性である。

1 被保全債権の存在

　取消権者に関する要件として，詐害行為前に被保全債権が存在している必要がある。詐害行為後に生じた債権の債権者は，詐害行為によってすでに減少した後の責任財産を引当てとして取引に入っているといえるため，詐害行為により害されたとは評価できないからである。この点の具体的解釈論を【設問1】に関連する範囲で詳しくみていこう。

　まず，被保全債権は，債権者代位権の場合とは異なり（423条2項），詐害行為までに発生していればよく，取消権行使のときまでに履行期が到来している必要はないとするのが通説・判例である。債権者のための共同担保は債権の弁済期にあると否とにかかわらずその債権のために存在するから，というのが判例のいう理由であるが[3]，このほか学説では，裁判によることを要するため濫用のおそれが少ないこと等の理由もあげられている[4]。

　詐害行為後に被保全債権につき譲渡等の変動が生じてもよい。詐害行為前の売掛代金債権について行為後に準消費貸借契約が締結された場合も，従前の債権との同一性が維持されているから取消権を行使できる[5]。なお，厳密な意味でいまだ債権が発生していなくとも，債権発生の基礎となる法律関係がすでに存在している場合には，詐害行為後に発生した債権を被保全債権とすることも認められてよいとされる[6]。

　以上をふまえ，【設問1】における被保全債権の要件を検討してみよう。2013年1月時点でBのAに対する債権の弁済期は未到来だが，そのことは取消権行使の妨げとはならない。また，Bの債権は2012年7月の準消費貸借契約にかかるものであるが，元の売掛代金債権はそれ以前に生じているから，この点も大丈夫である。問題は，売掛代金債権の発生時期についてであるが，基

---

3) 大判大正9・12・27民録26輯2096頁。
4) 中田・債権総論238頁等。もっとも，責任説を基礎とする論者を中心に，取消権行使までに履行期が到来していることを求める学説も有力に唱えられている（加藤・民法大系Ⅲ240頁等）。
5) 最判昭和50・7・17民集29巻6号1119頁。
6) 例えば，調停により将来発生することとなった婚姻費用分担請求権を被保全債権とする取消権行使を認めたものとして，最判昭和46・9・21民集25巻6号823頁参照。
7) 大判明治44・10・3民録17輯538頁等。「有用の資」のためとして詐害性を否定した例としては，債務弁済のため（大判大正6・6・7民録23輯932頁，大判大正13・4・25民集3巻157

本契約は2010年3月に締結されているものの，実際の取引もなされていないこの段階では，売掛代金債権の発生の基礎となる法律関係が存在しているとはいえない。そうすると，Bの詐害行為取消権の被保全債権としては，2011年5月に300万円，同年9月に200万円，翌年2月に500万円の成立が認められることとなる。

2 詐害性の判断基準・一般論

無償行為や不当廉売が詐害行為となることは明らかで，この場合の主観的要件は債務者の認識で足りるとすることにほぼ異論はない。問題はそれ以外の，債務者の総財産に計算上のマイナスが生じないような場合である。判例の概要は次のとおりである。

① 相当価格での不動産売却　消費・隠匿しやすい金銭に代えることになるから原則は詐害行為になるが，代金を有用の資に充てるなど目的や動機が正当であれば詐害行為にならない[7]。

② 一部債権者への弁済　弁済は債務者にとって義務であるから，詐害行為にならないのが原則だが，他の債権者を害する意図で共謀してなされたときは詐害行為になる[8]。

③ 一部債権者への代物弁済　債権額相当のものでするのであっても，代物弁済は義務的行為ではないので，債務者に詐害意思がある限り原則として詐害行為になる[9]。

④ 一部債権者への担保供与　新たな借入れのためになされる担保供与は，目的・動機・目的物の価格に照らし妥当であれば詐害行為にならない[10]。他方，既債権者の1人への担保供与は，その者だけを利する行為なので，原則として詐害行為になる[11]。

頁），抵当権の消滅を図るため（最判昭和41・5・27民集20巻5号1004頁）等がある。
8) 大判大正5・11・22民録22輯2281頁，最判昭和33・9・26民集12巻13号3022頁等。債務者が倒産直前の深夜に，自己所有の在庫商品を債権者の1人に売却し，その代金をもって債務を弁済する合意を成立させ，この債権者のもとに在庫商品を搬出したという事例につき，詐害行為と認めたものがある（最判昭和46・11・19民集25巻8号1321頁）。
9) 大判大正8・7・11民録25輯1305頁等。
10) 家族の生計費や教育費を捻出するための担保供与につき詐害性を否定したものとして，最判昭和42・11・9民集21巻9号2323頁。

判例では,「原則として」詐害行為になる,といった表現がとられることが多いが,実際は原則と例外の差違は微妙である。債権譲渡に即して以下で考察を続けよう。

3 債権譲渡の詐害性(1)――代物弁済

　債権譲渡も財産権の譲渡の一形態ではあるが,不動産や動産の譲渡とまったく同様の基準で詐害性が判断されるとみてよいか。【設問1】における2011年8月の債権譲渡のような,既存債権者の1人に対する代物弁済としてなされる場合について検討しよう。
　判例は,不動産や動産の譲渡と同様,債権譲渡の場合も,代物弁済としてなされるものは原則として詐害性を有するとしている[12]。しかし,金銭債権の譲渡をもって金銭債務の弁済に代えるという代物弁済は,弁済とほぼ同義といってよいものである。まず,相当価格の不動産による代物弁済とは異なり,弁済に代わる債権譲渡では,債権額が確定しているから弁済と変わらず,価格の相当性の問題は生じ難い。また,債務者が第三債務者から債権を取り立てて自己の債権者に弁済をするのと,代物弁済で債権譲渡をするのとでは,後者は中間の手数を省いただけともいえるし,第三債務者からの債権回収のリスクを債権者に負わせる点では,弁済より詐害性が小さいともいいうる[13]。こうしたことからすると,債権譲渡をもってする代物弁済を,代物弁済であるとの一事をもって,基本的に詐害行為になる,と解することはできないように思われる。
　さらに,債権譲渡に限らず一般的にいっても,弁済と代物弁済とで扱いを大きく変える必要があるかも疑問である。詐害意思がある限り原則として代物弁済は詐害行為だとする判例も,その詐害意思の内容は,他の債権者を害することを知りながら一債権者だけに優先的に債権の満足を得させる意図としており,

---

11) 最判昭和32・11・1民集11巻12号1832頁。例外として,営業継続のためやむをえず合理的限度でなされた担保供与であるとして詐害性を否定したものに,最判昭和44・12・19民集23巻12号2518頁がある。
12) 最判昭和42・6・29判時492号55頁,最判昭和48・11・30民集27巻10号1491頁等。
13) 前掲注12)最判昭和42・6・29の上告理由では,こうした諸点を掲げつつ詐害性を否定すべき旨が主張されていたが,最高裁はこれを斥けて詐害性を肯定した(詳細につき,注釈民法(10) 821頁以下［下森定］等参照)。

これは弁済が詐害行為になる例外事例の説明とほぼ同様である[14]。学説にも，代物弁済は相手方との合意を要する以上，詐害の意思が認められやすい，というレベルでのみ弁済との相違を捉えるものがあり，注目される[15]。

4　債権譲渡の詐害性(2)――担保供与

担保の供与の詐害性判断について，判例は，前述のとおり，新規貸付の場合とは異なり，既存債権のための担保供与は詐害行為となるのが原則としている[16]。もっとも，両者いずれにあっても，結局は営業継続のため必要不可欠と評価できるかで詐害性が判断されると解されよう。例えば，倒産に瀕した債務者が，何とか営業を継続させ，死中に活を求める援助資金をある債権者に求め，その見返りとして担保権の設定を行うことは，（たとえそれが既存債権分の担保であっても）倒産を回避して延命を図る措置である限り，許されないものとはいえまい[17]。そのため，詐害意思の内容を厳格に捉え，あるいは目的や手段方法等を総合考慮し，債務者の経済活動が不当に抑止されることのないよう，詐害行為の範囲を限定することに留意する必要がある。

営業継続のための融資の担保としてなされた債権譲渡につき詐害行為と認定した次のような下級審裁判例がある[18]。これは，債務者に対してすでに債権を有する者が，現在および将来の貸付金の担保として，倒産に瀕した債務者の唯一の財産である他社に対する全債権を譲り受けたという事案である。判決では，借入額と担保目的価額との合理的均衡が保たれていなかったことのほか，債務者の信用悪化の事実を債権者が知っていたことが，詐害行為と判断した理由に掲げられている。しかし，そうしたことのみならず，将来融資を続けると告げて債務者の全債権を担保として譲り受けたのに，その後追加融資を行わず債務者を倒産に追い込み，自身は融資金を全額回収できていた等，受益者たる

---

14) 前掲注12)最判昭和48・11・30。なお，弁済を詐害行為とした前掲注8)最判昭和46・11・19も，事例としては限りなく代物弁済に近いものであった（前掲注8)参照）。
15) 中田・債権総論251頁。
16) この相違を重視し，債権譲渡が新規融資金額を超える部分においてのみ詐害行為になるとした裁判例として，福岡高判平成3・3・14金法1369号77頁。
17) 野口恵三・NBL399号（1988年）54頁参照。
18) 東京地判昭和62・2・26判時1262号115頁。債権譲渡担保につき詐害性を否定した東京地判平成2・11・30金法1287号34頁の事案と対比してみてもらいたい。

債権者の悪性を表す事実の存在も看過しえない。

受益者等の主観に関わる「債権者を害すべき事実を知らなかったこと」は，要件ではなく抗弁事由ではある。しかし実際には，取消債権者と同じ債権者の立場にあって，詐害行為取消訴訟の相手方ともなる受益者の悪性は，（債務者の詐害意思と同等，あるいはそれ以上に）詐害性判断の重要な考慮要素になるように思われる（債権回収を企図する債権者どうしの争いであることに着目すべきことは，後にⅣ2でも述べる）。

5 代理受領との関係

債権譲渡の詐害行為取消権の裁判事例では，【設問1】のように，譲渡対象債権につき代理受領が先行していることも少なくない（代理受領につき詳しくは本書事例⑪を参照）。代理受領が担保手段として用いられていることからすれば，その後同債権につき重ねて債権譲渡がなされたとしても新たな詐害行為が構成されることはなく，したがって被保全債権の成立前に代理受領が合意されていたなら取消権は行使できない，との帰結も導けないではない。

しかし判例は，被保全債権の成立前に担保としての代理受領がなされていたことは，債権譲渡を詐害行為と判断することの妨げにはならないとする。代理受領が合意されても，他の一般債権者との関係では受任者は何ら優先的な地位を主張できるものではなく，対象債権が譲渡された時点で，はじめて他の債権者の共同担保が減少する，というのがその理由である[19]。

債権譲渡契約がなされた後に被保全債権が発生した場合，その後の通知のみを詐害行為取消しの対象にすることはできない，とするのが判例である[20]。これは債権譲渡担保の事例にかかるものであるが，詐害行為の判断対象とすべきはあくまで担保権設定契約たる譲渡契約であって，担保実行の意味をもつ通知自体は詐害行為の対象とはならない，という観点からも，この判決は妥当なものと評しうる。ただ，担保としての代理受領と，対抗要件を具備していない

---

19) 最判昭和29・4・2民集8巻4号745頁，大阪高判昭和48・11・22判時743号60頁，最判昭和51・7・19金判507号8頁等。福岡高判平成3・3・14金法1369号77頁参照。
20) 最判平成10・6・12民集52巻4号1121頁。
21) 前者につき，最判平成13・11・22民集55巻6号1056頁，後者につき最判平成13・11・27民集55巻6号1090頁。
22) 最判昭和38・10・10民集17巻11号1313頁。

債権譲渡担保とでは，他の債権者に優先性を主張しえない点では変わりないともいえ，扱いを別にする論拠については一考を要するところではある。少なくとも，判例は，両者には担保の効用に相違があるとの前提をとっている，ということはできるであろう。

6 予約型・本契約型の区別と将来債権の譲渡

Ⅱで公序良俗の観点から若干の検討をした，将来発生する債権の包括的な譲渡の詐害性について，あらためて考えてみよう。

まず第1に，債権譲渡の効力発生時期に関する本契約型と予約型の異同を確認しておく。判例は，譲渡人に取立権限を留保する特約があっても譲渡契約時に債権譲渡の効果は生ずるものとしつつ（本契約型），他方，将来の債権譲渡を約するにとどまるものは（予約型），予約の通知を契約時になしたとしても第三者対抗力は得られないとして，両者を厳然と区別する[21]。本契約型では，契約締結時に詐害性を判断することで問題はないとして，では予約型の場合はどうか。判例は，売買の一方の予約に基づいて売買本契約が成立した場合につき，売買本契約の成立は，売買予約の履行としてされたものにすぎないとして，予約締結時を基準として詐害行為の要件具備を判断すべきものとしている[22]。このことからすれば，予約型の債権譲渡においても，予約完結権行使時（停止条件の成就時も同じ）ではなく，当初の予約締結時に詐害性を判断すべきものと解されよう[23]。

ところが，譲渡対象に将来債権が含まれている場合は，別異に解されることを示唆する裁判例があり注目される。同判決は，将来債権を含む包括的な停止条件付債権譲渡契約の詐害性判断につき，債務者悪意の主観的要件は譲渡契約締結時を基準とすべきであるが，客観的要件は債権が特定されたときを基準とすべきとする[24]。対象に将来債権が含まれていたり，譲渡人への取立権限留保がある場合は，対象債権の額は変動していくから，担保目的が過大であるか

---

[23] 「債権譲渡契約締結→被保全債権発生→停止条件成就」という時系列の事案において，本契約型であることを理由に詐害行為取消しを否定した東京地判平成15・6・20金法1699号67頁は，予約型であったなら詐害行為となった可能性を示唆する。しかし，担保目的の債権譲渡なら，詐害行為として評価されるべき対象は担保権設定行為の意味をもつ当初契約となるはずであって，予約完結権行使や条件成就，あるいは譲渡通知といった担保権実行としての行為それ自体は詐害行為の対象にならないと解される。

否かといった判断は，対象債権が特定されてはじめてなしうる。このことからすれば，詐害行為の対象はあくまで譲渡契約であることを基本としつつ，詐害性の客観的要素の評価は対象債権確定時とする同判決の判断枠組みは基本的に支持されてよいように思われる。

7 【設問1】ではどうなるか

2011年8月になされた債権譲渡は，代物弁済としてなされたものだが，AがCに負う債務額を超えるものではなく，債務者にとって格別不利益な内容でもない。抜け駆け的要素があるのは否定できないが，詐害性は認められないとしてもよいように思われる。他方，同年10月の将来債権の譲渡については，検討すべき事項がいくつかある。

第1に，取立権限と通知を留保した本契約型とみるか，（停止条件ではない狭義の）予約型とみるかである。Cの意思表示時に確定的に移転するという表現は予約型のようでもあるが，取立権を留保するという言い回しは本契約型を想起させるものであり，実際，本事例と類似の事案にかかる裁判例では本契約型と判断されている[25]。いずれにせよ，取立権が留保されている点に着目する限りは，詐害性は小さいとも評価しうる（Ⅱ2参照）。

第2に，債権譲渡の担保としての内容についてであるが，判例の基準に照らせば，新規融資200万円の担保と既存債権600万円の担保とに分けて詐害性を判断すべきことになる。倒産に瀕したAを救済する措置としてなされた点に鑑みれば詐害性は小さいと解せなくもないが，それにしては新規の貸付額が既存債権の額に比べても僅少である。やはりこの債権譲渡は，Aの経営危機，債務超過の状態を熟知するCが，Aと結託し，他の債権者に抜け駆けして債権の回収を図ることを狙った，債権者として許される範囲を超えた行為と考えるのが自然であろう。実際，Aの倒産寸前の局面にあってなおCは自己の債

---

24) 東京地判平成9・7・24金判1039号48頁。なお，将来債権譲渡の効力発生時期に関しては，最判昭和40・4・20判時411号63頁，最判平成19・2・15民集61巻1号243頁参照。
25) 前掲注23)東京地判平成15・6・20。小山泰史・銀法638号（2004年）78頁は，同事案を予約型とみる余地のあることを指摘する。
26) 最判昭和54・1・25民集33巻1号12頁等。
27) 最判昭和53・10・5民集32巻7号1332頁。

権の全額を第三債務者Eから回収できている（もしAがEに対する取立てをしなかったことにCへの便宜を図る意向が含まれていたとするならば，なおのこと強い詐害性を認めることができるであろう）。以上に述べたことからすれば，少なくとも既存債権の担保分については，A・C間の債権譲渡を詐害行為と認定することができると考える。

Ⅳ 詐害行為取消権行使の効果

1 詐害行為取消しの効果・一般論

詐害行為取消権は，逸失財産を債務者の責任財産に復させる目的のものだから，その効果は可能な限り現物返還とされるべきで，被告とした受益者のもとにすでに現物が存在しない等，現物返還が不可能な場合にのみ価格賠償になるとするのが通説・判例である[26]。

もっとも，現物返還の方法は，対象物によって異なる。不動産の返還については，登記の抹消または移転により，債務者に名義を戻すものとされ，取消権者名義にする請求はできない[27]。他方，金銭や動産の返還について，判例は，債務者が受領しない場合も想定される等との理由から，取消債権者が直接自己へ引渡しや支払を請求することを認める[28]（不動産登記については判決による登記申請が可能なため，債務者が受け取らない事態は想定されない）。学説も，債務者による受領拒絶や費消の可能性，あるいは相対的取消構成によれば債務者に受領権限がない等を理由に，判決を支持するものが多数である。

また，現物返還や価額賠償として金銭支払が認められた場合，判例・通説は，取消債権者が自己の債権と債務者への金銭返還債務を相殺し優先弁済を受けることを容認する[29]。

---

28) 金銭の支払につき大判大正10・6・18民録27輯1168頁，動産の返還につき最判昭和39・1・23民集18巻1号76頁。
29) 最判昭和37・10・9民集16巻10号2070頁等。ただし，このような帰結については，責任財産保全という制度趣旨と相容れないものであるし，また，債務者に取消しの効果が及ばないとする相対的取消説によると，受働債権とすべき債務者の取消債権者に対する返還請求権を観念できないため説明がつかない等々の問題があることに留意すべきである（潮見・プラクティス債権総論286頁，中田・債権総論262頁等参照）。

2 債権譲渡の取消しの効果(1)——弁済済みの場合

では，債権譲渡が取り消されたときは，どのような内容の請求が認められるか。【設問1】のように，すでに受益者が第三債務者から弁済を受けている場合には，取消債権者は，価額賠償としてその債権額を自己に支払うよう請求することができる[30]。ただし，被保全債権の額が上限となることに留意すべきである。

2011年8月になされた400万円の債権譲渡については，さきのⅢ7での検討からすれば詐害行為取消権の対象外と解される（仮に取消しが認められたとすると，この時点でBの被保全債権は300万円なので，BがCに請求できるのは300万円分となる）。

他方，2011年10月の債権譲渡については，詐害行為をどの時点で認定するかで結論が分かれうる。詐害行為取消しの対象は，Ⅲ7での検討をふまえ既存債権の担保の600万円分であるとして，問題は被保全債権についてである。譲渡契約がなされた2011年10月の時点でみるならば500万円となるが，Eへの譲渡通知がなされた2012年9月の時点とするならば1000万円となる。Ⅲ6で考察したような，詐害性の客観的要素の判断を譲渡対象債権の確定時で行うとする見地からは，被保全債権について後者のようにとらえ，1000万円のうちの600万円分の支払を請求できると解する余地もあるように思われる。

ただ，Aの債権者Cが手間をかけて第三債務者Eから債権の回収を図ったのに，他のAの債権者Bがこれを詐害行為として取り消してその金員を自己に支払うよう請求し，結果として自己の債権の回収を図れるという，債権者どうしの間で後から行動した者が優先してしまう結果となるのには，疑問がなくはない。この点，Ⅲ4で述べたように，詐害性や詐害意思等により詐害行為取消権の成否を慎重に判断することが求められるであろう。

3 詐害行為の解除との関係

ところで，【設問1】の後段では，Cが債権譲渡契約を合意解除し，Eから回収した800万円をAに返還した場合の扱いが問われている。詐害行為がな

---

[30] 前掲注19)最判昭和51・7・19等。

されたとしても，後にこれが合意解除されて債務者の責任財産が回復したのであれば，もはや詐害行為として取り消す必要はないから，詐害行為取消権の行使は認められない[31]。しかし，合意解除がされても債務者の責任財産が原状に復したとはいえないときは別異に解する余地はあり，現に下級審裁判例には，債権譲渡が合意解除された場合につき詐害行為取消権を行使できる旨を判示したものがある（福岡地判平成21・3・26判タ1299号224頁）。同判決によれば，譲受債権を回収した現金が債務者の銀行口座に振り込まれて返還されたとしても，債権と現金とではその執行可能性に格段の違いがあるから，債権譲渡の合意解除によって債務者の責任財産が原状に復したと評価できないという。これは要するに，不動産等の相当価格での売却が詐害行為となりうるというのと同様に考えたものといえよう。

4 債権譲渡の取消しの効果(2)——未弁済の場合

では，【設問2】のように，譲受人がいまだ第三債務者から弁済を受けていない場合はどうか。この点についての最高裁判例はないが，下級審裁判例での扱いは次の3つに分かれる。

第1は，取消債権者が取消権の効力として，債権者代位権の行使を待つまでもなく，第三債務者に直接履行を請求できるとするものである[32]。判決では，取消権の実効を期するためには，債権譲渡の取消しと併せて，復帰した債権の履行をも訴求できなければならない等の理由が示されている。金銭を対象とする取消権行使と同様の扱いとするもので，債務者に受領権限がないと解する相対的取消構成とも親和的といえようか。

第2は，取消債権者としては，受益者（譲受人）に対して，第三債務者に債権譲渡が取り消された旨の通知を求めうるにすぎない，とするものである[33]。判決理由では，詐害行為取消しの効果が相対的であるがゆえに，取消権者が第三債務者に対して履行の請求をすることはできない旨が述べられている。不動産を対象とする取消権行使において認められる効果は債務者への登記名義の回復であるが，対抗要件につき原状に復させるという意味で，これと同様の効果を認めようとしたものと評価できる。

---

31) 大判大正11・6・22民集1巻343頁。
32) 東京地判昭和60・9・19金判751号30頁。

第3は，受益者たる譲受人に対して価額賠償を求められるとするものである[34]。相対的取消しゆえ第三債務者には効力が及ばないとすると，その第三債務者が弁済をすべき債権者は，譲渡人ではなく譲受人と解されることとなり，譲渡人に債権が復帰したことを前提にその債権者の代位行使を認める余地はなく，現物返還が不可能であるため価額賠償によらざるをえない，とする。この立場は，取消しの対象となった譲渡債権の弁済を譲受人が受けている場合と受けていない場合とを同列に扱おうとするものでもある。
　注目されるのは，以上3つの見解のいずれもが相対的取消構成に依拠していることである。このことからは，「相対的取消しである以上はこうあるべき」という演繹的思考で結論を得られるものでないことが分かるであろう。どこまで責任財産保全の制度趣旨を貫き，あるいはどこまで取消権の実効性を高め，取消債権者の優先的回収の便宜を認めてよいのか，という総合的考慮から結論を導く必要がある。また，相対的取消しが想起された背景にある，取引の安全が害される絶対的無効の弊を回避するという要請に鑑みて，取消しにより影響を受ける（悪意の受益者・転得者以外の）第三者の保護にも意を用いなければならない。
　あくまで詐害行為取消権の本義は責任財産保全にあり，取消債権者が優先弁済を受けられる事態は可能な限り回避する，そして，第三者の利益ないし取引安全を害さないのであれば相対的取消構成と整合しない部分があっても許容される，との態度をとるなら，原状の回復をめざす第2の見解を採り，BがCに対して詐害行為取消権の行使として主張しうるのは，Eへ取消しにつき通知するよう求められるのみ，とするのが妥当のように思われる。

---

33) 東京高判昭和61・11・27判タ641号128頁，東京地判平成元・5・24判時1351号74頁，東京地判平成6・7・25判タ879号207頁，東京地判平成12・7・6判時1730号33頁等。この立場を支持する見解として，野村豊弘・ジュリ901号（1988年）96頁以下，原田昌和・法セ643号（2008年）120頁等。なお，三和一博・法時60巻8号（1988年）74頁は，第三債務者が被告となっている場合には，第三債務者への通知は不要として，債権譲渡の取消しと第三債務者に対する取立てとを同一訴訟ですることを認める。
34) 新潟地判平成19・9・28判タ1260号289頁。同判決は，詐害行為取消権が行使されたことを

V 取消権行使の期間制限と取消後の不動産に対する権利行使

1 詐害行為取消権の時効消滅

詐害行為取消権については、取引の安全等を考慮し、債権者が取消しの原因を知った時から2年という短期の消滅時効が定められている（426条前段）。【設問3】では、この期間制限の関係で、Gが詐害行為取消権を行使することができるかが問題となる。

「取消しの原因を知った時」とは、債務者が債権者を害することを知って法律行為をなした事実を債権者が知った時をいう。債務者が財産を処分したことを知るだけでは足りず、当時の債務者の財産状態からみて債権者を害するものであることを知っていることが必要である[35]。また、単に債権者が詐害の客観的事実を知っただけでは足りず、債務者に詐害の意思のあることをも知っていることが必要である[36]。

以上に示した判例によれば、【設問3】において、Gが売買を知ったのは2010年2月であり、2013年1月現在すでに2年以上が経過しているものの、当時におけるAの財産状態や詐害の意思を知ったのが2011年1月以降であれば消滅時効の起算点から2年は経過していないことになるため、取消権を行使することが可能といえる。

2 425条にいう「すべての債権者」とは

他方、【設問3】において、Bは取消権を行使できない。前述のとおり、取消権を行使するには被保全債権が詐害行為よりも前に生じている必要があるから、Bの債権取得より前になされた売買契約は取消しの対象にはならないし、登記のみを取り消すこともできないからである。では、Gの詐害行為取消権行

理由に、第三債務者が譲受人からの支払請求を拒むことはできない旨判示したものである。滝澤孝臣「詐害行為取消の絶対効と相対効」同『民事法の論点——その基本から考える』（経済法令研究会、2006年）81頁以下は、本文に述べた第1の見解では第三債務者に影響が及んでしまう点に、第2の見解では債務者に影響が及んでしまう点に、それぞれ相対的取消しとは相容れない要素を有するという問題を指摘する。

[35] 大判大正6・3・31民録23輯596頁。
[36] 最判昭和47・4・13判時669号63頁。

使によりAがその所有名義を回復した後，その不動産からBは配当を受けることができるか。

　425条は，取消しはすべての債権者の利益のためその効力を生ずる旨規定しているが，取消権行使の恩恵に浴してよい債権者に限界を設けるべきとする，次のような見解がある[37]。まず第1に，詐害行為となる売買の後に売主に対して債権を取得した者は，当該売買を詐害行為として取り消す余地はない。売買の対象となった不動産は，その債権者のための責任財産を構成していないからであり，そうした取消権を行使できない者は，債務者名義となった不動産につき強制執行が開始された場合も，売却代金から配当を受ける資格はないはずである。さらに第2に，売買の前から債権を有していた者でも，自ら詐害行為取消権を行使しなかった場合は，強制執行における配当要求を認め，逸出した不動産から債権回収を図れるとすると，詐害行為取消権は裁判所に請求すべきものとされていることと矛盾する。少なくとも，裁判のために費用をかけ詐害行為取消権を行使した者と同列に扱われるべきではない。以上をふまえ，この論者は，詐害行為取消権を行使できない，ないし行使しなかった債権者は，取消しにより債務者名義となった不動産につき，自ら強制競売を申し立てることはできない，との帰結を導く。

　しかし通説は，債権の取得が詐害行為の前か後か等によって，配当加入できる債権者を限定してはいない。もし詐害行為がなく，ある債権者のした強制執行が順調に行われていれば，すべての債権者が配当に加入して平等弁済を受けられていたはずであったのだから，たまたま詐害行為があったとき，その後に債権を取得したという理由で配当加入を認められないというのは均衡を失する等が理由である[38]。なお，詐害行為取消訴訟に要した費用については，共益費用の先取特権（306条1号・307条）の主張が認められる。

　【設問3】では，Bは，詐害行為取消権を行使することはできないが，Gの取消権行使によってA名義となった甲土地から配当を受けることはできる，というのが通説からの帰結となる。

37）滝澤・前掲注34)74頁以下。
38）注釈民法(10) 864頁［下森］。なお，取消権を付与される債権の範囲と配当加入を許される債権の範囲とが異なることから生ずる解釈上の問題のあることについても同書同頁参照。

VI まとめ

　詐害性の判断について，判例では「原則」「例外」という表現が用いられている。これは，主張立証責任をいずれに負わせるのかを示すもので，要件事実を考えるうえでは重要な意味をもつ。しかし，両者の違いはごく微妙であり，代物弁済だから，担保供与だから，といったことだけで単純に詐害性を判断してはならない。関係者の利害を総合考慮し，事案を多角的に分析していくことの重要性を最後にいま一度強調しておきたい。また，弁済未了段階での債権譲渡の取消しの効果として多様な帰結が導かれうることにも象徴的に示されているように，詐害行為取消権の効果は，相対的取消しという法律構成から一義的に導けるものではない。当該事案を見据え，制度趣旨を念頭に置きつつ，それに相応しい帰結を導くという，多角的観点から考察していく姿勢が——要件具備判断と同様に——求められるように思われる。

　以上では，通説・判例である相対的取消説を基礎に叙述をしてきたが，そこに内在する問題点を克服するべく，また詐害行為取消権のあるべき制度趣旨の理解や効用を求め，学説がどのような創意を凝らしてきたのか，責任説や優先弁済肯定説といった種々の見解や債権法改正に向けて展開されている議論についても，具体的解釈論の理解がすすんだ段階で，あらためて考察してみてもらいたい。

10

「あなたとは立場が違うんです」

●事例

　A社は，Bが代表取締役，Bの長男CとBの妻Dが専務取締役を務める家族経営の小規模な印刷業者である。A社は，新たな設備を導入し事業拡大を図るべく，従前より取引関係のあった銀行Gに融資を申し込んだ。Gは，これまでA社が貸付金の返済を滞りなく行ってきたこと等からこれに応ずることとしたが，A社の敷地等には抵当権がすでに設定されていたため，B・C・DらA社の関係者以外の資力十分な者も連帯保証人に加わることを融資の条件に決め，その旨をBに伝えた。Bは，旧知の間柄で，A社と取引関係のある会社を経営するEに，連帯保証人になってくれるよう懇請したところ，Eはこれを受けた。こうして，GとA社との間で消費貸借契約が，GとB・C・D・Eとの間で連帯保証契約が締結され，3600万円の融資が実施された。なおGと各連帯保証人との間で交わされた契約書には「保証人は，この契約から生ずる一切の債務につき，A社と連帯し，かつ保証人相互の間に連帯して履行の責任を負う」との条項が挿入されていた。

　その後，A社は，経営状態が極度に悪化し，弁済期が到来したにもかかわらずGに対する返済ができなくなった。以下の各設問に示した事情のもとで，Eの主張は認められるか（設問はそれぞれ独立の問いである）。

【設問1】　Eが連帯保証人となることを了承したのは，Bから「A社の経営状態は良好で資産もある。何よりこの融資では相当の個人資産をもつ私も連帯保証人になる。Eを連帯保証人にすることは，G内部での融資審査をパスするため形式上求められたもので，Eに迷惑をかけることは絶対ないし，Gもそのことは承知している」と告げられ，資産に関する偽造書類を提示されたためであった。また，保証契約締結に際し，EはGの融資担当者に「A社は大丈夫ですか」と尋ねたところ，「A社さんとは長い付き合いですが，信用もあり返済もきちんとしているので問題ないですね」との返答であった。弁済期後，GがEに対して3600万円の連帯保証債務の履行を求めてきたため，Eが話が違う

と言って抗議をしたところ，Gは，今回の融資では，Bらにまとまった資産がないから，Eが連帯保証人となることを条件にしたのだとEに説明した。Eは，Bに騙されて連帯保証人となった等と主張して弁済を拒むことができるか。

【設問2】　Gは，Bに対して，A社として2000万円だけでも今週中に弁済をしてほしい，そうしてくれれば残額はEから弁済を受けることにし，かりにEが弁済不能になったとしてもB個人の負担する連帯保証債務は免除する旨の示談を持ちかけてきた。Bは，これを受け入れ，A社による主たる債務の履行として直ちに2000万円をGに弁済した。その後GがEに対して連帯保証債務の履行として1600万円の支払を求めてきたとき，Eは，GがBに対し免除をしたことを理由に，自らの債務の減額を主張することができるか。

【設問3】　Eは，Bから「A社が融資を受けて経営規模を拡大すれば，お宅の会社の売上げも大幅に増える」と言われ，連帯保証人を引き受けた。その後A社が無資力となり支払不能に陥ったため，Gは連帯保証債務の履行としてEに3600万円の請求をした。自身も経営難ながら辛うじてGに600万円を支払ったEは，B・C・Dに求償をすることができるか。

● CHECK POINT

□ 保証契約における詐欺，錯誤の主張
□ 共同保証人の1人に対する免除の影響
□ 共同保証人間での求償

● 解説

I はじめに

1 問題の所在

　以下では，保証に関する事例を素材として，多数当事者の債権関係，そして複数契約の連鎖関係をめぐる諸問題を検討することにしよう。

　保証の問題は，①保証契約の成立ないし有効性，②主債務と保証債務の関係，③求償関係の3領域に大別して整理することができるが，【設問1】は，このうち①に関する問題を扱うものである。主債務者と保証人の間での保証委託に関して生じた事由が，保証人と債権者の間の保証契約の有効性判断にどう作用するかが検討されるべきこととなる[1]。

　②に関しては，付従性と補充性が重要である。このうち補充性とは，保証人の責任が主債務者が履行しない場合の補充的なものであることを示すもので（446条），これに基づき，保証人には催告の抗弁（452条），検索の抗弁（453条）が認められている。ところが，本事例にみられる連帯保証は，補充性がなく，また連帯保証人に生じた事由の効力が主債務者に及ぶ点でも普通保証とは異なる（458条）。

　また，本事例では，同一の主債務について数人が保証債務を負担する共同保

---

1) 保証は主債務者からの委託を受けてなされるのが一般的であろうが，委託を受けないでなされる保証もある。これは，債権者において保証料を負担し保証人を委託するような場合に現れる。委託保証人と無委託保証人とでは，求償をなしうる範囲等において民法上相違があるが（462条・465条），最近，求償権の倒産法上の効力につき両者での相違を認める最高裁判決が現れた（最判平成24・5・28民集66巻7号3123頁）。無委託保証が利用される例のイメージをつかむ意味でも，同判決を一読してみてほしい。

証となっている（共同保証かつ連帯保証ゆえ「共同連帯保証」である）。共同保証においては，主債務と保証債務との関係のみならず，保証債務どうしの関係という問題も生ずる。【設問2】では，共同連帯保証人の1人に対してなされた免除が他の共同連帯保証人にも影響を与えるのかが争点となる。免除は，連帯債務者間においては絶対的効力事由として規定されているが（437条），共同連帯保証人間でも同様に解してよいのか，また，そもそもここでの免除が何を意味するものかが検討されなければならない。

③の求償関係についても，共同保証の場合は，弁済をなした保証人から主債務者への求償（459条・462条）のほか，他の共同保証人に対する求償（465条）の問題が加わる。【設問3】では，主債務者A社が無資力となっているため，弁済をしたEとしては，Bら他の共同連帯保証人に対する求償しかなしえない状況となっている。同じ連帯保証人ながら，A社の経営陣であるBらと社外のEとでは立場が相当に異なるが，このことをどう評価するかも問われる。

2　共同保証の法律関係

各設問に対する検討に入る前に，ここで共同保証に関する基礎的事項を確認しておこう。

共同保証では，原則として共同保証人に分別の利益があるため（456条・427条），例えば主債務が600万円で保証人が2人のときは，各保証人が負担する保証債務の額は，負担割合が平等だとすると各300万円となる。ところが，共同保証であっても分別の利益がないことがある。それは，①主たる債務が不可分債務の場合，②共同保証人間で全額弁済の特約がある場合（保証連帯），そして③共同保証が複数の連帯保証から成る場合である。このうち，①②については共同保証で分別の利益がない場合を規律する465条1項に明示されている。他方，③については明文をもって表されていないが，各連帯保証人が主債務の全額を負担するから，分別の利益がないものとして扱われる。

ところで，混同しないよう気をつけてほしいのが，連帯保証と保証連帯の区別である（次頁図参照）。連帯保証では，保証人が主債務者と連帯して債務を負担するのに対し，保証連帯は，分別の利益がないことが約されたもので，このことが保証人相互の連帯として表現されたものである。各保証人と主債務者との間には連帯関係がないから，保証人は催告・検索の抗弁権を有する。なお保

図

《連帯債務》
債権者 — 債務者
債務者 連帯 債務者
(連帯)

⇕

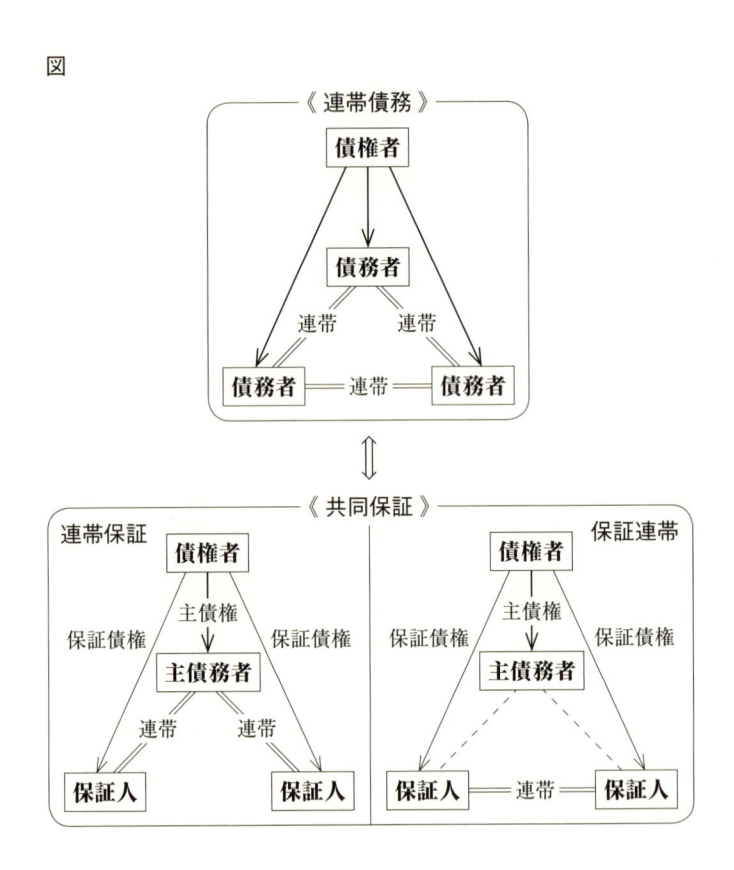

《共同保証》

連帯保証
債権者 — 主債務者 — 保証人 保証人
(主債権・保証債権・連帯)

保証連帯
債権者 — 主債務者 — 保証人 保証人
(主債権・保証債権・連帯)

証連帯の特約は，(a)債権者—各保証人—保証人相互間でなされる場合（真正保証連帯）のほか，(b)債権者—各保証人間のみでなされる場合（不真正保証連帯），稀ではあろうが，(c)保証人相互間のみでなされる場合の3種がある[2]。

　共同連帯保証における保証人相互の関係が，連帯債務や保証連帯の場合とどう違うのか，あるいは保証連帯特約がどの当事者間でなされたかによって効果に相違が生ずるのか等，具体的な問題の検討は，後に設問を通じて行うこととしよう。

---

[2] 保証連帯の特約に関しては，奥田・債権総論411頁以下，平野裕之『債権総論』（信山社，2005年）443頁等参照。なお，分別の利益について詳しくは，尾島茂樹「分別の利益・再考」金沢法学42巻2号（2000年）150頁以下等参照。

II　保証委託関係の保証契約への影響

【設問1】では，A社や経営者たる連帯保証人に十分な資力があるから迷惑をかけない等と言われてEが連帯保証人を引き受けたという経緯が示されている。こうした保証委託の局面における事情は保証契約の有効性判断に影響を及ぼすものとなるのか。

1　詐欺取消し等

Bは，Eに連帯保証人を引き受けてもらうため故意に事実と異なることを述べたとみてよいだろうから，B・E間の保証委託契約については，詐欺による取消しが主張できるであろう。しかし，だからといってG・E間で締結された保証契約も取り消せるわけではない。Bは保証契約においては第三者にあたるため，相手方Gがその事実を知っていたのでなければ，取り消すことができないからである（96条2項）。

では，G自身の詐欺は認められないか。GがEに述べた，A社は信用があり返済もきちんとしている旨の発言が，故意に事実と異なることを告げEに保証契約を締結させたと評価できるのならそれも可能となろう。また故意がなくとも，客観的事実と異なることを告げEを誤認させたといえるなら消費者契約法4条による取消しを主張する余地も生じよう。しかし，本事例をみる限り，Gの発言が契約時に事実と異なっていたとまでは評価できない。この方面から保証契約の効力を否定することは難しいといわざるをえないであろう。

2　動機の錯誤──「表示」または「認識可能性」

では，錯誤無効の主張はどうだろうか。EとしてはGと保証契約を締結する意思は有していたから，Eが誤信していた「A社やBの資力が十分」という部分は動機に位置づけられる。動機の錯誤について，判例や伝統的な通説は，これを意思表示の錯誤と区別し，動機が表示され意思表示の内容になっている場合に限り錯誤無効の対象になるとしている。一方，近時の学説では，意思表示の錯誤と動機の錯誤との区別を否定しつつ（一元的構成），相手方の信頼保護との調整を図るべく，相手方の認識可能性を要求するものが多数となっている。

ただ判例は，動機の表示は黙示でもよいとしており，これは認識可能性を問うものとも解しうるから，実際の判断基準が両者で大きく相違しているわけではないであろう。

では，「(黙示の) 表示」ないし「認識可能性」の有無は，【設問1】ではどのように判断されるか。保証契約締結に際してE・G間では「A社は大丈夫ですか」等々のやりとりがあったとされているが，これのみでは，A社やBの資産が十分あるから，という動機をGが認識できる状態とはいいえない，と考える向きも多いことであろう。しかし，下級審裁判例には，まさに【設問1】と同様のやりとりがあった事実をもって，保証人の動機は表示されているとして錯誤無効を認めたものがある[3]。果たしてこのことをどう評価すべきなのか，以下で別の角度から考察を続けてみよう。

3 「要素」性の判断

そもそも，相手方に表示されてさえいれば，あるいは相手方が認識可能でありさえすれば，動機の錯誤もすべて無効と認められるのか。これが肯定されるとするなら，表意者としては，法律行為を行うにいたった個人的事情を相手方に聞かせておけば，簡単に法律行為を無効にできることになりかねない。動機の錯誤を「要素」の錯誤にあたるとするには，相手方の信頼保護以前の問題として，当該部分が法律行為全体の無効を認めるに十分なほどの重要性をもつのかがまずもって判断されるべきこととなろう (判例が，動機が意思表示の内容になっているか否かという判断枠組みをとっていることには，当然にこの重要性の存否の判断が含まれているとみてよい)[4]。

そうした観点から，【設問1】のような，主債務者等の資力が十分であると誤信して保証契約が結ばれた例をあらためて検討してみよう。保証人が，主債務者の資力が十分であると一方的に思い込んで保証契約を締結したというだけなら，錯誤無効を認めるに値するとはいい難い。しかし，保証委託の際に，主

---

3) 水戸地下妻支判平成11・3・29金判1066号37頁。
4) 佐久間・基礎1 155頁以下。なお，同書165頁以下は，動機の錯誤か表示の錯誤かの区別を否定し，法律行為の要素性判断，すなわち意思表示による表意者の債務負担を正当化する理由が欠けている場合に錯誤無効を認める，とする見解 (合意原因説) を提唱する (同旨を述べるものとして，山本・講義Ⅰ202頁等参照)。

債務者の資力や他の担保状況について説明があって，それを前提にしてのみ保証に応じるといった合意があったと解釈される場合には，保証契約の無効を主張するに足りる要素性が備わっていると評価することも可能ではないか[5]。「○○さんは大丈夫ですか」「間違いありませんよ」というやりとりがあった事例について錯誤無効を認めた前述の下級審裁判例においても，保証人となった者が，主債務会社の支払能力がないことを知ることができる立場になく，また保証の要請に応じなければならない立場にもなかったこと，あるいは，最終的に責任を負うべき主債務会社の経営者に支払能力がないことを知っていたとすれば保証委託や保証契約を締結しなかった，つまり経営者からの要請を断ったはずであること等々の事実を詳細に確認している。このように，錯誤無効の可否を判断するにあたっては，まず資力十分であったことが保証契約を締結する上で，どれほど確たる前提となっていたのかが検証されるべきことになろう。

それに加えて，当然のことながら，主債務者や他の連帯保証人の資力が十分であると誤信したことにつき保証人に重過失がないかも，慎重に判断されなければならない。

4 保証取引の特殊性から考える

もっとも，いくら資力の有無を条件とする確たる合意が保証委託において見出されたとしても，それはあくまで保証契約においては前提事実にすぎず，保証契約の要素たりえないのではないか[6]。また，相手方の認識可能性等は問われなくてよいのか，という疑問も生じよう。この点に関しては，保証契約の錯誤無効に関する裁判例の総合分析を通じて，保証取引の特殊性から保証契約の錯誤を論ずる次のような諸見解に注目したい。

例えば，錯誤無効を認めた裁判例では債権者の説明によって保証人の誤信が惹起されている，との分析を踏まえ，債権者の説明義務違反を問題とすべきとの見解がある[7]。この方向性をおしすすめていくと，保証契約の有効性判断は，

---

5) 中舎寛樹「保証取引と錯誤」名古屋大学法政論集 201 号（2004 年）315 頁以下。
6) 山本・講義Ⅰ216 頁以下参照。
7) 平野裕之「保証契約における債権者の保証人に対する義務(3)」法律論叢 75 巻 1 号（2002 年）49 頁以下等。

錯誤よりもむしろ保証契約の付随義務違反といった構成に馴染むことになろう。この見地からすれば，【設問2】では，あるいは，Bら以外の者を連帯保証人にすることが融資の条件である旨をEに説明すべき義務をGは負っていたとも解されることになろうか。このように保証契約における債権者の果たすべき法的義務を重くみるならば，債権者が「大丈夫ですよ」等と述べたことが保証契約の締結に影響を及ぼした場合には，相手方の信頼保護のため認識可能性を要件とする立場によるとしても，それに相応する事実があると評価することが可能となろう。

さらに学説には，保証契約の有効性判断に保証委託関係をより直接的に影響させるべきことを説くものもある。例えば，保証取引における保証委託と保証契約の牽連的な関係から，委託関係において主債務者の資力等が委託内容に包含されていたと評価できる場合には，保証委託関係の内容が保証契約の解除条件になると構成するものが注目される[8]。同説は，裁判例をみても，保証契約の有効性判断は債権者の知・不知，認識可能性等に左右されてはおらず，錯誤無効構成が妥当しないことを指摘するが，この見方からすれば，保証契約の有効性は，保証の受託が債務者等の資力が十分な前提であったことが，保証契約の解除条件とみるに十分なほどに確たるものといえるかで判断されることになろう。

5 【設問1】で勘案されるべき要素とは

資力十分であると誤信していたからというだけで保証契約の錯誤無効が簡単に認められることはない。しかし，以上に述べてきたように，こうした場合の錯誤無効を認めた裁判例の判断要素等を参考にするなら，【設問1】でも錯誤無効が認められる余地はある。

錯誤無効を認定する上では，A社やBらの資力が十分あるからこそEが保証を引き受けた（資力十分でなくとも保証を引き受けたという可能性がない）と明確にいえるか，つまり保証委託における資力に関する合意が保証契約の要素な

---

[8] 中舎・前掲注5)289頁。保証契約の錯誤をめぐる裁判例や学説の詳細についても，同論文を参照されたい。
[9] 勝本正晃『総合判例研究叢書民法(28)』（有斐閣，1966年）120頁，山中康夫・判例評論125号（判時554号）31頁等。

いし条件といいうるほどに確固たるものかがまずもって検討されるべきである。また，GがEに対して信用を惹起させる積極的発言を行ったことも，それが保証契約締結に重要な役割を担ったと評価できるのなら，保証契約の錯誤無効を導く上で考慮すべき要素となろう。

Ⅲ　共同保証人の1人に対する免除の影響

【設問2】では，Gが共同連帯保証人の1人であるBに対して債務の免除を行っているが，このことは他の共同連帯保証人Eの負担する債務にも影響を及ぼすことになるか。連帯保証人相互間の関係を連帯債務者間におけるのと同様のものとして扱ってよいのか，また，Gのなした免除の意味をどう理解すべきか，という2点を順次検討していこう。

1　共同連帯保証人間での免除の影響

連帯債務者間での免除の影響を規定した437条が連帯保証人間での場合にも準用されるかが争われたのが，最判昭和43・11・15民集22巻12号2649頁である。同判決は，複数の連帯保証人の1人に対し債務の免除がなされても，保証連帯の特約があるなどの事情のない限り，各保証人間に連帯債務ないしこれに準ずる法律関係は生じないから，免除の効力は他の連帯保証人には及ばないとした。連帯関係が生ずるには「相互保証的な主観的共同の関係」を要する等として，本判決に賛成する学説もある[9]。

しかし同判決には反対意見が付されており，「主たる債務者と連帯して数人が保証債務を負担した場合には，各保証人は主たる債務者を通じて，債権者に対して各自全部義務を負担し，各保証人間には連帯債務関係に準ずる法律関係を生ずる」から437条が準用されるべき旨が述べられている。学説では，反対意見を支持するものが多数である[10]。

共同保証人間に連帯関係を広く認めることは，一見すると債権者の保護に厚

---

[10] 我妻・講義Ⅳ507頁，於保不二雄『債権総論〔新版〕』（有斐閣，1972年）286頁，注釈民法⑾289頁［西村信雄］等。判例にも，傍論ではあるが，連帯保証人間には当然に連帯関係が生ずるとしたものがある（大判大正8・11・13民録25輯2005頁）。

くなるようにも思えるが，こと免除に関しては，連帯関係を認め437条を準用するとかえって債権の効力を弱めてしまう皮肉な結果になる。後述するように，債権の効力の弱化を回避するべく，連帯債務における免除については437条の適用のない相対的免除を認めるのが一般的である。連帯保証と連帯債務の類似性に一定の理解を示しつつも，437条の適用範囲を限定する観点から，同判決の結論を好意的にとらえる見解があることにも注目したい[11]。

2 保証連帯特約の効力

最高裁昭和43年判決でも，保証連帯の特約があれば，連帯保証人間の免除についても437条が準用されることは明言されている。この点，本事例はどのように解されるか。

G・E間で結ばれた保証契約中に「連帯保証人間で連帯をする」旨の特約が入っていることからすれば，本事例は，同判決がいう保証連帯の特約がある場合に該当するとしてもよさそうである。しかしここで問題なのは，本事例では保証連帯の特約が債権者Gと保証人Eとの間でなされていることである。前述のとおり，保証連帯特約の結ばれ方には3つのパターンがあるが，学説によっては，各保証人間に連帯債務ないしこれに準ずる法律関係が生ずるのは，保証人相互で合意がある場合，すなわちⅠ2でいう(a)と(c)の場合に限られ，本事例のような(b)の場合には，(分別の利益は生ずるものの) 連帯関係にはならないと解されている[12]。判例は保証連帯特約の類別にまで拘った言及をしていないが，連帯関係の成立に主観的結合を厳格に要求するこの見解に従うなら，本事例では保証連帯特約があるものの，免除の絶対効は生じないことになりそうでもある。

しかし，債権者が相互にまったく面識のない複数の者と保証連帯特約付きで保証契約を結んだというのなら話は別であるが，本事例では，EはBの委託を受け保証人になったのであり，B・E間には相応の強い結びつきがあった。

---

11) 國井和郎・担保法の判例Ⅱ 222頁。
12) 奥田・債権総論411頁，平野・前掲注2)443頁等。
13) 注釈民法(11) 94頁以下［椿寿夫］等参照。
14) 共同保証人の1人に対する免除を相対的免除と認定したものとして，大阪地判平成元・5・30判タ725号168頁がある。

そうであるならば，保証連帯特約が連帯保証人間で締結されていないとしても，本事例では，Bひいてはc・Dと，Eとの間に，分別の利益が生じないという意味にとどまらない連帯関係を認めてよいように思われる。

3 免除はどのような内容のものか

本事例における連帯保証人間の関係が連帯債務者間におけるのと同視してよいものだとしても，437条の準用により，GのBに対する免除がEに影響を及ぼすとは直ちにはいえない。なぜなら，437条は任意規定であって，絶対的効力が生じない免除もありうる，と一般に解されているからである。絶対的効力事由とならない免除もありうるとする見解は，連帯債務の債権の担保力を強化することを企図したものである[13]。

免除の相手方には請求しないが，他の連帯債務者の債務には影響を及ぼさないという相対的免除と解されたならば[14]，例えばB・C・D・Eの4人でGに対して1600万円の連帯債務を負っていたがBが免除を受けた，という場合については，C・D・EはGに依然として1600万円の連帯債務を負うことになり，その後Eが1600万円を弁済したときには，EはB・C・Dに各400万円を求償することとなる。そしてBが求償に応じて400万円をEに支払ったときには，BはGに対して400万円の不当利得返還請求をすることになる[15]。

さらに，免除と表現されるもののなかには，不訴求特約と解されるものもある。この場合，免除の相手方は，債権者からは訴求されないが内部的には従前と同様の負担を負う，すなわち，相対的免除とは異なり求償に応じた分を債権者に請求できないというものである。学説では，連帯債務者の1人との関係でのみ免除をする趣旨のものと解される場合には，相対的免除ではなく不訴求特約と解するのを第一義とすべきともされている[16]。

では，【設問2】におけるGのBに対する免除の意味は，どのように解されるか。ここでは「残額はEに請求する」とされており，免除をEに影響させ

[15) この事例で437条が適用されたとすると，C・D・Eは負担部分400万円分だけ債務を免れ1200万円の連帯債務を負担することになる。相対的免除で処理される場合でも，GがBに400万円を支払わなければならなくなるため，最終的には各自の負担額は437条の適用の場合と同じになる。ただ，437条が回避しようとした求償の循環が出現し，最後のBからEへの請求までの間に無資力者が現れた場合のリスク負担に相違が生ずることとなる。

16) 淡路剛久『債権総論』（有斐閣，2002年）359頁等。

る前提はないから，437条が準用される免除とは明らかに異なる。また，Eの求償に応じたBがGに不当利得請求をなしうる趣旨もうかがえない以上，不訴求特約と考えてよいであろう[17]。そうすると，【設問2】の場合，残念ながら，Eとしては，G・B間の示談に免除が含まれていたことをもってしては，Gからの1600万円の請求を拒みえないであろう。Eのなしうる主張として残るのは，連帯保証人の中でひとりA社外にあるEを陥れる意図で示談がなされた等の事実が認められれば，信義則等によりその効力を否定する，といったことぐらいであろうか。

IV 共同保証人間での求償

1 他の共同保証人に求償できる場合とは

465条は，「自己の負担部分を超える額を弁済した」保証人は，その超過額について他の共同保証人に求償できるものとしている。つまり，3600万円の債務を4人で共同保証している場合，負担部分が平等だとすると，各共同保証人は900万円を超えた弁済をしたときに，はじめて他の共同保証人に対して求償をなしうることになる。この点，連帯債務者間での求償を定めた442条は，「各自の負担部分について」求償をなしうるとしており，4人の連帯債務者のうち1人が3600万円の債務につき800万円を弁済しただけの時点でも，他の連帯債務者に200万円ずつの求償をなしうるものと解されている。

なぜ共同保証と連帯債務とで求償の要件に相違が設けられているのかについて，教科書では次のような説明がなされている。すなわち，主債務者に償還の資力が十分にない場合，弁済した保証人だけが損失を負担しなければならなくなるのは，他の共同保証人に対する関係において不公平となるため，共同保証人は，負担部分を超えた部分は共同に負担すべきものとするのが共同保証の趣旨に適する[18]，というのである。

---

17) 大判大正9・10・30民録26輯1811頁は，本事例と同様の事案につき，免除の内容を不訴求特約と認めている（淡路・前掲注16）357頁(注15)参照）。
18) 我妻・講義IV 506頁以下。

2 負担部分をどう確定させるか

【設問3】において、3600万円の主債務につきB・C・D・E4人の保証人の負担部分が平等ならば各自900万円となるため、Eのなした600万円の弁済は負担部分を超えるものとはいえず、465条に基づくBらへの求償はできない。では、Eとしては、自身の負担部分は600万円より小さいと主張することはできないか。

連帯債務の場合における各連帯債務者の内部負担割合は、当事者間に合意があればその合意によって決まるが、合意がない場合には各自の受益の割合により定まり、その割合も分明でない場合は各自平等の割合で負担するものとされる[19]。このことは共同保証の場合でも同様にあてはまるものといえようが[20]、この点、本事例ではどう判断されるか。

Eは、主債務者A社の経営責任者ないしその親族であるB・C・Dと明らかに立場が異なる。融資による受益は、A社のみならずB・C・Dにおいても直接的なものということができるであろう。こうした事実を踏まえれば、Eとしては、Eの負担部分をゼロとする黙示の合意がBらとの間で形成されていた、とか、受益の程度からみてEの負担部分がゼロと認定できる等と主張することが考えられよう。もしこれが認められれば、EはB・C・Dに対し各200万円ずつ、合計で600万円全額の請求が可能となる。

ただ、本事例では、A社への融資があればEの経営する会社の売上げの増大も見込まれる、との前提で保証委託がなされているから、Eに何らの受益ももたらさないとまでは必ずしもいえず、そうなると、Eの内部的負担部分をゼロとする合意があったと推認することは難しいであろう。EとBらとでは受益に程度の差があるのは事実だとしても、それを負担部分に映し、具体的な数字をもって表すことは容易ではない。実際の裁判例の傾向をみても、よほど明確な合意でもない限り、負担部分に差違を設ける処理はされていないようである[21]。

---

[19] 大判大正5・6・3民録22輯1132頁等。
[20] ただし、連帯保証の場合は連帯保証人が受益をすることが稀であるため、受益の割合によって負担部分が決まることは少ないと解される（前掲注14)大阪地判平成元・5・30参照）。
[21] 前掲注14)大阪地判平成元・5・30、後掲東京高判平成11・11・29等参照。

3 主債務者が無資力の場合の扱い

　このようにB・C・D・Eの負担割合が平等と解されてしまうと，Eは，Bらへの求償が認められず，無資力の主債務会社Aへの求償も不可能であるため，自身の拠出した600万円の負担をひとり負わねばならないことになる。
　前述のとおり，465条による求償は，自己の負担部分を超える弁済をしてはじめて認められるものと一般に解されており，主債務者が無資力となったとしても，そのことは別段考慮されてはいない[22]。確かに，連帯保証人はそもそも主債務者と同様の法的義務を負っているのだから，他に共同保証人がいようとも，少なくとも負担部分の範囲までは主債務者が無資力となるリスクを絶対的に甘受すべきである，という見方も不当とはいえない。
　しかし，465条は，共同保証人間の公平を図る趣旨にかかるものであって，主債務者に求償できず，弁済した共同保証人が誰にも求償できなくなる事態まで想定されたものではない。実際，同じ保証人の立場にありながら，債権者に弁済をした共同保証人だけが最終的に損をするのが妥当な帰結といえるのかは疑問なしとしない。そうした観点から，学説や裁判例の中には──そして，後述するように実は大審院判例でも──，主債務者が無資力の場合は，負担部分を超えなくとも他の共同連帯保証人に求償をなしうると解するものがある。例えば，東京高判平成11・11・29判時1714号65頁は次のように述べる。「連帯保証における債務の最終的負担者は，主債務者であるから，連帯保証人が数人ある場合に，債権者に弁済をした連帯保証人は，原則として，弁済額のうち自己の負担部分の額を超える金額についてのみ，他の連帯保証人に対し求償し得るというべきである。しかし，主債務者が無資力であるときは，債務の最終的負担者は連帯保証人にならざるを得ないから，このような場合には，各連帯保証人の公平を図るという見地から，例外的に，連帯債務者の一部に無資力者がいる場合の負担割合を定めた民法444条を準用し，債権者に弁済をした連帯保

---

[22]　最判平成7・1・20民集49巻1号1頁，東京高判平成12・11・28判時1758号28頁等。学説でこのことを明言するものとして，野田惠司＝横田典子「共同保証人の弁済と求償，代位の要件」判タ1144号（2004年）24頁がある。

[23]　同旨を述べるものとして，大阪高判昭和58・4・12判タ500号165頁等。学説でこの見解をとるものとして，粟屋剛・西南学院大学法学論集19巻2号（1986年）132頁，平林美紀・名古屋

証人は，弁済額が自己の負担部分の額を超えないときでも，他の連帯保証人に対し，本来の負担割合に応じた金額……を求償することができる」[23]。

4 連帯債務と共同連帯保証債務の類似性

上述のような帰結を導く論拠が444条の準用に求められることを，大判明治43・2・25民録16輯149頁は，共同連帯保証人は負担部分のない連帯債務者，主債務者は負担部分のある連帯債務者と同視することができ，主債務者と共同連帯保証人を全て連帯債務者として把握できることをもって説明する。一般に444条の解釈においては，無資力者のみが負担部分を有していて，負担部分ゼロの有資力の連帯債務者間で求償が問題となった場合は，求償者，被求償者とも負担部分がない点で同等の地位にあるから，平等に分担すべきものとされる[24]。そこで，上述のように主債務者を連帯債務者の1人と解すると，その無資力の場合に444条が準用され，連帯保証人（＝負担部分ゼロの連帯債務者）が主債務者の負担部分を分担することになる。そして共同連帯保証人間の求償は連帯債務者間の求償に相当するから，442条により，負担部分を超えた弁済でなくてもなしうる，というわけである。

Ⅲで述べたとおり，保証連帯を合意していない共同連帯保証人間には，厳密には連帯関係があるとはいえない。しかし，学説でも「負担部分ゼロの連帯債務者と連帯保証人とは，その区別ないし認定関係をどういう標準で決めるかが容易ではな」いとの指摘もある[25]。そうであるならば，【設問2】のような債権者に影響が及ぶ局面にあっては（債権の効力を弱化させることにもつながる免除の場合はとくに），保証人間の連帯性を強調することに慎重であるべきとしても，純粋に保証人間の内部関係のみが問題となる【設問3】の求償の局面にあっては，公平の見地から，連帯債務と共同連帯保証債務の類似性を前面に出す解釈も認められてよいように思われる。

以上に述べたような解釈がとれるとすれば，【設問3】では，Eは，B・C・

大学法政論集165号（1996年）423頁，椿久美子・リマークス24号（2002年）34頁，田高寛貴・判タ1046号（2001年）60頁，同・銀法603号（2002年）78頁等。
24) 大判明治39・5・22民録12輯792頁，注釈民法(11)132頁以下［椿］等。
25) 注釈民法(11)133頁［椿］。

Dに対して各150万円（600万円の4分の1），合計450万円の求償をなしうることとなろう。

V　まとめ

　多数当事者の債権関係については，何が絶対的効力事由になっているのか等々，条文を理解するだけでも精一杯という人も多いことであろう。しかし，実際の紛争事案について解決を導く上では，関連する条文やその解釈を前提としつつ，当該事案における当事者関係をどのようにとらえるのかという判断が，実は大きなウェイトを占めていたりする。
　そもそも当事者が多数登場するだけに利害関係は複雑であるし，とりわけ保証契約については，わざわざ他人のために自らを不利な立場におく契約を結ぶというだけに，契約締結にいたる経緯を把握するのにも容易ならざるものがある。各事案にみられる特性をどう整理・分析し，結論に結びつけていくか，事案分析の能力が問われることになる。実際の紛争事案に対峙する裁判所の判断に多く接するなどして，そうした力量を養ってもらいたい。

11 「強けりゃいい，ってもんじゃない」

●事例

　Aは，2013年5月10日に，B（市）との間で，市庁舎敷地内への非常用発電施設（「本件施設」）の建設工事を内容とする請負契約（「本件建設契約」）を締結した。この契約において，代金額は1000万円（うち200万円は同年5月11日にBからAに対して前払された），本件施設の引渡期限は同年10月10日，代金支払日は引渡日の翌月10日とされた。また，代金債権（「本件代金債権」）の譲渡を禁止する旨の特約が付された。

　Aは，本件建設契約を履行するため，Cとの間で，Cが代金額600万円で非常用発電装置（「本件装置」）をAに売却し本件施設の建設場所に設置することを内容とする契約（「本件装置設置契約」）を締結することにした。Aの経営状態を不安視したCが契約締結の前提として担保の提供を求め，Aは，本件代金債権のうち600万円について，CがAに代わってBから支払を受けるものとすること（「本件代理受領」）を提案した。Cが本件代理受領につきBの承認を得るよう求めたため，Aは，Bの本件建設契約の担当者Dに相談し，2013年9月10日に，所定の書式により申請すれば承認する旨の回答を得た。同日，Aは，Bの承認を得た旨と承認書は後日発行される旨をCに伝え，これを信じたCとの間で本件装置設置契約を締結した。同月24日に，AがB所定の書式により本件代理受領についての承認をBに対して求め，Bは，即日，これを承認する旨の書面をAに交付した（次頁参照）。同日，Aは，この書面をCに交付した。Cは，翌25日に，本件装置設置契約の履行として本件装置をAの指定する場所に設置した。Aは，その後に本件施設を完成させ，同年10月10日に，これをBに引き渡した。

　Aは，Bとの間で本件建設契約のほかに，市営野球場の夜間照明設備改修工事の請負契約（「本件改修契約」）を締結していた。この契約には，Aの事情により工事を完成することができない場合にはAがBに対して800万円を違約金（「本件違約金」）として支払う旨の特約が付されていた。Aが，2013年9月17日に，経営悪化のため工事の続行が不可能である旨をBの本件改修契約

の担当者Eに申し出た。Bは，同月20日に本件改修契約を解除し，Aに対して本件違約金の支払を求める債権（「本件違約金債権」）を取得して，同年10月3日までに本件違約金を支払うよう求める旨をAに通知した。Aが期限を過ぎてもこの支払をしなかったため，Bは，同月21日に，Aに対して，本件違約金債権を自働債権，本件代金債権を受働債権として相殺する旨の意思表示をした（「本件相殺」）。

Cが，2013年11月11日に，本件代金債権のうち代理受領部分に相当する600万円の支払をBに求めたところ，Bは，本件相殺により本件代金債権は全部消滅したとして，これに応じなかった。

この場合において，Cは，Bに対して，何らかの請求をすることができるか。

工事請負代金代理受領承認願

平成25年　9月24日

B市長　　甲山松夫　殿

委任者　　○○県○○市○○○○○○
　　　　　　株式会社A 代表取締役社長
　　　　　　乙川竹夫

受任者　　○○県○○市○○○○○○
　　　　　　株式会社C 代表取締役社長
　　　　　　丙野梅子

委任者（以下「甲」という。）は，甲がB市に対して有する後記債権の弁済受領を平成25年9月24日受任者（以下「乙」という。）に委任しました。ついては，今後この債権については，受任者乙にお支払くださるよう代理受領の承認をお願いします。

記

1．工事番号及び工事名　　第120号
　　　　　　　　　　　　　B市庁舎非常用発電施設建設工事
2．工　事　場　所　　　　○○県B市○○○○○○
　　　　　　　　　　　　　B市庁舎敷地内
3．契　約　年　月　日　　平成25年5月10日
4．工　　　　　　　期　　着手　平成25年 7月 1日
　　　　　　　　　　　　　完成　平成25年10月10日
5．請　負　代　金　額　　10,000,000円
　　　　　　　　　　　　　（前払金　2,000,000円　受領）
6．代　理　受　領　額　　6,000,000円

上記の願に係る代理受領を承認します。

平成25年　9月24日

　　　　　　　　　　　　　　　　　　B市長　　甲山松夫

● CHECK POINT

□ 債権譲渡の第三債務者対抗要件
□ 債権譲渡と相殺
□ 担保目的でされる代理受領

● 解説

I はじめに

　債権には，経済的価値がある。そのため，債権が他の債権の担保のために用いられることがある。とりわけ，債務者に十分な資力がある場合の金銭債権は，簡易かつ確実に回収することができることから，担保の客体として非常に優れている。本事例は，そのような債権を担保のために用いられる方法の1つである代理受領[1]について，その目的債権の債務者（以下，「第三債務者」ということがある）に対する効力を問題とするものである。

　債権を客体とする担保方法には，民法典が予定するものとして債権質があり，実務上しばしば用いられるものに債権譲渡担保がある。これらによることができる場合には，担保の設定を受ける債権者にとって，代理受領を用いるメリットはない[2]。ところが，譲渡することができない債権については，債権質も債権譲渡担保も実際上利用することができない。この場合になお債権を担保化しうる点に，代理受領の存在意義がある。

　代理受領は，民法に規定のある担保方法ではなく，取引社会において事実として用いられるようになったものである。そのため，その効力は，諸般の事情から定めるほかない。その際には，債権質や債権譲渡担保を利用することができない場合にこそ意味のある担保方法であるという，上に述べた代理受領の存在意義を考慮することが重要になる。そこで，以下では，代理受領の効力を考

---

1) 代理受領とは，本来，第三者に権限を与えて弁済を受領させることをいう。これは，債権者に支障があるために第三者に弁済の受領をゆだねる場合など，担保以外の目的でも利用される。もっとも，以下において「代理受領」は，もっぱら担保目的で利用される場合を指すものとする。

えるための前提として，債権質や債権譲渡担保によることができたならば本事例におけるBとCはどのような関係に立ったのかをまず整理する。ついで，そのような関係が認められない状況において用いられる代理受領にはどのような効力（なかでも，第三債務者に対する効力）が認められるべきかを検討する。

Ⅱ　代理受領の効力を考える前提
——債権譲渡担保が利用されていた場合

　債権を客体とする担保のうち，民法において定められているいわば正規のものは，債権質である。また，個別の金銭債権を担保する場合については，債権質を避けて債権譲渡担保を用いる合理的な理由はない[3]。このことからすると，ここでは，本事例において債権質が設定されていた場合を整理することが適当であるかもしれない。しかしながら，実務においては債権譲渡担保が利用されることも多い。また，債権質が設定された場合の第三債務者（その他の第三者）との関係については，債権譲渡に関する規定の準用や類推適用によって処理されることが多い。そのため，以下では，本事例において仮に本件代金債権にかかる譲渡禁止特約が存在せず，A・C間で本件代金債権の代理受領ではなく譲渡が担保のためにされていたならば，B・C間の関係はどのようになるかを考える。

1　債権譲渡の第三債務者への対抗

　(1)　甲債権の債権者Gと債務者Sとの間で，Sの第三債務者Dに対する乙債権が甲債権の担保のために譲渡された場合に，Gがこの譲渡をDに対抗するためには，その譲渡について対抗要件が備わっていなければならない。その方法としては，譲渡人SからDへの債権譲渡の通知，Dによる承諾（以上につき467条1項），または，本事例のように法人が指名債権たる金銭債権の譲渡人であるときには，債権譲渡登記がされた場合における動産債権譲渡特例法4条2項の通知または承諾が考えられる[4]。

---

2)　もっとも，譲渡することができない債権であることは代理受領の要件ではないから，代理受領がおよそ用いられないというわけではない。
3)　道垣内・担保物権法342頁参照。

(2) もっとも，これらのうちの通知をするだけでは，譲受人Gの担保の利益が十分に確保されない可能性がある。というのは，債権譲渡は債権の同一性を変えない移転であるため，Dは，通知を受けるまでにSに対して生じた事由をもってGに対抗することができるからである（468条2項）。債権譲渡の通知がされても，例えば，Dがそれ以前に譲渡目的債権を受働債権とする相殺につき保護されるべき地位にあった場合には，Dが通知を受けた後にした相殺による債権の消滅が，Gとの関係でも認められる。それがどのような場合であるかについては種々の見解があるが（2を参照），いずれの見解によるにせよ，譲渡目的債権の相殺による消滅可能性はSとDとの間の事情によって決まるものであるから，Gには確たることがわからないことがある。そのため，Gとしては，債権譲渡を受け，その譲渡につき通知がされるだけでは安心することができない。

(3) これに対し，Dによる承諾の場合には，事情が異なる。その承諾が異議をとどめずにされたならば，Sに対抗することができる事由があっても，Dは，それをもってGに対抗することができなくなるからである（468条1項）。

もっとも，これについては，第三債務者の承諾は譲渡の事実を認識したという観念の表示で足りるとするのが現在の一般的な見解[5]であるところ，その程度の表示に異議が付されなかったことにより債権譲渡の場合に本来維持されるべき第三債務者の抗弁が切断されるという，重大な効果が認められることの根拠と当否が問題になる。

根拠については，譲受人の信頼保護および債権取引の安全の保障の必要性に求める見解や第三債務者の矛盾的態度の禁止に求める見解が有力であるものの[6]，これだけでは説得的とはいえないように思われる。実際，当否について，承諾の抗弁切断効を譲受人の信頼保護制度の1つとして捉えつつ，承諾に際して積極的に異議がとどめられなければ抗弁切断効が生じるとすることは，「債務者の帰責性と信頼保護の必要性との間で，他の善意者保護制度と比較して，

---

4) 煩雑になることを避けるため，以下では債権譲渡登記がされる場合については扱わない。
5) 中田・債権総論535頁。
6) これについては，中田・債権総論539頁以下参照。なお，最判昭和42・10・27民集21巻8号2161頁は，異議をとどめない承諾の抗弁切断効について，「債権譲受人の利益を保護し一般債権取引の安全を保障するため法律が附与した法律上の効果」であるとしている。

ややバランスを失するようにも感じられる」として,「債務者の承諾が譲受人の誤った期待を惹起するような積極的な事情」を求める見解[7]もある。後に問題とする代理受領の承認との関係では,債権譲渡における第三債務者の異議をとどめない承諾の抗弁切断効については,それが468条1項による法定の効果であることが大きな意味を持っていること[8]に留意する必要がある。

2 債権譲渡と相殺

(1) もっとも,第三債務者Dが譲受人Gに対抗することができるのは,債権「譲渡の通知を受けるまでに譲渡人に対して生じた事由」に限られる。これについて本事例との関係でとくに問題となるのは,Dが債権譲渡通知を受けた後にした相殺による乙債権の消滅がGとの関係でも認められるのはどのような場合か(「債権譲渡と相殺」の問題),である。

(2) この問題は,伝統的に,差し押さえられた乙債権の債務者Dが,その債権の債権者Sに対して丙債権を有するときに,両債権を相殺することができるかという,「差押えと相殺」と称される問題と同様に考えられるとされてきた。「差押えと相殺」において,判例は,差押えの時に自働債権(丙債権)と受働債権(乙債権)がともに存在するならば,両債権の弁済期の先後を問わず,相殺適状に達すれば相殺することができるとする立場(「無制限説」)をとっている[9]。「債権譲渡と相殺」においてもこれと同様に解するならば,乙債権が譲渡された場合であっても,Dは,債務者対抗要件が備わった時にSに対して反対債権(丙債権)を有していれば,両債権の弁済期の先後を問わず,相殺適状に達すれば相殺をすることができることになる。

もっとも,「債権譲渡と相殺」については,判例の立場は無制限説であるとまではいえない[10]。また,「差押えと相殺」と「債権譲渡と相殺」を同様に考えることができるとした学説には,第三債務者の相殺への期待が保護に値すると認められるときに相殺を許す立場(いわゆる「制限説」)[11]をとるものが多かっ

---

[7] 磯村保「債権譲渡——物権変動論との連関」トライアル248頁。
[8] 中田・債権総論541頁は,「いずれにせよ法定の効果であ」るとしている。
[9] 最大判昭和45・6・24民集24巻6号587頁,最判昭和51・11・25民集30巻10号939頁ほか。
[10] 「債権譲渡と相殺」の問題に属する事案についての最判昭和50・12・8民集29巻11号1864頁と,それに関する調査官解説である柴田保幸・最判解民事篇昭和50年度644頁以下を参照。

た。さらに，近時の学説では，「差押えと相殺」と「債権譲渡と相殺」とでは問題状況に違いがあるとして，債権譲渡の場合には相殺者の保護は弱めでもよいとする見方が有力になっている（その結果として，「債権譲渡と相殺」については，制限説が学説上の多数説といってよい状況である）[12]。債権譲渡の場合に相殺者の保護が弱めでもよいとされる理由はいくつかあるが，本事例との関係で重要なものとして，第三債務者は，債権譲渡禁止特約によって債権譲渡のために相殺ができなくなる事態を自ら防ぐことができるから，それをしなかった場合には譲受人に敗れることになっても仕方がない，と考えられることがある。

3　本事例において債権譲渡担保が利用されていた場合

以上を前提に，仮に本件代金債権に譲渡禁止特約が付されておらず，AがCに本件代金債権を担保のために譲渡していたならばどうなるかを考える。

譲渡禁止特約がなかったならば，Cが，Bの承諾を待つことなく本件代金債権をAから担保として譲り受け，その対抗要件が具備されるようにしたとも考えられる。具体的には，BがAに対する本件違約金債権（本件相殺の自働債権）を取得した2013年9月20日よりも前に，A・C間で債権譲渡がされ，AからBへの通知によってその対抗要件が具備されていたかもしれない。その場合には，Bは，本件相殺をもってCに対抗することができず，Cによる本件代金債権の履行請求に応じなければならない。

これに対し，債権譲渡の対抗要件具備がBによる本件違約金債権の取得後のことであったとしたら，次のようになる。

対抗要件具備のためにAからBへの通知がされただけの場合には，対抗要件具備の時点でBは本件相殺の自働債権たる本件違約金債権を取得しており，しかも，その弁済期はすでに到来しているのに対し，本件代金債権の弁済期は未到来である。したがって，「債権譲渡と相殺」につき無制限説をとる場合は

---

11)　「差押えと相殺」でいえば，差押えの時に被差押債権と反対債権とがすでに相殺適状にある場合のほか，そうでない場合には反対債権の弁済期が被差押債権の弁済期よりも先に到来するときに，第三債務者は相殺をもって差押債権者に対抗することができるとする立場や，銀行が第三債務者である場合のように自働債権（例えば，貸付債権）と受働債権（例えば，預金債権）との間に緊密な関係が認められるなど，第三債務者の相殺への期待を正当化する事由があるときに，第三債務者は相殺をもって差押債権者に対抗することができるとする立場。

12)　これについては，中田・債権総論415頁以下を参照。

もちろん，制限説によるとしても，本件代金債権の弁済期が到来して相殺適状になりBが相殺をしたならば，Bは，その相殺をもってCに対抗することができる。この場合，Cは，Bに対して何の請求もすることができない。ただし，CがBによる本件違約金債権の取得を知ったとしたら，このようになりうることを知りつつ本件装置設置契約における自らの債務を履行したかどうかは，疑わしい。そして，Cがこの履行をしなければ，Aが本件施設を完成することはなく，Bによる本件相殺は（履行を受けないまま代金を支払うのと同様になるから）されなかった可能性が十分ある。

　BがAからCへの債権譲渡を承諾した場合には，その際にBが異議をとどめたかどうかが問題になる。Bは，承諾に際して相殺の可能性を留保したならば，本件相殺をもってCに対抗することができる。しかしながら，その場合には，CがAとの本件装置設置契約における自らの債務を履行したかどうか，したがって，BがAから本件施設の引渡しを受けられたかどうか，Bによる本件相殺がされるにいたったかどうかは疑わしい。Bが承諾に際して特段の留保を付さなかった場合には，一般的な見解によれば，Bは，異議をとどめなかったことになり，本件相殺をもってCに対抗することができない。他の信頼保護制度とのバランスという見地から，異議をとどめない承諾を安易に認めるべきではないとする有力説による場合も，Bが，譲渡された債権は本件代金債権であり，被担保債権はBが本件建設契約の履行を受けるために不可欠な契約のCの代金債権であることを認識していたときには，Bは，相殺の可能性を留保していなければ，異議をとどめずに承諾をしたものと解されるべきであると思われる。というのは，この場合には，Bは，相殺の可能性を留保したならば，Cが本件装置の設置に応じないためAは本件建設契約を履行することができず，結局，本件代金債権を受働債権とする相殺をすることはできないのが通常であると認識しているか，認識すべき立場にある。そうであれば，Bが相殺の可能性を留保しなかったときに，Bの相殺の利益をCの担保的利益に優先させるべき理由はないからである。

　以上のように，本事例において仮に，本件代金債権について譲渡禁止特約が結ばれておらず，A・C間で債権譲渡担保がされていたならば，Bが，本件相殺をもってCに対抗することができず，Cからの本件代金債権の履行請求に応じなければならない可能性が相当ある。債権譲渡禁止特約は，第三債務者に

とって，このような事態を避けるための自衛手段の意味を持っている[13]。代理受領の第三債務者に対する効力を考えるにあたっては，このことに留意しなければならない。

Ⅲ 代理受領——とくに第三債務者に対する効力について

1 代理受領の意義

(1) 本事例では，本件代金債権について譲渡禁止特約が結ばれている。そして，国や地方公共団体の発注する工事にかかる請負代金債権について譲渡禁止特約が結ばれることは，周知の事実に属する。そのため，本件代金債権を質権や譲渡担保に用いても意味がない[14]。そこで，本事例のA・C間では本件代理受領が行われている。

(2) 代理受領は，次のようにして行われる。債権者Gが債務者Sに対して有する甲債権の回収を図るために，GがSから，Sの第三債務者Dに対する乙債権の（全部または一部）弁済の受領の準委任を受ける。Gは，この準委任に基づいて，Dから乙債権の（全部または一部）弁済を受領する。これによって，Sが，Gに対して，Gが受領した金額の支払を求める丙債権を取得する（656条による646条1項の準用）。この丙債権と甲債権がG・S間で対当額において相殺され，その限度でGが甲債権を回収することになる。

(3) Gがこのようにして甲債権の回収を図るためには，乙債権の弁済をDから受領することが不可欠である。そのため，G・S間では，甲債権の弁済をGが受領するまで，Sは，①準委任を解除することができない，②弁済の受領など乙債権を消滅させる行為をしてはならない，③G以外の者に乙債権の弁済の受領をゆだねてはならない，といった効果が認められる。これらは，G・

---

13) 債権譲渡禁止特約の現在における主な機能は，債務者における①事務の煩雑化の回避，②過誤払の危険の回避，③相殺利益の確保にあるとされている。本事例のような場合には，このうちの③の機能が重要になるわけである。

14) 譲渡禁止特約に反してされた債権譲渡は無効であるとするのが判例である（最判昭和52・3・17民集31巻2号308頁，最判平成9・6・5民集51巻5号2053頁ほか）。また，譲渡禁止特約は466条2項によると善意の第三者に対抗することができないが，重過失は悪意と同視されるとするのが判例（最判昭和48・7・19民集27巻7号823頁，前掲最判平成9・6・5ほか）・通説である。これによると，特約の存在が周知化している場合には，第三債務者は，譲渡禁止特約を譲

S間で明示的に合意されることもあるが，そのような合意がなくても，代理受領を担保のために用いることの合意から当然に生ずる効果である。もっとも，Gにとっては，Sとの間のこのような効果だけでは十分ではない。G・S間の合意だけでは，その効果はDに及ばないため，DがGに対する弁済を拒むこと，DがSに対する弁済などGに対する弁済以外の行為により乙債権を消滅させることを，妨げることができないからである。そこで，代理受領の実効性を確保するために一般に行われているのが，Dに対して代理受領の承認を求めることである。Dには，これに応じる義務はない。しかし，Dが応じる場合には，DはGの代理受領の利益を確保するための求めと知りつつ応じるのであるから，Gのその利益の確保に資する何らかの効力がG・D間に認められてよいはずである。問題となるのは，どのような効力を認めるのが適当か，である[15]。

代理受領の担保としての効力を強めたいGとしては，Dが承認に際して留保を付さない限り，DがGに対してのみ弁済をする義務，DがSに対して有する抗弁の切断という，債権譲渡につき異議をとどめない承諾がされた場合と同様の効力を望むだろう。しかしながら，代理受領の承認は，通常，Dに具体的な利益をもたらさない。そうであれば，Dが譲渡禁止特約によって確保した利益を手放すことになる効力を認めることは，Dの合理的意思に反するといわざるをえない。また，代理受領の承認にそのように強い効力を認めると，承認義務を負うわけではないDが承認することはなくなるだろう。そうすると，結果的に，取引社会において代理受領が担保方法としての有用性を失うことになる。もっとも他方で，具体的利益を得るものではないからといって，代理受領を承認したにもかかわらずDは自由に乙債権を消滅させることができ，それによって何の法的不利益も生じないとすることも，適当ではない。この場

受人に対抗することができる。
15) 学説では，従来しばしば，代理受領の法的性質について論じられてきた。そこでは，G・S間の債権質または債権譲渡担保の設定契約に他ならないとする説，それらに類似する担保目的の無名契約であるとする説，G・S・Dの三者間の三面契約であるとする説などがみられた。ただ，この議論には，それぞれの論者が適当と考える代理受領の効力を導くための基礎という以上の意味が認められず，また，その効力は代理受領の法的性質を定めなくても導きうるものであることから，本稿では立ち入らない。

合にも，代理受領の担保方法としての有用性が失われることになるからである。

Dによる代理受領の承認の効力は，種々の局面で問題になる。以下では，そのうち，最も基本的な問題であるDがSに対して弁済した場合の効力と，本事例で問題となっている代理受領の目的債権を受働債権とするDによる相殺の効力について，取り上げることにする。

2 第三債務者による債務者への弁済

(1) GのSに対する甲債権の担保のために，SのDに対する乙債権の弁済をSに代わって受領する権限がGに与えられ，これをDが承認した場合において，その後にDが乙債権の弁済をSに対してしたとき，Gは，Dに対してどのような法的主張をすることができるか。これが，ここで取り上げる問題である。

(2) この問題について最初に考えるべきは，Dは，代理受領の承認によって，乙債権の弁済をGにする債務，またはG以外の者に弁済しない債務を，Gに対して負うことになるかである。DがGに弁済する債務を負う場合には，DがSに弁済しても，Gは，Dに対して乙債権の弁済をなお求めることができる。DがG以外の者に弁済しない債務を負う場合には，Sへの弁済はGとの関係で債務不履行となり，Gは，Dに対して損害賠償を求めることができる。その損害賠償の内容は，代理受領にかかる債権額と同額の支払になると思われる。Dの債務はGの代理受領の利益を守るために設定されるものであり，債務不履行によりまさにその利益が害されることになるからである。

学説には，このようなDの債務を認めるべきであるとするものがある[16]。しかしながら，DのGに弁済する債務を認めることは，DはGに弁済しなければ債務を免れないとするものであり，その点で，乙債権がGに譲渡された場合と同様の結果を認めることを意味する。これは，代理受領に債権譲渡と同

---

[16] 我妻栄『新版民法案内Ⅱ民法総則』（一粒社，1967年）174頁，吉原省三「代金債権担保の問題点」金法452号（1966年）22頁。

[17] 例えば，乙債権がSのDに対する請負工事代金債権であり，DがSに代金の（一部）前払をしなければその工事の進捗を望めない場合など，自己の権利の実現や保全のためにSへの弁済が必要になることもある。

[18] 最判昭和44・3・4民集23巻3号561頁。

様の効果を認めることは適当ではないという，代理受領の効力を考える際の基本的前提に反する。また，債権譲渡禁止特約によって確保された利益をDから奪うことには，代理受領の有用性を失わせないためにも慎重であるべきである。そうであるとすれば，代理受領の承認後もSへの弁済をすることにつきDが利益を有する場合がありうる[17]ことも考えると，債務の弁済先に関してDに債務を負わせることは適当ではない。したがって，代理受領の承認後にDがSに弁済した場合も，それによって乙債権は消滅すると解すべきである。

(3) この問題について，判例[18]・通説は，次のような立場である。すなわち，担保目的であることを知ってDが乙債権についての代理受領の承認をした場合には，その承認は，代理受領によってSに対する債権の満足が得られるというGの利益を承認し，「正当の理由がなく右利益を侵害しないという趣旨をも当然包含するものと解すべき」であるから，代理受領の承認後にDがSに弁済したときには，それによって乙債権は消滅するが，Dは，その弁済をするにつき正当な理由がない限り不法行為責任を負う，というものである。ここでの責任の内容は，この不法行為がGに担保権を失わせるものであることから，担保されていた債権額に相当する金額の支払ということになる[19]。

Dが代理受領の承認後も自由に乙債権を消滅させてよいとすることは，すでに述べたとおり，代理受領の担保方法としての有用性確保の見地から適当ではない。そこで，代理受領を承認したDに，自己の利益が害される場合は格別，そうでなければ，Gの利益を尊重させるべきである[20]。上記の判例は，このような考え方に基づくものと思われる[21]。

3　第三債務者による相殺

(1) Dがその代理受領を承認した乙債権を弁済する場合には，Sその他のG以外の者に対する弁済により債務を消滅させることについて，Dに実質的な

---

19) Sの支払能力やGの有する他の担保を考慮して算定される，当該担保を失ったことによる実質的な損失（見込）額ではない。これに関しては，最判昭和61・11・10判時1219号63頁を参照。
20) 上記の判例によると，代理受領を承認したDによるSへの弁済は，Gとの関係では，原則として不法行為となる。「正当な理由」の存在は，この評価を妨げるものであり，その存在を根拠づける事実はDが主張立証しなければならない。「正当な理由」は規範的要件であり，これに該当する場合を一義的に明らかにすることはできないが，前掲注17)に述べた，Sへの弁済がDの権利の実現や保全のために必要であることは，この理由に該当するだろう。

利益が認められることはそれほどない。それに対して，DがSに対して丙債権を有するときには，事情は全く異なる。この場合，Dには，丙債権と乙債権の相殺により丙債権の回収を図るという実質的利益が認められるからである。しかも，DがSとの間で債権譲渡禁止特約を結ぶ大きな理由の1つが，この利益の確保にある。そうであるとすれば，弁済の場合と異なり，代理受領を承認したDが相殺により乙債権を消滅させることについては，原則として，正当な理由が認められ，それが不法行為を構成することはないというべきである。

(2) この問題について，大審院判決・最高裁判決はまだない。下級審裁判例はいくつかあるが，そのほとんどにおいて，Dの相殺による乙債権の消滅が認められ，かつ，Dの不法行為責任その他の責任が否定されている[22]。

学説では，相殺による乙債権の消滅の効果と乙債権を消滅させたDの責任を分けることなく，相殺は原則として許されるとするものが多い。もっとも，代理受領の承認の後に取得された反対債権による相殺は許されないとする見解[23]や，Dの相殺により乙債権は消滅するが，承認後に取得された反対債権による相殺の場合にはDは原則として不法行為責任を負うとする見解[24]がある。

最後に挙げた見解は，ここでの問題を代理受領の担保的利益と相殺の担保的利益の衝突と捉えたうえで，そうであれば（いずれの担保的利益も公示されないことから）先に生じた利益を優先させるべきである，とするものである。しかしながら，Ⅱ3で述べたように，譲渡禁止特約には，第三債務者にとって，先に生じている他人の担保的利益によって相殺の担保的利益が失われることを避

---

21) この点に関連して，Dは，債権譲渡禁止特約によって，事務の煩雑化および過誤払の危険の回避という利益を確保しているが，それらの利益はSに対する弁済を正当化するものではない。事務の煩雑化は代理受領の承認に際して織り込み済みのはずであり，また，代理受領承認後は正当な理由がない限りGに支払うべきであるとすることによって，過誤払の危険が高まるとはいえないからである。

22) もっとも，東京地判昭和46・3・23判時640号63頁は，SがDから受注した商品の納入のためにGからその商品を購入しようとしたが，Sが支払不能状態にあったために，Gが，この商品のS・D間売買における代金の支払をGがSに代わってDから直接受けることを条件とし，これらの事実をDに告げてDから直接支払う旨の同意を得たのでSとの売買に応じることにしたところ，その後にDがSのこの代金債権を受働債権とする相殺をしたという事案において，相殺による代金債権の消滅を認めつつ，Dの不法行為責任を肯定している。

23) 田中誠二『新版銀行取引法〔4全訂版〕』（経済法令研究会，1990年）200頁。

けるための自衛手段としての意味もある。そうであれば、そのような自衛手段を講じた第三債務者の相殺の担保的利益を、その成立が時間的に遅れるという理由のみにより、代理受領の担保的利益に劣後させることは適当ではなかろう。

(3) Dの相殺による乙債権の消滅の場合には、消滅させたことについてDの責任が認められにくいこともあって、下級審裁判例では、Gが、代理受領の承認に際してDには将来の相殺による乙債権の消滅可能性を告知する義務があったとして、この義務の違反を理由に損害賠償を求めることが少なくない[25]。もっとも、この主張を容れた裁判例はない。そもそも、Dは、Gの利益を保護すべき立場にあるわけではない。また、この主張は、債権譲渡においてその承諾による抗弁の切断を防ぐには、第三債務者は積極的に留保を付さなければならないとするのと同様の発想に基づくものといえる。しかしながら、債権譲渡においてそのような第三債務者にとって厳しい考え方がされうるのは、異議をとどめない承諾の抗弁切断効が468条1項において法定されているからである（II 1(3)参照）。ところが、代理受領の承認については、そのような規定は存在しない。したがって、この主張は、代理受領に債権譲渡と同様の効力を認めるべきではないという、ここでの議論の基本的前提に反するものといわざるをえない[26]。

4　本件相殺の効力

以上によるならば、本事例については、次のようになりそうである。AのBに対する本件代金債権について債権譲渡禁止特約が結ばれている。これにより、

---

24) 松本恒雄「代理受領の担保的効果(中)」判タ424号（1980年）35頁。
25) 例えば　東京高判昭和52・4・14判タ357号242頁、東京高判平成2・2・19金判848号3頁。
26) 以上においては、もっぱら、譲渡禁止特約が付された債権について代理受領がされた場合に関して述べた。これに対し、譲渡が禁じられていない債権について代理受領がされた場合には、事情が異なる点もあり、それゆえに異なった処理とすることも考えられる。例えば、第三債務者Dによる代理受領の承認後に取得した債権を反対債権とする相殺は原則として不法行為になる、とすることも考えられる（この場合も、例えば前掲注17)に挙げた事例においてDが前払の代わりに立替払をし、それによる求償債権を反対債権として相殺する場合など、例外もありうる）。ただ、債権者Gを保護すべき程度は、譲渡禁止特約の存否によって変わるわけではない（債権質や債権譲渡担保によることも可能であるのにそうしない債権者を、債権譲渡担保等によることができないために代理受領によらざるをえない債権者に比べて強く保護する必要はない）。こう考えれば、譲渡禁止特約の有無によって扱いを変える必要はないことになる。

Bは，本件代金債権を受働債権とする相殺の利益を確保した。しかも，本件相殺の自働債権である本件違約金債権は，Bが本件代理受領を承認する前に発生し，弁済期も到来している。そのため，Bの相殺の担保的利益とCの代理受領の担保的利益の衝突という見地から問題を捉えたとしても，本件相殺によって本件代金債権が消滅するだけでなく，その消滅をさせたことがBの不法行為となるものでもない。したがって，Cは，Bに対して何の請求もすることができない，と[27]。しかしながら，単純にこのようにいえるかには，疑問の余地がある。
　確かに，Bは，債権譲渡禁止特約により相殺の利益の確保を図っている。代理受領の承認によってBがその利益を失うとすることは，Bの合理的意思に反し，Cが期待しうるところではないのが通常である。しかしながら，本事例においては，Cは，Bが代理受領の利益を認めたと信じたのでなければ，Aとの本件装置設置契約における自己の債務を履行しなかったはずである（Ⅱ3参照）。Cがその履行をしなければ，Bは本件建設契約の履行を得られず，本件相殺もされるにはいたらなかっただろう。つまり，本件相殺は，Cが本件代理受領の利益のBによる尊重を信じたからこそ，されるにいたったと評価しうるものである。Bが，本件代理受領の承認の時までに，Cの代理受領の利益と自己の相殺の利益とのこのような関係について知らされなかったならば，Bの承認に，自己の利益を他人の利益に劣後させる意味を認めることはできない。それに対し，Bが承認の時までに自己の利益とCの利益との関係を知らされていた[28]ならば，Bは，Cの利益の確保を認めなければ本件建設契約の履行を得られないと知りつつ承認を与えたことになるから，Cの代理受領の利益が本件建設契約の履行によりBが得る利益に優先することを認めていた，と解することができる。そして，本件相殺の利益は，本件建設契約の履行によってBが得る利益の1つといえる。したがって，この場合には，Bが本件相殺によっ

---

[27]　本事例は，仙台高判平成21・10・28判時2077号58頁の事案をモデルにしたものである。そして，その事案について仙台高裁は，本文に述べたとおりの判断を示した。なお，この判決の解説・評釈として，磯山海＝八巻優・みんけん646号（2011年）13頁，佐久間毅・リマークス43号（2011年）30頁がある。

[28]　Aが知らせることで十分であり，C自身が知らせる必要はない。Aは，代理受領の承認を自己のためだけでなくCのためにも求め，Bは，A・Cの両者に対して承認を与えることになるからである。

て本件代金債権を消滅させたことは，本件代理受領によってAに対する代金債権の満足を得られるというCの利益を侵害する不法行為となる[29]。そこで，Cは，本件代理受領により担保されていた債権額600万円を損害賠償として支払うよう，Bに請求することができると解される。

Ⅳ　おわりに

　以上においては，代理受領の効力を検討する際の前提となる債権譲渡禁止特約の効力については，判例および通説的理解に従った。もっとも，債権譲渡禁止特約については，債権の財産性を損なうとして，その効力を弱く，あるいはできるだけ限定的に考えるべきであるとする見解が有力になっている。

　これに対して，代理受領については，債権の財産性の確保という見地からその効力の強化が志向されるべきことには，必ずしもならないと思われる。それは，次のような事情による。すなわち，債権譲渡禁止特約は，原則自由である債権譲渡を例外的に制約するものであるため，特約の効力を弱め，または限定することが，債権質や債権譲渡担保の積極的な活用につながりうると考えられる。それに対して，代理受領については，第三債務者にはそれを承認する義務がないため，効力を強めるとかえって第三債務者の承認を得にくくなり，結果的に担保としての利用が阻害されることにもなりうるからである。

　代理受領には，担保としての効力が強くないからこそ存在意義が保たれる，という面がある。

---

[29]　A・C間の本件装置設置契約の締結が，本件代理受領のBによる承認の前にされていることは，このような評価に影響を及ぼすものではない。本件装置設置契約は，BによるCの代理受領の利益の承認を前提としていると解されるため，その承認がされなければ契約は無効または解除可能と考えられる。したがって，Bによる承認の前に本件装置設置契約が締結されていたことは，CがBによるCの利益の承認と無関係に本件装置設置契約における自己の債務の履行を引き受けた（BはCの利益を尊重する必要がない）ことを意味しないからである。

12 「私の預金が……」

● 事例

(1) AはB銀行甲支店に定期預金（「本件定期預金」）を有していた。

C銀行乙支店にはDが普通預金口座（「本件口座」）を開設していた。本件口座では，(2)および(3)の事情が生じるまで，入金はもっぱらDのために，出金はもっぱらDの手続により行われていた。Cの普通預金規定には，「この預金口座には，為替による振込金も受け入れます」という定めが置かれていた。

(2) 2013年6月24日午後11時頃，E（Aの妻，Dの母）は，Dと称する者から，麻雀による借金返済のため本件口座への送金を依頼する電話を受けた。これはDの麻雀友達FがDを装ってしたものだったが，Eは，同様の依頼をDから何度も受けていたこともあり，Dからの電話と誤信した。Eは，それまで自己資金で送金していたが，今回は資金不足のため本件定期預金を原資にすることにした。しかし，Dの放蕩な生活にAが立腹してAとDは関係途絶の状態であったため，Eは翌25日朝に通帳と届出印を無断で持ち出し，自ら作成した委任状を用いて本件定期預金の解約申入れをし，利息を含めた解約金30万円につき振込送金の手続をした。同日，本件口座にAを依頼人として30万円が入金された（「本件振込み」）。これにより，本件口座の残高は30万円になった。

(3) 同日午後2時50分頃に，Fが，C銀行乙支店に現れ，Dと称し，本件口座の通帳と届出印を押捺した払戻請求書を提出して，30万円の払戻しを請求した。窓口担当者は，自称Dが運転免許証等の本人確認資料を所持していなかったため，キャッシュカードの暗証番号を記入させたが，自称Dは3度間違った番号を記入した。自称Dは，「しばらく口座にお金がなく，ATMを使っていないので暗証番号を忘れてしまいました。どうしてもお金がいるので，親に朝一番に送ってもらったんです。何とかなりませんか」と述べた。担当者は，①通帳と届出印が真正のものであること，②自称Dに生年月日を問うたところ直ちに正しく答えたこと，③本件口座の最近の出入金の状況が自称Dのいうとおりであり，振込依頼人の名字がDと同一であること，④自称Dの

態度に全体として不審な点を認めなかったことから，上司と相談のうえ，本件口座の開設時に届け出られた電話番号をさらに尋ね，自称Dが正しい番号を即座に答えたため払戻しに応じることにした（「本件払戻し」）。もっとも，払戻請求書の筆跡は口座開設の申込書の筆跡と異なっており，経験を積んだ者ならばそのことに気づいたと思われるにもかかわらず，担当者は業務経験が1か月程度しかなかったこともあり，相違に気づかなかった。

　Fが持参した通帳と届出印は，Fが2013年6月23日未明に酔いつぶれたDをその自宅まで送り届けた際に隙をみて盗んだものだった。Fは，Dの私生活を熟知していたことから一計を案じ，Dを装ってEに本件振込みをさせて，本件払戻しを請求していた。

　(4)　Eは，同年6月30日にDから金を無心する電話を受け，騙されたことを知った。後にDを装ったのはFであると判明したが，Fの行方は不明である。

　Aは，本件振込みにかかる30万円を取り戻したいと考えている。Aは，誰に対して30万円の支払を請求することができるか。

● CHECK POINT

□ 478条の趣旨と要件
□ 478条の類推適用
□ 普通預金の預金者の認定

● 解説

I はじめに

　Aが30万円の支払を求める相手として，B〜Fが考えられる。

　Bに対しては，本件定期預金を解約してその解約金の支払を求めることが考えられる。ただし，本件振込みに本件定期預金の払戻しの効力が認められるならば，この請求は通らない。

　その場合，Aは，C〜Fを相手にすることになる。EとFに対しては，不当利得の返還または不法行為による損害賠償として支払を求めることになる。しかしながら，Eは妻であるため，Fは行方不明であるため，Aがこれらの請求をすることはあまり考えられない。

　Cに対する請求，Dに対する請求ともに，振込金相当額をCが本件振込みのために受け取ったことが前提となる。そのうえで，本件振込みによりDの預金が成立したかどうかにより，Aの請求のあり方が変わる。成立したのであれば，AはDに対して不当利得の返還として30万円の支払を求めることになる。Aが子Dに対して訴えを提起することは（不仲であるとはいえ）あまりないだろうが，Dが無資力の場合，Aはこの債権を被保全債権としてDの預金債権を代位行使することができる。これに対して，Dの預金が成立していないとすれば，法的構成は種々考えられるが，AはDの権利を前提とせずにCに対して30万円の支払を求めることになる。そして，いずれの場合も，AのCに対する請求に対しては，Fへの本件払戻しによるCの免責が問題になる。

　以下では，AのBに対する請求とAのCまたはDに対する請求について，

それぞれにおいて問題となる論点を検討する。

II　AのBに対する請求について

1　序論

Aによる本件定期預金の（期限前解約に基づく）払戻しの請求に対して，Bは，既払であると争うだろう。その払戻しは本件振込みによってされているから，Bは，この振込みがAに対して効力を生じたことを根拠づける必要がある。

このためには，本件払込みを分析的に捉えるならば，本件定期預金契約の期限前解約とその解約金の振込みの効力がいずれもAに帰属したことが必要である。ところが，これらのいずれにおいてもA側の意思表示はEがAの代理人として行っており，Eがそれらにつき代理権を授与された事実はない。したがって，有権代理による効果帰属も，112条の表見代理による効果帰属も認められない。また，AがBにEへの代理権授与を伝えた事実も，Eに他の代理権を与えた事実もない。したがって，109条の表見代理も，110条の表見代理も成立しない。ただ，EはAの妻であることから，解約およびその解約金の振込みが日常家事に関する行為に該当するとされることはありうる。その場合には，本件振込みがAに対する効力を認められ，Bは免責されることになる[1]。

このように，代理の問題と捉える場合，とりわけAに帰責性がないために，Bが免責されるとは限らない。そこで，Bとしては，Aの帰責性の存否に左右されずに免責を得られるものとして，478条による本件定期預金債権の消滅を主張するのが通常である。もっとも，この主張が認められるかどうかについては，期限前解約による払戻しを満期による払戻しと同様に扱ってよいのか，払戻しが（金銭の交付によってではなく）振込みによってされる場合に何をもって弁済されたことになるのかなど，考えるべきことがいくつかある。

1）　最判昭和44・12・18民集23巻12号2476頁は，761条は日常の家事に関する法律行為につき夫婦相互に代理権を認める規定であるとする。また，同判決は，日常家事の範囲は夫婦の共同生活の内部的事情・当該行為の個別的な目的だけでなく，その行為の種類・性質等から客観的に判断されるべきものとし，さらに，この範囲を超える行為についても，相手方が日常家事に属すると信じ，そう信じるについて正当な理由があるときには，110条の趣旨の類推適用により相手方が保護されるとする。

2　478条の趣旨

(1)　478条は，弁済者が，①債権の準占有者に対して，②弁済に当たる行為を，③善意無過失でしたときには，弁済の効力が認められるとする。これは，表見代理に関する規定と同じく外観に対する信頼を保護しようとするものであるが，権利者の帰責事由の存否を問わない点に特別の意義がある。しかも，この規定は，判例により拡張的に解釈され，広く類推適用されている。もっとも，過当な信頼保護になっているとの学説も有力である。そこで，478条の趣旨と内容を明らかにすることが重要になる[2]。

(2)　478条による特別の信頼保護の理由として，弁済の義務性，日常大量性，既存の法律関係の決済性を挙げることができる。

　まず，弁済は債務者[3]の義務であるため，債務者に弁済相手の受領資格につきあまり慎重な調査を求めることは適当ではない。調査のために弁済が遅れると，遅滞の責任を問われかねないからである。また，必要な注意を用いて受領資格ありと判断した債務者に，この判断の誤りのリスクを負わせるべきではない。新たな取引の場合には疑義があれば取引を見合わせればよいが，弁済の場合，相手方に実際に受領資格があったときは，弁済を遅らせると遅滞の責任を問われるからである。そこで，債務者は，弁済の時点までに看取可能な事情のみから相手方の受領資格の有無を判断すればよく，その判断に過失がなければ不利益を受けないとする必要がある。したがって，債権者の帰責事由の存否は，債務者にとって弁済時に看取可能でないため，478条の要件とされるべきではないことになる。

　次に，弁済とその受領は日常大量に行われるものであり，迅速かつ安全にされるようにしておかなければ，取引社会に著しい停滞をもたらすことになりかねない。そこで，債務者は弁済を適切にすることを求められるが，それは迅速さを要請されるなかでのこととされ，債務者が弁済時に看取しえない事情によって弁済の効力が否定されてはならないということになる。なお，ここにいう日

---

2)　478条に関する諸々の問題については，河上正二「民法478条（債権の準占有者に対する弁済）」広中俊雄＝星野英一編『民法典の百年Ⅲ』（有斐閣，1998年）165頁以下，中田・債権総論318頁以下を参照。

3)　478条により信頼を保護されるのは弁済者であり，債務者以外の者も含まれるが，弁済は債務

常大量性とは，取引社会全体におけるそれを指す。したがって，ここに述べたことは個人間の債務の弁済についても妥当する。ただ，個人間の債務の弁済と，預金の払戻しのように特定の債務者が日常大量に行い，その大量処理への社会的要請が大きい弁済とでは，同じく迅速かつ安全な弁済の要請といってもその実質は大きく異なる。弁済を日常大量に処理するためには，通常，弁済事務を定型的に処理する仕組みが必要になる。そこで，この場合の債務者には，受領資格の存否を簡易かつ高い精度で判断することができる合理的な仕組みの構築が求められる一方で，その仕組みのなかで事務が適切に進められたときには免責が認められるべきことになる。通帳と印鑑照合を基本に，他の一定の事項を窓口で確認したうえでされる預金の払戻しは，その好例である。

478条による弁済者の信頼の特別な保護の理由として，さらに，弁済は既存の法律関係を決済するものであることから債権者の受ける不利益が限定的である（巨額の債権が実質的に失われることもあるが，表見代理の場合と異なり不利益の上限が決まっており，およそ想定外の不利益の負担になることはない）ため，債権者に不利益の負担を求めやすいことが挙げられている。また，既存の法律関係の決済であることから，債権者は，その弁済が行われることと，弁済が債務者の義務であって弁済を求める権利が自己にあることを知っている。そして，債権者であると証明して請求すれば，または受領資格のあることを証明して他人に請求させれば，すぐに弁済されると考えているはずである[4]。つまり，債権者は一般に，弁済受領資格が証明されているようにみえれば債務者は直ちに弁済するのが当然であるとされることを承知しており，かつ，それによる利益を享受し（ようとし）ている。そうであれば，債務者がこの当然のことをした場合には，無資格者に対する弁済の危険を（無責の）債権者に引き受けさせても不当であるとはいえない。

3　478条による債務者の免責の要件

(1)　478条は，「債権の準占有者」に対する弁済に関する規定である。もと

　者がすべきものであることから，478条の規律の基礎は債務者を念頭に置いて考えるのが適当である。
4)　これに対し，新規取引の場合，本人であることまたは代理権を有することを証明すればすぐに取引に応じてもらえるのが当然であるとは通常いえない。

もと,「準占有」は205条を受けたものであり，債権の準占有者とは「自己ノ為メニスル意思ヲ以テ債権ヲ行使スル者」をいうとされていた[5]。そのため，本事例のような詐称代理人に対する弁済の場合には，478条が適用されるのか，表見代理規定によるのかが問題になる。判例は478条の適用を肯定しており[6]，通説も同様である。これによると，債権の準占有者とは債権者その他受領権者らしい外観を呈する者をいうことになる。

　478条によるか，表見代理規定によるかは，債権者の帰責性の要否において違いを生ずるが，2に述べた478条の趣旨[7]からすれば，債権者に帰責性がなくても債務者を保護すべきである。また，受領者が債権者と代理人のいずれと詐称したかによって，債権者を保護すべき程度が異なるわけでもない。したがって，詐称代理人に対する弁済にも478条を適用（または類推適用）することが適当である。

　(2)　債務者が478条により免責されるのは，表見受領権者に「弁済」したときである。ところが，本件振込みを弁済に当たる行為とみることには問題点もある。

　本件振込みは本件定期預金の払戻しのためにされたものであり，その効力が認められれば本件定期預金が消滅する。したがって，この点では弁済と同じである。ところが，本件振込みは定期預金の期限前払戻しに当たり，1に述べたように分析的に捉えることも可能である。そして，銀行が定める一般的な定期預金規定（約款）によると，銀行はやむをえないと認めた場合にのみ期限前解約の申入れに応じるとされており，定期預金の期限前払戻しを義務的行為と解することができるかも問題になる。しかしながら，定期預金の期限前払戻しも

---

5)　梅謙次郎『民法要義巻之三債権編〔大正元年版復刻〕』（有斐閣，1984年）246頁。
6)　最判昭和37・8・21民集16巻9号1809頁，最判昭和41・4・22民集20巻4号752頁ほか。
7)　ただし，478条の趣旨のこの理解は，立法時の理解とおそらく異なる。立法時の理解については，河上・前掲注2) 167頁以下を参照。
8)　最判昭和41・10・4民集20巻8号1565頁。
9)　振込依頼人は仕向銀行に振込金と手数料を支払うが（本件では，本件定期預金の解約金がこれに充てられている），個々の振込みのために仕向銀行から被仕向銀行へ資金移動がされるわけではなく，両行間の一定時間ごとのすべての取引が集中決済機関を介して一括して決済される。したがって，被仕向銀行が振込金をいわば受け取るのは，この決済の時点である。ただ，仕向銀行と被仕向銀行との間の前記一括決済はまず確実に行われるので，被仕向銀行がこの決済の時点よりも前に入金記帳をして振込先の預金口座からの支払準備を完了することも珍しくない。この場

478条の弁済に該当するとするのが判例[8]であり，学説も一般にこれを支持している。定期預金規定の定めにもかかわらず預金者が期限前解約を申し入れれば当然に認められ，満期による払戻しとは利息に違いがあるだけというのが実情であり，かつ，銀行・預金者双方の通常の認識でもある。このため，期限前解約の申入れを独立の法律行為として扱うことは適当ではなく，また，期限前払戻しは事実上銀行の義務となっているといえるからである。

ところで，本件定期預金の払戻しは，金銭の交付によってではなく，振込みによってされている。そこで，この場合には，どの時点で弁済の効力が生じるのかが問題になる。

振込みは，振込依頼人から振込みを依頼された銀行（仕向銀行という。本事例ではB）が，受取人の預金口座（本事例では本件口座）のある銀行（被仕向銀行という。本事例ではC）に対してその預金口座への入金を依頼し，被仕向銀行がこれを実行するという取引である。ここにいう「入金」とは，被仕向銀行が振込金相当額について受取人として指定された者の口座からの払戻請求に応じる準備を整えることをいう。そして，この準備は，入金記帳の時に整うとされるのが実情である。本事例では，遅くともDを詐称するFによる払戻請求の時点では，この準備が整っていた。したがって，遅くともこの時点において[9]，Bは本件定期預金債権の弁済に当たる行為をしていたことになる[10]。

(3) 478条による免責を得るためには，債務者は善意無過失でなければならない。他人の権利喪失という不利益において保護される者は，それに値するのでなければならないからである。

ここでの善意無過失とは，本来，債務者が弁済の時に相手方に受領権がある

合も，Bはその支払準備完了の時点で本件定期預金の弁済に当たる行為をしていたことになる。
10) 本文で後に扱うように，本事例のような場合や誤振込みの場合など振込みが原因関係を欠く場合に，その振込みにかかる金額相当分が受取人の預金になるのかについては争いがあり，これを否定して，振込依頼人の預金になる，誰の預金も成立しないとする見解もある。これらの見解による場合には，本事例ではDに振込金が交付されたのと同様の状態が生じたとはいえず，したがって，Bは弁済に当たる行為を未だしたとはいえないことにもなりそうである。しかしながら，Cは本件口座から請求があれば払い戻す態勢を整えており，これによりBは本件定期預金の払戻しに関してすべきことを終えたことになるということができる（それによってもDの預金が成立しないのは，一定の法解釈がとられる結果であって，BおよびCの関知しうるところではない）。

と信じ，そう信じることに過失のないことをいう。ただ，これは機械払には当てはまらない。また，預金の窓口での払戻しについても，実際に問題とされるのは担当者の信頼および過失の存否ではなく，払戻しが全体として適切な過程を経て行われたかどうかであり，担当者の認識と対応はその評価を導く事情の1つと考えられる。そして，弁済過程の全体としての適切性の判断は，2(2)に挙げた弁済の性格のもとでされるべきことになる。もっとも，本事例では，本件定期預金の本件振込みによる払戻しに応じた際のBの対応は全く明らかではない。したがって，Bが478条により免責されるかどうかは不明である。

(4) 以上に対して，478条では債権者の帰責事由は要件として定められていない。これは，2(2)に述べたことからは理由のあることといえる。しかしながら，債権者の帰責事由を要件とすべきであるとする学説も有力である。478条は表見法理の一種であるところ，表見法理においては権利者の帰責事由を要することが一般的であるというのが理論的理由であり，とくに478条の適用範囲が拡大された現状においては，帰責事由のない場合に債権者に権利を失わせ，債務者を免責することは利益衡量上適当ではないというのが実質的理由である。この見解においては，そこにいう帰責事由とは何かが問題になる。これについては，利益衡量上債務者保護のために債権者の権利喪失もやむを得ないとすることができる事情であり，各事例において個別に判断されることになろう[11]。そして，このように考える場合には，本事例において，Aの帰責事由の不存在ゆえにBの免責が否定されることもありうることになる[12]。

---

[11] なお，預貯金が偽造・盗難カードを用いて機械払がされた場合については，「偽造カード等及び盗難カード等を用いて行われる不正な機械式預金払戻し等からの預貯金者の保護等に関する法律」により，預貯金者の帰責事由の程度に応じて預貯金者の保護が図られている。

[12] 帰責事由の存在が478条による債権消滅の要件になるのか，帰責事由の不存在が478条による債権消滅の効果を阻却する要件になるのかは，明らかではない。この点については，表見法理における一般的な考え方からすれば前者になるものの，Ⅱ2(2)に述べた弁済者の特別の保護の必要性からすれば後者とすべきように思われる。もっとも，帰責事由を必要とする見解の多くは，債権者側の事情と債務者側の事情の相関判断をしようとするため，このようなことを考える必要はないのかもしれない。

III AのCまたはDに対する請求について

1 序論

(1) 本件振込みにより本件定期預金債権の消滅が認められる場合には、Cがいわばその払戻金を受け取り、本件口座に入金したことになる。そして、これによりDの普通預金が成立するのかどうかが問題になる。これは、理論的には普通預金の預金者の認定に関わる問題である。実質的には、振込資金の30万円は本来Aに返還されるべきものであるところ、Aのこの権利ないし利益を他の利害関係者の利益を考慮しつつどのように実現するのがよいかに関わる問題である。

(2) この実質問題に関連して、Dの預金の成立を認める場合には、これをDの自己資金を原資とする預金と同様に扱ってよいかが問題になる。とくに、Dによる権利行使に何らかの制約が課されることになるのかと、この預金がDの責任財産を構成すると認めてよいのかが問題になる。このうち後者は、本事例で直接問題になるわけではない。しかしながら、Dに預金の取得を認めるのであれば、それにより生じうる不当にもみえる結果にどのように対応するのかも、考えておかなければならない。

これに対して、振込金はDの預金にならないとする場合には、誰がどのような権利を持つのかが問題になる。これについては、Aの預金になるとする考え方と、誰の預金にもならないとする考え方がある。後者の場合、Aが30万円を取り戻すことができることになるはずであるが、それはどのようにしてかが問題になる。

(3) いずれにせよ、本事例では、振り込まれた30万円はDの預金の払戻しとしてFに対してすでに支払われている。これによって、AまたはDの預金ないし権利が消滅するのかが問題になる。

本件振込みによりDが預金を取得するのであれば、Fへの本件払戻しをもって478条によるその預金の消滅が認められるかどうかの問題になる。ここではCが無過失であると認められるかどうかが焦点になる。そして、この預金の消滅が認められるときには、AのCに対する請求が認められないのはもちろんとして、AのDに対する請求も認められない。Dは不知のうちに一時的に

預金を取得したとされるものの，一連の事態を全体としてみればDに利得はなかったというべきであり，分析的に捉えるとしても，本件払戻しによりDの利得は消滅したと認められるからである。

これに対して，本件の振込金はDの預金にならず，Aの預金または取戻しのための権利が認められるとするときには，Dの債権の弁済としてされた本件払戻しによりAの権利が消滅するのかどうか，消滅するならばどのような考え方によるのかが，問題になる。

2 本件振込みによるDの普通預金債権の成否[13]

(1) 定期預金について，判例[14]は，自らの出捐により自己の預金とする意思で自らまたは他人を通じて預金契約をした者を預金者としている（客観説と呼ばれる）。これは，預金をする側の誰の預金とするかの決定に従って預金者を定めるものであり[15]，実質的利益を有する者に預金を帰属させようとするものである。これによると銀行が預金者につき誤信することも起こりうるが，478条を用いて銀行の利益を保護することができるとされている。

もっとも，478条の活用だけで銀行の利益が十分に保護されるのかが疑問になることもある。例えば，名義人以外の者から預金は自己のものとしてされたとの申出があった場合，銀行は，申出人と名義人のいずれに支払っても，その者を債権者であると無過失で「信じた」とはいえないことが多かろう。このような場合には払戻しの留保を認めたり，債権者不確知として弁済供託を認めたりして，銀行の保護を図ることも考えられる。しかしながら，これを一般的に認めると，虚偽の申出の場合にも預金者が払戻しを適時に受けられないことになり，適当ではない。そのため，申出が真実であっても，それが明らかといえる場合を除き，銀行は名義人に弁済すれば免責されるとするほかない。この免責は，預金者に預金を他人名義にした帰責性があることを考慮すれば，実質的には正当化されると思われる。問題はその理論構成である。この場合の銀行は，申出について真偽不明の状態で支払うため，名義人を預金者と「信じた」とは

---

[13] 原因関係を欠く振込みによる受取人の預金の成否について対照的な見解を述べるものとして，森田宏樹「振込取引の法的構造——『誤振込』事例の再検討」中田裕康＝道垣内弘人編『金融取引と民法法理』（有斐閣，2000年）126頁以下と岩原紳作＝森下哲朗「預金の帰属をめぐる諸問題」金法1746号（2005年）24頁以下を参照。

いえない。そうであるとすれば，478条によることは一見困難といえそうである。しかしながら，預金の払戻しの場合における478条の善意無過失をⅡ3(3)に述べたように捉えるならば，銀行は，申出につき通常することができる範囲の確認をしたうえで真偽不明のまま名義人に支払ったのであれば，478条の善意無過失と認められてよいだろう。

　もっとも，このような事態は，預金者を預入当時における銀行の正当な認識に従って定めることにすれば，そもそも避けられる。こういったことから，預金者の認定の問題を預金契約の当事者認定の問題と捉えて，通常は名義人が預金者になるとする学説が有力化している。

　(2)　定期預金は，一度成立すると，満期または期限前解約による預金関係の終了まで同一性を保って存続する[16]。そのため，預金者の認定につきどのような見解をとっても，（預金者について相続が開始するなど特殊な場合を除き）預金成立後に預金者が変動することはない。これに対して，普通預金においては預金関係の継続中の出入金が予定されているため，口座開設時に預金者が定まっても，その後の出入金により預金者が変わることや複数になることもありうることになる。とくに客観説の基礎にある実質的利益を有する者に預金を帰属させるという考え方による場合には，預金者が頻繁に変わること，1つの口座の中に同時に複数の者が預金を持つことが起こりうる。これに対して，預金者に関する銀行の正当な認識を保護するという発想からは，個々の出入金の背後にある事情を銀行は把握していないことが通常であり，把握したとしてもそれに従った預金債務の管理は銀行にとって過大な負担になりうることから，口座開設時の預金者が出入金の状況にかかわらず預金者とされるべきことになる。

　(3)　この問題に関係する最高裁判決として，依頼人が振込先を誤認して想定外の口座への振込み（誤振込み）になった事案について，受取人が振込前の口座の残高に振込金相当額を加えた額の普通預金を取得するとしたものがある（最判平成8・4・26民集50巻5号1267頁。以下，「平成8年判決」）[17]。そのように解されるべき理由として，①普通預金規定には振込みがあった場合にこれを

---

14)　最判昭和48・3・27民集27巻2号376頁，最判昭和57・3・30金法992号38頁ほか。
15)　加毛明・法協121巻11号（2004年）1968頁参照。
16)　ただし，預入れから一定期間が経過した後は，一部解約が可能な商品もある。

口座に受け入れる旨の定めがあるだけで，振込みの原因により受取人の預金の成否が左右される旨の定めがないことと，②安全・安価・迅速な資金移動手段たるべき振込みにおいては，多数かつ多額の資金移動を円滑に処理するために，銀行が資金移動の原因となる法律関係の存否・内容等に関知することなく事務を処理する仕組みがとられていることが挙げられている。

　銀行の円滑な業務遂行の確保を重視して資金移動の原因関係を問わずに受取人の預金の成立を認めるこの判例が，(1)(2)に述べた預金者に関する銀行の正当な認識の保護を重視する見解と共通性を有することは明らかであろう。この判例に従うならば，本事例では，本件振込みによりＤが30万円の預金を取得することになる。

　(4)　この考え方に対しては，次のような批判がある。すなわち，振込みは，抽象的な資金移動手段ではなく，依頼人と受取人との間に存する何らかの法律関係の決済手段であって，そのことは振込金を口座に受け入れる旨の普通預金規定の当然の前提になっている。したがって，①の理由は十分ではない。また，被仕向銀行の利益は478条その他による免責を適切に認めることにより保護することができ，銀行にトラブルをおよそ免れさせようとする②の理由は行き過ぎである，といった批判である。そのうえで，実質的利益を有する者に預金を帰属させるべきであるという(1)(2)に述べた考え方をとるならば，本件振込みには原因関係が欠けているから，この振込みによりＤの預金は成立しないことになる。

3　本件振込みによりＤの普通預金債権の成立を認める場合における法律関係

　(1)　本件の振込金はＤの預金になると認める見解においても，2(3)で述べたとおり銀行の振込みにかかる業務の円滑な遂行が重視されており，Ｄに実質的に保護されるべき利益があるとされているわけではない。そのため，Ｄはこの預金債権を何の制約もなく自由に行使することができるとしてよいのか，また，この債権はＤの責任財産を構成し，例えばＤの債権者はこれを差し押さえることができるとしてよいのかが，問題になる。

---

17)　この判決については，大坪丘・最判解民事篇平成8年度(上)364頁以下，岩原紳作・民法判例百選Ⅱ〔第6版〕142頁以下参照。

(2)　Dによるこの債権の行使に関連する最高裁決定・判決が2つある。
　1つは，最決平成15・3・12刑集57巻3号322頁[18]である。これは，誤振込みの場合に，誤振込みを知った受取人にはその旨を被仕向銀行に告知すべき信義則上の義務があり，受取人がその情を秘して預金の払戻しを請求することは詐欺罪に当たるとするものである。この決定は，受取人の告知義務の根拠として受取人には振込金相当額を「最終的に自己のものとすべき実質的な権利はない」ことを挙げているものの，保護法益は当該振込みにかかる手続上の過誤の有無等についての確認・調査等の必要な措置をとるという被仕向銀行の利益であるとしている。したがって，受取人はこの措置に要する合理的な期間内は当該振込みにかかる金額の払戻しを受けられなくてもこれを受忍しなければならないが，受取人が誤振込みであることを認めたうえで払戻請求をした場合の効力については何も示唆するものではない。
　この効力に関わるのが，最判平成20・10・10民集62巻9号2361頁[19]（以下，「平成20年判決」）である。この判決によると，振込みの原因となる法律関係が存在しないために受取人が振込依頼人に対して不当利得返還義務を負う場合であっても，その振込みによって受取人が「普通預金債権を有する以上，その行使が不当利得返還義務の履行手段としてのものなどに限定される理由はない」。また，「払戻しを受けることが当該振込みに係る金員を不正に取得するための行為であって，詐欺罪等の犯行の一環を成す場合であるなど，これを認めることが著しく正義に反するような特段の事情があるときは，権利の濫用に当たるとしても，受取人が振込依頼人に対して不当利得返還義務を負担しているというだけでは，権利の濫用に当たるということはできない」。
　ここでは，払戻請求が権利の濫用になる「特段の事情」がどのような場合に認められるのかが問題となる。これにつき判決はいわゆる振込め詐欺等の場合を例として挙げるのみであり，本事例におけるDが払戻請求をしたとしても権利の濫用にならないと解するのが素直かもしれない。確かに，受取人の債権行使を制約しなくても，受取人に他に十分な資力があるならば不当利得返還の実現に法的困難はない。また，受取人が無資力ならば振込依頼人は債権者代位

---

[18]　本判決については，宮崎英一・最判解刑事篇平成15年度112頁以下とそこに挙げられた文献参照。
[19]　本判決については，中田裕康・金法1876号（2009年）15頁以下とそこに挙げられた文献参照。

権を行使すればよい。しかしながら，この判決は，受取人が振込依頼人の同意を得て被害回復の目的で払戻しを請求した事案に関するものである。また，債権の「行使が不当利得返還義務の履行手段としてのものなどに限定される理由はない」とは，振込依頼人の口座への振込依頼による払戻請求など，それ自体が不当利得返還義務の履行となる債権行使に限定される理由はないとするものにすぎず，受取人が預金を自ら処分することを認めるものではないと読むこともできる。さらに，実質的に保護されるべき利益を何ら有しない受取人が本来他人に帰属すべきものと知りつつ預金を自ら処分することは，「著しく正義に反する」と評価することも可能であろう。そうであれば，覚えのない振込みを知った受取人（本事例ではD）は，その旨を銀行に告げて事実関係の調査を待ち，原因関係のない振込みと判明した場合には，上記のような不当利得返還義務の履行手段としてか，振込依頼人や本来の受取人など当該振込みにかかる金銭が帰属すべき者（本事例ではA）の同意を得たことまたはその者（A）にすでに同額の金銭を支払ったことを証明するなどしてでなければ，払戻請求をすることができないとすべきではないかと思われる。

(3) 本件振込みにより成立した預金債権がDの責任財産を構成するかという問題に関する最高裁判決として，平成8年判決がある。この判決は，558万円余の誤振込みによって残高が572万円余になった受取人の預金債権の差押えに対して振込依頼人が第三者異議の訴えを提起したという事案につき，振込依頼人は受取人に対して振込金額と同額の不当利得返還請求権を有するにとどまり，受取人の預金債権の譲渡を妨げる権利（民執38条1項参照）を有するとはいえないとして，訴えを退けた。

確かに，Dに預金債権が帰属している以上，Dの債権者はそれを差し押さえることができるとすることは，論理的に自然な帰結である。しかしながら，それが唯一の帰結ではない。債権がある者に帰属していても，目的拘束のために差し押さえることができない（債権者の責任財産を構成しない）ことはある（例えば，信託財産たる債権）。そして，(2)に述べたように解するならば，原因関係のない振込みにより成立した預金債権はこれに該当するというべきである。この預金債権について，受取人（D）には権利の性質上譲渡の自由がなく[20]，この譲渡制限がその保障のためにされる不当利得返還債権を有する振込依頼人等（A）は，その預金債権の譲渡を妨げる権利を有するというべきである[21]。

このように解しても，振込金は名目上受取人の財産に帰属しているだけであり，実質的に受取人の財産として扱われるべきものではないから，差押債権者が害されるわけでもない。

4 本件振込みによりDの普通預金債権は成立しないとする場合における法律関係

(1) 学説には，本件振込金はDの預金にならないとする立場もある。その基礎には，振込金につき実質的利益を有するAに振込金相当額の回復を認めるためには，Dに権利を認めないことが得策であるとする考えがある。そして，この立場のなかには，1(2)に述べたとおり，Aの預金になるとするものと，誰の預金にもならないとするものがある。

(2) Aの預金になると認めれば，Aに振込資金の回復をさせるという結果を端的に実現することができる。ただ，CについてはもちろんAの側にもAの預金とする意思がない，という問題点がある。

(3) 誰の預金にもならないとする考え方には，この問題はない。もっとも，振込金相当額につき誰がどのような権利を有しており，Aの救済がどのようにして図られるのかは，必ずしも明らかでない。

この問題に関連して，振込みには組戻しという仕組みが用意されている。組戻しとは，仕向銀行が，振込手続を終えた後に依頼人から依頼内容に誤りがある等の理由により依頼を取りやめたい旨の申出を受けた場合に，被仕向銀行の同意を得て入金依頼を撤回することをいう。これにより，振込資金は依頼人に戻ることになる。組戻しは，振込先への入金前であれば当然に行われる。振込先への入金後は，受取人の利益保護の必要もあることから，受取人の同意がある場合に行われる。

この組戻しの実行において，本件振込みによりDが預金を取得したかどうかが重要になる。組戻しについての上記説明における「振込先への入金」とは，

---

20) いうまでもなく，これは銀行との間で譲渡禁止特約が結ばれているという意味ではない。
21) 振込依頼人のこの優先権が認められるためには，受取人の預金債権中に振込金にかかる部分が含まれていることが確定されなければならない。そのため，振込後・差押前に口座に出入金があったときには，振込金にかかる部分が特定できず，振込依頼人の優先権が認められないことはありうる。

振込先口座の預金者による預金の取得を意味すると考えられる。したがって，本件振込みによりＤが預金を取得しないのであれば，Ａの申出により，Ｄの同意を要せず組戻しが行われるべきことになるからである。

5　Ｆへの本件払戻しによるＣの免責の成否

(1)　本件振込みによるＤの預金の成否にかかわらず，Ａからの請求に対してＣは，Ｆへの本件払戻しによる免責を主張して争うはずである。

(2)　本件振込みによりＤの預金債権が成立する場合には，Ｃは，ＦをＤと信じてこの債権の払戻しとして30万円をＦに交付しているから，478条によるＤの債権の消滅が認められるかどうかの問題になる。そこで焦点になるのは，Ｃの無過失が認められるかどうかであり，本事例(3)に掲げられた事情の評価である。Ｆがキャッシュカードの暗証番号を答えられなかったという不審事由だけでは，①～④の事情に照らせば過失ありとはされないかもしれないが，窓口担当者が経験を積んだ者ならば気づいたはずの筆跡の違いを見過ごしたこともあわせて考えれば，Ｃの過失が認定される可能性が高い。

(3)　本件振込みによりＤが預金債権を取得しない場合には，Ｃのための免責規定または法理は何かが問題になる。これは，478条またはその類推適用法理と考えられる。

　本件の振込金はＡの預金になると考える場合にはＡが債権者であり，誰の預金にもならないとする場合にはＦによる払戻請求の時点で振込金にかかる債権を誰も有していない。これに対してＣはＤに対する債務の弁済として払戻しをしているから，これは478条において本来想定されている事例と異なるといわざるをえない。しかしながら，振込金につき入金記帳をして支払準備を整えた後は，振込みが原因関係を欠くものでない限り，Ｃは定められた手続に従った払戻請求に応じる義務を負っている。預金が振込みにより成立した場合を他の場合と区別する理由はなく，振込依頼人・受取人もそれを当然のことと考えているはずである。要するに，478条による債務者の免責の基礎がここではすべて揃っている。また，振込みが原因関係を欠いていた場合にＤの預金が成立しないのは一定の法的構成がとられるからであって，Ｃの関知するところではなく，異常を疑うべき事情がないときには，Ｄの預金が成立したものと扱ったことによりＣが不利益を被る理由はないはずである。したがって，Ｃ

はDの預金が成立したと認められる場合と同様に扱われるべきであり，Dの預金の払戻しとしてされた本件払戻しには478条が適用または類推適用されるべきである。もっとも，そうであっても，本事例においてはCに過失ありとして免責が認められない可能性が高いことは，(2)において述べたとおりである。

Ⅳ　おわりに

　Cは，本件払戻しをもって478条により免責されないとすれば，振込金相当額をAかDに支払わなければならない。その際，Aにとっては，Dの協力を得られれば，Dに払戻しを受けさせることが一番有利である（組戻しには手数料がかかる）。Dの協力を得なくても，Aは，法的には困らない。本件振込みによりDの預金が成立するとしても，Dが無資力であれば債権者代位権を行使すればよく，Dが無資力でなければDの財産を差し押さえればよいからである（30万円程度の回収のために，しかも子に対して実際にそこまですることはほとんどなかろうが，それは別論である）。したがって，本事例で問題になるのは，Aに，Dの関与や面倒な法的手続を経ずに，振込資金の取戻しを認めるかどうかである。これは，実質的利益を有する者を優先するか，銀行業務の円滑性等を重視して預金者に関する銀行の正当な認識を優先するかの問題である。

　また，事案によっては，原因関係を欠く振込みの後に受取人の債権者が預金債権を差し押さえたり，受取人について破産手続が開始したりすることもある。このときには，振込依頼人の利益と受取人およびその債権者の利益のいずれを優先させるかが問題となる（いずれを保護しようとも銀行が利益を害されることは，業務執行の円滑性も含めてない）。これについて，平成8年判決は明らかに，平成20年判決も読み方によっては，受取人およびその債権者の利益を優先させている。これには疑問があるが，振込依頼人の利益を優先させようとする場合には，その理論構成として様々なものが考えられるものの，どれも一長一短である。本事例については，この別の場合に起こりうる悩ましい問題についてもよく考え，それを踏まえて論じることが重要である。

13 「僕らのお引っ越し」

●事例

　600㎡の更地を購入した不動産業者Aは，その土地を等分に10区画に区切ってそれぞれに居住用建物を建築したうえで，土地付き建売住宅として販売することを企図し，建築業者Bとの間で鉄骨造スレート葺2階建ての建物10棟の建物建築請負契約を締結した。これらの建物は，建築のコストを抑えるためにすべて規格化されており，同一面積・同一間取りであり，資材等もすべて同一のものを用いていた。これらの10棟の建物は，平成24年5月14日までに完成し，BからAに引き渡された。

　Aがこれらの10区画の土地・建物を，すべて同一価格の3700万円で売り出したところ，8区画については発売後6か月以内に販売できたものの，残りの2区画（互いに隣接する甲区画と乙区画）については1年たっても買い手がつかずにいた。しかし，平成25年6月になって，自宅用住居の購入を考えていたCが，甲区画の土地・建物を代金3700万円で購入した。Cは，同年6月31日，本件土地と建物の引渡しを受け，家族（C夫婦と小学生の娘1人）でこの建物に引っ越し，以後これに居住している。この引っ越しには娘の転校も伴ったため，当初娘はこの引っ越しを嫌がっていたが，いまでは多くの友だちもできて，楽しく毎日を過ごしている。

　ところが，甲区画の建物には，次のような構造耐力上の安全性にかかわる重大な問題があるため（柱と梁(はり)の接合部に溶接未施工の箇所があり，また，1階と2階の柱の部材を取り違えて用いているため，1階の柱については強度不足となっており，地震や台風によって倒壊のおそれがある），これを建て替えざるをえないことが判明した。このような瑕疵が生じたのは，Bが，Aとの請負契約で定められた建物完成・引渡しの期日に間に合わせるために，甲区画の建物については，急遽，それまで取引関係のなかった下請負人Dを初めて用いたところ，Dが経験不足のためにミスをおかしたためであることも分かっている。

　Cは，建物の安全性に不安があるため，本件建物に居住を続けることはで

きないと考えているが，この地域の環境を気に入っており，また，娘を再び転校させたくないとも考えている。この場合について，以下の設問に答えなさい。設問はそれぞれ独立の問いである。

【設問1】 Cは，Aに対して，建物の建替えを求めることができるか。また，まだ売れ残っている隣地乙区画の土地・建物との取替えをAに求めることができるか。

【設問2】 Cは，甲区画の建物を建て替えたいと考えているが，Aには不信感を抱いていることから施工は第三者に依頼することにして，Aに建替え費用の負担を求めたいと考えている。これは認められるか。それが認められる場合，Cが現存建物に居住して得た利益は，建替え費用から控除されるべきか。

【設問3】 Cは，第三者に依頼して甲区画の建物を建て替えたいと考えているが，甲乙区画の販売が長引いたこともあってAの資金繰りが悪化している。そこでCは，Aではなく，Bに対して建替え費用の負担を求めたいと考えている。これは認められるか。

● CHECK POINT

- □ 瑕疵担保責任の法的性質
- □ 特定物売買における完全履行請求の可否
- □ 債務不履行責任と瑕疵担保責任に基づく損害賠償
- □ 買主に対する建築請負人の不法行為責任

● 解説

I　はじめに

　特定物売買の目的物に瑕疵があった場合の売主の責任については，瑕疵担保責任の規定（570条・566条）の適用がある。しかし，他方で，買主は売主の債務不履行責任も問うことはできないのかという点をめぐっては解釈が分かれる。これは瑕疵担保責任の法的性質をめぐる争いであり，「法定責任説」が債務不履行の存在（＝本旨弁済のないこと）を否定するのに対して，「債務不履行責任説」（契約責任説）はそれを肯定する。債務不履行の存在が否定される場合には，買主は売主の瑕疵担保責任しか問うことができないため，損害賠償請求と契約解除をすることしかできず，完全履行請求（瑕疵修補請求または代物請求）は認められない（570条・566条は，買主に損害賠償請求権と契約解除権しか与えていない）。【設問1】では，買主Cが売主Aに対して完全履行を求めており，①本件売買が特定物売買に当たるか否か，②それが特定物売買に当たるとして目的物の瑕疵が債務不履行に当たるか否か，③目的物の瑕疵が債務不履行に当たるとして完全履行請求を求めることができるかどうかが問題となる。このうち，②において瑕疵担保責任の法的性質を論ずべきことになる。瑕疵担保責任の性質論は，瑕疵担保責任と債務不履行責任の適用関係をどう理解するかについての議論であり，不特定物売買への瑕疵担保責任の適用可能性と，特定物売買への債務不履行責任の適用可能性の2つを主戦場として論じられてきた。本問では，後者についての検討が求められるわけである。

　【設問2】では，買主Cは売主Aに対して瑕疵修補費用（建替え費用）相当

額の損害賠償を求めているが，④その根拠が瑕疵担保責任（570条・566条）であるか債務不履行責任（415条）であるかによって，帰責事由要件の有無に違いがあるほか，損害賠償の内容に違いがありうる。結論を若干先取りしていえば，415条に基づいて瑕疵修補費用相当額の損害賠償を求めることはできそうであるが，570条・566条に基づく場合にはそれが難しい。したがって，これも，上記②において，法定責任説に立つか債務不履行責任説に立つかによって，具体的な差異が生じうる点である。

以上に対して【設問3】は，CがAではなく，Aから建物建築を請け負った建築施工者である請負人Bに対して建替え費用相当額の損害賠償を請求できるかどうかが問われている。B・C間には契約関係がないから，CはBの債務不履行責任も瑕疵担保責任も問えない。そこで考えられるのが，⑤債権者代位権（423条）を行使する可能性と，⑥Bに対する不法行為責任（709条）の追及である。⑤においては，被代位債権となる注文者Aの請負人Bに対する建替え費用相当額の損害賠償請求権の存否（それを認めることが635条ただし書に実質的に抵触しないか）が問題となり，⑥においてはCの被った建替え費用相当額の損失は，Aとの契約関係においてだけでなく，契約外のBに負担させうる損害なのかという，契約責任と不法行為責任の関係のとらえ方が問題となる。

以下，Ⅱで瑕疵担保責任の法的性質論（上記②）を特定物の概念（上記①）とあわせて扱ったうえで，Ⅲで完全履行請求権の内容（上記③），Ⅳで損害賠償の内容（上記④），Ⅴで建築施工者に対する責任追及（上記⑤⑥）について検討を加える。

Ⅱ　瑕疵担保責任の性質論

1　法定責任説

(1)　典型的な法定責任説

瑕疵担保責任の性質をめぐる法定責任説も債務不履行責任説も，それぞれの陣営内部でも見解が一致しているわけではない。以下では，それぞれの典型的と思われる見解について，特定物売買への債務不履行責任の適用可能性という観点から確認しておきたい[1]。

法定責任説によれば，特定物売買において目的物に瑕疵があっても，それは

売主の債務不履行にはなりえないとされる。だからこそ，特定物売買においては，買主保護のための法定の責任としての瑕疵担保責任が必要となると考え，また，不特定物売買における目的物の瑕疵については債務不履行責任が適用されるから瑕疵担保責任を適用する必要はないとされる。瑕疵ある物の給付が債務不履行に当たらない理由としては，2系統の説明がなされる。第1は，特定物の性質は当事者の合意内容になりえないという考え方である（特定物ドグマ）。すなわち，特定物売買における当事者は「この物」を目的物としているのであって，当該特定物に瑕疵があっても，その瑕疵があるのがその特定物の品質であり，当事者はその品質について合意することはできない[2]（これは「動機錯誤」〔性状錯誤〕が意思表示の錯誤に当たらないとするのに連なる考え方であって，特定物の品質は「動機」にすぎず，意思表示の内容，ひいては債務内容にならないと考えるわけである〔動機錯誤については，本書事例⑩も参照〕）。第2は，特定物に瑕疵があっても，瑕疵のない特定物の給付は原始的一部不能である以上，売主の給付義務のうち，瑕疵のない特定物を引き渡す部分は一部無効であるとする考え方である（原始的一部不能論）。原始的一部不能論が，瑕疵なき物の給付義務の成立を認めたうえでその効力を否定するのに対して，特定物ドグマは，瑕疵なき物の給付義務がそもそも成立しないとする点で，両者には違いがある。

(2) 信義則等に基づき「瑕疵なき物の給付義務」を認める見解

もっとも，本事例のような欠陥ある新築建売住宅の売買において，買主が売主に対して完全履行（追完）を求めることができないという結論は具体的妥当性を欠くように思われる。特に，新築住宅の取得が建築請負による場合には，

---

1) 一般的に，磯村保「目的物の瑕疵をめぐる法律関係(1)(2)」法教169号26頁，170号34頁（1994年）（トライアル303頁所収），潮見佳男「瑕疵担保責任の法的性質(2)——契約責任説の立場から」法時80巻8号（2008年）16頁（野澤正充編『瑕疵担保責任と債務不履行責任』〔日本評論社，2009年〕31頁所収）が有益な概観を与える。

2) 特定物ドグマの条文上の根拠として483条（現状引渡しの原則）がしばしば挙げられる。しかし，本来同条は，特定物債務において，現実の「引渡時」ではなく，「引渡しをすべき時」（履行期）の現状での引渡しを求めるものであり，特定物ドグマを基礎づけるものとはいえないことが指摘されている。中田・債権総論319頁，内田Ⅲ59頁以下など。この規定の意味するところは，特定物債務に基づいて引き渡した目的物に，①履行期までに生じた後発的瑕疵があっても債務不履行に当たらないが（＝特定しているから給付危険は債権者にある），②履行期後に生じた後発的瑕疵があれば債務不履行に当たる（＝履行遅滞によって給付危険は債務者に再移転する）ということであろう。要するに483条は給付危険の再移転に関する規定である。そして，③履行期後

注文者に瑕疵修補請求権（634条1項）が与えられていることとの均衡に配慮する必要もある。そこで，実際には取引慣行上も，不動産売主は特約で瑕疵修補を引き受けることが多く，また，後述する特別法によっても新築住宅の買主の瑕疵修補請求権については部分的な問題解決が図られている。そこで，法定責任説のなかでも，特定物売買において取引慣行，当事者の合理的意思，または信義則に基づいて「瑕疵なき物の給付義務」が認められる場合があり，その違反に対しては完全履行請求が認められるとする見解が登場することとなる。

　この見解を理解するためには，「特定物・不特定物」と「不代替物・代替物」の区別をふまえる必要がある[3]。特定物・不特定物が，具体的な取引において当事者が目的物の個性に着目して取引をしたか否かという主観的基準による区別であるのに対して，不代替物・代替物は，通常の取引において同種・同質・同量の他の物があるかどうか（つまり，代替性があるか否か）という客観的基準による区別である。岡本太郎の原画の売買であれば，客観的に不代替的な物を，主観的にも特定物として売買されるであろうが，大量生産される新築住宅や新築マンションの場合は，客観的には代替性を有する物を，当事者が主観的には特定物として売買しているといえる。後者の場合には，特定物とはいっても，客観的には同じ性質の目的物が存在することからその特定物についてあるべき品質を観念することができ，修補も可能であること，また当事者がその物の個性に着目しているといっても不代替物の個性に着目する場合とは程度に差があることから，この見解は，取引慣行，当事者の合理的意思や，信義則に基づいて「瑕疵なき物の給付義務」が認められるというのである[4]。そして，代替性

　であっても「弁済の提供」があれば債務者は債務不履行責任を免れるから（492条），弁済提供後に後発的瑕疵が生じても債務不履行にならない（＝特定物債務の原則に戻り，給付危険は債権者にある）。
　ただし，①と③の局面では，給付危険が債権者にあるため，債務者は目的物の保管について注意義務を課される（そうでなければ債務者は目的物が朽ちるに任せても痛くも痒くもない）。それが「善管注意義務」（400条）であるが，③の局面では，債権者が「受領遅滞」（413条）に陥れば，「自己の財産におけるのと同一の注意義務」に軽減される。これらの注意義務に違反して目的物に瑕疵が生じた場合には，これらの注意義務違反の債務不履行責任が発生する。

[3] これらの概念については，磯村保「特定物・不特定物，種類物，代替物・不代替物」法教157号（1993年）36頁参照。
[4] このような見解を正面から採用した下級審裁判例として神戸地判昭和61・9・3判時1238号118頁（新築建物の売買の事案）がある。

のある特定物売買における「瑕疵なき物の給付義務」違反は債務不履行（不完全履行）に当たるとして瑕疵担保責任の適用範囲から放逐され，瑕疵担保責任の適用範囲を，不代替的な特定物の売買契約に限定すべきだという。

　この見解は，不代替的特定物売買における目的物の瑕疵は債務不履行に当たらないとする点，代替的特定物売買と不特定物売買には瑕疵担保責任は適用されないとする点で「法定責任説」を維持しながら，紛争解決の具体的妥当性を図るためにその修正を図るものである[5]。しかし，この見解は，理論的には，特定物売買であっても目的物の性質が債務内容になりうることを認めるから「特定物ドグマ」や「原始的一部不能論」を自己否定するものである点[6]，実際的には，不代替的な特定物であっても，中古住宅や中古車の売買のように，一定の品質を備えていることが求められる目的物もありうるから，「瑕疵なき物の給付義務」を認める範囲が不十分と思われる点，また，代替的特定物売買や不特定物売買に瑕疵担保責任の適用を否定する必要があるのか（特に後述する対価制限説や時的区分説からする批判）という点について疑問が残る。

2　債務不履行責任説

　以上に対して，債務不履行責任説は，特定物売買においても目的物の瑕疵は債務不履行になりうる（瑕疵なき物の給付が債務内容になりうる）と考え，特定物ドグマや原始的一部不能論を否定する（その結果，瑕疵担保責任を特定物売買に限定して適用すべき理由はなくなる）。したがって，瑕疵担保責任は債務不履行責任の一種であり，その特則に当たることになる。ただし，「特則」とはいっても，瑕疵担保責任が債務不履行責任を排除するのではなく，両責任は要件と効果が異なるので（損害賠償につき過失責任〔415条〕か無過失責任か，催告解除〔541条〕か無催告解除か，1年間の短期期間制限[7]の有無など），それぞれの要件が満たされれば重畳的に適用されうることには注意を要する。特定物売買に

---

5)　例えば，下森定『建売住宅・マンションの売買における売主の瑕疵修補義務について』（日本住宅総合センター，1984年），同「履行障害法再構築の課題と展望」成蹊法学64号（2007年）1頁。

6)　森田宏樹『契約責任の帰責構造』（有斐閣，2002年）242頁。

7)　最判平成4・10・20民集46巻7号1129頁は，この期間を「除斥期間」であるとする。

8)　加藤雅信「売主の瑕疵担保責任」同『現代民法学の展開』（有斐閣，1993年）390頁，同・民法大系Ⅳ 223頁以下。この見解については，損害賠償の範囲との関係で改めて取り上げる（後掲注22)とその本文）。

おける完全履行請求も，瑕疵担保責任ではなく，本旨弁済を求める履行請求権の一環として認められることになる。

　もっとも，以上は特定物ドグマや原始的一部不能論に対する批判にはなっているものの，一般の債務不履行責任とは別に瑕疵担保責任という制度が必要な理由の説明にはなっていない。近時，この点については2つの方向から有力な見解が唱えられている。第1は，債務不履行責任と瑕疵担保責任は売主の過失の有無によって適用領域を分けていると考え，無過失責任である瑕疵担保責任に基づく損害賠償は有償契約における対価均衡の維持のための「代金減額的損害賠償」である点に瑕疵担保責任の存在意義があるとする見解である（対価制限説）8)。第2は，買主が目的物を「履行認容受領」することによって売主の債務は消滅するが，「隠れた瑕疵」については買主が瑕疵を知った時から1年に限って，買主が売主の責任を蒸し返すことを認める点に意義があるとする見解である。この見解は，履行認容受領の前後によって債務不履行責任と瑕疵担保責任は適用領域を分けると考える（時的区分説）9)。なお，時的区分説においては，瑕疵担保責任を債務不履行責任の「特則」として位置づけることはもはや不適切かもしれない。

3　新築住宅の瑕疵に関する特別法（補論）

　ところで，新築住宅の取得は，売買契約による場合（建売住宅の売買）と請負契約による場合（建築請負）とが考えられるが，社会問題化していた「欠陥住宅」問題に対応するために平成11年に制定された「住宅の品質確保の促進等に関する法律」（以下，「品確法」）は，民法上の売主の瑕疵担保責任（570条・566条）及び請負人の瑕疵担保責任（634条）を加重している。

　売主の責任についていえば，「住宅の構造耐力上主要な部分等」（住宅の構造耐力上主要な部分〔例，基礎，柱，壁など〕又は雨水の浸入を防止する部分〔例，

---

9)　森田・前掲注6)285頁以下など。なお，「履行として認容する」といっても，買主が売主の責任を追及する権利を留保することなく目的物の性状を承認する場合（性状承認）だけでなく，権利を留保しつつ客体として承認するにとどまる場合（客体承認）の区別が必要なことも指摘されている。下村正明「履行認容の概念と効果に関する覚書」阪大法学145＝146号（1988年）477頁，特に496頁以下，潮見・基本講義Ⅰ90頁。客体承認によって，売主の債務不履行責任が消滅することはないであろう。

屋根，外壁，戸，窓など〕をいう）の「隠れた瑕疵」について，売主は，570条・566条の瑕疵担保責任に加えて，請負契約における請負人の担保責任（634条1項・2項前段）と同様の担保責任を負うとされている（品確法95条1項）。これは，具体的には，買主に「瑕疵修補請求権」及び「瑕疵修補に代わる損害賠償請求権」が与えられることを意味する。また，品確法に基づく売主の責任は，住宅の引渡時から10年間存続することとされており，これに反する特約で買主に不利なものは無効とされている（片面的強行規定〔品確法95条2項〕）[10]。

同法は，特定物売買における売主の瑕疵修補義務についての従来の争いに，立法政策として解決を与えるものであり，実際問題としては多くの新築住宅の取得がカバーされるが，これによって特定物売買における瑕疵修補請求権をめぐる議論が全面的に決着したわけではない。なぜなら，品確法の適用を受ける売買契約は，その目的物が「新築住宅」（建設工事の完了から1年以内のもの）であるものに限られるし（品確法2条1項・2項），新築であっても人の居住を目的としない建物には適用されない。もちろん，特定物たる動産の売買にも，同法は適用されない。また，同法の適用を受けるとしても，対象となるのは「住宅の構造耐力上主要な部分」の隠れた瑕疵に限定されるから，より軽微な瑕疵についての売主の瑕疵修補義務については論争はつづく。

4 本事例へのあてはめ

本事例の売買契約は，建設工事完了から1年以上を経過して締結されたものであるから，品確法の適用は受けないため，買主の完全履行請求の可否は，品

---

[10] 民法と品確法の比較については，鎌野邦樹「民法から見た住宅の品質確保の促進等に関する法律の意義」ジュリ1159号（1999年）52頁（ただし，平成18〔2006〕年の法改正に伴い，引用条数にずれが生じている。瑕疵担保責任の特例に関する現行法の94条〜97条は，改正前は87条〜90条として規定されていた），潮見・基本講義Ⅰ98頁以下参照。

品確法に基づく請負人の担保責任は，「住宅の構造耐力上主要な部分等」の瑕疵（隠れた瑕疵に限らない）について，民法634条の担保責任が引渡時から10年間存続するとされ，これは片面的強行規定とされている（品確法94条）。

なお，売主や請負人の無資力等によって品確法の定める担保責任が履行されない事態を避けるため，平成19年に制定された「特定住宅瑕疵担保責任の履行の確保等に関する法律」（以下，「履行確保法」）は，品確法に基づく売主や請負人の担保責任の履行を確保するために，新築住宅の建設業者及びそれを販売する宅地建物取引業者に対して，資力確保措置（保証金の供託または

確法ではなく，民法の一般原則に従って考えなければならない。

A・C間の売買契約の目的物である甲区画の土地・建物は，契約締結時に甲区画を指定して契約が締結されているから特定物であり，また，同一規格の新築住宅と敷地が他にも存在するから客観的には同種・同質・同量の他の物があるという意味で代替性があるといえる。したがって，本件売買は，代替性のある特定物の売買に当たろう。たしかに，Aが分譲した10区画はすべて同一規格なのであるから，これを不特定物売買——より正確には，目的物の範囲が限定されているから制限種類物売買11)——とみる余地がないではない。しかし，分譲地の「空き区画」について売買がなされ，そのなかから甲区画が特定されたという事情がない限り，不動産の売買において当事者が目的物の個性に着目していないことは考えにくい。

そうすると，債務不履行責任説に立つ場合はもちろん，信義則等に基づく「瑕疵なき物の給付義務」を認める修正された法定責任説に立った場合でも，本件建物が居住用建物の売買である以上，その建物が居住に適した品質であること（少なくとも構造耐力上の安全性は備えていること）が黙示的には合意されていると考えられるから，本事例では本旨弁済がなされていないことになろう。そこで次に問題となるのが，どのような完全履行請求が認められるかという点である。節を改めて検討しよう。

保険契約の締結）を義務づけている（履行確保法3条・11条）。本事例【設問3】におけるAの無資力は，品確法と履行確保法が適用される事案であれば，Dに対する損害賠償請求ではなく，供託金還付請求（同法6条・14条）又は保険金支払請求（同法2条5項2号ロ・2条6項2号ロ）による対応もありうる。

11) その場合，制限種類債権においては目的物の品質は問題にならないと解されていること（最判昭和30・10・18民集9巻11号1642頁〔漁業用タール事件〕）を根拠として，本件でも建物の品質について当事者は合意できないと解することは妥当性を欠く。上記判例の趣旨は，制限種類債権において，品質についての合意がない場合について「中等の品質」の物の給付義務を定める401条1項の適用がないということに過ぎず，品質について明示または黙示の合意を排除するものではないというべきであろう。山本豊「種類債務の特定・受領遅滞ほか」鎌田ほか編・民事法Ⅱ165頁。制限種類債権については本書事例⑧でも検討した。

III 完全履行請求権の内容(【設問1】関係)

1 瑕疵修補請求

引き渡された目的物に瑕疵がある場合の完全履行請求(追完請求)には、瑕疵修補請求と代物請求の2つの方法が考えられる。しかし、引き渡された目的物の瑕疵が債務不履行に当たるとしても、ただちにこれらの完全履行請求が認められるとは限らない。

まず、瑕疵修補請求については[12]、第1に、それが、売主が契約で引き受けた給付義務(目的物の引渡しと所有権移転)とは異なる行為を求めるものであり、売主に修補能力があるとは限らないことから瑕疵修補請求は一般的には認められないとする見解がある。しかし、売主は自ら修補する必要はなく、自己の費用で第三者に瑕疵修補をさせれば済むのであるから、そのことは瑕疵修補請求を否定する論拠とはならないと考えられる。

第2に、瑕疵の程度が軽微である場合において、修補に過分の費用がかかるとき(具体的には修補によって債権者が得る利益よりも債務者が支出する修補費用が大きい場合)には、瑕疵修補を制限すべきであるとの見解もありうる。請負契約における瑕疵修補請求権には同様の制限があり(634条ただし書)、これが「履行請求権の一般理論へと展開すべき思想」とされることもある[13]。なお、品確法の適用がある新築住宅の売買契約においては、明文上、買主に瑕疵修補請求権が認められるが(品確法95条1項、民634条)、この場合にも、634条ただし書の制限がかかる。

2 代物請求

代物請求についても、第1に、瑕疵が軽微であって(代金減額的な)損害賠償で対応できる場合や、瑕疵修補が安価に可能な場合にまで代物請求を認めることは、売主に不要な負担を負わせることになるから、代物請求を制限すべきだとする考え方がありうる[14]。

---

12) 一般的に森田・前掲注6)241頁以下参照。
13) 潮見・基本講義 I 235頁。また、改正の基本方針IV 76頁以下(特に【3.2.1.17】〈イ〉について)参照。

また，第2に，特定物売買においては当事者は目的物の個性に強く着目していたのだとすれば，たとえ客観的に代替性があり，あるべき品質が想定できるとしても，目的物の取替えは認められないと考えられる[15]。目的物の個性への着目の程度によって，結論は左右されよう。

3 本事例へのあてはめ

本事例においては，建物に構造耐力に関する重大な瑕疵があって，建替えが不可避なのだから，瑕疵が軽微な場合の売主の負担過剰を根拠とした瑕疵修補請求または代物請求の制限は当てはまらないであろう。

しかし，代物請求については，A・Cが甲区画の個性に着目して特定をしていたと考えられる以上（Ⅱ4参照），同一規格とはいえ，Cが乙区画との取替えを求めることは難しいであろう。これに対して，本事例の売買が，分譲地の「空き区画」についての不特定物売買だったのであれば，代物請求がありうるし，本件事案とは離れるが，買主の利益を害するような特別の事情がなければ，売主による「変更権」の行使も考えられよう。

Ⅳ 売主に対する建替え費用相当額の損害賠償請求
（【設問2】関係）

1 債務不履行に基づく損害賠償請求
(1) 債務不履行の存否と帰責事由

目的物に瑕疵がある場合における買主の売主に対する損害賠償請求の根拠としては，債務不履行責任（415条）と瑕疵担保責任（570条・566条1項）の2つを検討しなければならない。

すでにⅡ4でみたとおり，典型的な法定責任説に立つ場合を除けば，目的物の瑕疵は債務不履行に当たるといえよう。買主（債権者）が瑕疵の存在を主張立証した場合，売主（債務者）は，自己に帰責事由がないことを主張立証すれば，損害賠償責任を免れることができる。伝統的には債務者の帰責事由は，

---

14) 改正の基本方針Ⅳ76頁以下（特に【3.2.1.17】〈ア〉〈ウ〉について）参照。
15) トライアル316頁。

「債務者の故意・過失又は信義則上それと同視すべき事由」と定式化され，「信義則上それと同視すべき事由」の代表例は「履行補助者の過失」であると解されている。なお，本件建物の瑕疵は，直接的には下請負人Dのミスによって生じたものであるが，BもDも，売主Aが買主Cに対して負う債務（完成建物の引渡し・所有権移転・登記移転等）の履行補助者には当たらず，A本人の売主としての故意・過失を論じなければならないことに注意しよう。

さて，裁判例において，売買契約における売主の帰責事由の存在が否定されることはまれである[16]。それは，「債務者のなすべきこと（債務の内容）と帰責事由の有無が一体的に判断されている」からである[17]。このことは，「結果債務」（結果の達成を目的とする債務）と「手段債務」（結果達成に向けた最善の努力を目的とする債務）という分析枠組みでみれば，説明しやすい。売主の債務は結果債務の典型であり，「瑕疵なき物の給付」という結果を実現していないことによって債務不履行責任が基礎づけられ，自然災害や法令による取引禁止などの外的な不可抗力による場合でなければ，売主は免責されないと考えられているといえる。（これに対して，手段債務においては，債務者の行為義務違反〔過失〕が，債務不履行の事実であるとされ，過失の認定はそこに取り込まれることになる）。

このような裁判例の動向は，債務不履行責任における帰責事由は，契約を離れた一般的な過失（注意義務違反）によって基礎づけられる──過失責任主義──のではなく，契約内容の確定作業を経て明らかとなる債務者の義務の違反自体によって基礎づけられるとして，債務不履行責任における帰責事由を再構成しようとする見解──債務不履行責任の帰責根拠を「契約の拘束力」に求める見解──と整合的である[18]。

本事例では，Aが「瑕疵なき物の給付義務」を負っているのであれば，Aはその結果を実現しておらず，またそのことについてAが主張できるような外的な不可抗力は存在しないから，Aの債務不履行責任は肯定されよう。

---

[16] 長尾治助『債務不履行の帰責事由』（有斐閣，1975年）151-157頁，中田・債権総論132-133頁参照。
[17] 中田・債権総論133頁。
[18] 山本敬三「債務不履行責任における『帰責事由』」法セ679号（2011年）10頁以下の整理が参

(2) 損害賠償の範囲

　売主が，建て替えざるをえない建物を給付した場合，建替え費用（現存建物の取壊し費用を含む）は「通常損害」（416条1項）に当たり，損害賠償の範囲に入るものと思われる。ところで，ここで，買主が実際に建物に居住して使用利益（居住利益）を得ている場合に，損害賠償額から使用利益を損益相殺の対象として控除すべきか否かという点については見解が分かれうる。

　居住利益の控除を肯定する見解は，買主が現実に居住していること，建替えによって買主は耐用年数の延びた新築建物を取得することになり利益の二重取りになることなどを根拠として挙げる。建替え費用相当額の損害賠償は，契約解除に匹敵するところ，判例は契約が解除された場合については，原状回復義務の内容として買主の使用利益返還を認めてきた（大判昭和11・5・11民集15巻808頁〔不動産売買が買主の代金不払により解除された事案〕，最判昭和34・9・22民集13巻11号1451頁〔不動産売買が買主の代金不払により解除された事案〕，最判昭和51・2・13民集30巻1号1頁〔自動車の他人物売買において561条に基づいて解除した事案〕）。学説はその理由として，解除時に売主が利息を付して代金を返還しなければならないこと（545条2項）との均衡や，引渡前の利息と果実の清算に関する575条の準用を主たる理由として挙げる[19]（ただし，両条とも目的物の使用利益ではなく，収益〔果実〕の返還に関する規定である）。

　これに対して，居住利益の控除を否定する見解は，倒壊の危険のある建物に居住することは利益と評価できないこと，建替えによって買主は本来取得できたはずの建物を取得できるのであって耐用年数は伸長するのではないこと（＝売主が履行遅滞であること），居住利益を控除するとすれば売主が長期間争えば争うほど控除額が大きくなってしまうことなどを理由として挙げる。契約解除時の使用利益返還を認めた上記の判例も，いずれも目的物には何ら瑕疵がなかった事案であり，欠陥住宅の居住利益の場面とは問題状況が異なるように思われる[20]。最高裁も，建物売買契約において建物に建替えを要する瑕疵が存在し，買主が建替え費用相当額の損害賠償を請求したという事案において，「社会通

　　　考になる。
[19] 議論状況につき，田中教雄・民法判例百選Ⅱ〔第6版〕100頁参照。
[20] 松本克美・法時83巻4号（2011年）143頁参照。

念上，建物自体が社会経済的な価値を有しないと評価すべきものであるとき」には，居住利益を損益相殺ないしは損益相殺的な調整の対象として損害賠償額から控除しないとした（最判平成22・6・17民集64巻4号1197頁）。

本事例においては，Aが建て替えざるをえない建物を給付したことが債務不履行に当たり（ただし，典型的な法定責任説では債務不履行に当たらないとされる），AはCに対して，415条に基づき建替え費用相当額の損害賠償を求めることができよう。そして，そのような建物に居住していたことは，判例に従えば，損益相殺の対象とならない（居住利益は控除されない）ことになろう。

2 瑕疵担保責任に基づく損害賠償請求

(1) 瑕疵担保責任の適用と「隠れた瑕疵」

法定責任説であれ，債務不履行責任説であれ，特定物売買に瑕疵担保責任の適用があることには争いはない。さて，瑕疵担保責任は，目的物に「隠れた瑕疵」があることを要件とする。瑕疵担保責任の適用上，「瑕疵」には，その目的物が通常有すべき性質を備えているか否かを基準とする「客観的瑕疵概念」と，当事者によって合意された性質を備えているか否かを基準とする「主観的瑕疵概念」がありうるが，判例・学説（法定責任説・債務不履行責任説）とも主観的瑕疵概念が有力である。例えば，最高裁は，売買契約の目的物である土地の土壌汚染（ふっ素による汚染）について瑕疵担保責任の成否が問題となった事案において，当事者間において目的物がどのような品質・性能を有することが予定されていたかを，契約締結時の取引通念をしんしゃくして判断すべきであるとし，当該契約締結当時の取引通念ではふっ素の人体に対する有害性は認識されていなかったことから，当事者間でふっ素が人の健康を損なう限度を超えて土壌に含まれていないことが予定されていたものとみることはできないとして，瑕疵の存在を否定している（最判平成22・6・1民集64巻4号953頁）。しかし，主観的瑕疵概念は，特定物の性質について当事者が合意できることを前提とするものであるから，法定責任説との整合性には疑問が残る。

また，瑕疵が「隠れた」ものであるといいうるためには，単に買主が瑕疵の存在を知らないだけでなく，知るべきともいえない状態（善意・無過失）のことを指すと解されている。

さて，本事例では，建物が容易に倒壊する危険があるのであるから，主観的

瑕疵概念と客観的瑕疵概念のいずれに照らしても「瑕疵」であるといえよう。また，本事例の瑕疵の存在は，いずれも外形からは知りえない建物内部の部材取り違え等であり，素人であるCがそれを調査すべきであったともいえないから，Cは善意・無過失であり，本事例の瑕疵は「隠れた瑕疵」であるといえよう。

(2) **損害賠償の範囲**

　それでは，瑕疵担保責任に基づいて瑕疵修補費用相当額の損害賠償は認められるであろうか。法定責任説によれば，瑕疵担保責任に基づく損害賠償は，「履行利益」（目的物に瑕疵が存しなかったならば買主が得たであろう利益）の賠償を認めるものではない。これは，「瑕疵なき物」の給付が観念できないため（特定物ドグマ）または不能であるためとされる。債務不履行責任説においては，損害賠償の範囲は「履行利益」に及ぶとされてきたが，過失責任である債務不履行責任と無過失責任である瑕疵担保責任という体系的均衡からすれば，履行利益の賠償は認められないという見解も有力である（この見解によれば，売主が自らに帰責事由がないことを証明できない場合，買主は売主の債務不履行責任を追及して履行利益の賠償を求めることができよう）。「履行利益」の賠償が認められないとすれば，認められる賠償の範囲は何か。

　① **信頼利益**　法定責任説は，損害賠償の範囲は「信頼利益」に限定されると考える。信頼利益は，特定物ドグマによれば「瑕疵がないと信頼したことによって失った利益」，原始的一部不能論によれば「契約が（瑕疵がないという部分を含めて）有効であると信頼したことによって失った利益」と定義される。下級審裁判例では，前者の定義が用いられているとされる（これに対して，最高裁が信頼利益概念を用いて損害賠償の範囲を画した例は見当たらないようである）。具体的には，契約を締結したことによって無駄になった費用（例，通信費用，交通費等）や強いられた支出（例，修補費用）が信頼利益に含まれるとされる[21]。しかし，信頼利益とされるものの多くは履行利益と評価することも可能で，両者は截然とは区別できないとする批判もある。例えば，瑕疵修補費用は，瑕疵がないと信頼したことによって受けた不利益の塡補であるといえば信頼利益に当たるが，「瑕疵なき物」が給付された状態を作り出すための費用で

---

21) 潮見・契約各論 I 179 頁以下，難波譲治「瑕疵担保の損害賠償範囲」野澤編・前掲注1)139 頁参照。

あり，履行利益に当たるともいえる。

　また，法定責任説の立場では，買主による瑕疵修補請求を認めないとしながら，瑕疵修補費用相当額の損害賠償を認めることは矛盾しないかという問題も生じる。特に，売主が自己の費用で第三者に修補をさせる場合のことを考えれば，瑕疵修補も，瑕疵修補費用相当額の損害賠償も同じことであり，後者のみを認めることの実質的妥当性には疑問が残ろう。

　なお，瑕疵担保に基づく損害賠償を信頼利益に限定するとする見解も，信頼利益について無制限に賠償を認めるわけではないことには注意を要する。一般的には，信頼利益の賠償範囲も416条の類推適用又は準用によって画されると解される。「信頼利益」「履行利益」は，「損害」の種類についての概念であって，賠償範囲を画する概念ではないということである。

　②　代金減額的損害賠償（対価制限説）　以上に対しては，さらに，瑕疵担保責任が無過失責任であることとの体系的均衡から根本的な疑問が投げかけられ，瑕疵担保責任に基づく損害賠償の機能は代金減額にあるとの見解がある。すなわち，第1に，原始的不能による契約無効の場合における「契約締結上の過失責任」は，債務者に過失があるときに限って信頼利益の賠償を認めていることとの整合性が問題となる。第2に，双務契約において，債務者に帰責事由のない後発的不能を扱う危険負担制度と，債務者（売主）に帰責事由のない原始的一部不能の場合を扱う瑕疵担保責任はパラレルにとらえられるべきであるとして，危険負担が原則として反対債務の消滅を認めることにあわせて，瑕疵担保責任においても代金減額（＝反対債務の一部消滅）を効果にすべきであるとする。これらの見解は，瑕疵担保責任に基づく損害賠償は対価が上限となることから，対価制限説と称される[22]。

　この見解によった場合には，【設問2】の建替え費用相当額の損害賠償は，代金全額の減額以上の額になるものと思われ（取壊しの費用が必要になるし，本件の建物は規格化された建物の大量発注であったからコストを抑えられていたので，建替えはより高コストになろう），Cは建替え費用相当額の全額の賠償は求められないことになりそうである。

---

[22] この第2の視点を重視する見解を，特に「危険負担的代金減額請求権説」という。加藤・前掲注8)参照。

V 契約関係にない請負人の責任追及(【設問3】関係)

1 債権者代位権と635条ただし書の射程

　Cは，①C(代位債権者)のA(債務者)に対する建替え費用相当額の損害賠償請求権を被保全債権とし，②AのB(第三債務者)に対する損害賠償請求権を被代位権利として，債権者代位権(423条)を行使することが考えられる。

　Cの被保全債権(Aに対する損害賠償請求権)の存否については，すでにⅣで検討したとおりであるが，次に問題となるのがAのBに対する被代位権利(瑕疵修補に代わる損害賠償請求権〔634条2項〕)の存在である。これは，具体的には建替え費用相当額の損害賠償であるところ，これを認めることは，A・B間の請負契約を解除するのと同じ(またはそれ以上の)負担をBに負わせるものである(Bは，建物1棟を建築する報酬で，(a)最初の建物建築，(b)その取壊し，(c)新たに建物建築をしなければならないから，(a)の契約を解除して報酬を返還し，(b)を行ったうえで，(c)の契約を新たに行うのと等しい)。これは，請負の仕事の目的物が建物その他土地の工作物である場合においては，契約目的を達成できないときであっても注文者は契約を解除することができないとする635条ただし書に実質的に抵触しないかということが問題となる。

　635条ただし書は，解除が請負人にとって過大な負担であることと，建物を取り壊すことが社会経済的損失であることを根拠としている。例えば，カラオケ店用の建物の建築請負契約において，防音工事が不十分であるためにカラオケ店としては使用できない(しかし他の店舗としては使用できる)場合には，契約目的は達成できないものの，契約解除を認めずに損害賠償によって利益調整を図る制度にはそれなりの合理性があろう。しかし，完成建物に重大な瑕疵があって建て替えざるをえない場合にまで，解除を制限すべきとはいえない。民集登載判例ではないが，最高裁も，「請負人が建築した建物に重大な瑕疵があって建て替えるほかはない場合に，当該建物を収去することは社会経済的に大きな損失をもたらすものではなく，また，そのような建物を建て替えてこれに要する費用を請負人に負担させることは，契約の履行責任に応じた損害賠償責任を負担させるものであって，請負人にとって過酷であるともいえないのであるから，建て替えに要する費用相当額の損害賠償請求をすることを認めても，

〔635条ただし書〕の規定の趣旨に反するものとはいえない」としている（最判平成14・9・24判時1801号77頁）。この判決は，損害賠償を認めたものであって直接的に解除を認めたわけではないが，実質的には635条ただし書を修正したものとも解されよう。

【設問3】においても，Cによる債権者代位権の行使は認められると思われる。ただし，Cによる債権者代位権の行使がAのBに対する損害賠償請求権の存在に依存していることには注意を要する。仮に，BがすでにAに損害賠償を支払済みである場合には，債権者代位権は使えないのである。

2 建築施工者Bの不法行為責任

(1) 建築施工者等の過失（注意義務違反）

Cは709条に基づき，Bに対して建替え費用相当額の賠償を求めることはできるか。Cの生命・身体・財産への拡大損害が存在せず，CがAから購入した財産の経済価値のみが損害である場合（このような損害を「純粋経済損失」という）は，オーソドックスには，契約責任（瑕疵担保責任を含む）によって処理されるべきで，不法行為責任の対象にはならないと考えられてきたのではないかと思われる。

ところが，いわゆる「欠陥住宅」問題や「耐震強度偽装事件」を背景に，建築士や建築施工者の責任の重大さが認識されるなかで，最高裁は，「建物は，……建物利用者や隣人，通行人等（以下，併せて「居住者等」という。）の生命，身体又は財産を危険にさらすことがないような安全性を備えていなければならず，このような安全性は，建物としての基本的な安全性というべきである」こと，そして「建物の建築に携わる設計者，施工者及び工事監理者（以下，併せて「設計・施工者等」という。）は，建物の建築に当たり，契約関係にない居住者等に対する関係でも，当該建物に建物としての基本的な安全性が欠けることがないように配慮すべき注意義務を負う」として，それに違反した場合には不法行為責任が生じうるとの注目すべき判示を行った（最判平成19・7・6民集61巻5号1769頁）[23]。また，その第2次上告審判決は，その瑕疵は「居住者等の生命，身体又は財産に対する現実的な危険をもたらしている場合に限らず，当該瑕疵の性質に鑑み，これを放置するといずれは居住者等の生命，身体又は財産に対する危険が現実化することになる場合に，当該瑕疵は，建物とし

ての基本的な安全性を損なう瑕疵に該当する」とした（最判平成23・7・21判時2129号36頁）。

最高裁平成19年判決の原審や学説[24]においては，契約責任と不法行為責任の機能分担を念頭において，不法行為責任は請負人が注文者や建物取得者の権利（完全性利益）を積極的に侵害する意思があるなど「強度の違法性」がある場合に限定して発生するとする見解があったが，最高裁は不法行為法の領域を拡張したわけである。

本事例においては，建物が地震や台風で倒壊のおそれがあるとされているから，これを放置するといずれは居住者等の生命・身体・財産に対する危険が現実化することになるから，「建物としての基本的な安全性」を欠いている可能性が高い。

(2) **権利侵害と損害発生**

最高裁平成19年判決は，「建物に建物としての基本的な安全性を損なう瑕疵があり，それにより居住者等の生命，身体又は財産が侵害された場合には，設計・施工者等は……これによって生じた損害について不法行為による賠償責任を負う」とする。本事例では，C（やその家族）は生命・身体を侵害されておらず，また現実に建替え費用を支出したわけでもない。ただ，建物は建て替えざるをえない（放置できない）[25]ことから建替え費用の支出が避けられないことを財産権の侵害とみることはできる。しかし，これは契約で取得した建物自体の品質の問題であり，Cのその他の財産が侵害されているわけではない。

このような場合に，不法行為に基づいて建替え費用を「損害」として，その回復を認めるかどうかは，契約法と不法行為法の機能分担をどう考えるかによって左右される[26]。具体的には，不法行為法は「拡大損害」（生命・身体・財

---

23) ここで問題となっているのは，Bの不法行為と相当因果関係のある損害如何という「因果関係」要件の問題ではない。Cに生じた損害のうち，どこまでが損害賠償の範囲に入るかということは相当因果関係（416条の類推適用）によって決せられる問題であるが，ここでは，そもそもBが誰に対してどのような注意義務を負っているかという「過失」要件が問題となっていることに注意しよう。橋本佳幸・民法判例百選Ⅱ〔第6版〕160頁参照。
24) 後藤勇『請負に関する実務上の諸問題』（判例タイムズ社，1994年）105頁以下等。
25) 鎌野邦樹「建物の瑕疵についての施工者・設計者の法的責任」NBL875号（2008年）4頁，14頁。
26) 小粥太郎「債権法改正論議と請求権競合問題」法時82巻11号（2010年）101頁。

産の完全性利益の侵害）のみを対象とするとみるか，拡大損害を伴わない「純粋経済損失」も対象とするかどうかである。

まず，不法行為法の保護法益は拡大損害に限られ，建物自体について生じた損害（価値下落）は，契約責任でのみ回復できるとする見解がありうる[27]。この見解は，瑕疵修補費用は契約があるからこそ損害として評価されることや，当事者の契約によって調整が施されている利益に不法行為法が介入すべきではないことを根拠としよう[28]。

これに対して，不法行為法の保護法益を拡大損害に限定する必要はないと考えれば，建物自体について生じた損害であっても，契約法だけでなく不法行為法に基づく損害賠償が認められることになる（拡大損害以外についても請求権競合がありうる）。これは，欠陥住宅問題への対応という実践的要請に応える考え方である[29]。

もっとも，後者のように解した場合，BがAに瑕疵修補費用を支払済みであったり，瑕疵修補についてA・B間で和解が成立するなどした後に，瑕疵修補がされないまま建物がAからCに売却されれば，Cには，Bの注意義務違反によって同様の財産損害が生じていることになるから，CがAの契約上の責任追及ではなくて，Bの不法行為責任を追及することを選択すれば，BはCからの損害賠償請求に応じざるをえず，二重払いを余儀なくされる（Bは，BとCから二重に補填を受けているAに対して求償をすることになろうが[30]，Aの無

---

[27] この観点から興味深いのが，製造物責任法3条ただし書である。同法は，不動産の欠陥については適用されないが（2条1項参照），本事例や最高裁平成19年判決の問題状況は，Bの製造物責任が問われているのと類似する。ところが，同法3条は，製造物の欠陥によって「他人の生命，身体又は財産を侵害したときは，これによって生じた損害」について，製造業者等が損害賠償責任を負うとしたうえで（同条本文），同条ただし書において「その損害が当該製造物についてのみ生じたとき」には賠償責任が発生しないとしている。つまり，目的物が欠陥によって破損等したとしても，それに伴って拡大損害（生命，身体，当該目的物以外の財産の損害）が生じていない場合には，製造物責任は発生しない（ただし，財産に拡大損害が生じた場合には，製造物自体に生じた損害については製造物責任で一本化して扱うことを政策的に許容する）。これは，拡大損害が生じていない場合には，製造物自体に生じた損害は，瑕疵担保責任や債務不履行責任によって処理されるべき問題ととらえられているからである。経済企画庁国民生活局消費者行政第一課編『逐条解説製造物責任法』（商事法務研究会，1994年）101-102頁。この考え方は，拡大損害（完全性利益侵害）は不法行為，契約利益の侵害は契約責任（瑕疵担保責任を含む）という機能分担を規定するものといえよう。

[28] 原田剛「建物の瑕疵に関する最近の最高裁判決が提起する新たな課題」法と政治59巻3号

資力リスクを負担するのはCではなくてBになる)。これは、契約責任で処理すべき問題に不法行為責任の領域を拡大したことによって生じる問題といえる。

それでも、買主が瑕疵を認識して、その分安価で建物を買い受けていた場合については、最高裁平成19年判決は、買主が「瑕疵の存在を知りながらこれを前提として当該建物を買い受けていたなど特段の事情」がある場合には、請負人の不法行為責任は成立しないとしており、CがAとBから二重取りすることは認められない。

なお、最高裁平成19年判決は、建物の基本的な安全性を損なう瑕疵によって隣人・通行人の生命・身体・財産が侵害された場合にも、それによって生じた損害について施工者等には損害賠償責任が生じるとしている。これらの者(さらに建物所有者でない居住者も含まれよう)については、建物の修補費用が損害になることはなく、拡大損害のみが問題となるから、契約責任と不法行為責任の衝突は生じない[31]。

VI おわりに

瑕疵担保責任をめぐる法定責任説と債務不履行責任説の対立について、多くの法科大学院生は、(予備校教材の影響もあるのか)法定責任説に拠っているように見受けられる。しかし、本事例で扱った、特定物売買における目的物の瑕

(2008年) 719頁、特に762-764頁は、最高裁平成19年判決をこのように解釈する。

29) 高橋譲・最判解民事篇平成19年度(下)499頁、松本克美「建物の瑕疵と建築施工者等の不法行為責任」立命館法学313号(2007年)774頁、797頁、鎌野・前掲注25)、高橋寿一・金判1291号(2008年)2頁、6頁、新堂明子「建物の瑕疵の補修費用に関する建築請負人の建物買主に対する不法行為責任」NBL890号(2008年)53頁等は、最高裁判決を修補費用の損害賠償を認めたものとして理解する。

30) 最高裁平成23年判決は、「所有者が、当該建物を第三者に売却するなどして、その所有権を失った場合であっても、その際、修補費用相当額の補填を受けたなど特段の事情がない限り、一旦取得した損害賠償請求権を当然に失うものではない」としているから、AがCから瑕疵のない新築住宅の代金のかたちで補填を受ければ、AはBに対する損害賠償請求権を失うことになろう。

31) 最高裁平成19年判決は、隣人と通行人(及び所有者でない居住者)にとっては、危険な建物の所有者・占有者に対する(無過失責任である)工作物責任(717条)の追及に加え、基本的な安全性を欠く建物の施工者等に対する不法行為責任(709条)の追及を認め、責任主体を拡張するものと位置づけられる。

疵が債務不履行責任を生じさせるかという点について，法定責任説は（自己否定をするかのような修正説によらなければ），特定物の売買であっても，一定の品質を備えていることが要請され，また修補も可能な，代替的な特定物の売買が主流になっている取引社会の現実とはそぐわないことが多いように思われる。

学説は債務不履行責任説がつとに有力化しているし，判例においても，「主観的瑕疵概念」を用いていること（これは特定物の品質が合意内容になりうることを意味する），瑕疵修補に代わる損害賠償請求を認めること（実質的には瑕疵修補請求を認めるのと変わらない），また，本稿で触れなかったが，不特定物売買に瑕疵担保責任が適用されること（リーディング・ケースとして大判大正14・3・13民集4巻217頁〔タービンポンプ事件〕，最判昭和36・12・15民集15巻11号2852頁〔塩釜声の新聞社事件〕）などは，判例が必ずしも法定責任説によっていないことを示している。

以上の諸問題の根底には，目的物の品質について，当事者が設定した契約上の利益調整をどこまで尊重するかをめぐる争いがあるといえるが（例えば，特定物ドグマはそれを尊重しない），【設問3】で扱った，拡大損害を伴わない純粋経済損失の不法行為に基づく損害賠償の問題も，当事者が設定した契約上の利益調整を尊重するのか，不法行為法によるその上書きを認めるのかという，連続した問題なのである。

14

「聞いてないよ」

●事例

　Cは、甲土地（100坪）の近くのアパートに居住するDが、自宅を建築するための敷地として甲土地を購入したがっていることを伝え聞き、自分が甲土地を買い受けてそれをDに転売して、利益を得ることを思いついた。

　甲土地を含むその周辺一帯の土地は、かつてはBの父が大地主として所有していたものであったが、その父は十数年前に亡くなっており、現在は、Bが事実上その一族を取り仕切る実力者としての地位にいることは、衆目の一致するところであった。また、甲土地は、Bの単独所有として登記されていた。そこで、CがBに対して甲土地の買受けを持ちかけたところ、Bは「お売りしましょう」と述べ、平成24年4月1日にB・C間で代金を5000万円とする甲土地の売買契約が締結された。代金支払は、同月20日に、移転登記および甲土地の引渡しと引換えに行われることとされた。

　これを受けて、CはDに甲土地の売却を持ちかけ、同月8日に、C・D間で代金を5300万円とする売買契約を締結したが、Dの資金調達の関係で、代金支払は、同年6月1日に移転登記および甲土地の引渡しと引換えに行われることとされた。

　ところが、甲土地は、実際にはBとその妹Aが共同相続したものであり（相続分はA・Bそれぞれ1/2ずつ）、遺産分割がされないままであったものを、たまたま同年3月に、Bが書類を偽造してAに無断で単独名義の登記をしていたものである。Bは、Aの持分を安く譲り受けることは容易であると考えて、Cに甲土地を売却する契約を締結したものであった。同年4月2日、BはAに対して、2000万円での持分の譲受けを持ちかけたが、Bの予想に反してAはそれを強く拒んだ。Bは、何とか2500万円以内での譲受けをめざしてその後も粘り強くAの説得を続けていたが、Aは3000万円以上でなければ持分を譲ることはできないと述べて、断固として応じようとしなかった。Bは、結局、2500万円以内でAの持分を譲り受けることはできないと判断し、同年4月17日、Cに事情を説明して、契約をなかったことにして欲しいと告げた。

この場合につき，次の設問に答えなさい。設問はそれぞれ独立の問いである。

【設問 1】 C は B に対して，いかなる権利行使をすることができるか論じなさい。

【設問 2】 平成 24 年 4 月 18 日に，B は交通事故で死亡し，A が B を単独相続した（単純承認をした）。このとき，C は A に対して甲土地の引渡しおよび所有権の移転を求めることができるかどうか論じなさい。

● CHECK POINT
- [ ] 他人物売買の解除
- [ ] 他人物売買における悪意買主の損害賠償請求
- [ ] 他人物売買と相続

● 解説

I はじめに

1 本事例における所有関係——前提問題

本事例の主たるポイントは，他人物売買をめぐる法律関係であるが，その前提となる所有関係を最初に簡単に確認しておこう。本事例の甲土地は共同相続人A・Bの共有物であるから，A・Bはそれぞれ持分（本事例では1/2ずつ）を有する（898条）。以下，Aの持分を α，Bの持分を β と称することとする。

第1に，甲土地はBの単独名義で登記されているが，BはAの持分 α については無権利なのだから，Aは登記なくして自らの持分 α を，無権利者Bからの譲受人Cに対抗することができる（最判昭和38・2・22民集17巻1号235頁〔法定相続分について〕，最判平成5・7・19家月46巻5号23頁〔指定相続分について〕）[1]。これは，177条にいう第三者とは正当な利益を有する第三者のみをいうとされているところ（大連判明治41・12・15民録14輯1276頁——制限説），無権利者はこのような第三者に当たらないとされていることを前提とする。

第2に，共同相続人は，自らの持分を自由に処分することができる。学説に

---

1) なお，相続財産の共有関係は外部から容易にはうかがい知れないから，この場合には第三者Cの保護が問題となる。多くの学説は，第三者の保護は94条2項の類推適用によって図るべきだとする。もっとも，本事例では，持分 α の権利者Aに外観作出の帰責性はないといえるから（Aが外観作出に関与しておらず，また虚偽の外観を長期にわたって放置したわけでもない），Cが善意無過失であったとしても，Cは94条2項の類推適用によって持分 α を取得することはできない。三和一博「相続と登記」森泉章教授還暦記念論集『現代判例民法学の課題』（法学書院，1988年）269頁以下，鎌田薫「相続と登記」同・物権法①137頁以下，松岡久和・民法判例百選Ⅰ〔第6版〕110頁など参照。

は，相続財産の共有は通常の共有とは異なり，団体的拘束のある「合有」であって，持分の自由な処分は認められないとする見解もあるが，判例は，相続財産の共有も249条以下に規定する「共有」とその性質を異にするものではないとしており（最判昭和30・5・31民集9巻6号793頁），通説もこれを支持している。これが意味するところは，相続財産の共有は団体的拘束を受けない個人主義的な共同所有であって，各共有者は自己の持分を自由に処分することができるということである（206条）（ただし，完全に通常の共有であると言い切れない面もある。遺産分割前の個別相続財産についての共同相続人間の分割請求につき，共有物分割訴訟〔258条1項〕ではなく遺産分割審判〔907条2項〕によらなければならないとする最判昭和62・9・4家月40巻1号161頁参照）。

2 他人物売買をめぐる法律関係——問題の所在

さて，そうすると共同相続財産である甲土地をCに譲渡したBは，自己の持分βについては権限をもって，Aの持分αについては無権限で譲渡したということになる。つまり，甲土地の売却は，権利の一部（持分α）が他人に帰属する目的物の売買契約である。Bは，持分αについては，他人物売主としてその権利をAから取得してCに移転する義務を負う（560条）。なお，売主が持分αを自己の物として売ったのか，他人物として売ったのかはこの結論に影響しない（最判昭和50・12・25金法784号34頁）。

【設問1】では，Bがこの義務を履行できない場合に，Cにいかなる救済が認められるかということが問われている。まず，権利の一部他人帰属の他人物売買であるから563条に基づく売主の担保責任（権利の瑕疵についての担保責任であり，買主は権利者から追奪を受けることから，追奪担保責任ともいわれる），そして一般の債務不履行責任との関係も問題となる（Ⅱでこの問題を検討する）。

【設問2】では，他人物売主Bを権利者Aが相続しており，CがAに対していかなる権利行使をすることができるかが問題となる。ところで，本事例のようにBが売主として行動した場合には（持分αの処分については）他人物売買となるのに対して，代理権がないのに（持分αの処分については）Aの代理人と称して甲土地を売却した場合には無権代理行為となる。他人物売買と無権代理は，処分権のない者が，権利者に無断で権利を処分する点では同じであり，社会的な実体は大差ないといわれることがある[2]。であるとすれば，他人物売

主と無権代理の規律はパラレルに考えられるべきことになりそうである。そこで，以下では，本事例が無権代理の事例であった場合（無権代理人BがA人Aを無権代理して，甲土地の持分αを相手方Cに譲渡した事案だった場合）との比較にも注意しながら論述を進めていきたい[3]（Ⅲ）。

なお，関連して，他人の権利の処分の方法としては「授権」（処分授権）も考えられる。処分授権による取引とは，AがBに持分αの処分を委託し，BがBの名で（つまりBが売主となって）持分αをCに譲渡し，それによって持分αは直接にAからCに移転するという取引である。Ⅳでは，本事例が，BがAから授権を受けていないにもかかわらず授権あるものとしてCに持分αを譲渡していた事例であったとすればどのように処理されるべきかについて，簡単にみることとする。

Ⅱ　他人物売主の責任（【設問1】関係）

1　代金減額と解除

(1)　権利の移転不能

Ⅰで述べたとおり，B・C間の甲土地の売買契約は，権利の一部（持分α）が他人Aに帰属する他人物売買である。Bには，持分αをAから取得してCに移転する義務があるので（560条），CはBに対してこの義務の履行（つまり権利移転）を求めることができる。しかし，Bが権利移転をすることができない場合には，Cはまず563条に基づいて売主の担保責任を追及することができる（甲土地が全部Aに帰属する場合には561条が問題となる）。

561条・563条にいう「移転不能」は，物理的・絶対的な不能である必要はなく，社会の取引観念上，権利移転を期待できない場合であれば移転不能に当たると解されている。より具体的には，(ⅰ)権利者に処分意思があるかどうか，また，(ⅱ)他人物売主による履行意思の欠如や，（履行意思の有無を問わず）時間の経過から移転不能該当性を判断すべきだとされている[4]。移転不能といって

---

2) 例えば，星野英一・法協93巻3号（1976年）415頁，419頁。
3) 無権代理と他人物売買のケースを比較しながら検討する文献として，辻正美「無権代理・他人物売買と相続」星野英一編『判例に学ぶ民法』（有斐閣，1994年）39頁以下，磯村保「他人物売買と無権代理」トライアル79頁以下が参考となる。

も，これは 561 条・563 条の売主の担保責任発生の要件なのだから，担保責任に基づく権利行使を認めるのに相応しい事案かどうかという観点から要件の充足を判断すべきである。

(2) 代金減額と解除

甲土地の持分 a が移転不能であるとすれば，買主は，不足する部分の割合に応じた代金減額を請求することができる（563 条 1 項）。これによって買主は代金支払義務を免れるので，これは契約の一部解除に等しく，買主の一方的な意思表示によって代金減額の効果が発生すると解される（つまり代金減額請求権は，解除権と同じく形成権の一種である）。本事例でいえば，持分 a を取得することができない C が，a に対応する代金の支払義務を免れるということであり，B から権利移転がされる持分 β については影響を及ぼさない。

買主の代金減額請求権は，買主の善意・悪意を区別せず，権利の一部他人帰属を知っていた買主もこの権利を行使することができる。これは，買主が権利の一部を取得することができない以上，その対価を支払う必要はないという考慮に基づくものである。権利の全部他人帰属の場合における，契約全部の解除（561 条前段）に相当するものである。

他方，563 条 2 項は，権利一部他人帰属のケースの場合における，契約全部の解除権を定めている。これは，買主が権利の一部について移転を受けることができず，残存部分のみの移転を受けることができたとしても，「残存する部分のみであれば買主がこれを買い受けなかったとき」に，契約全部の無催告解除を認めるものである。この基準は，文言上は買主の主観的意図を基準にするように解する余地があるが，通常人を基準として，契約の性質や目的から客観的に判断されるものとされている（大判昭和 6・10・31 新聞 3339 号 10 頁）[5]。すなわち，これは「契約目的達成不能」という他の解除要件でみられる要件と実質的には同じ要件であることになる（残存部分だけでも買い受けていたであろう場合は，移転できなかった権利の一部についての代金減額および損害賠償で買主は十分に保護されると考えられる）。なお，この解除権は，563 条 1 項の代金減額

---

4) 高橋眞「権利の担保責任と権利移転の『不能』について——裁判例の検討」林良平先生献呈論文集『現代における物権法と債権法の交錯』（有斐閣，1998 年）243 頁以下，潮見・契約各論 I 103 頁以下，山本・講義 IV-1 243 頁以下参照。

5) 新版注釈民法(14) 212 頁［高橋眞］参照。

請求権と異なり，買主の善意が要件とされる。これは，買主が悪意だったのであれば，残存部分しか取得できない可能性があることを知って契約している以上，その覚悟をすべきだからである（悪意買主は，もし残存部分だけであれば買い受けたくないのであれば，そのような契約内容を合意すれば足りる）。

(3) 【設問1】ではどうなるか

まず，移転不能の有無について，【設問1】では，AがBの言い値での権利移転を断固として拒絶しつづけていることや，BはCに対して「契約をなかったことにして欲しい」と伝えていて履行の意思を失っているといえることから，移転不能に当たる（つまり，売主の担保責任を発生させてもよい）といえよう。なお，「契約をなかったことにして欲しい」との発言は，契約解除の意思表示とも解され得るが，Bは悪意の売主だから542条に基づく解除権は有さない。したがって，CはBの担保責任を追及することができる。

それでは，代金減額または解除の可能性はどうか。【設問1】では，残存部分に当たるのは持分βである。Cは善意であるから，持分βのみであれば買い受けなかったといえれば，563条1項で認められる持分αについての代金減額（実質的には一部解除）を超えて，同条2項に基づき，持分$\alpha \cdot \beta$の両方に関する部分をあわせて契約全部を解除することができる。Cが持分βのみを取得した場合には，甲土地はA・Cの共有になるが，CはDが居住用住宅を建てるための敷地として甲土地を転売しようとしているのであり，持分βを取得できるだけであれば甲土地を買い受けなかったといえそうであり（249条参照），563条2項による契約全部の解除が認められよう。

(4) 解除要件の再構成（発展問題）

ところで，このように代金減額（一部解除）を原則としながら，残存部分だけであれば契約目的を達成できない場合には契約全部を解除することができるという563条の規定の構造は，契約解除を「重大な契約違反」がある場合，または「契約目的の達成不能」の場合に限定し，かつ，目的達成不能となる範囲についてのみ解除を限定するように解除要件を再構成する近時の理論動向[6]

---

6) 議論状況につき，山本・講義IV-1 172頁以下参照。
7) この理論動向には，ウィーン売買条約（CISG）の影響を受けたものとしての側面もあることにつき，曽野裕夫「Favor Contractus のヴァリエーション——CISG と債権法改正論議の比較を通じて」藤岡康宏先生古稀記念論文集『民法学における古典と革新』（成文堂，2011年）271頁

にも基礎を与えうるものである。本事例からは少し脱線するが、発展問題として触れておきたい。これは、判例法理や民法の解除規定に新たな補助線を引いて再構成する試みであるので[7]、まず、その背景にある判例法理をみよう。

① 付随的給付義務違反と解除　付随的給付義務違反に基づく契約解除に関するリーディングケースは最判昭和 36・11・21 民集 15 巻 10 号 2507 頁である。同判決は、土地の売買契約において買主が公租公課負担義務を負担していたところ、買主がその義務に違反したために売主が立替払いをせざるをえなかったが、その額は売買代金に比して僅少であったという事案で、541 条に基づく売主の解除権行使の可否が争点となったものである。最高裁は、「法律が債務の不履行による契約の解除を認める趣意は、契約の要素をなす債務の履行がないために、該契約をなした目的を達することができない場合を救済するためであり、当事者が契約をなした主たる目的の達成に必須的でない附随的義務の履行を怠ったに過ぎないような場合には、特段の事情の存しない限り、相手方は当該契約を解除することができない」と述べて、解除を否定した。この判決は、給付義務を、それが履行されなければ契約目的を達成できない契約の要素をなす債務と、そうでない付随的義務に区分して、前者の不履行の場合（つまり、契約目的が達成できない場合）にのみ契約解除を認めるというものである。その後の判例もこの判断枠組みを踏襲している[8]。

② 複合契約の解除　また、複合契約を構成する契約の1つに違反があった場合に他の契約を解除することの可否が争点となった最判平成 8・11・12 民集 50 巻 10 号 2673 頁（リゾートマンションの区分所有権売買契約とスポーツクラブ会員権契約が複合契約を構成している事案）も、複合契約を構成する甲契約と乙契約について、「それらの目的とするところが相互に密接に関連付けられていて、社会通念上、甲契約又は乙契約のいずれかが履行されるだけでは契約を締結した目的が全体としては達成されないと認められる場合には、甲契約上の債務の不履行を理由に、その債権者が法定解除権の行使として甲契約と併せて乙契約をも解除することができる」とする。これも、「契約目的の達成不能」

以下参照。
8）　以上につき、森田宏樹・不動産取引判例百選〔第3版〕56 頁、曽野裕夫「契約解除の要件・効果」鎌田ほか編・民事法Ⅲ 78 頁以下など参照。

を解除の要件とするものであって，前掲最高裁昭和 36 年判決の延長線上にあるといえる [9]。

③　一部不履行と解除　　そして，一部不履行の場合には，それによって契約目的を達成できない範囲でのみ解除が認められることも一般に承認されている [10]。

以上のような判例法理を，法定解除に関する他の民法の規定とあわせて再構成すると，民法における解除根拠規定は，すべて「契約目的の達成不能」を要件としていることが浮き彫りになる [11]。具体的には，民法の解除根拠規定は，次のように整理できる。

(i)　「契約目的の達成不能」が判例の準則によって要件とされるもの——付随的給付義務違反に基づく解除に関する判例（上記①）の解釈する 541 条。

(ii)　「契約目的の達成不能」を明文で要件とするもの——定期行為の不履行に基づく解除（542 条），権利一部他人帰属の売主の担保責任および数量指示売買等における数量不足に基づく全部解除（563 条 2 項・565 条），目的物に用益物権等が設定されている場合の売主の担保責任（566 条 1 項），売主の瑕疵担保責任（570 条・566 条 1 項），請負人の瑕疵担保責任（635 条）がそれである。

(iii)　「契約目的の達成不能」は明文上の要件とはなっていないが，当該規定の他の要件が満たされる場合には性質上当然に「契約目的の達成不能」に当たるもの——履行不能による契約解除（543 条），買主が目的物を取得できない場合または追奪される場合の売主の担保責任（561 条・567 条 1 項）がそれである。

このように，民法における解除規定は，すべて「契約目的の達成不能」（「重大な契約違反」）が要件化されているといえ，他方で，契約全部が目的達成不能とならなくても，一部が目的達成不能となればその範囲でのみ解除または代金減額が認められているのである（複合契約の解除，一部不履行における一部解除，563 条 1 項・565 条等）。563 条はこのような思考様式を集約的に規定した重要な規定であるといえる。

---

9)　曽野・前掲注 8) 85 頁以下参照。
10)　例えば，我妻・講義 V_1 156 頁以下，173 頁。
11)　曽野・前掲注 8) 80 頁，加賀山茂『契約法講義』（日本評論社，2007 年）283 頁以下参照。また，潮見・債権総論 I 434 頁も参照。
12)　例えば，我妻・講義 V_2 270 頁参照。
13)　本書事例⑬で扱った問題である。

2 損害賠償——債務不履行の一般規定との関係

(1) 561条・563条の法的性質

さて，他人物売主の担保責任の内容には，代金減額と解除だけでなく，損害賠償も含まれる。便宜上，項を改めて検討しよう。563条3項は，代金減額または契約解除がなされても，善意の買主の損害賠償請求権は妨げられないとする（561条後段は，裏返しに，悪意の買主は損害賠償請求をすることができないと規定するが，趣旨は同じである）。この担保責任に基づく損害賠償の範囲は何か（本事例でいえば，CはBに対して契約費用や登記の準備費用等の信頼利益しか賠償請求できないのか，それとも，Dへの転売利益〔300万円〕などの履行利益も損害賠償の範囲に含まれるのかが問題となる），また，なぜ買主の善意が要件なのかという点は，561条・563条に基づく売主の担保責任の法的性質にかかわる問題である。

他人物売主の担保責任の法的性質については，従来はこれを「法定責任」であるとする説が有力であった。これは売買契約の目的物の物の瑕疵に関する瑕疵担保責任（570条）についての法定責任説とパラレルに561条・563条をとらえる考え方であり[12]，この見解によれば，損害賠償の範囲は信頼利益に限られるということとなる。

これに対して，近時は561条・563条が規定するのは債務不履行責任であるとの見解が有力である。たしかに，瑕疵担保責任については，特定物ドグマまたは原始的不能論を承認する場合には，特定物に瑕疵があっても売主の債務不履行責任は発生しないために，買主を保護する法定の責任として瑕疵担保責任を設けたという理屈が成り立つ余地があった[13]。しかし，全部または一部が他人に帰属する権利の売買の場合には，その他人物売主は，目的物を移転する契約上の義務を負っている（560条）[14]。したがって，債務不履行責任説からは，売主はその義務に違反すれば債務不履行責任を負うことになるのだから，

---

[14] ローマ法においては，売主は占有移転義務のみを負い，所有権移転義務を負わなかったとされる。そのような法制度のもとでは，他人物売主が所有権を取得して買主に移転することができなくても，ただちに債務不履行となるわけではないから，法定責任としての追奪担保責任が必要とされることは理解しうる。しかし，これは日本法とは前提が異なる。高木多喜男「他人の物の売買と売主の責任」『不動産法の研究』（成文堂，1981年）77頁，80頁以下。

561条・563条は一般の債務不履行責任規定の特則であるということになる[15]。

その特則性は，①買主の善意が要件であること，②無過失責任であることの2点に求められよう。①については，悪意の買主は権利取得が不首尾に終わる可能性を認識しているために（デフォルトルールとしては）売主を免責するという趣旨であるといえる。②については，過失責任である一般の債務不履行に基づく損害賠償責任（415条）が，履行利益の賠償を認めるのに対して，損害賠償の範囲を信頼利益に限定する趣旨であると一応はいえそうである。もっとも，この点については，他人物売主の担保責任は無過失責任であるとしながら履行利益の賠償を認める見解もあり[16]，議論は錯綜している（さらに，履行利益と信頼利益の区別の曖昧さについて，本書事例⑬の解説参照）。

(2) **415条に基づく損害賠償請求権との関係——買主が悪意の場合を中心に**

それでは，561条・563条によれば信頼利益しか求められないとした場合に，買主は他人物売主に対して415条に基づいて履行利益の賠償を求めることができるか。また，561条後段・563条3項によって損害賠償請求権を排除されている悪意の買主は，415条に基づいて損害賠償請求をすることができるか。これは，担保責任に基づく損害賠償請求権と一般の債務不履行に基づく損害賠償請求権の関係如何という問題であるが，とくに，悪意の買主に一般債務不履行に基づく損害賠償請求を認めると，561条後段・563条3項で悪意買主の賠償請求権を排除するという特則を設けた意味がなくならないかが問題となる。

この点，原則として重畳適用を認めない（つまり悪意買主には415条に基づく損害賠償請求も認めない）という考え方がありうる[17]。これは，561条後段・563条3項自体は損害賠償請求権の根拠規定ではなく，根拠規定はあくまでも

---

15) 例えば，新版注釈民法(14) 192頁以下［高橋眞］，広中・債権各論58頁，平野裕之『民法総合5 契約法』（信山社，2007年）302頁以下，内田Ⅱ149頁，潮見・契約各論Ⅰ96頁，100頁参照。

16) 広中・債権各論75頁，新版注釈民法(14) 206頁［高橋眞］，潮見・基本講義Ⅰ70頁など。議論状況につき，潮見・契約各論Ⅰ116頁以下，山本・講義Ⅳ-1 240頁参照。

17) 潮見・契約各論Ⅰ121頁，潮見・基本講義Ⅰ70頁。内田Ⅱ150頁以下は，原則として重畳適用を否定しながら，所有権移転の保証がある場合にかぎり，保証違反として債務不履行責任を追及できるとするが，これも同旨であろうか。

18) 来栖三郎『契約法』（有斐閣，1974年）58頁以下，広中・債権各論75頁，石田穣『民法Ⅴ契約法』（青林書院新社，1982年）134頁以下。司法研修所民事裁判教官室『増補民事訴訟における要件事実⑴』（法曹会，1986年）174頁も，「〔563条3項〕は，買主の損害賠償請求権の根拠規定として意義があるのではなく〔中略〕買主の悪意又は善意が，買主の損害賠償請求に対して

債務不履行に基づく損害賠償責任の一般規定である 415 条であり，561 条後段・563 条 3 項の存在意義は，この 415 条に基づく損害賠償請求を悪意買主に認めない趣旨だとする見解である。563 条 3 項の文言は「損害賠償の請求をすることを妨げない」というにとどまるし，561 条後段の文言も，悪意の買主は「損害賠償の請求をすることができない」とするにとどまり，善意の買主の損害賠償根拠規定になっていないことがその文言上の根拠となる[18]。この場合，善意買主の損害賠償請求の根拠条文は 415 条なのだから，履行利益の賠償が認められる一方で，売主が無過失を立証できれば，売主は免責されることになろう。

これに対して，判例は，重畳適用を認めるとする考え方，つまり悪意買主も 415 条に基づく損害賠償を求めることができるとする（最判昭和 41・9・8 民集 20 巻 7 号 1325 頁）[19]。この考え方によれば，561 条後段・563 条 3 項は 415 条と並ぶ損害賠償請求権の根拠規定であって，それらの存在意義は善意買主に，売主の無過失責任の追及を認めることに求められる。また，無過失責任なのだから損害賠償の対象は信頼利益に限定されることになりそうである。そして，売主に過失があれば 415 条に基づく損害賠償請求が，買主の善意・悪意を問わず認められることになる（損害賠償の対象は履行利益）。

判例の立場に対しては，債務不履行責任と担保責任には過失責任と無過失責任の違いがあるとはいっても，売買契約における売主の債務は結果債務なのだから，415 条に基づく場合でも不可抗力でもないかぎり免責は事実上認められず，事実上無過失責任に近いから，561 条後段・563 条 3 項が悪意買主の損害賠償請求を否定した意味がなくなる（415 条しかないのと異ならない）という批

抗弁あるいは再抗弁になる旨を規定する点に意義がある」としている。
[19] ただし，この判決の事案は特殊である。これは所有者が権利移転を拒絶したために履行不能となった他人物売買（代金約 13 万円）の悪意買主が，415 条に基づいて売主に損害賠償請求をした事案であるが，買主は自ら所有者と交渉して目的物を約 74 万円で取得しており，請求している損害賠償額は，購入価格と他人物売買契約の代金額の差額（約 61 万円）である。つまり，買主は履行利益の賠償を求めたといっても，得べかりし利益の賠償を求めたのではなく，売主がすべきであった買取りを自ら行い，その費用を請求しているのに等しく（いわば私的な代替執行），実質的には履行請求に等しい事案である。この判例をどこまで一般化できるかについては慎重であるべきようにも思われる。

なお，善意買主からの 415 条に基づく転売利益の損害賠償請求を認めた判例として，最判昭和 50・12・25 金法 784 号 34 頁がある。

判がある[20]。もっとも買主が悪意の場合には，売主の債務は権利者から権利を取得するように最善の努力を尽くすという手段債務として設定されていることが多いように思われる[21]。そうとすれば，買主が悪意の場合には，売主が415条に基づく責任を免責される余地は残っている（561条後段・563条3項による売主の免責が常に無視されるわけではない）とはいえる。しかし，それでも，善意買主にとっても415条があれば十分なのであり（買主善意の場合には売主の債務は結果債務なので，事実上売主は免責されず，履行利益の賠償まで認められる），悪意買主・善意買主ともに損害賠償請求については415条のみを用いることになるから，判例の立場では，561条後段・563条3項はやはり無意味な規定になってしまうように思われる。

(3) 【設問1】ではどうなるか

【設問1】では，Cは善意の買主であるから，563条3項によって損害賠償請求は排除されない。この損害賠償請求権の根拠条文が415条であるとした場合にはBの無過失が，Bの免責事由となる[22]。

しかし，本事例では，Aは3000万円以上の価格であれば売るといっているのであって，2500万円以内で買いたいというBと条件が折り合っていないだけのことである。このような場合には，「金銭の提供には不能はありえないのであるから，〔権利者〕が本件土地を相当価格で売り渡そうという態度を示していたのであれば，〔他人物売主〕としてはこれを買い受けられなかったことに不可抗力をいえないはずである。不能でないかぎり，いくら不利な条件でも〔権利者〕から買い受けて〔買主〕に対する債務を履行すべきであって（それが差益売買の常であって，損の時は履行しなくても責任がないという道理はない。），これを買い受けなければ右債務の履行ができないことは当然認識できるのであるから，過失どころか故意の不作為としての帰責事由を考慮すべき余地さえあるのではないか」[23]と考えられよう（さらに，Aに全く売却の意思がなく

---

20) 内田Ⅱ 150頁以下，山本・講義Ⅳ-1 247頁参照。
21) 森田宏樹「買主が悪意の場合における他人の権利の売主の責任――『手段債務』としての権利移転義務」法教355号（2010年）49頁，53頁以下（同『債権法改正を深める』〔有斐閣，2013年〕所収）。
22) 潮見・契約各論Ⅰ 113頁は，563条3項による場合でも不可抗力が免責事由になるとする。
23) 安倍正三・最判解民事篇昭和41年度367頁，370-371頁。前掲注19)最判昭和50・12・25もこの考え方を踏襲する。

ても，これを取得できなければBには過失があるといえよう）。

　以上からすれば，いずれにせよBは免責されない。履行利益まで損害賠償の対象となるとの見解をとれば，Cには，Bに対して300万円の転売利益の請求に加えて，CがDから損害賠償を求められた場合には（C・D間の売買も，Cはまだ甲不動産の所有権を少なくとも持分 a については取得していないから，CはDに対して他人物売主として責任を負う），その額を損害として請求できるものと思われる。損害賠償の対象は信頼利益に限定されるとの見解をとった場合でも，後者は認められよう。

III　他人物売買と相続（【設問2】関係）

1　権利者の諾否の自由

　さて，【設問2】では，権利者Aが他人物売主Bを相続している。まず考えなければならないのは，他人物売主を相続した権利者Aが，権利移転を拒絶できるかどうかという問題である。ところで，これは，「無権代理と相続」における本人相続型の事案において，本人は本人としての地位に基づいて追認拒絶をできるのかという問題に相当するので，比較して検討しよう。

(1)　無権代理の場合――比較検討のために[24]

　(a)　本人が無権代理人を相続した場合（本人相続型）においては，判例・学説ともに，本人は追認拒絶をすることができるとする。本人が，本人の資格で追認拒絶をすることは何ら信義に反することはないというのがその実質的理由である（最判昭和37・4・20民集16巻4号955頁）。ここでは，無権代理人の資格と，本人の資格を併存するものとして，分析的にみる視点が重要である。相続がなければ拒絶できた追認を，相続によって当然にできなくなるとするのは本人にとって酷であるし，相手方も，相続がなければ追認を拒絶されたのに，

---

[24]　「無権代理と相続」や「他人物売買と相続」という論点は，とくに本人相続型の場合には，本人が相続財産を限定承認（922条以下）すれば生じない問題である。しかし，その手続が煩雑であるために限定承認が用いられにくいことが，このような紛争が生じる一因となっている。相続人の固有財産と相続財産とを簡単に分離することができるドイツ法のもとでは，無権代理と相続という問題が生じにくいことを指摘する文献として，藤原正則「他人物売買・無権代理と相続――ドイツ法の紹介とわが国の議論との対比」ゲルハルド・リース教授退官記念論文集『ドイツ法の継受と現代日本法』（日本評論社，2009年）127頁以下参照。

相続によって追認がされたことになるとするのは不当な利益といえるから、この結論には異論がない。

(b) これに対して、無権代理人が本人を相続した場合（無権代理人相続型）においては、相続開始前に本人が追認を拒絶していたか否かによって処理が異なる。(i)本人が追認拒絶をせずに死亡した場合について判例は、単独相続によって「本人と代理人との資格が同一人に帰するにいたった場合においては、本人が自ら法律行為をしたのと同様な法律上の地位を生じたものと解するのが相当」であるとする（最判昭和40・6・18民集19巻4号986頁）。つまり、無権代理行為が当然に有効になる（相続人に効果帰属する）というのである。もっとも、共同相続の場合には、追認権は共同相続人の全員（無権代理人を含む）に不可分的に帰属するため、他の共同相続人全員が追認をしているのに無権代理人が追認を拒絶することは信義則に反して認められないものの、他の共同相続人の1人でも追認を拒絶していれば、その追認拒絶は全員の相続分に及ぶとされる（最判平成5・1・21民集47巻1号265頁〔無権代理人が連帯保証契約を締結した事案で、保証債務（金銭債務）は可分であるから、相続人ごとに追認拒絶の可否を判断する余地もあったが、それを否定した点が重要である〕、最判平成5・1・21判タ815号121頁〔無権代理人が土地を売却した事案で上記の同日判決と結論同旨〕）。単独相続の場合についての昭和40年判決は本人と無権代理人の「資格が融合する」と考えているようにも読めるが、共同相続の場合についての平成5年の2判決を合わせ読めば「資格が併存」するという考え方をベースとしているといってよさそうである（学説は資格併存説が通説である）。他方、(ii)本人が追認拒絶をしてから死亡した場合には、無権代理行為は有効にならない（つまり、相続人に効果帰属しない）とするのが判例である（最判平成10・7・17民集52巻5号1296頁）。これは本人の追認拒絶によって無権代理行為の効果不帰属が確定し、追認拒絶後は本人さえ無権代理行為を有効にすることはできず、無権代理人が本人を相続してもこの効果に変わりはないことがその理由である[25]。

(2) 他人物売買の場合

(a) 他人物売買の権利者相続型については、当初最高裁は、権利者は権利者

---

[25] これに反対して、無権代理人が本人のした追認拒絶を援用することは信義則に反するという見解もある。内田Ⅰ176頁。

の資格において権利移転を拒絶できないとした（最判昭和38・12・27民集17巻12号1854頁）が，その後，大法廷判決によって判例変更を行い，次のように判示した（最大判昭和49・9・4民集28巻6号1169頁）。「他人の権利の売主が死亡し，その権利者において売主を相続した場合には，権利者は相続により売主の売買契約上の義務ないし地位を承継するが，そのために権利者自身が売買契約を締結したことになるものでないことはもちろん，これによって売買の目的とされた権利が当然に買主に移転するものと解すべき根拠もない。また，権利者は，その権利により，相続人として承継した売主の履行義務を直ちに履行することができるが，他面において，権利者としてその権利の移転につき諾否の自由を保有しているのであって，それが相続による売主の義務の承継という偶然の事由によって左右されるべき理由はなく，また権利者がその権利の移転を拒否したからといって買主が不測の不利益を受けるというわけでもない。それゆえ，権利者は，相続によって売主の義務ないし地位を承継しても，相続前と同様その権利の移転につき諾否の自由を保有し，信義則に反すると認められるような特別の事情のないかぎり，右売買契約上の売主としての履行義務を拒否することができるものと解するのが，相当である。」この判例変更によって，相続という偶然によって権利者が不利益を受け，他人物買主が利益を受けることは避けられることとなり，無権代理と他人物売買における処理が同じになったことになる。

　(b)　では逆に，他人物売主Bが権利者Aを相続した場合にはどうなるか。(1)(b)でみたとおり，無権代理人が本人を相続した場合には，本人が死亡前に追認拒絶をしていたか否かによって処理が異なり，追認拒絶後はもはや効果不帰属が確定するとされていた。しかし，他人物売買においては，権利者が拒絶をしてから死亡したとしても，他人物売主は買主に対して権利移転義務を依然として負っている。他人物売主は権利を取得することにより，それを買主に移転することができるから，権利者が権利移転を拒絶したかどうかとは無関係に，CはBに対して所有権の移転を求めることができることになるものと考えられる。これは，無権代理の場合には，相続によって無権代理人が所有権を取得しても，当然に代理権の不存在が治癒されるわけではないのに対して，他人物売主が所有権を取得すれば欠けていた処分権限が追完されるからだと説明することができる。この点は，無権代理と他人物売買の場合を同列に論じることは

できないように思われる[26]）。

2 他人物売主の責任の相続

　次の問題は，権利者には諾否の自由があるとしても，「他人物売主の責任」（その具体的内容については Ⅱ で検討したとおり）も相続するか否かということである。

　本人が無権代理人を相続した場合には，上述のとおり，本人は追認を拒絶することができるが，無権代理人の責任（117条）は相続するとされる（最判昭和48・7・3民集27巻7号751頁）。これは，善意無過失の相手方は，無権代理人を相続した本人に対して履行請求をするか，損害賠償請求をするかを選択することができるということである。

　それでは，他人物売買においても同様に考え，権利者は責任を相続するとしてよいであろうか。他人物売主の損害賠償責任については，単なる金銭債務であるから相続されるということになろう。他方，履行請求については一考を要する。他人物売主を相続した権利者は，売主の権利移転義務を履行できる地位にある。しかし，この義務を履行しなければならないとすれば，権利者には諾否の自由があるという前掲昭和49年大法廷判決は無意味と化してしまう。昭和49年大法廷判決は，この履行請求も認めない趣旨であろう[27]）。

　このように，無権代理人を本人が相続した場合と，他人物売主を権利者が相続した場合とで扱いを異にすることは正当化されるであろうか。また，そもそも無権代理人を本人が相続した場合に，本人は追認を拒絶できるとしながら，履行請求を受けることになるという判例は評価矛盾に陥っていないかどうかが問題となる。

　後者については，無権代理人の責任追及は，相手方が善意無過失の場合に限定され（117条2項），要件が異なるから評価矛盾にならないという議論も一応は可能であろう。

　しかし，さらに重要なのは，権利者または本人が相続する履行義務の内容で

---

26) 両者のこの違いを指摘する文献として，磯村・前掲注3)86頁。
27) 田尾桃二・最判解民事篇昭和49年度431頁，441頁以下，安永正昭「『無権代理と相続』における理論上の諸問題」曹時42巻4号（1990年）773頁，785頁参照。

ある。すなわち，無権代理人の責任（117条）の相続を認めた昭和48年判決の事案は，無権代理人が，本人を連帯保証人とする契約を締結したというものであり，相手方は無権代理人に対する履行請求として，この保証債務（金銭債務）の履行を求め，それが認められている。このように，履行請求として求められたのは，金銭債務の履行である。これは，仮に相続がなくても無権代理人に対して請求しえた履行である。また，損害賠償として請求されていても，無権代理人がすべき給付は同じである。これに対して，履行義務の内容が本人に帰属する特定物の給付である場合には，相続という偶然がなければ無権代理人はその履行を求められても応ずることができず，相手方としても無権代理人の責任追及としては損害賠償請求によらざるをえない[28]。このように，求められているのが，特定物の給付であるのか，金銭の支払であるのかによって，利益状況は相当に異なる。そうすると，昭和48年判決についても，金銭債務の事案という特徴に注目して，その射程を慎重に見極めなければならないことになろう[29]（特定物の給付が求められている事案には射程が及ばないと解すべきことになる）。

以上のように考えると，他人物売主の責任を権利者が相続しても，履行請求は認めないという結論になってもおかしくはない。他人物売買における売主の義務は，常に，特定物の給付をする義務だからである。

3 【設問2】ではどうなるか

【設問2】では，相続の開始によってAが諾否の自由を奪われることはないから，Aは，権利者としての地位に基づいてCへの権利移転を拒絶することができる。Aが相続した他人物売主の地位に基づく持分aの移転をCから求められた場合であっても，2で述べたように考えれば，持分aの移転請求は認められず，ただ，ⅡでみたBの損害賠償責任については履行しなければならない，ということになろう。

---

28) もっとも，無権代理人が売買目的物を譲り受けた場合には，相手方が履行請求を選択して，目的物の引渡しを求めることができる。最判昭和41・4・26民集20巻4号826頁。
29) 星野・前掲注2)419頁以下，辻・前掲注3)49頁以下。また，安永正昭・民法判例百選Ⅰ〔第5版〕80頁以下参照。

Ⅳ　おわりに——処分授権について

　以上，無権限者が他人の財産を処分する法形式として，他人物売買と無権代理の場合を比較検討してきたが，最後に，処分授権という法形式にも視野を広げてみたい。

　処分授権は，典型的には委託販売の法律構成として用いられる。授権を受けた非権利者（受託者）が売主として自己の名で契約を締結し，この契約によって権利者（委託者）の権利が直接に買主に移転するという物権的な効果が生じる。この授権は，事後的な追認によってすることもできるとするのが判例である（116条の類推適用——最判昭和37・8・10民集16巻8号1700頁）[30]。授権または事後的な追認によって，権利移転という物権的効力は生じるが，権利者が契約当事者となるわけではない（最判平成23・10・18民集65巻7号2899頁[31]）。

　仮に，本事例でAがBに対して持分 a の処分を授権していたとすれば，持分 a を含む甲土地の所有権全部が，B・C間の契約によって直接にCに移転し，CはBに代金支払義務を負う。これは結果的に他人物売買においてAが権利移転を承諾したのと類似の状況であるが，授権の場合には，持分 a はBを経由せずに，直接AからCに移転するため，例えばBの財産を差し押さえようとするBの債権者からは持分 a は隔離されていることになる。

　このことは，Aの授権が事後的な場合（つまり追認した場合）についても同様である。しかし，Aが事後的に追認してCに直接に権利を移転させるのか（授権の形式），Bへの権利移転を承諾するのか（他人物売買の形式）は，社会実体としては紙一重の違いである。当事者がその区別を意識しないことも多いと思われる。

---

[30] 同判決については，佐久間毅・民法判例百選Ⅰ〔第6版〕76頁およびそこに引用されている文献参照。法制審議会民法（債権関係）部会第13回会議（平成22・7・27）の議事録にみられる授権をめぐる審議（商事法務編『民法（債権関係）部会資料第1集〈第3巻〉』〔商事法務，2011年〕171-180頁）も参考になる。

[31] 中島基至・ジュリ1446号（2012年）82頁は，同判決を，処分授権によって生ずるのは物権的効果にとどまり，債権的効果は生じないとする立場を採用することを明らかにしたものであるとする。もっとも，同判決の理解は一筋縄ではいかないようである。藤原正則「判批」北大法学論集63巻3号（2012年）160頁参照。

なお，Aが事後的な追認をしない場合には，これは他人物売買そのものであるから，CはBの債務不履行責任および他人物売主の担保責任を追及していくこととなると思われる。
　このように，他人物売買，代理，処分授権は，社会実体としては近接し，当事者もその区別を意識しないこともある。しかし，それぞれの法形式の違い（そしてその法律効果の違い）にはⅡ・Ⅲで他人物売買と無権代理についてみたように合理的な理由もあるから，すべてを単純にパラレルにとらえてよいわけでもないのが面白いところである。

15 「十人十色」

●事例

　甲建物は，45年前に築造され，分譲されたマンションである。分譲マンションとしては市内最初期のものであり，立地の良さと斬新な外観・充実した室内設備が人気を呼び，住戸全60戸は売り出し開始後すぐに完売した。ところが，20年ほど前から，建物や設備の陳腐化・老朽化と住戸の狭さ（多くが専有面積50㎡程度）などのために区分所有者の転居が多くなり，現在では45戸が賃貸用物件となっている。また，賃貸用物件については，徐々に空室が目立ち始め，5年前からは15戸前後が空室という状況が続いている。そのころから，賃借人が入居している住戸の賃料（専有面積50㎡程度のものの月額）は，8万円が最も多く（現在7戸），最低6万円，最高11万円，平均約7万5000円となっている。

　この場合について，以下の設問に答えなさい。なお，すべての設問において，住戸とは甲建物内の住戸を指すこと，賃貸人・賃借人とも個人であり，賃借人は居住のために賃借すること，賃料は前月末日払とされていたこととする。

【設問1】　Aは，Bから，1991年以来，住戸①を賃料月額11万円で賃借している。当初は妥当な賃料と感じていたが，物件の老朽化，不動産価格・賃料相場の大幅な下落などから，次第に割高感を抱くようになった。甲建物内に賃料の安い物件があることを知っていたが，住み慣れた部屋であり，年をとって引っ越しを面倒に感じていた。2012年5月に，思い切って月額8万円への賃料引下げをBに申し入れたが，取り合ってもらえなかった。そこで，Aは，同年9月分から，賃料として8万円しか支払わないことにした。2014年1月20日に，Bが，Aに対して，2012年9月分から2014年1月分までの賃料の不足額51万円を同月末日までに支払うよう求めた。Aは，この請求に応じなければならないか。

【設問2】　Cは，Dから，住戸②を2011年10月から賃貸借期間2年間，賃料

月額7万5000円で賃借した。C・D間の賃貸借契約には，Cが住戸②の引渡しを受ける際に保証金として50万円をDに交付すること，Dは，契約終了後住戸②の返還と引換えに保証金から15万円を差し引き，さらにCの賃貸借契約上の債務の未履行額を差し引いた金額を返還することとする条項が含まれていた。Cは，2011年10月1日に住戸②の引渡しを受ける際に，保証金として50万円をDに支払った。C・D間の賃貸借契約は，2013年9月30日をもって期間満了により終了した。同日，Cは住戸②をDに明け渡し，Dは，前記保証金のうち35万円をCに返還した。同年11月5日に，Cが，保証金から差し引かれた15万円の返還をDに請求した。Cのこの請求は認められるか。

【設問3】 Eは，Fから，住戸③を賃借した。E・F間の賃貸借契約では，賃貸借期間を2011年10月から2年間，賃料を2011年10月につき月額22万5000円，以後は月額7万5000円とすることとされた。また，Eは，住戸③の引渡しを受ける際に敷金として35万円をFに交付すること，Fは，契約終了後に住戸③の返還と引換えに，敷金からEの賃貸借契約上の債務の未履行額を差し引いた金額を返還することとする条項が含まれていた。Eは，2011年10月1日に住戸③の引渡しを受ける際に，Fに対して敷金として35万円，同月分の賃料として22万5000円を支払った。E・F間の賃貸借契約は，2013年9月30日をもって期間満了により終了した。同日，Eは住戸③を明け渡し，Fは敷金35万円を返還した。Eは，2011年10月分の賃料は不当に高額であり，15万円の返還を求めたいと考えている。これは可能か。

【設問4】 Gは，Hから，住戸④を2011年10月より賃借している。G・H間の賃貸借契約では，賃貸借期間を2年間，賃料を月額7万円とし，契約が更新された場合には，GがHに対して更新料として14万円を支払うこととされていた。G・H間の賃貸借は，GとHのいずれからも期間満了による賃貸借終了の申し出がされず，2013年10月に更新された。ところが，Gは，更新料14万円の支払をしなかった。そこで，Hは，同年11月20日に，Gに対して，10日以内に更新料14万円を支払うことを求めた。その後もGが支払をしなかったため，Hは，同年12月1日に，Gに対して，賃貸借契約を解除する旨の意思表示をし，住戸④の明渡しを請求した。Hのこの請求は認められるか。

● CHECK POINT

- □ 借地借家法32条1項による賃料減額請求
- □ 借家契約における一時金支払の特約の効力
- □ 借家契約における更新料不払の効果

● 解説

I　はじめに

【設問1】では，賃借人Aが賃料の引下げを求め，賃貸人Bが賃料の維持を前提とした支払を求めている。ここでは，Aの借地借家法32条1項[1]による賃料減額請求（同条の文言に従えば，「借賃」減額請求）が認められるかどうかが焦点になる。

【設問2】では，賃借人Cから賃貸人Dに交付された一時金（保証金）について，契約終了後に一定額（「敷引金」）を差し引いて返還する旨の特約の効力が争われている。従来，敷引金は通常損耗補修費用の財源とすることが徴収の主たる目的である，と説かれてきた[2]。そのとおりであることも多いが，常にそうであるともいえない。いずれにせよ確かなことは，敷引金は賃借人が賃料以外の名目で支払う賃貸借における対価としての性格を含む[3]，ということである。こういった敷引金の支払を定める特約（「敷引特約」）については，最判平成23・3・24民集65巻2号903頁（以下，「判決①」）と最判平成23・7・12判時2128号43頁（以下，「判決②」）が，消費者契約法10条による効力判断がされるとしている。これらの最高裁判決に照らせば，【設問2】では，C・D間

---

1) 借地借家法は，1992年8月1日の施行であるが，施行日前に締結された建物賃貸借契約についても原則として適用される（借地借家附則4条本文）。そして，施行日以後にされた賃料増減請求について，その例外とする旨の定めはない。もっとも，借地借家法32条が適用される場合と旧借家法7条が適用される場合とで，結果が異なるわけではない。
2) 生熊長幸「建物賃貸借契約終了時における敷金・保証金・権利金の取扱い」広中俊雄先生古稀祝賀論集『民事法秩序の生成と展開』（創文社，1996年）311頁以下。
3) 通常損耗補修費用が敷引金から賄われる場合も，同じである。通常損耗とは目的物の使用によ

の敷引特約が消費者契約法10条によって無効とされるかどうかが焦点になる。

【設問3】では，敷引特約に基づく敷引金などある種の一時金の支払がされた場合と実質的に同一の結果となるように，賃料額が定められている。ここでは，【設問2】との対比において，賃借人が負う金銭債務について，実質的な結果が同じである場合に，名目の違いによって効力に違いを生ずるのかどうかが焦点になる。

【設問4】では，賃貸借契約の更新時に賃借人Gが一時金（「更新料」）を支払うものとする特約の効力が争われている。最判平成23・7・15民集65巻5号2269頁（以下，「判決③」）によれば，更新料は，「賃料の補充ないし前払，賃貸借契約を継続するための対価等の趣旨を含む複合的な性質」のものである。そして，判決③は，更新料の支払を定める特約（「更新料特約」）について，消費者契約法10条によって効力が判断されるとした。したがって，判決③に照らせば，【設問4】では，G・H間の更新料特約が消費者契約法10条によって無効とされるかどうかが問題になる。無効とされない場合には，次に，更新料の不払はGの賃貸借契約上の債務の不履行となるため，その不履行を理由にHが賃貸借契約を解除することができるかどうかが問題になる。

II 建物賃貸借における賃料の不当性の除去

借地借家法32条1項は，建物賃貸借における賃料が，経済事情の変化などによって，または近傍同種物件の賃料等に比較して不相当になった場合に，賃貸人からの増額請求，賃借人からの減額請求をともに認めている[4]。賃料は，契約上の給付の対価であり，当事者が合意によって定めることが本来である。しかしながら，建物賃貸借契約における賃料の定めは，硬直化しがちである。すなわち，賃料額が不相当に高額になっても，賃貸人が減額改定に応じないこ

って通常生ずる損耗である。賃貸人は賃借人に目的物の使用収益をさせる義務を負うが，賃貸借は有償の契約であるから，使用により目的物に生ずる財産的不利益は何らかの形で賃借人が負担することになる。この負担は，一般的には，賃料額が通常損耗補修費用分を含めて定められることによって実現される。しかし，その費用を賃料以外の名目で徴収される金銭によって賄うことも，禁じられるわけではない。したがって，敷引金は，通常損耗補修費用を賄う趣旨で徴収される場合も，賃貸借における対価としての性格を持つことに変わりはない。

とは容易に予想されるところである。その場合も，賃借人は，債務を負っている以上，定められた賃料額を支払うほかない。賃料額が増額されてしかるべきときも，賃借人が拒めば，増額は実現されない。契約で定まっているうえに，法定更新（借地借家26条）もあるからである。こういったことから，賃料の硬直化は，建物賃貸借の宿命ともいえる。しかしながら，それが行き過ぎることは，当事者にとってだけでなく，社会経済上も好ましくない。そこで，こういった事態への対処として認められたのが賃料増減請求の制度と考えられる。この制度には，賃料の不当性を除去することのほかに，制度の存在を通して状況に応じた賃料改定の協議へと当事者を促すという重要な機能がある[5]。

賃料が不相当「となった」場合に請求を認める借地借家法32条1項の文言および同項の上記意義からすれば，契約締結の当初に定められた賃料額が近傍同種物件の賃料額等と比較して高額であったとしても，同項による減額請求は認められないと解すべきである[6]。もっとも，【設問1】では，契約締結後の事情の変化により賃料額の不相当性が問題とされるにいたったのであるから，この点の問題はない。

【設問1】では，Bの請求は，ひとまず成り立つ。Bは，賃料減額請求が認められるまで，相当と認める額の賃料を請求することができるからである（借地借家32条3項）。しかしながら，Aが2012年5月にした賃料引下げの申入れは，賃料減額の意思表示と解することができるため，減額が相当とされたならば，6月分以降の賃料額は減額後の金額となる。そこで，減額が認められるか，認められるとして減額後の賃料額はいくらになるのかが問題になる。不相当性の判断および相当な賃料額の算定は，現行の賃料額のほか，賃貸借の目的，建物の位置・構造・周辺環境・耐用年数，当事者の人間関係，権利金・敷金等の一時金の有無，修繕費等の負担関係等といった諸般の事情を考慮してされる[7]。そのため，【設問1】では，Aの主張する月額8万円への減額が認められる可能性はあると思われるものの，確たることはいえない。かりに月額8万円への

---

4) 借地借家法38条1項の定めがある賃貸借においては，特約により借地借家法32条の適用を排除することができる。また，一時使用のための賃貸借であることが明らかな場合には，法律上適用が除外されている（借地借家40条）。もっとも，本事例は，このいずれの場合にもあたらない。

5) 当事者による自主的解決を促すという機能は，賃料増減請求につき調停前置主義が採られていること（民調24条の2）にもあらわれている。

減額が認められたならば，Bの請求は認められない。反対に，Aは，2012年6月～8月につき各月3万円の過払となるため，合計9万円の返還と各月分につき年1割の割合による利息の支払（借地借家32条3項）をBに対して求めることができる。

Ⅲ 居住目的の建物賃貸借契約における一時金支払の特約の効力

1 問題の所在

【設問2】のCは，敷引特約に基づく敷引金の返還を求めている。これが認められるためには，敷引特約の無効をCが根拠づけなければならない。その際，特約の成立を争うことはできそうにない。意思の不存在，瑕疵ある意思表示にあたる事実，特約の公序良俗違反性を根拠づける事実もみあたらない。そこで，Cとしては，後述のとおりC・D間の賃貸借契約は消費者契約にあたることから，特約の消費者契約法10条による無効を主張して争うほかないと考えられる。

【設問4】のHは，Gの更新料債務の不履行を理由に賃貸借契約を解除したとして，住戸④の返還を求めている。特約の成立，契約更新によるGの債務の発生と履行期の経過，HからGへの履行の催告，催告からの相当期間の経過，HからGへの解除の意思表示の事実が認められるから，Hの請求は成り立つ。そこで，Gとしては，特約の無効によって争うか，信頼関係の破壊を認めるに足りない特段の事情があること（背信性不存在の抗弁）によって争うかの，いずれかとなる。このうち，特約の無効については，消費者契約法10条を根拠とするほかないと考えられる。

---

6) 最判平成15・10・21判時1844号50頁は，契約後・使用収益の開始までの3年8か月の間に賃料減額を相当とする事由が生じた場合につき，使用開始前にされた減額請求を，借地借家法32条1項は使用収益の開始後に賃料額が不相当となったときに将来に向かって賃料額の増減を認めるものであることを理由に，否定している。
7) 旧借家法7条についてであるが，新版注釈民法(15)〔増補版〕796頁以下〔篠塚昭次〕参照。

2 居住目的でされる建物賃貸借契約の消費者契約該当性

消費者契約法10条が適用されるためには,【設問2】ではC・D間の賃貸借契約が,【設問4】ではG・H間の賃貸借契約が,消費者契約に該当する必要がある。

消費者契約とは,事業者と消費者との間の(労働契約を除く)契約をいう(消費契約2条3項・48条)。そして,事業者とは,法人または事業としてもしくは事業のために契約当事者となる個人をいい(消費契約2条2項),消費者とは,それ以外の個人をいう(同条1項)。CとGは,いずれも個人であり,かつ,居住目的で契約を締結しているから,消費者に該当する。DとHは,個人であるが,賃貸用建物の賃貸借は営利性のある継続的行為であることから事業性が肯定され[8],事業者にあたると解される。したがって,C・D間の賃貸借契約,G・H間の賃貸借契約は,消費者契約に該当する。

3 特約の消費者契約法10条前段該当性

(1) 消費者契約法10条は,消費者契約における契約条項を,次の2つの要件が充たされるときに無効とする。第1に,その条項が任意規定の適用に比して消費者にとって不利益になるものであること(以下,「法10条前段該当性」)である。第2に,その不利益が信義則に反して一方的に消費者の利益を害することにあたること(以下,「法10条後段該当性」)である[9]。

(2) 法10条前段該当性が認められるためには,次の2つが肯定されなければならない。第1に,契約条項が「公の秩序に関しない規定」(「任意規定」)と異なる定めをするものであることである。第2に,任意規定からのその逸脱が

---

[8] 消費者契約法における事業性の判断基準については,山本・講義Ⅰ280頁以下を参照。もっとも,そこでは,消費者契約法における事業性は,同種の行為の反復継続性に加えて,当該行為に営利性または専門性があるときに認められるとし,営利性に関して,賃貸アパートを経営する個人がアパートの修繕を工務店に依頼する場合を例に挙げて,依頼人が個人であっても,その経営から得られる収入が賃貸人の生計や活動の主要な原資になっている場合に事業性が肯定されると述べられている(同書282頁)。

[9] 消費者契約法10条は1文から成るため,「前段」「後段」というのは通常の用法と異なるが,この問題については一般的にみられる表現であるため,ここではそれに従っている。
　なお,居住目的の建物賃貸借契約における特約への消費者契約法10条の適用に関する以下の検討については,佐久間毅「建物賃貸借契約における一時金支払の特約と消費者契約法」金法

消費者にとって不利益になることである。

　ここにいう任意規定とは何かについて，2つの考え方がある[10]。1つは，法律に明文で定められたものを指すとする考え方である。もう1つは，法律の規定のほか，判例等で一般に認められた不文の任意法規や契約に関する一般法理も含むとする考え方である。最高裁は，近時，後者の考え方を採ることを明らかにした[11]。

　(3)　民法その他の法律に，建物賃貸借契約において敷引金や更新料は授受されないことが原則であるとする規定は存在しない。したがって，前者の考え方による場合には，敷引特約や更新料特約が消費者契約法10条によって無効とされることはない。それに対し，後者の考え方による場合には，敷引金や更新料は授受されないことが法の原則であるならば，敷引特約や更新料特約は，任意規定と異なる定めをするものであり，しかも，任意規定においては認められない債務を消費者に負わせるものであるから，法10条前段該当性が肯定される。

　(4)　そこで，後者の見解においては，敷引特約や更新料特約に関して任意規定があるのかが問題になる。

　敷引金や更新料が賃貸借の一種の対価であるとすると，賃借人は対価の支払をしなくてよいとする規定があろうはずはない。もっとも，賃貸借における使用収益の対価は賃料とされている（民601条）から，賃料以外の名目での対価支払は，民法が予定していることとはいえない。民法以外の法律にも不文の法規にも，賃料以外の名目での対価支払を積極的に認めるものはない[12]。そこで，契約条項が法原則として承認されている事柄に合致しない場合には任意規定からの逸脱を認めるとするならば，敷引特約や更新料特約は任意規定から逸

　　1963号（2013年）50頁も参照。また，後藤巻則「消費者契約法10条の前段要件と後段要件の関係について」松本恒雄先生還暦記念『民事法の現代的課題』（商事法務，2012年）57頁以下では，同様の問題について，本稿と全く異なる基本的立場からの検討がされている。
10)　山本・講義Ⅰ309頁以下参照。
11)　判決③は，この旨を明言している。判決①・判決②では，直接言及されているわけではないが，後者の考え方を前提としなければ成り立たない判断が示されている。
12)　建物の賃貸借契約において，権利金，礼金，保証金，敷引金，更新料など，各種の一時金支払の合意がされることは全く珍しいことではない。しかし，それは，事実の問題であり，任意規定の存在を示すものではない。

脱した契約条項となる。判決③は，更新料特約について，「賃貸借契約は，賃貸人が物件を賃借人に使用させることを約し，賃借人がこれに対して賃料を支払うことを約することによって効力を生ずる（民法601条）のであるから，更新料条項は，一般的には賃貸借契約の要素を構成しない債務を特約により賃借人に負わせるという意味において，任意規定の適用による場合に比し，消費者である賃借人の義務を加重するものに当たるというべきである」としている。これは，契約条項の任意規定からの逸脱を前述のように判断するのであれば，首肯しうるところであろう[13]。

しかしながら，判決③の考え方には，契約自由の原則に反する疑いがある。法の原則と解すべき規範が具体的に形成されていない事柄については，契約自由にゆだねることが法の原則ではないか，ということである。また，判決③の考え方によると，新種の契約における契約条項はすべて任意規定と異なるものとされ，消費者契約法10条の適用対象になりかねない。そのような帰結が妥当であるのかにも，疑問がある。さらに，敷引金や更新料が対価としての性格をも有するならば，対価に関連する契約条項を消費者契約法10条によって規制することが適当か，という問題もある[14]。

(5) こういったことから，判決③のような考え方を契約一般において採ることを支持することはできない。しかしながら，建物賃貸借契約における対価性のある一時金支払の契約条項については，特殊な事情があり，法10条前段該当性が認められてよいと思われる。

建物賃貸借については借地借家法32条1項が賃料増減請求権を認めている。この規定の目的は，対価の不当性を実質的に除去することにあり，賃料名目で授受される対価の不相当性のみを除去することにあるのではない。ところが，賃料と異なる形式で授受される金銭については，対価的性格があるものであっ

---

[13] 特約の法10条前段該当性について，判決①では，契約当事者の合意の内容（通常損耗補修費用を敷引金によって賄うとされていた）を反映して，判決③と異なる理由づけがされている。判決②では，特約の法10条前段該当性は肯定されているが，その判断の理由は明らかではない。

[14] この問題については，山本豊「借家の敷引条項に関する最高裁判決を読み解く――中間条項規制法理の消費者契約法10条への進出」NBL 954号（2011年）21頁，桑岡和久・民商146巻1号（2012年）100頁，後藤・前掲注9)を参照。

[15] 判決①における法10条後段該当性の判断がこのようなものであることを指摘するものとして，丸山絵美子・平成23年度重判解（ジュリ1440号）65頁。また，大澤彩・セレクト2011[Ⅰ]（法

ても，同項による規制が及ばない。ここにおいて，建物賃貸借契約については，賃料以外の形式での対価的性格のある金銭の支払は法律上原則として予定されていないことが示されていると解される。そして，賃料は借地借家法32条1項による対価規制の対象になるのに対して，特約による一時金については同項の規制が直接には及ばない。また，一時金の定めがあるために，同項による賃料減額の可否の判断も難しくなる。これは，実質的対価の減額を求めて争おうとする場合に賃借人にとって不利になる，ということである。そこで，建物賃貸借契約において賃借人に一時金の支払を義務づける特約については，法10条前段該当性が肯定される。

4　特約の消費者契約法10条後段該当性

(1)　法10条前段該当性が肯定されるならば，次に，法10条後段該当性が問題になる。この点について，判決①～判決③は，それぞれの事案における特約の違いを反映して微妙に異なった判断を示しているものの，一時金の額が不当に過大なものとなっていないかを判断の基本とする点で共通している[15]。そのうえで，一時金の額が賃料の3.5倍程度までの場合につき，法10条後段該当性が否定されている[16]。

(2)　判決①～判決③のこの判断については，一時金の額の過大性のみを問題とし，当事者の主観的態様を問題としない点でのみ暴利行為規制と異なるようにみえ，法10条前段該当性の肯定という評価を法10条後段該当性の判断において（十分に）考慮しようとしないものであり不当である，という批判がされている[17]。

しかしながら，消費者契約法10条は，前段要件が充たされる条項について，その条項による消費者の不利益の程度が信義則に反するほど重大であると認め

　　教377号別冊付録）21頁は，判決③の判断枠組みを判決①・判決②の判断枠組みとほぼ同様であるとしている。
16)　一時金の額が賃料額の何倍であるかということのみによって判断されているわけではない（詳細については，各判決を参照）。もっとも，賃料額について当事者のいずれからも特段の主張がされなければ，賃料額は相当であると推測されるため，賃料額との比較によって一時金の不相当性についておおよその判断をすることはできるだろう。
17)　丸山・前掲注15)65頁ほか。

られる場合に条項を無効とする，という構造になっている。前段要件を充たす特約の信義則違反性が判断される際には種々の事情が考慮され，そのなかに前段該当性の判断の基礎とされた任意規定の標準規範性の程度も含まれる。この点で，前段該当性の判断が後段該当性の判断に影響を及ぼすことになるが，前段該当性の肯定が後段該当性の判断に実際に影響する程度について，特約がどのような任意規定からどの点でかい離するものであるかを抜きにして一般的に考えることはできない[18]。そして，一時金を賃貸借契約の対価の一種と位置づけ，その支払債務が民法上賃貸借契約の要素とはされていないことをもって法10条前段該当性を肯定する場合には，賃借人がその債務の負担によって実質的に不利益を被るか否かは全く判断されていないのであるから，法10条前段該当性の肯定が法10条後段該当性の判断に影響を及ぼさないことは当然である[19]。

(3) 法10条前段該当性を3(5)のように捉えるならば，敷引特約や更新料特約には，借地借家法32条1項の適用を直接的には免れる形で一種の対価を徴収する点に不当性がある。そして，同項は，対価の総体としての不相当性を排除することを目的として賃料を規制するものと解され，かつ，賃料が不相当に過大になったと認められる場合には相当額への減額を認めるものである。そうであるとすれば，賃料以外の形式で支払われる一時金について，同項に照らして不相当に過大な金額の支払を賃借人にさせることは，法律上許されていないと解される。したがって，同項の賃料減額請求が認められる趣旨に照らして一時金の額が過大と認められる場合には，その一時金の根拠となる特約は，信義則に反して消費者の利益を一方的に害することになると考えられる。なお，このような判断によって一時金が不相当に過大と認められるときには，その一時金の根拠となった特約は，原則として，その過大部分に限って無効とされるべきことになる。

(4) 以上に述べたことによれば，【設問2】と【設問4】における特約の効力

[18] 山本(豊)・前掲注14)16頁は，「後段要件こそが10条の要諦であって，なおかつ，前段要件（つまり，任意規定を消費者の不利に変更していること）だけで後段要件が推定されるという考え方……には慎重でなければならない」とする。
[19] 山本・講義Ⅰ309頁は，消費者契約法10条の任意規定は不文の任意法規を含むと解するならば，「任意法規からの逸脱という基準は，限定としての意味をほとんど持たないことになる」と

は，次のようになる。

　【設問2】【設問4】では，一時金の額はいずれも賃料額の2倍にとどまり，賃料額も同一建物内の同種物件のそれと比較して高額とはいえない。このため，判決①〜判決③に従うならば，法10条後段該当性が肯定されることはないだろう。

　これに対し，(3)に述べた考え方によれば，一時金の支払によって賃料と合わせた支払総額が，借地借家法32条1項の趣旨に照らして不相当に過大になったかどうかが問題になる。同一建物内の賃貸借の契約条件とも比較しなければ確定的なことはいえないが，一時金を加えても他と比較して不相当に過大な額とはいえない可能性が高い。また，【設問2】【設問4】のいずれにおいても，契約締結後の事情の変化により賃借人の債務が過大になったとは認められないから，この点でも，法10条後段該当性が肯定されることはないだろう。

　(5)　【設問3】については，賃料の設定の仕方が特殊であり，その点が問題となる。初回賃料と以後の賃料の差額にあたる金額を一時金として支払わせる特約が無効とされるべき場合には，【設問3】のような初回賃料額の合意を脱法的であるとして一部無効とすることはありうるだろう。しかしながら，賃貸借の期間によって賃料額が異なり，短期であるほど割高になりうることは，常識に属することといえよう。そうであるとすれば，【設問3】のような賃料の設定の仕方を不当ということはできない[20]。そして，初回賃料がかなり高額であっても，賃借人がそれを明確に認識し，不当な干渉を受けることなく合意したのであれば，その金額を不当とする理由もないはずである。

　そうなると，ひるがえって，実質的に同じ結果が一時金支払の特約によって実現される場合に，その特約の効力に関する前述のような判断の仕方をどのようにみるかが問題になる。賃借人が，賃料の額のほかに，一時金の額と支払条件を明確に認識し，不当な干渉を受けることなく合意していた場合に，賃料以外の名目による一種の対価の徴収であることの，どの点にどの程度の不当性を

　　する。前段要件を実質的に無意味化することの当否は問題になるものの，逸脱の認定の仕方によっては，そのとおりと思われる。そして，判決①〜判決③の法10条前段該当性の判断は，これにあたるといえるだろう。
[20]　なお，期間の定めがあっても，賃借人は一定の予告期間を経れば中途解約をすることができるとする特約が，一般化している。

認めるのか，である。私は，その合意の時以降に賃貸借をめぐる諸事情に変化がない限り，それを不当とすべきではないと考える。

Ⅳ　更新料不払の効果

更新料特約には，消費者契約法上の問題のほかに，借地借家法30条に反する可能性が指摘されている[21]。借地借家法26条において法定更新が定められているところ，更新料特約は更新料を支払わなければ更新をすることができないという誤解を招くことがあり，また，更新料の負担が更新を断念させる方向にも働きうるという意味で，更新料特約は賃借人に不利な特約にあたるのではないか，ということである。

更新料特約には，確かにそのような面がある。しかしながら，更新料の不払によって更新が妨げられるわけではない。その不払は，賃貸借契約上の債務不履行として，信頼関係破壊の法理に照らした契約解除，その後の更新に際して更新拒絶の正当事由（借地借家28条）の判断に影響を及ぼすにとどまる。そして，それらの判断において，更新料の相当性も考慮されるから，更新料特約一般を借地借家法30条に反して無効ということはできないと思われる。

【設問4】において，G・H間の更新料特約が有効であるとすれば，Gには賃貸借契約上の債務不履行があることになる。そして，更新料が賃貸借における一種の対価であるとすれば，その不履行は賃料債務の不履行と同様に評価されてしかるべきである。ところで，賃料不払の場合に解除が認められるか否かについては，個別の事案ごとに，不払の回数，金額，不払の理由，賃借人の対応などを総合考慮して，背信性不存在の抗弁が成り立つかどうかが判断されている。そのため，11か月分の不払があっても背信性の不存在が認められて解除が無効とされた例[22]もあれば，2か月分の不払による解除が有効とされた例[23]もある。【設問4】では，不払額が賃料2か月分に相当すること，債務を認識しながらの不払であることといった点からは，解除が有効とされることもありうる。もっとも，不払額の大小の評価は微妙であること，不払の回数は1

---

21) 磯村保・平成23年度重判解（ジュリ1440号）67頁。
22) 東京地判昭和63・6・28判タ687号184頁。
23) 最判昭和36・2・24民集15巻2号304頁。

回であり，賃料は毎月支払われていることからすれば，Hにとって，更新料に関する争いさえ決着がつけばGとの賃貸借を継続しがたいような不利益があるとはいえないように思われる。そうであれば，解除は認められないとされる可能性も十分あるだろう。

V　おわりに

　甲建物は，私の自宅近くにあるマンションをモデルにしている。そのマンションの住戸を借りようとする場合，不動産仲介業者などの広告に示されている賃料・一時金などの契約条件は，その物件にこだわらないという素振りをみせるだけで，すぐに下がる（賃借人に有利になる）ことが珍しくない。このような状況は，近傍の同種の物件にも広くみられる。他方で，そのマンションに隣接する築10年程度の分譲マンションの住戸は，賃貸市場にあまり出ず，出れば甲建物に比べて1.5倍程度の広さの住戸が2.5〜3倍の賃料額でもすぐに借り手がつくようである。これが，人口150万人弱の京都市の，最大の繁華街の徒歩圏にあり，文教施設等も整った利便性の高い場所における，賃貸住宅市場の状況である。総務省による平成20年住宅・土地統計調査によると，わが国の空家率は40年以上前から一貫して上昇しており，平成20年には13％超となっている。また，国土交通省住宅局「民間賃貸住宅を巡る現状と課題」（平成21年2月24日）によると，民間賃貸住宅の空家率は，昭和63年以降一貫して上昇しており，平成15年時点で22.4％である。これらをみれば，甲建物のような状況が全国的にみても特殊でないことは，想像に難くないであろう。

　借家の法律関係は，私人間の契約関係でありながら社会法的考慮がされるべき代表例であると，長くされてきたといえよう（もっとも，借地借家法の制定により，旧借家法に比べれば契約への規制は緩められた）。これは，とくに高度経済成長期までの，住宅の需給関係がひっ迫していた社会状況においては，適切であったと考えられる。しかしながら，市場の状況が大きく変わり，人口の大幅減少も確実視される今後においても，借家人を社会的弱者と位置づけて一律に保護すること，そのために私人間の借家契約一般に法的に強く介入することが適切であり続けるのかは，考えられてよいように思う。

16 「損していいのは誰？」

●事例

　運動用品の販売を業とするAは，新たにスポーツクラブの経営に乗り出す計画を立てたが，建物を自身で建てる余裕まではなかったため，1993年2月，不動産の賃貸・管理を業とするBに協力を仰いだ。AがBに示した案は，Bの建物をAが賃借し，ここに機器を設置してスポーツクラブを営業し，売上げの50％を賃料としてBに支払うというもので，Aからは，法人会員契約の打診も複数受けているため売上げは月額2000万円を下回らないとの試算も提示された。この話に興味をもったBは，自身は適当な物件を有していなかったが，他者の物件を賃借して施設を調達しようと考え，運送業を営むCに，C所有の倉庫のうち甲建物をスポーツ施設に改装し自己に賃借してくれないか打診した。当初は難色を示していたCも，Bの再三の説得により，甲建物の改装費用6000万円と郊外に新たに倉庫を建設する費用8000万円につき銀行から融資を受けた場合の毎月の返済が確保でき，Cに利益が生ずるだけの賃料なら応じてもよい，と返答するにいたった。そこでBは，改装費用のうち壁面塗装工事分1200万円をBが負担すればCの銀行への返済を月額650万円にできると見積もり，不動産賃貸価格の相場も勘案しつつ，Cに次のような契約を提案し，Cもこれを了承した。すなわち，①スポーツ施設に改装した甲建物をBがCから賃借する，②BがCに支払う賃料月額は800万円とし契約期間中値下げはしない，③Bは甲建物を営業に必要な範囲で管理改修し，一括して第三者に転貸できる，④賃貸借期間は引渡日から18年とし，BまたはCが期間満了の6か月前に相手方に解約を申し入れなかった場合は自動的に延長する等である。

　甲建物の改装工事が終わった1993年8月，B・C間で上記の内容の賃貸借契約が正式に締結されて甲建物の引渡しがなされ，同日には，A・B間でも，賃料をAの売上げの50％とするほかは，B・C間の賃貸借とほぼ同じ内容とする転貸借契約が締結された。こうしてAのスポーツクラブは開業したが，その後の不景気でAの業績は悪化し，次のような状況が生じた（設問はそれ

それ独立の問いである）。

【設問1】　AからBに支払われる賃料月額が600万円にまで落ち込んだため，2004年3月，BはCに対して賃料を500万円に減額するよう求めた。これは認められるか。

【設問2】　AがBに支払う賃料が減少したため，BはCに賃料の減額を求めたが，Cがこれに応じないため，2005年3月，BはCに対する賃料の支払を停止した。Cの再三の催告にもかかわらずBの不払が続いたため，同年10月，Cは，賃貸借契約を解除する旨Bに通知し，Aに賃貸借契約を直接結ばないかと打診してきた。この後，BのAに対する転貸賃料の支払請求を，なお甲建物で営業を続けているAは拒むことができるか。

【設問3】　Cが賃料の減額に応じないので，Bは2011年8月の期間満了時に契約を更新しないことを決め，同年2月にその旨をCに通知した。折しも甲建物をダンススタジオとして利用したいといってきた者があったこともあり，Cはこれを了承した。Cは，同年9月，Aに対してB・C間の賃貸借契約の終了を通知し，2012年5月に甲建物の明渡しを請求した。これは認められるか。

● CHECK POINT

□ 共同事業性のある賃貸借における賃料減額請求
□ 賃貸借解除の転貸借への影響
□ 賃貸借終了による転借人への明渡請求

● 解説

I　はじめに

1　転貸借関係をめぐる諸問題

　本書事例⑰では，請負契約―下請負契約における，「親亀こけたら皆こけた」という法状況が解説される。詳しくはそこでの叙述に委ねるが，賃借人が賃貸借の目的物を第三者に賃貸する転貸借契約も，賃貸借契約の存在を前提とし，賃借人が有する権利の範囲内で成り立つものである以上，やはり親亀（＝賃貸借）がコケたら子亀（＝転貸借）もコケる構造となっている。すなわち，賃貸借契約が終了すれば，転借人は転借権を賃貸人に対抗できず，賃貸人による目的物の返還請求に応じなければならなくなるのが原則である[1]。

　しかし，転借人が賃貸人との関係で有効に転借権を取得するには賃貸人の承諾がなければならず（612条1項），そうして賃貸人が転借人の存在を認めた転貸借である以上は，賃貸人が賃借人との間で生じた事情により転貸借関係を常に覆せるとしてよいかは疑問となる。賃貸借契約が終了し賃借人が退いた後でも，いわば「ダルマ落とし」の要領で，賃貸人と転借人との間でなお賃貸借関係を継続させ，転借人をコケさせない措置を講じることも，場合によっては要請されよう。以下では，転貸借の事例を通じて，継続的かつ連鎖的な契約関係における法的問題の一端を検討することとしたい。

　賃貸借契約の終了が転貸借関係に及ぼす影響として，【設問2】では転貸人と転借人の間の転貸借契約の帰趨が，【設問3】では賃貸人から転借人に対す

---

1)　借地借家法34条も，賃貸借が終了すれば転借人は明渡しを余儀なくされることを前提とした上で，転借人に一定の保護を与えようとしたものである。

る明渡請求の可否が問題となっている。また，【設問1】の賃料減額については，継続的契約であるがゆえの問題であると同時に，転貸借が賃貸借に及ぼす影響という視点でとらえることもできる。

2　サブリースとは

　事例の検討に入る前に，ここでサブリースという契約形態について紹介をしておこう。サブリースとは，不動産業者（ディベロッパー）が転貸事業を行うため，不動産所有者（オーナー）の建てた建物を一括して賃借する契約である。不動産を保有するが収益を得るノウハウをもたないオーナーとしては，空室等のリスクを回避して安定した賃料収入を得ることができ，他方，不動産業者も，自身で物件を取得しなくても事業を展開し賃料と転貸料の差額で利益を上げられるというメリットをそれぞれにもっている。多くは，不動産業者の勧誘から始まり，その指示のもと，土地所有者が金融機関から融資を受けるなどして目的物件を建てることとなる。また従前の例では，契約中に賃料自動増額や賃料保証の特約が入れられるのが一般的で，賃料の減額は想定されていなかった。土地所有者としては，これによって建物建設のため受けた融資の返済を安定的に行えるようになるわけである。

　サブリースについては，後述するように，借地借家法の適用のある賃貸借といえるのか，その法的性質がさかんに議論されてきた。また，賃借人との協力関係のもと，転貸借をあらかじめ予定し，建物もそのために建設されることからすると，賃貸人は，転貸の承諾をするという以上に，転貸借契約の成立に積極的かつ密接な関わりをもっているといえ，このことは転貸借の存続に対する責任の議論にも一定の影響を及ぼすと考えられる。

　本事例におけるB・C間の賃貸借は，BからAへの転貸を前提として結ばれたものであり，その意味ではサブリースの一例といえる。しかし後にも述べるように，本事例では，賃貸借関係にあるB・Cよりも，転貸借関係にあるB・Aにおいて，より強い共同事業性をみてとることができ，この点が典型的なサブリースの事案とはやや趣を異にしている。サブリースをめぐって展開されてきた議論がどこまで本事例にも妥当するか，という観点からも，以下考察をすすめていきたい。

II　賃料減額請求の可否

1　借地借家法32条の賃料増減請求

　賃貸借契約は，長期にわたる契約であり，また不動産市況の変動の影響も受けるものであることから，時の経過とともに契約当初に約定された賃料が不相当となる事態も想定される。そこで借地借家法32条に規定されたのが賃料増減請求権であり，約定賃料が公租公課の増減や，土地建物の価格の変動その他の経済事情の変動により，または近傍同種の建物賃料等に比較して不相当となったときは，一方的意思表示によって，賃料を将来に向かって相当な金額に改定できるものとされている。同条は強行規定であり，借地借家法が適用される賃貸借契約である限り，約定でこれを排除することはできない[2]。

2　サブリースをめぐる議論

　1980年代，不動産業界ではサブリース事業が積極的に展開されていたが，バブル崩壊後は，不動産業者の収受する転貸料が賃貸人に支払う賃料を下回る事態となったために，バブル期に約定された高額の賃料の減額を求める訴訟が多数提起された。そこで，不動産業者からの賃料減額の主張を認めてよいのか，すなわち借地借家法32条がサブリースにも適用されるのかが議論されるようになった。

　訴訟となった事例はいずれも，形式的には借地借家法32条の定める減額請求の要件を満たすものではあった。しかし，オーナーは，不動産業者から勧誘された際，賃料保証があるといわれ，その前提で金融機関から建設資金の融資も受けたのに，賃料を減額されてしまってはその返済もできなくなってしまう。そもそも借地借家法は立場の弱い賃借人を保護する趣旨のものであり，そのことは，不増額特約があるときは増額ができないとされていること（32条1項た

---

[2]　借地借家法32条1項の強行法規性は，同条の「契約の条件にかかわらず」という文言にあらわされている。我妻・講義V₂507頁等。

[3]　例えば，平井宜雄「いわゆる継続的契約に関する一考察」星野英一先生古稀祝賀『日本民法学の形成と課題(下)』〔有斐閣，1996年〕697頁，下森定「サブリース契約の法的性質と借地借家法32条適用の可否(3・完)」金法1565号（1999年）57頁，鈴木禄弥「いわゆるサブリースの法的性質と賃料減額請求の可否」ジュリ1151号（1999年）94頁等。

だし書）にもうかがえる。この点，サブリースでは，賃借人は業界大手の不動産業者であり，不動産業において素人ともいうべきオーナーこそ保護に値するともいえる。こうした実態も踏まえつつ，サブリースは，共同事業として行われる無名契約であって，借地借家法が適用される賃貸借契約にはあたらず，ゆえに 32 条の適用による減額請求は認められない，との見解が有力に展開されていた[3]。

　しかし，最高裁平成 15 年 10 月 21 日判決（民集 57 巻 9 号 1213 頁――以下「平成 15 年判決」という）は，サブリースも使用収益の対価として賃料を支払うという内容が含まれている以上，賃貸借契約なのは明らかであるとして，借地借家法 32 条の適用はあるとの判断を示した。しかしだからといって，ただちに減額が認められるとしたわけではない。実際に減額請求が認められるか否かを判断するにあたっては，賃貸借契約の当事者が賃料額決定の要素とした事情その他諸般の事情を総合的に考慮すべきであるとし，その具体例として，賃料額が決定されるにいたった経緯や賃料自動増額特約が付されるにいたった事情，賃借人の転貸事業における収支予測に関わる事情，賃貸人の敷金および銀行借入金の返済の予定に関わる事情等をあげている[4]。

　一口にサブリースといっても様々なタイプのものがある[5]。サブリースであることの一事をもって一切減額が認められないとするのではなく，個別事案ごと実態に応じ減額の当否を判断できる柔軟な判断枠組みを最高裁は提示したと評価することができるであろう。

3　【設問 1】で考慮されるべき事情とは

　では，平成 15 年判決が示した判断を踏まえると，【設問 1】における B の減額請求はどのように処理されるべきか。借地借家法 32 条では，経済事情の変動に起因して，あるいは近傍同種の建物の賃料と比較して，相場よりも高くなっていることが減額請求の要件とされているから，B の請求が，単に A の業績

---

[4]　同旨を述べるものとして，最判平成 15・10・21 判時 1844 号 50 頁，最判平成 15・10・23 判時 1844 号 54 頁，最判平成 16・11・8 判時 1883 号 52 頁等。

[5]　澤野順彦「サブリースにおける賃料減額請求」塩崎勤＝澤野順彦編『裁判実務体系(23)』（青林書院，1995 年）472 頁では，サブリース契約には総合事業受託方式，賃貸事業受託方式，転貸方式の 3 類型があるとされている。

不振でBの賃料収入が減少したというだけの理由によるのだとすれば，それは認められない。甲建物の用途が特殊なだけに近傍同種の建物との比較には困難があろうが，仮に同種の建物の賃料相場をきちんと算出でき，また，賃料が不相当になっていることが不動産市況の変動によって生じたことを主張できたなら，減額が認められる余地も生じよう。ただ，その場合でも，どの程度までの減額が認められるのかは判断が分かれうる。

　Bの支払うべき賃料は，Cの銀行への返済額である650万円を下回ってはならず，毎月Bにおいて生ずる50万円の損失もB自身が甘受すべきと解する向きもあろう。ただ，このようにCに一切不利益を及ぼすべきではないとするのは行き過ぎとも思われる。Bから持ちかけてきた話とはいえ，CもBとともに利益を得ようとしていたのは事実であるから，B・C間に共同事業的要素がないわけではなく，そうであるならばCも賃料減少のリスクを覚悟すべき立場にあったといえる。また，銀行からの融資を得て自身の所有物件に付加した価値を，Bの犠牲の上に返済金を確保させてまで，自身のもとにとどめられるとする必要はない。とくに本事例では，返済月額650万円の中に倉庫の新築分も含まれている。このように，B・C間の結びつき，あるいは事業を営む者としてのCの立場を重視するならば，650万円を下回る賃料月額とすることも考えられてよい。

4　減額請求を全否定する可能性

　他方で，契約条項の提案をしたBの責任を重くみて，不利益はすべてBに帰せしめるべきで減額は一切認められない，とする考え方もありうる。

　前述したサブリースにおける賃料減額の紛争は，要するに，不動産相場の下落により生じた負の遺産を賃貸人と賃借人のいずれに分配すべきかが問題となったものである。不動産相場の下落という事態は日本経済がそれまで経験したことがなく，専門家である不動産業者すら予想不可能であったとされており[6]，だからこそ，リスク分配，賃料減額の可否の判断は困難をきわめたといえる。

---

6)　バブル崩壊の予測可能性については，近江幸治・リマークス30号（2005年）40頁およびそこでの引用を参照されたい。

7)　例えば，東京地判平成10・3・23判時1670号37頁は，すでに不動産価格の下落が始まっていた時期に不動産業者が積極的に持ち込んで結ばれた最低賃料保証の入ったサブリース契約におい

減額を認めなかった裁判例の中には，契約締結にいたる事情や契約期間の短さのほか，契約締結の時期を考慮に入れたものもみられる[7]。これは，バブル景気がピークに達した後に契約が結ばれた事例では，相場の下落は予想できなかったとまではいえないから，不減額特約を提示した不動産業者がリスクを負担すべきとの趣旨にかかるものである。実際の裁判例では，こうした微妙な判断要素を種々積み重ね，減額の可否が決せられていた。

一方，本事例の場合，将来的にＡの経営が悪化する可能性は，一般的にみても当然予想できるレベルのものといえる。Ｂは，Ａとの間では転貸料についてＡの営業利益に連動させる方式をとっていたにもかかわらず，Ｃとの間ではあえて賃料を定額にしたのは，自身において営業利益の変動のリスクを引き受けることを前提に，Ｃと契約を結んだとみてよいのではないか。そうだとすれば，リスクをＢが引き受けることを盛り込んだ契約であることは，減額請求の可否を判断する上で，最も重視されるべき要素になるとも考えられる。

サブリースへの32条の適用に消極的な立場には，サブリースをどのように性質決定しようとも，あくまでどちらがリスクを負担するかの問題であり，たとえ32条が強行規定であったとしても，リスク引受けの合意が無効とならない限りは，明示的に折り込まれたリスクに適用することはできない，と述べるものがある[8]。この指摘は，とりわけ本事例を考えるにあっては，看過しえないものとなるように思われる。

Ⅲ 賃貸借契約の解除と転貸人の賃料支払請求

1 転貸借契約の終了時期をめぐって

次に【設問2】の検討に移ろう。賃借人の債務不履行により賃貸借契約が解除されたとき，賃貸人の承諾を得てなされていた転貸借はどのような影響を受けるか。転借人の賃貸人との関係についていえば，転貸借が賃貸人に対抗しえないものとなる結果，賃貸人は転借人に対して目的物の明渡しを請求すること

　て，契約から2年余りで事業の収支が成り立たなくなった場合の賃料減額請求を，信義則に反するとして認めなかった。

8) 内田貴・平成15年度重判解（ジュリ1269号）82頁，同・民法判例百選Ⅱ〔第6版〕131頁等。

ができるほか，目的物の使用収益につき不法行為に基づく損害賠償請求や不当利得返還請求をなしうることとなる[9]。

　他方，【設問2】で問われているのは転借人の転貸人との関係である。転貸人の転借人に対する転貸賃料の支払請求の可否については，転貸借契約の終了時期をいつとみるかで結論が変わりうる。学説には，①当然終了説（賃貸借が解除された時点で転貸借が当然に終了する），②返還請求時説（賃貸人から返還請求がなされた時に転貸人の債務が履行不能になり転貸借が終了する），③用益不能時説（履行不能となる時期を，明渡請求を容認する判決の確定やそれに基づく強制執行があった場合，賃貸人と転貸人の間で新たに賃貸借契約が締結された場合など，転貸人が転借人に用益をさせられなくなった時とみる），④解除必要説（解除の意思表示がなければ転貸借契約は消滅しない）等の見解がある[10]。

2　最高裁平成9年判決

　この問題が扱われたのが，最高裁平成9年2月25日判決（民集51巻2号398頁——以下「平成9年判決」という）である。事案は次のようなものであった。xがaからスーパー店舗用の建物を賃料月額80万円で賃借し，aの承諾を得てスイミングスクール用の施設に改造した上でyに賃料月額380万円で転貸していたが，xの賃料不払を理由に，aによりa・x間の賃貸借契約が解除された。aからyに対する明渡請求訴訟が提起されたため，yがxへの転貸賃料の支払を停止したところ，xがその支払を求める訴えを提起した。

　原審は，xが目的物を使用させる権限を有しない場合であっても，x・y間の転貸借そのものは有効に成立しうるから，yは，現に目的物の使用収益を継続している限り，賃料の支払義務を免れることはできないとした。これに対し最高裁は，上記②説をとり，xの請求を斥けた。その理由としては，第1に，転貸借関係では，転借人が目的物の使用収益につき賃貸人に対抗しうる権原（転借権）を有することが重要である（事実上転借人が使用収益できていたとしても転貸人の債務が履行されていることにはならない）こと，第2に，賃貸人が転

---

[9]　実際どのような場合に不法行為や不当利得に基づく請求をなしうるのかについては見解が分かれる。この点については，山下郁夫・最判解民事篇平成9年度235頁以下の（注5）・（注6）の叙述およびそこでの引用文献を参照されたい。

[10]　学説の詳細および出典については，鎌田薫・民法判例百選Ⅱ〔第6版〕127頁等を参照されたい。

借人に対して直接目的物の返還を請求した時は，転借人は目的物の使用収益について，不法行為による損害賠償義務や不当利得返還義務を免れられない（転貸料の支払義務を認めると転借人に二重の負担を強いることになる）こと，第3に，賃貸人が転借人に直接目的物の返還を請求するにいたった以上，転貸人が賃貸人と再び賃貸借契約を締結するなどして転借人が転借権を対抗しうる状態を回復することはもはや期待しえないこと等があげられている。

3 返還請求時説以外の見解

転借人がたとえ目的物の使用収益を続けていたとしても，自らの咎により転借権を対抗できないものにした転貸人がなお賃料を請求できるとする原審の結論は，いかにも妥当性を欠くようであり，その意味では最高裁判決のほうが正当のようにも思われる。

返還請求があるまでは転貸借契約が終了しないとする原審の帰結は，あるいは，転借人を不法占有としないための配慮，賃貸借の復活の可能性がある限りでの猶予を与えたとみることもできる。また，賃貸借の解除後に転借人が転貸人にすでに転貸賃料を支払ってしまった場合の問題への対処を考えたものかもしれない。しかし，賃貸人と転借人いずれとの関係においても債務不履行をした転貸人が，なお転借人との関係では転貸賃料を請求できるとするのは，やはり妥当とは思われない。転貸人による転貸賃料の支払請求を封ずるためには，賃貸借が債務不履行解除となった時点で転貸借も終了するとするのが，簡便でありかつ転借人の利益にも叶うと思われる[11]。

なお，平成9年判決に批判的な論者が，同判決の事案の特性を踏まえた主張を展開している点にも注目しておきたい。この事案で，賃貸料に比べて転貸料が非常に高額となっているのは，転貸人xが目的物に大規模な改修を加えている，つまり資本を投下して価値を高めているからであり，転貸人において価値を高められた目的物を現実に使用収益している以上，その対価は転貸人に支払われるべきである，というのである[12]。こうした転貸借関係の形成におい

---

11) もちろん，転借人が賃貸借の解除後に転貸賃料をすでに支払っていた場合にも転借人に不利益が及ばないことが前提である（この点につき，鎌田・前掲注10) 127頁参照）。
12) 辻伸行・判例評論465号（判時1612号）21頁等。

て賃貸人が果たしていた役割の小ささは一考に値しようが、ただ、転貸人の資本投下は、転借人への賃料請求を認めることによってではなく、賃貸人との間の利益調整の問題として処理されるべきであろう。本事例では、Bの投下資本は大きくないけれども、事案によっては、賃貸借契約の終了後に、少なくとも賃貸人と転貸人の間でこうした問題が生ずることに留意が必要である。

4 【設問2】ではどうなるか

さて、【設問2】では、CからAに対する甲建物の返還請求はなされていない。この場合でも、上述した①の当然終了説をとるならば、AはBからの転貸賃料の支払請求を拒めることになろう。では、②の返還請求時説をとる平成9年判決を前提にした場合には、支払請求を拒めないことになるのであろうか。

平成9年判決は、賃貸人から転借人に対して返還請求がすでになされている事案において、転貸人による転貸賃料の支払請求を否定したものであって、返還請求がなされていない場合には支払請求が認められるとは述べていない。また、返還請求のみが社会通念上、履行不能と評価されるべき事態にあたるとしているのでもない。そうであるならば、返還請求がなされていない場合でも、社会通念上、転借権の対抗力回復を不能と評価し、転貸借契約の終了を認める余地を、平成9年判決は排除していないとも解されよう。

【設問2】では、CはAに対して直接に賃貸借契約を締結しようと打診をしてきている。契約締結にいたっていないこの段階では、なおB・C間の賃貸借契約の復活も完全に否定されるものでないとの評価もありえよう（先の③用益不能時説は、この点慎重な判断をするものと考えられる）。ただ、AがCとの賃貸借契約に前向きであるなら、Bがこれを妨げられる立場にない以上、転貸賃料の請求を拒むことは、この段階でも認められてよいように思われる。

Ⅳ 期間満了による賃貸借の終了と転借人への明渡請求

1 明渡請求に関する判例法理

賃貸借が終了した時の賃貸人から転借人に対する明渡請求について、判例は、

---

13) 大判昭和10・11・18民集14巻1845頁、最判昭和36・12・21民集15巻12号3243頁等。

賃借人の債務不履行による解除に基づく場合は肯定するが[13]，合意解除による場合は，398条や信義則等を根拠として否定している[14]。【設問3】では，賃借人の更新拒絶により賃貸借契約が終了したものであるが，この場合は，債務不履行解除と合意解除のいずれと同じ結論がとられるべきか。

　合意解除の場合はあくまで例外であって，賃貸借が終了すれば転貸借も終了するのが原則であるとすれば，この場合も明渡請求は認められてよいということになる。また，賃貸人としては賃貸借契約を継続させる意欲をもっていたのに終了のやむなきにいたったのだというニュアンスでとらえる限り，利益状況は債務不履行解除のほうに類似していると評価することもできよう。

2　平成14年判決とその評価

　ところが，最高裁平成14年3月28日判決（民集56巻3号662頁——以下「平成14年判決」という）は，サブリースにかかる事案において，賃貸人から転借人に対する明渡請求を認めなかった。事実の経緯は次のようなものであった。xは，不動産業者aの勧めで，aの転貸事業のため，aの意向を踏まえたビルを，aから建設協力金の預託を受けて建築し，これを期間20年の約定でaに賃貸した。aは，bにこのビルの一室を転貸，bはこれをaの承諾も得てyに再転貸していたが，転貸事業が採算に合わないとして，aは期間満了時にxとの賃貸借の更新を拒絶した。そこで，xは，賃貸借の終了を理由に，yに転貸部分の明渡しを求めた。

　原審は，xによる転貸の承諾はyに対してaの有する賃借権の範囲内で本件転貸部分を使用収益する権限を付与したにすぎないものであるとして，xの請求を認容した。これに対し最高裁は，次のように述べて原審の判断を覆した。「本件再転貸借は，本件賃貸借の存在を前提とするものであるが，……xは，本件再転貸借を承諾したにとどまらず，本件再転貸借の締結に加功し，yによる本件転貸部分……の占有の原因を作出したものというべきであるから，aが更新拒絶の通知をして本件賃貸借が期間満了により終了しても，xは，信義則上，本件賃貸借の終了をもってyに対抗することはできず，yは，本件再転貸借に基づく本件転貸部分……の使用収益を継続することができると解すべきで

---

[14]　大判昭和9・3・7民集13巻278頁，最判昭和38・4・12民集17巻3号460頁等。

ある」。このことは「aの更新拒絶の通知にxの意思が介入する余地がないことによって直ちに左右されるものではない」。

なお，判決理由では，上記「加功」に関して，サブリースの事案であることが強調されている。「xは，建物の建築，賃貸，管理に必要な知識，経験，資力を有するaと共同して事業用ビルの賃貸による収益を得る目的の下に，aから建設協力金の拠出を得て本件ビルを建築し，その全体を一括してaに貸し渡したものであって，本件賃貸借は，aがxの承諾を得て本件ビルの各室を第三者に店舗又は事務所として転貸することを当初から予定して締結されたものであり，xによる転貸の承諾は，賃借人においてすることを予定された賃貸物件の使用を転借人が賃借人に代わってすることを容認するというものではなく，自らは使用することを予定していないaにその知識，経験等を活用して本件ビルを第三者に転貸し収益を上げさせるとともに，xも，各室を個別に賃貸することに伴う煩わしさを免れ，かつ，aから安定的に賃料収入を得るためにされたものというべきである。」

サブリース契約の当事者は，【設問1】のように，ときに減額請求をめぐって対立することもある。しかし，対外的には賃貸人と転貸人とは共同して転貸借事業を営む一体的関係にあるといってよい。そうであるならば，賃貸借契約の終了が，転貸人の側の一方的な意向によるもので，賃貸人の望むところではなかったとしても，賃貸人は，転借人との関係では，転貸人の負っていた使用収益させる義務を果たすべき立場にあるといえよう。

3　平成9年判決との異同を考える

ここであらためて振り返ってみたいのが，【設問2】の検討において参考にした平成9年判決である。この判決は，転貸人の債務不履行による解除の場合には転借権を賃貸人に対抗できないことを前提としたものであった。しかし，この判決の事案も，賃借人が転貸をする前提で賃貸借がなされているのであり，その意味ではサブリースの事案であるといってよい。

同様の事案でありながら平成14年判決と平成9年判決とで異なる帰結が導かれていることを，どう理解したらよいのか。学説には，平成14年判決をもって同じくサブリースに関する平成9年判決は事実上変更されたとみうる余地を指摘するものもあり[15]，さらには，平成15年判決の射程は法定解除の事例

にも及ぶとするものもある¹⁶⁾。ただ，平成15年判決自体は，従前の判例の立場を変更するとは述べていない。

　両判決の事案は，転貸借を事業として展開することを前提として賃貸借が結ばれている点では類似しているものの，両者の間には看過しえない相違があるように思われる。ひとつには，目的物件に対する資本投下を賃貸人と転貸人のいずれがより多く負担しているか，ということである。平成9年判決の事案は，前述のように，転貸借をするために目的物件に施した改修を転貸人の側で主として行っている。それに対して，平成14年判決の事案は，賃貸人自らが建物を建てており，賃貸人がより主体的に転貸人とともに転貸借関係の作出に関わっている。要するに，平成14年判決のいう「加功」というのは，転借人との関係で，賃貸人が転貸人と同様の責任を負わせるに相応しい立場にあるか，すなわち，賃貸人と転貸人との距離の近さを判断させるための指標であると解される。

　転貸借関係の作出に賃貸人が「加功」することは，サブリース以外の転貸借でも十分想定できるものであり，転貸借事例一般の判断基準としても機能しうると考えられる¹⁷⁾。転貸人が（転借人と緊密な関係にある等により）不当に安価な貸料で転貸をしていた場合には，これを賃貸借終了をもって賃貸人に押しつけるのは許されるべきではない¹⁸⁾。もちろん，サブリースの事案であっても，賃貸人が「転貸借締結に加功した」と評価しえない場合には，転借人への明渡請求が認められる余地はあろう。平成9年判決における賃貸人の関わり方の程度では，なお転借人への返還請求を否定されるほどに「加功」したとはいえないものと考える。

---

15) 金山直樹・平成14年度重判解（ジュリ1246号）72頁等。
16) 矢尾渉・ジュリ1238号（2003年）119頁。
17) 平成14年判決が賃貸借一般にも妥当しうる基準となることを指摘するものとして，中田裕康・リマークス27号（2003年）36頁等。
18) 田髙寛貴・法セ575号（2002年）118頁。なお，賃貸借の終了を転借人に対抗できないとされた場合の法律関係については，転借人との関係では転借権を存立させるのに必要な範囲で賃貸借が存続するとの見解も有力ではあるが，賃貸人が賃借人の地位を引き継ぐとするのが多数説である（原田純孝「賃借権の譲渡・転貸」星野英一編集代表『民法講座(5)契約』〔有斐閣，1985年〕376頁参照）。

4 【設問3】ではどうなるか

　本事例の場合も，転貸借を前提とした賃貸借がなされているという意味では，すでに述べたように，サブリースの一事例といってよい。しかし，本事例は，これまでも繰り返し述べてきたように，賃貸人Cと転貸人Bが，転貸借ないし転借人確保のために協力して事業を展開していくというよりも，むしろ転貸人Bと転借人Aの間で計画した事業に後から賃貸人Cが加わる形となっており，また転貸料の設定のされ方からみても，転貸人と転借人の間の距離はきわめて近いといってよい。そうであるならば，賃貸人が目的物件により多くの資本投下をした点は平成14年判決とも類似しているものの，賃貸人が「転貸借の締結に加功」したとはいえず，平成9年判決と同様に転貸人からの明渡請求は，なお認められてよい，との帰結が導ける可能性もある。【設問1】の減額請求は，賃貸借契約の当事者間の争いであるから，B・Cの共同事業性を一定程度考慮することもあってよいが，【設問3】におけるCの明渡請求を否定するためには，転貸借へのCの関与のレベルとして，もう一段の強さが必要となるように思われる。

　なお，平成14年判決が「信義則」に基づき明渡請求を否定したことにもあらわれているように，本事例でも，目的物使用についてのAの利益を犠牲にしてもなおCの明渡請求を認めてよい事情があるといえるか，両者の利害の比較も必要となろう[19]。

V　おわりに

　以上の転貸借の事案の検討において重視したのが，AとB，BとCそれぞれの距離関係である。【設問】にある各局面において，BがAとCのいずれと近い立場にあるかは，結論にも少なからぬ影響を与えるであろうし，しかも何が問題となっているかによって，その距離関係の意味するところは変わってくる。【設問1】におけるBの賃料減額請求にしても，BCが共同事業を展開しているという側面と，ABの事業にCが巻き込まれたという側面のいずれが強

---

[19]　信義則の観点から平成14年判決を分析したものとして，佐藤哲夫・民法判例百選Ⅰ〔第6版〕6頁等参照。

いかによって，Aの業績不振に伴って生ずる不利益をBとCのいずれに被らせるかの判断が異なってこよう。Ⅱの3では相当程度の減額を認める可能性を，4では減額を一切認めない考え方を提示したが，いずれを採るべきかは，実際の事件では，上記のような観点から，より詳細に事実を認定していくことによって決せられることになろう。具体的事案の解決を導くためには，様々な角度から事案の特性を分析していくことが必要になる。

　本事例の検討のなかで主として参考にした3つの判決（平成15年判決，平成9年判決，平成14年判決）は，いずれも「民法判例百選」に取り上げられている重要判決で，読者諸氏にもなじみのあるものであろう。問題は，これら判決の射程をどのように画し，各判決の関係をどうとらえるのかである。【設問2】で取り上げた平成9年判決についても，返還請求の有無がこの問題の結論を左右する絶対の判断基準といってよいのかが慎重に検討されなければならない。また，【設問3】では，平成14年判決と平成9年判決のそれぞれの射程と関係とを，判決の事案も踏まえつつ検討することが要請される。問題となっている事案を解くために判例を参照する際には，判決の述べる言い回しばかりに目を奪われることのないよう，注意を払ってもらいたい。

17 「親亀こけたら皆こけた♪」

●事例

　会社員Aは，自己所有地上に賃貸用建物を建築してアパート経営をするために，平成20年3月20日に建設業者Bと2階建ての鉄骨住宅を建築する工事の請負契約を締結した（以下，「甲契約」という）。甲契約では，竣工時期は同年8月25日，請負代金は3000万円とされ，代金の支払時期は着工時に200万円，同年6月20日に300万円，上棟時1000万円，以後随時出来高払をすることとされていた。また，建築に必要な資材はBが調達することとされていた。

　Bは，同年3月25日，建設業者Cにこの工事を一括して2400万円で請け負わせた。B・C間の契約（以下，「乙契約」という）では，Bは出来高に応じて請負代金を分割して支払うこととされ，建築に必要な資材はCが調達することとされていた。

　Cは直ちに工事に着手し，同年6月末日の時点では，基礎工事が終了し，鉄骨構造が完成していたが，屋根や外壁は完成していない状況であった（以下，「本件出来形部分」という）。これは，Cが請け負った工事の30％に相当し，本件出来形部分の価額は900万円である。

　ところが，同年6月末日にBが倒産した。Bは，それまでにAから合計1500万円の支払を受けていたものの，BからCに対しては一切の支払がなされていない。そのため，Cは工事を中断したうえで，Aに対して，AがCに対して直接発注するなら工事を続行する意思がある旨を伝えた。Aは，BがCに対して一括下請をしていたことをこのとき初めて知って驚いたが，工事を実際に行っていたCが工事を続行するのが最も簡便であると考えて，甲契約を解除するとともに（なお，甲契約には，甲契約が解除された場合には工事の出来形部分の所有権は注文者に帰属する旨の条項があった），Cと工事続行について協議を始めた。しかし，工事代金の額についてA・C間で合意に達することができず，結局，同年8月上旬，Aは別の建設業者Dとの間で，代金2000万円，竣工時期同年10月25日の約定で，本件出来形部分をもとに建物を完成

させる旨の契約を締結した（以下，「丙契約」という）。Dは，丙契約に従って，同年8月下旬には屋根と外壁を完成させ，同年10月25日には予定どおり工事を完成させるとともに代金全額の支払を受けて建物をAに引き渡し，Aは本件建物につき所有権保存登記をした。この完成建物の価額は，2400万円となっている。

【設問1】 Cは，本件建物（完成建物）の所有権が自己に帰属すると主張して，Aに対して平成20年10月25日以降現在までの本件建物の賃料相当額の支払を求めることができるかどうか論じなさい。

【設問2】 Cは，AまたはDに対して本件出来形部分の所有権に相当する額（900万円）の支払を求めることができるかどうか論じなさい。

● CHECK POINT

□ 元請契約と下請契約の関係
□ 請負契約における目的物の所有権帰属
□ 第三者による未完成建物の完成と所有権帰属

● 解説

I　はじめに

　【設問1】では，Cは完成建物の所有権に基づいて，その賃料相当額（使用利益）を請求しようとしているが，これは完成建物の所有権に基づく不当利得返還請求（703条・704条）又は所有権侵害による損害賠償請求（709条）に当たることになろう。本問で検討したいのは，これらの請求の基礎となる完成建物の所有権は誰に帰属するのかということである。それがCに帰属するといえるためには，Cが施工した出来形部分がCに帰属すること，および，それをもとにDが完成させた建物もCに帰属することがいえなければならない。前者は，請負契約における未完成建物の所有権は誰に帰属するかという問題であり，後者は，添付による所有権取得（242条～247条）の問題である。
　これらの問題は，物権法による所有権の割当てと，契約（法）によるその変更が交錯する問題である。以下の検討では，物権法による所有権の割当てを出発点としたうえで，その割当てが，契約によってどう変更されているかという筋道で考えていくこととする。
　ところで，本事例は，下請負人がいるケースであることから，【設問1】では，契約法理の適用において元請負契約（甲契約）と下請負契約（乙契約）の関係，より具体的には，甲契約による所有権割当ての変更が，乙契約を拘束するかどうかということも問題となる。
　【設問2】も，添付の問題ではあるが，Cに帰属していた出来形部分の所有権を添付によってCが失った場合に，Cが償金を求めうるかどうかという問題である。

以下では、請負における完成建物の所有権帰属について、まずその基本型として、下請負人のいないケースと（Ⅱ）、下請負人がいるケースを検討する（Ⅲ）。そのうえで、未完成建物を第三者が完成させた場合における完成建物の所有権帰属の問題を検討し（Ⅳ）、Ⅲ・Ⅳの検討を【設問1】にあてはめる（Ⅴ）。つづいて、それによって所有権を失う当事者の保護（補償）を検討し（Ⅵ）、【設問2】にあてはめる（Ⅶ）。

　なお、以下での検討の前提となる、土地と建物（未完成のものを含む）の関係を確認しておきたい。まず、改めて説明するまでもなく、建物は土地に付合しない。つまり、土地所有者が付合（242条）によって建物所有権を取得することはなく、土地と建物は別個独立の不動産である（民法に明文の規定は存在しないが、370条や不動産登記法をはじめとする諸法制が、土地と建物を別個の不動産として扱っている）。建造物は、その建築の途上で屋根・周壁等によって外気分断性を備えた段階で、未完成であっても建物（不動産）となるが[1]、そのような未完成建物も土地に付合しない。

　他方、建物（不動産）になる前の、柱・棟・梁などの骨組みができて棟上げが終わっただけの段階では、外気分断性がないから、建造物はまだ動産である（86条2項）。しかし、これらの動産も、土地には付合しないと考えられている（例えば、最判昭和54・1・25民集33巻1号26頁は、そのことを前提とする）。付合をはじめとする添付の規定は任意規定であるところ[2]、請負契約に基づく建物建築がなされている場合には、いずれ土地から独立した建物（不動産）となることが予定されているのだから、当事者間には添付規定の適用を排除する合意があると考えられるからである。

---

1) 鎌田薫ほか「不動産とは何か(1)〜(3)」ジュリ1331号126頁、1333号86頁、1334号196頁（2007年）が、建物とは何かについて詳細に検討していて興味深い。
2) 瀬川信久『不動産附合法の研究』（有斐閣、1981年）329頁（ただし、添付一般ではなく付合についての記述）。

II　請負における所有権帰属（その1）
　　──請負人と注文者だけのケース

1　物権法の論理ではどうなるか

　建物建築請負契約における完成建物の所有権の帰属は，建物の建築のための材料の主要部分を提供した者にあると考えられている（材料提供者帰属説）。通常，材料を提供するのは注文者ではなくて請負人であるから，材料提供者帰属説に立てば，請負人が建物所有権を原始的に取得して，それを引渡しによって注文者が承継取得することになる。そのため，この説は請負人帰属説とよばれることも多い。これは，材料の所有者がそのまま建物の所有者になるということであるから，法形式的には所有権法（物権法）の論理による帰結であるが，請負人には敷地利用権がないから，請負人に確定的に所有権を取得させることをめざした考え方ではない。その実践的な意義は，あくまでも，高額なことの多い請負人の請負代金債権の担保にある[3]。しかも，目的物の引渡しと代金の支払は同時履行関係にあるものの（633条），請負人の仕事完成義務は，注文者の代金支払義務よりも先履行にならざるをえないから，請負人は代金債権回収において危険な地位におかれている。したがって，なおのこと請負代金債権の担保（回収の実効化）は重要な要請となる[4]。
　なお，材料を複数の者が提供している場合には，その主要部分を提供した者が完成建物の所有権を原始取得する結果（添付による一物化），それ以外の材料提供者は提供した材料についての所有権を失うこととなる。そのような材料提供者は，添付の規定によって所有権を失うのであるから，物権法上，248条に基づく償金請求をすることが可能である。しかし，請負契約の当事者間では，材料提供者が失う所有権の補償は請負代金に組み込まれ，当事者は248条の適

　3）　したがって，「ここでの『所有権』は，全面支配権（民法206条）としてのそれではなく，やがては〔注文者〕に所有権を取得させるまでの間の一時的暫定的なもの」とされる。米倉明「完成建物の所有権帰属」同『担保法の研究』（新青出版，1997年）〔初出，1980年〕230頁。そうだとすれば，「請負人には担保権者としての地位を認めれば足りる」はずだとの見解が，注文者帰属説（後述）から指摘されることになる。田髙寛貴「建築途中建物の所有権の帰属」みんけん502号（1999年）12頁，16頁など。

　4）　この視点の重要性を強調する文献として，藤原正則「建築請負人の債権担保に関する考察」同

用を排除していることになろう。

　以上に対して，学説上は，注文者が建物所有権を原始的に取得するとする「注文者帰属説」が有力である5)。これは，建築請負契約は注文者に新築建物の所有権を取得させることを目的とした契約であるという請負契約の当事者の意思——建築確認申請も建物保存登記も注文者名義でなされる——を根拠に，契約の趣旨から注文者に建物所有権を帰属させるべきとする考え方であるから，物権法による所有権の割当てを，契約によって——しかし定型的に——変更する考え方であるともいえる。

　注文者帰属説から請負人帰属説に対しては，①敷地利用権を有さない請負人に所有権を帰属させても，建物の使用・収益・処分をすることができず，所有者から求められれば建物を収去せざるをえず無意味であること，②請負人の請負代金債権の担保の手段としては，留置権（295条），不動産工事の先取特権（327条），同時履行の抗弁権（533条）等があるから，担保目的のために所有権を請負人に帰属させる必要はないとの批判がなされる。

　しかし，請負人が敷地利用権を有していなくても，建物所有権を有すれば注文者に代金を支払うように圧力をかけることができるから，請負人に所有権を帰属させることが無意味とはいえない6)。特に，注文者が敷地所有者である場合に，請負人に敷地利用権がないからといって，実際に建物の収去を求めることは考えにくい。請負代金を支払済みの場合はもとより，未払いであっても請負代金債権は発生しているのであって，それが無駄になってしまうからである。仮に，注文者が自ら発注をしておきながら，請負人に敷地利用権がないことを理由に建物の収去を求めることがあっても，それは，信義則に反するものとして封じられよう7)。とすれば【設問1】にあるような注文者に対する賃料相当額の請求もできるはずである。

　また，請負代金債権の担保の手段も，不動産工事の先取特権については工事

　　『不当利得法と担保物権法の交錯』（成文堂，1997年）〔初出，1996年〕が迫力ある。さしあたり，同書203-217頁参照。
5)　学説状況については，坂本武憲「請負契約における所有権の帰属」星野英一編集代表『民法講座(5)契約』（有斐閣，1985年）439頁以下，山口和男＝太田剛彦「建築請負契約における完成建物の所有権の帰属」判タ610号（1986年）7頁，高橋眞「建築物の所有権の帰属」池田眞朗ほか編『マルチラテラル民法』（有斐閣，2002年）〔初出，1995年〕129頁参照。
6)　内田Ⅱ280-291頁も，請負人に所有権を帰属させることが，請負人の交渉材料になるとする。

開始前に登記——しかも注文者との共同申請が必要（不登60条）——をしなければ，先取特権は効力を生じず（民338条），請負人にとって実際的な制度ではない。同時履行の抗弁権は契約当事者以外には行使できない。留置権も，敷地には及ばないから請負人は注文者以外に対して敷地の留置を主張できない（ただし，商事留置権〔商521条〕は，被担保債権と留置物の牽連性を要しないから，敷地にも留置権が生ずる可能性がある）[8]。また，留置権には優先弁済効がないうえ，所有権者の破産によって，民事留置権は効力を失い（破66条3項），商事留置権も他の先取特権に劣後する特別先取特権となる（同条1項・2項）。このように留置権も，請負人の債権担保の手段としては非力である。さらに，同時履行の抗弁権と留置権は，注文者から引渡しを求める等の積極的なアクションがなければ意味がないことも指摘されている[9]。

　このようなことから，現在でも材料提供者帰属説は学説上支持され[10]，また，判例も材料提供者帰属説を維持している。

2　契約法の論理による変更——所有権帰属に関する特約

　物権法の論理に基づく材料提供者帰属説は，当事者による所有権の帰属に関する合意を排除するものではない（176条）。すなわち，請負契約において，注文者が建物所有権を原始取得する旨の特約がある場合には，所有権帰属はその特約によって定まる。本事例のように，請負契約が中途解除された場合には出来形部分の所有権は注文者に帰属するとの特約もその例に当たる[11]。

---

7) 近江幸治『民法講義Ⅴ契約法〔第3版〕』（成文堂，2006年）249頁も同旨か。学説には，法定地上権（388条）の法意を手がかりに法定賃借権の成立を解釈論として主張するものもある。米倉明「建設請負における完成建物の所有権の帰属について」同・前掲注3)〔初出，1996年〕246頁以下。
8) 議論状況につき，出口雅久・倒産判例百選〔第4版〕108頁など参照。
9) 水野謙「請負」山野目章夫＝野澤正充編『ケースではじめる民法〔第2版〕』（弘文堂，2011年）294頁参照。
10) 米倉・前掲注3)，同・前掲注7)，内田Ⅱ278頁，近江・前掲注7)249頁，野澤正充『契約法』（日本評論社，2009年）224頁など。
11) このような特約は一般的にみられるものである。「民間（旧四会）連合協定工事請負契約約款」（平成23年5月改正版）の第33条(1)は，「この契約を解除したときは，発注者が工事の出来形部分ならびに検査済の工事材料および建築設備の機器（有償支給材料を含む。）を引きうけるものとして，発注者，受注者および監理者が協議して清算する」と規定する。

一般の契約と同様に，そのような所有権帰属に関する特約は，明示でも黙示でもかまわないと考えられ，代金の大部分が支払われている場合には，注文者に建物所有権を帰属させるとの黙示の合意が推認される。例えば，最判昭和44・9・11判時572号25頁は，注文者が工事代金の半額以上を棟上げのときまでに支払い，さらに工事の進行に応じて残代金の支払をしてきたという事実関係のもとにおいては，「特段の事情のないかぎり，建築された建物の所有権は，引渡をまつまでもなく，完成と同時に原始的に注文者に帰属するものと解するのが相当である」としている[12]。

以上のように，物権法理を出発点としながらも，物権変動における意思主義（176条），そして，所有権取得に関する添付の規定が任意規定であることに基づき，当事者の合意によって所有権帰属が定まることになる。なお，建築請負の実務においては，報酬代金の支払は段階的に行われるのが通例であるから，上で述べたところを前提とすれば，事実上，建物所有権はその完成時までに注文者が取得することとなろう。その意味で，多くの場合において，材料提供者帰属説と注文者帰属説は具体的事案の帰結において，大きな違いは生じないともいえる[13]（材料提供者帰属説で材料を提供した請負人が原始取得をするのは，明示の特約がなく，かつ，代金が一括の後払いになっているケースに限られる）。しかし，それは材料提供者帰属説の最大のねらいであった請負代金債権の実効的な回収が，注文者の段階的な支払によって既に実現しているからであって，そのような事情のない事案においては材料提供者帰属説と注文者帰属説とでは，や

なお，建築請負契約が工事途中で解除された場合には，既施工部分については解除の効果は及ばないと考えられている。最判昭和56・2・17判時996号61頁。その既施工部分の所有権は，判例の立場だと，特約がなければ材料提供者にあることになろう。

12) 最判昭和46・3・5判時628号18頁も，請負人が，建物の引渡前に請負代金全額の支払のための手形を受領し，引換えに建築確認通知書を注文者に交付した事案において，手形が不渡りになったにもかかわらず，建築確認通知書の交付時に，建物完成と同時に所有権を注文者に帰属させる旨の合意がなされたとした。

もっとも，建物完成時に所有権の原始取得が生じるのではなくて，段階的な支払によって材料（動産）の所有権が注文者に移転し，不動産となった時点で注文者が建物の所有権を原始取得するとすべきように思われる。近江・前掲注7)249頁参照。

13) 坂本武憲・民法判例百選Ⅱ〔第6版〕132頁は，このことから判例は注文者帰属説に向かいつつあると評する。

はり違いが生じるのである。

III 請負における所有権帰属（その2）──下請負人がいるケース

1 物権法の論理ではどうなるか

　材料提供者帰属説によれば，下請負人がいる場合であっても，材料の主要部分を提供したのが下請負人であれば，完成建物の所有権は下請負人に原始的に帰属する。この場合，完成建物の所有権は，下請負人から元請負人を経て注文者に移転することになる。下請負人は元請負人からの代金支払と引換えに所有権を移転させることにより，代金債権の回収を確実なものとすることができる。しかし，注文者が元請負人に対して請負代金を支払済みであるが，下請負人は元請負人から支払を受けていないという状況で，下請負人が代金支払があるまで引渡しを拒めるとすれば，注文者は二重払いを強いられることになる（物権法の論理によれば下請負人から元請負人に所有権が移転していないので，元請負人は無権利者であり，注文者が代金を支払っても所有権が移転することはないからである）。ここでは，「下請負人の代金債権担保」と「注文者の二重払い防止」をどう調整するかということが問題となる。そこで，この物権法理に契約法理による修正を加えるべきことになる。

2 契約法の論理による変更

(1) 元請負契約と下請負契約の関係

　元請負契約と下請負契約を，それぞれ別個独立の契約であるとみる場合には，注文者が請負代金を元請負人に支払済みのときばかりでなく，注文者に所有権を帰属させる特約が元請負契約にあるときでも，それは下請負人の所有権には影響を及ぼさないはずである。

　しかし，下請負契約が元請負契約を前提とするものである点に着目すると，この2つの契約を全く別個独立の並列的な関係にあるものとみてよいか疑問が生じる。この点にこたえるのが，最判平成5・10・19民集47巻8号5061頁である。同判決は，元請負契約に，契約が中途で解除された際の出来形部分の所有権は注文者に帰属する旨の特約があった事案において，「建物建築工事を元請負人から一括下請負の形で請け負う下請契約は，その性質上元請契約の存在

及び内容を前提とし，元請負人の債務を履行することを目的とするものであるから，下請負人は，注文者との関係では，元請負人のいわば履行補助者的立場に立つものにすぎず，注文者のためにする建物建築工事に関して，元請負人と異なる権利関係を主張し得る立場にはない」とした。履行補助者という概念は，本来は債務者の帰責事由に関わる概念であるから，ここでは「いわば履行補助者的立場」という曖昧な表現を使っているものと思われるが[14]，それにしてもその場合になぜ下請負人が独自の権利を主張できなくなるのか，その実質的な正当化根拠が問題となる。

この点を敷衍するのが，同判決における可部恒雄裁判官の補足意見——親亀子亀論の比喩で著名なあの意見——である。この補足意見は（注文者を甲，元請負人を乙，下請負人を丙としたうえで），「基本となるのは甲乙間の元請契約であり，元請契約の存在及び内容を前提として，乙丙間に下請契約が成立する。比喩的にいえば，元請契約は親亀であり，下請契約は親亀の背に乗る子亀である。丙は乙との間で契約を締結した者で，乙に対する関係での丙の権利義務は下請契約によって定まるが，その締結が甲の関与しないものである限り，丙は右契約上の権利をもって甲に直接対抗することはできず（下請契約上の乙，丙の権利義務関係は，注文者甲に対する関係においては，請負人側の内部的事情にすぎない），丙のする下請工事の施工も，甲乙間の元請契約の存在と内容を前提とし，元請契約上の乙の債務の履行としてのみ許容され得るのである。／このように，注文者甲に対する関係において，下請負人丙はいわば元請負人乙の履行補助者的立場にあるものにすぎず，下請契約が元請契約の存在と内容を前提として初めて成立し得るものである以上，特段の事情のない限り，丙は，契約が中途解除された場合の出来形部分の所有権帰属に関する甲乙間の約定の効力をそのまま承認するほかはない。甲に対する関係において丙は独立平等の第三者ではなく，基本となる甲乙間の約定の効力は，原則として下請負人丙にも及ぶものとされなければならない。子亀は親亀の行先を知ってその背に乗ったものであるからである」とする。

これは，下請負人が下請であることを認識して契約関係に入っているのであれば，元請負契約と下請負契約は密接相互に関連する「複合契約」を構成する

---

[14] 森田宏樹・セレクト'94（法教174号別冊付録）27頁。

ものであり，下請負人は，元請負契約にも拘束されることが正当化されると言い換えることもできよう[15]。

(2) **下請代金債権の担保**

もっとも，上記のとおりだとすれば，下請負人は，元請負人が無資力であれば，下請代金を回収することができなくなる。複合契約であれば，なぜこのことが正当化されるのであろうか。平成5年判決の可部補足意見は，親亀子亀論以上に，この点を強調するものとして注目される[16]。

可部裁判官は次のようにいう。「工事途中の出来形部分に対する請負人（下請負人を含む）の所有権が肯定されるのは，請負人乙の注文者甲に対する請負代金債権，下請についていえば丙の元請負人乙に対する下請代金債権確保のための手段としてである」としたうえで，「もとより，下請負人丙のための債権確保の要請も考慮事項の一たるを失わない。しかし，この点における丙の安否は，もともと，基本的には元請負人乙の資力に依存するものであり，事柄は乙と注文者甲との間においても共通である。ただ，甲乙間においては，通常，乙の施工の程度が甲の代金支払に見合ったものとなるので（したがって，乙が材料を提供した場合でも，実質的には甲が材料費を負担しているのが実態ということができ，この点を度外視して材料の提供者が乙であるか否かを論ずるのは，むしろ空疎な議論というべきであろう），出来形部分に対する所有権の乙への帰属の有無がその死命を制することにはならず，もともと甲のための建物としての完成を予定されている出来形部分の所有権の甲への帰属を認めた上で，甲乙間での代金の精算を図ることが社会経済上も理に適い，また，乙にとっても不利益とならないのが通常であるといえよう。／他方，下請の関係についていえば，下請負人丙の請負代金債権は，元請負人乙に対するものであって，甲とは関りがない。一般に，出来形部分に対する所有権の請負人への帰属は，請負代金債権確保のための技巧的手段であるが，最終的には敷地に対する支配権を有する注文者甲に対抗できないことは，さきに見たとおりであって，元請負人乙の資力を見誤った丙の保護を，下請契約に関りのない，しかも乙に対しては

---

[15] 大村敦志「複合契約――下請負の検討を兼ねて」同『もうひとつの基本民法Ⅱ』（有斐閣，2007年）117頁，武川幸嗣「請負契約における所有権の帰属」鎌田ほか編・民事法Ⅲ 174頁は同旨か。なお，大橋弘・最判解民事篇平成5年度895頁，906頁も参照。

[16] そのことを指摘するのが，奥田昌道・リマークス10号（1995年）38頁，43頁である。

支払済みの注文者甲の負担において図るのは，理に合わないことである」と。

以上からすれば，本事例で仮にCが建物を完成させていたとしても，Aが請負代金の半額をBに支払っている以上，Aが建物の所有権を原始取得することになるのではないかと思われる。

IV 第三者が未完成建物を完成させた場合

1 添付法理ではどうなるか

出来形部分の所有権が注文者ではなく，請負人（下請負人を含む）に帰属する場合において（例，注文者がまだ代金を支払っていない場合や，元請負契約に所有権帰属についての特約がない場合など），第三者がその出来形部分をもとに建物を完成させた場合，その第三者は，他人の所有物に材料・労力を加えて建物を完成させたことになるが，これらの者の間には契約関係がないから，もっぱら物権法理によって問題が処理されることとなる。具体的には，添付のルールが用いられる（242条以下）。

未完成建物がまだ動産にとどまっている場合には，適用可能性があるのは「動産付合」（243条・244条）又は「加工」（246条）の規定である。動産付合による場合には，未完成建物（動産）と第三者が提供する材料（動産）が付合した合成物（ここでは完成建物）は，各動産の主従によって主たる動産の所有者の単独所有となり，主従の区別ができない場合には各動産所有者の共有関係となる。これに対して，加工の規定による場合には，〈未完成建物（動産）の価格〉を，〈（工作によって生じた価格）と（加工者が提供した材料の価格）の合計〉と比較して，後者が前者を超える場合には，加工者が加工物（ここでは完成建物）の所有権を取得する（246条2項）。動産付合も加工も，合成物又は加工物の所有権帰属を判断するにあたって，材料の主従または価格を考慮するが，加工の規定においては，それに加えて「工作」という労力によって生み出された付加価値も考慮の対象となる点に，最大の相違点がある。

最判昭和54・1・25民集33巻1号26頁は，建物建築の場合については加工の規定が適用されるとし，その理由を「動産に動産を単純に附合させるだけでそこに施される工作の価値を無視してもよい場合とは異なり，右建物の建築のように，材料に対して施される工作が特段の価値を有し，仕上げられた建物の

価格が原材料のそれよりも相当程度増加するような場合には，むしろ民法の加工の規定に基づいて所有権の帰属を決定するのが相当であるからである」と説明する。

　以上に対して，未完成建物が既に不動産になっている場合には，不動産付合（242条）の規定によって処理されざるをえないようにも思われる。加工は，明文上，動産に工作が加えられる場合に適用される規定だからである。しかしながら，上述の最高裁昭和54年判決の理由づけは，不動産に工作が加えられる場合にもひとしく当てはまるように思われるところ，242条による場合には，不動産に付合した材料の所有権は，不動産所有者が取得することになり，加工者の工作によって生じた付加価値は一切考慮されないという問題がある。そこで，学説においては，このような場合に加工の規定を類推適用すべきであるとの主張が有力になされている[17]。

2　加工規定を適用する基準時

　ところで，加工規定を適用する場合，未完成建物（動産）の価格と，それに付加された材料と工作によって生じた付加価値の額の比較の基準時をどの時点とするかが問題となる。考えられるのは，未完成建物（動産）が独立した不動産になった時（この時点では工事は完成していない）か，工事の完成時かのどちらかである。

　前者による場合には，加工者の材料・工作の価格がまだ小さい時点が基準時となるから，加工者が所有権を取得する可能性は相対的に低くなり，また，未完成建物（動産）が独立の不動産になった後の加工者の材料・工作の価格は考慮されないこととなるから（その後は，不動産付合の問題となるか，改めて加工規定の類推適用をするとしても基準時前の加工者の材料・工作の価格は考慮されなくなる），加工規定を適用する趣旨が貫徹されない。昭和54年判決の最高裁調査官解説も，「加工の規定によって所有権の帰属を決定する場合には，加工の

---

[17]　瀬川信久・判例評論249号（判時938号）13頁，17頁。
[18]　榎本恭博・最判解民事篇昭和54年度40頁。
[19]　最高裁昭和54年判決は，未完成建物を建築した下請負人が，第三者による工事に対して，建築中の建物を執行官保管とする仮処分を申請して続行工事が一時中断されており，仮処分執行時を基準時としている。しかし，判旨は，建前が独立の不動産たる要件を具備した時点の状態でで

量は，全体的に把握されるべきであり，加工の一部を分断して作業の或る段階で，従来の動産が法律上独立の不動産である建物になった瞬間に，従来の動産の価格と加工の材料の価格及び工作によって生じた価格を合算したものとを比較すべきではないことは，当然である」とする[18]。基準時は，仕事完成時として，完成した建物全体について，未完成段階の動産としての価格と，加工者の材料・工作の価格を比較すべきことになろう[19]。

V 【設問1】ではどうなるか

以上ⅢとⅣで述べてきたことを【設問1】にあてはめてみよう。【設問1】は，物権法の論理で考えれば，①材料提供者であるCに出来形部分の所有権が帰属することになるが，②その物権法理の帰結が契約によって変更されて，出来形部分の所有権をCが有さない（具体的にはAが有する）ことになるかどうかが問題となる。Aが出来形部分の所有権者であるとすれば，CによるAに対する完成建物の使用料請求は認められないこととなる。これに対して，Cが出来形部分の所有権者であるとすれば，次のステップは，③Dが出来形部分をもとに建物を完成させたことを考慮して，添付の規定によって完成建物の所有権がC・Dのいずれに帰属するかを判断することとなる（その次に，④償金請求が可能かということが問題となるが，これは【設問2】で扱う問題である）。

本事例では，Cが材料を提供しているから，物権法理によれば，Cが出来形部分の所有権者である。ただ，元請負契約において所有権をAに帰属させるべき事情が2つある。1つは，AがBに対して，請負代金の半額を支払っているという事情である（これはA・B間ではAを所有権者にする合意があったと推認させる事情である）。もう1つは，元請負契約には中途解除により出来形部分は注文者に帰属させるとの特約があるという事情である。

まして，AはCという下請負人が一括下請をしている事実を知らなかった

はなく，仮処分執行時までに仕上げられた状態に基づいて246条2項を適用すべきとしているから，独立の不動産となった時を基準とする考え方は否定されている。仮に仮処分申請がなされていなければ，仕事完成時を基準とする判示になったであろうとするのが，この判決の一般的な理解であろう。坂本武憲・民法判例百選Ⅰ〔第6版〕146頁，147頁参照。

のに対して[20]、Cは下請負契約であることを認識してBとの契約関係に入っているものと思われるから、判例の考え方に従えば、BがAに対して所有権を主張できない以上、CもAに対して所有権を主張できない（所有権者はAである）ということになろう。また、Bが倒産している以上、Cの請負代金債権の回収は困難となるが、下請負契約とは関わりがなく、しかも、代金を支払っているAに二重払いを強いるべき理由は尚更ないということになろう。

仮に、出来形部分の所有権がCに帰属しているとすれば、③の問題を考えなければならない。本事例では、DがCの施工した出来形部分をもとに建物を完成させている。この出来形部分は動産なので、完成した建物の所有権取得は加工規定によって判断されることとなるところ、Cが施工した出来形部分の価額は900万円であること、これに対して、Cは一括下請をした工事の30％しか工事を行っておらず、残りの70％の工事はDが行い、それによって完成建物の価額は2400万円となっていて、Dが提供した材料の価格とDの工作による付加価値の合計は1500万円であることからすれば、242条2項により、加工者Dが所有権を取得することとなる。

いずれにせよ、CがAに対して所有権に基づいて使用料を請求することはできないであろう。

VI 所有権を失う者の補償

1 元請負契約に基づいて下請負人が所有権を失う場合

元請負契約に基づいて下請負人が出来形部分の所有権を失う場合には、下請負人は元請負人に対する請負代金債権によって補償される。元請負人の無資力リスクは、下請負人が負うべきリスクである（III 2(2)参照）。

ところで、この場合、出来形部分を占有する下請負人は、注文者に対して留置権（295条1項）を主張して、請負代金の支払があるまで引渡しを拒むこと

---

20) 鎌田薫「建築工事の一括下請と建物所有権の帰属」判タ522号（1984年）95頁、99頁、同「一括下請負人が材料を提供して築造した未完成建物の所有権の帰属」NBL549号（1994年）69頁、73頁は、注文者が知らなかったことは注文者に有利な事実ではあるが、要件ではないとする。大橋・前掲注15)も参照。

なお、建設業法22条は、注文者による書面による承諾がある場合を除き、一括下請負を禁止

ができるであろうか。295条1項の要件は満たしていそうであるが，それを認めるとすれば注文者に代金の二重払いを強いることとなってしまう。学説には，「下請負人の履行補助者的地位に着目して，これを元請人の占有補助者であって占有者ではないとすること」，また，「仮に下請人に占有があるとしても，その引渡義務は下請代金の支払義務に対して先履行の関係にあるということ」によって，留置権の成立を否定すべきとする見解が主張されている[21]。議論も十分に煮詰まっていないが，このような方向での解決が模索されるべきであろう（もっとも，本事例ではCは占有を失っているから，留置権は成立しない）。

2　添付の規定によって出来形部分の所有権を失う場合

(1) 償金請求権（248条）の趣旨

添付の規定によって，添付した物の所有権を失う当事者は，所有権を取得した当事者に対して，償金を請求することができる（248条・703条・704条）。この場合の所有権取得者は，添付の規定を「法律上の原因」として所有権を取得しているのであるから，一般の不当利得の規定（703条・704条）の要件は具備していないが，所有権取得者は，所有権を失う者の損失において（対価を支払うことなく）利得をしているという実質があるから，248条は償金請求権を規定し，その償金の内容は703条・704条に従うと規定したものである。

(2) 償金請求の相手方

それでは，下請負人は，誰に対して出来形部分についての償金請求をすべきであろうか。

(a)　完成建物を注文者が原始取得していると考えれば，出来形部分の償金請求は，注文者を相手取るべきことになりそうである。703条・704条の規定に従った場合に，これは転用物訴権に当たる。

すなわち，甲・乙間の契約に基づいて甲から乙に給付がなされたが乙から甲に対する対価支払がなされない場合において，その利得がさらに乙から丙に移

している。本事例では，Bはこの規定に違反しているが，この規定の趣旨は，一括下請負は手抜き工事の温床となることから，それを禁止して適正な施工を確保することにある。この禁止に違反したからといって，ただちに私法上の効果が生ずるものではない。建設業法研究会編『逐条解説　建設業法解説〔改訂11版〕』（大成出版社，2008年）189頁。

21)　鎌田・前掲注20)判タ522号101頁以下。

転したときに，甲が（乙に対する債権があるにもかかわらず）契約関係にない丙に対してその利得の返還を求める権利が転用物訴権である。判例は，かつて，広く転用物訴権の成立を認めていた（最判昭和45・7・16民集24巻7号909頁〔ブルドーザー事件〕）。しかし，これでは，丙が乙に対してその利得の対価を支払っている場合には，丙に二重支払を強いることになって不適切であるし，甲も本来は乙の一般債権者なのであって乙の無資力のリスクは，甲が負うべきである等の批判がなされていた[22]。最高裁はその後この批判を受け入れ，転用物訴権が成立するのは，「丙が対価関係なしに右利益を受けたときに限られる」として，転用物訴権の制限に転じた（最判平成7・9・19民集49巻8号2805頁）。

したがって，注文者が，請負代金を元請負人に支払っている場合には，注文者には不当利得は存在しないことになる。

(b) それでは，建物を完成させた第三者に対する償金請求は可能であろうか。加工の規定等によりこの第三者が出来形部分の所有権を取得するとすれば，この第三者は何らの対価を支払うことなく，下請負人の損失においてその所有権を取得したことになるから，償金請求が成立しそうである。しかし，これではいかにも収まりが悪い。この第三者は，仮に所有権をいったん取得したとはいっても，いわば単なる導管にすぎない。その出来形部分の所有権はその第三者を素通りして注文者に帰属するにいたっており，また，その第三者は注文者から出来形部分について対価支払を得ているわけでもないからである。このような「押しつけられた利得」については，703条・704条にいう利得に当たらないとする方向が模索されるべきであろうか[23]（注文者が請負代金を第三者に支払わないなどの理由で，所有権が第三者にとどまっている場合であっても，その第三者には敷地利用権がないから，注文者に対してはともかく，それ以外の者に対してその所有権を譲渡して債権の回収を図ることもできず，実質的には利得がないといえる。この場合にも，この第三者に対する償金請求は否定されるべきように思われる）。

結局，ばばを引くのは，下請負人である。

---

[22] この点につき，加藤・民法大系V 107頁以下，藤原正則『不当利得法』（信山社，2002年）377頁以下参照。

[23] 鎌田薫「不動産の付合」同・物権法① 207頁以下参照。

Ⅶ 【設問2】ではどうなるか

　設問では，DはCが施工した出来形部分をもとに建物を完成させており，施工を始めた時の出来形部分の所有権者がCであるとすれば，CはそれをDの加工によって失うこととなる（Ⅴ参照）。このとき，その償金の請求は，加工によって所有権を取得する者に対して行うことになる。A・D間の請負契約によって完成建物はAが原始取得するとすれば，CはAに対して償金請求をすることになろうが，本事例ではAは，出来形部分の対価を既にBに対して支払済みであるから，248条に基づいて703条・704条に従った請求（転用物訴権）をすることはできないように思われる。

　これに対して，A・D間に特約がなければ，完成建物の所有権はDがいったん取得することになるから，Cの償金請求の相手方はDになりそうである。しかし，Dは，出来形部分の所有権を取得したといっても，それをAに移転しており，かつ，それに対する対価は受け取っておらず，Dが出来形部分の償金をCに支払うべきとするのは妥当性に欠ける。Dは，形式的には出来形部分の所有権を取得しているが，そのことは実質的には利得ではないということになろうか。

Ⅷ おわりに

　建物建築請負契約における目的物の所有権の帰属という問題は，観念的に議論されがちではあるけれども，その背後にはシビアな利益の対立があり，この利益状況をふまえた解釈論が求められている。現実社会においては，請負人は注文者より弱い立場に，また，下請負人は元請負人より弱い立場にあることが多い（「請負契約の片務性」）。建設業法22条（一括下請負の禁止）や24条の3（元請負人が出来形部分に対する支払を注文者から受けた場合には，1か月以内にそれに対応する下請代金を下請負人に支払うことを元請負人に義務づける規定）のような規定も，このような背景を念頭におく規定である。請負目的物の所有権帰属という問題も，このようなコンテクストで考えたい。

　ところで，土地と建物は別個の財産でありながら，建物は土地とその敷地利

用権を必要としているという関係があることが，この問題を複雑にしている。このことは請負契約の目的物が動産である場合（例，造船，オーダーメイドの紳士服の製作など）における目的物の所有権帰属と比較してみればよく分かる。請負契約の目的物が動産である場合にはどうなるか，各自で考えてみて欲しい。

18 「もっと生きられたはずなのに」

●事例
　A（52歳）は，2011年3月にB病院の医師Cの診察を受けたが，同年12月に白血病で死亡した。次の各設問におけるAの妻X_1（47歳）と子X_2（15歳）の損害賠償請求につき検討せよ（設問はそれぞれ独立した問いである）。

【設問1】　2011年3月にAを診察したCは，仕事に忙殺され睡眠も十分とれず毎晩大量に飲酒をしていたこと等をAから聞き，特段の検査もせずに，Aの体調不良は過労やストレスによる内臓機能の低下が原因であると判断し，Aに対して静養と断酒等の指示をし，肝機能疾患薬を処方した。Aは，一時は症状が改善したものの，1か月後には再び極度の疲労感に襲われ，体重減少や発熱も続いたため，総合病院で精密検査を受けたところ，同年5月，進行期の慢性骨髄性白血病に罹患していることが判明した。その直後より開始された種々の化学療法も奏功せず，Aは同年12月に死亡した。
　Xらは，Aが死亡したのはCが3月時点で必要な措置を講じなかったためであるとして，Bに対して，不法行為（715条）を根拠に，Aの死亡による逸失利益4000万円（平均稼働年数15年分で算出），Aの慰謝料3000万円，Xら固有の慰謝料1200万円等の損害の賠償を求めて訴えを提起した。この請求は認められるか。なお，同裁判では，同年3月の時点でBにおいて医療水準に応じた注意義務に従い適切な検査が行われていればAの病気は発見できたこと，ただし実際にこの時期に治療が開始されていたとしても延命できた可能性は5割程度にとどまるとする鑑定結果が出された。

【設問2】　【設問1】において，Aに自らの営む事業に係る負債15億円があったためXらが相続放棄をしたとすると，延命可能性が9割を超える場合だったとしても，Xらの損害賠償請求は認められないことになるか。

【設問3】　2010年8月，Aは，赤信号に変わるタイミングで交差点を横断して

いたところ，制限時速を50km上回って交差点に進入してきたD運転のトラックに撥ねられ，頭部を激しく強打した結果，言語障害と右下半身不随の障害を負った。そこで2010年12月，Aは，Dに対し，慰謝料2000万円，治療費3000万円，逸失利益2000万円（障害による労働能力喪失を平均稼働年数15年分で算出），介護費用5000万円（平均余命までの30年分で算出）につき賠償請求をした。ところで，Aは，退院後も続けられた言語療法の結果，2011年3月には意思伝達が可能となるまでに回復したが，この頃にAから体調不良を訴えられたX_1は，AにCの診察を受けさせた。Cが，当初Aの体調不良は受傷の回復期にみられるものと判断し格別の検査を行わなかったこともあって，白血病の治療開始が遅れ，同年12月にAは死亡した。Aの訴訟を引き継いだXらは，AのAの死亡はDの交通事故で意思伝達ができず病気の発見が遅れたことに起因するものであるとして，A死亡により，逸失利益2000万円，Aの慰謝料1000万円，Xら固有の慰謝料1200万円を従前の請求額に追加してDに賠償請求した。この請求は認められるか。なお，交通事故におけるAとDの過失割合は1対9であった。また，交通事故当時すでにAは慢性骨髄性白血病に罹患してはいたが，症状が悪化する前段階にあたる慢性期にあったため，治療をすれば寛解の可能性も7割はあったとの鑑定結果であった。

● CHECK POINT

□ 被害者が死亡した場合の保護法益
□ 生命侵害における相続構成と扶養構成
□ 複数原因競合事例における賠償範囲

● 解説

I はじめに

1 医師の法的責任とその内容

　医療過誤事件において医師の法的責任を問う際にしばしば争点となるのが，医師の負う注意義務である。判例によれば，「いやしくも人の生命及び健康を管理すべき業務（医業）に従事する者は，その業務の性質に照し，危険防止のために実験上必要とされる最善の注意義務を要求され」る[1]。この注意義務の基準は「診療当時のいわゆる臨床医学の実践における医療水準」であり，当該医療機関の性格，所在地域の医療環境の特性等，諸般の事情を考慮して決せられる[2]。
　医師の負う義務の内容は多様である。手術ミスや誤った投薬等，医師のなした積極的行為の過失が問われるのが典型であろうが，なすべきことをしなかったという不作為の不法行為が問題とされるケースも多く，近時は，転医をすすめるべき義務や説明義務の違反等を理由とする訴えも増えている[3]。【設問1】も医師の不作為が問題となる事例であるが，債務不履行構成ではもとより，作為義務を前提とする不作為の不法行為でも，医師の負うべき義務の内容を確定させることがまずもって要請されることになる[4]。

---

1) 最判昭和36・2・16民集15巻2号244頁等。
2) 最判昭和57・3・30判時1039号66頁，最判平成7・6・9民集49巻6号1499頁等。
3) 医師の説明義務が問題とされた近時の最高裁判例には，最判平成20・4・24民集62巻5号1178頁，最判平成18・10・27判時1951号59頁，最判平成17・9・8判時1912号16頁，最判平成14・9・24判時1803号28頁，最判平成13・11・27民集55巻6号1154頁，最判平成12・2・29民集54巻2号582頁等が，また，転送義務に関する最高裁判例としては，最判平成17・

以下では，こうした医師の注意義務に関する検討は措くことにし，同義務違反＝過失があったことを前提に，さらにその先にある不法行為のその他の成立要件——「因果関係」，「権利または法律上保護される利益（以下では「保護法益」とよぶ）の侵害」，「損害の発生」——をめぐる問題の一端をとりあげ，被害者（またはその遺族）がどの範囲・内容の損害について賠償請求をなしうるのかを考えてみたい。

2　「因果関係」要件の構造と請求をなしうる損害の認定

　「因果関係」要件の理解をめぐっては種々議論がある。その詳細は教科書等の叙述に譲るが5)，①法的責任の成否を判断するための加害行為と法益侵害との因果関係と，②賠償範囲を確定させるための法益侵害と損害との因果関係とを区別して論ずるのが一般的となっている。このうち，ときに事実的因果関係とも称される①については，規範的評価を加えず「あれなければこれなし」という事実関係の存否で判断されるとする見方も有力である。しかし，あまりに遠い関係しかないものまでこの要件を充足すると考えるのは妥当とはいえまい。416条の類推によるべきかは別として，「相当性」のある因果関係といえるかという法的評価は①でも加えられるべきものと思われる。

　【設問1】では，①の責任設定のための因果関係が主として問題となるが，因果関係の終点となる保護法益をどう考えるか，それにより賠償請求をなしうる損害の内容に相違が生ずるか等も検討されるべきこととなる。他方，【設問3】では，上の②の因果関係に関して，加害行為とは別の原因で被害者が死亡した場合に加害者が賠償すべき損害の範囲をどう確定するかが争点となる。なお，【設問2】では，生命侵害における遺族の損害賠償請求の法的構成が問題となる。以下，順次考察をすすめていこう。

12・8判時1923号26頁，最判平成15・11・11民集57巻10号1466頁，最判平成7・6・9民集49巻6号1499頁等がある。
4)　不作為不法行為については，作為義務とその違反の有無が因果関係の判断に先行してなされるとするのが通説・判例である（中井美雄「不作為による不法行為」山田卓生編『新・現代損害賠償法講座(1)』〔日本評論社，1997年〕105頁等参照）。なお学説には，不作為の因果関係は過失判断と重なることを指摘するものもある（平井宜雄『債権各論Ⅱ』〔弘文堂，1992年〕83頁等）。

II 不作為不法行為における因果関係と保護法益

1 不作為不法行為における因果関係の立証

因果関係の立証において要請される証明の度合いについて、判例は次のように述べる。「訴訟上の因果関係の立証は、一点の疑義も許されない自然科学的証明ではなく、経験則に照らして全証拠を総合検討し、特定の事実が特定の結果発生を招来した関係を是認しうる高度の蓋然性を証明することであり、その判定は、通常人が疑を差し挟まない程度に真実性の確信を持ちうるものであることを必要とし、かつ、それで足りるものである」[6]。高度の蓋然性があるとして因果関係が認められるためには、通常、裁判官の心証として80％程度の確からしさが必要であるとされている[7]。

しかし、とくに不作為の不法行為により患者が死亡した事例では、もし医師が適切な診療行為をしていたらどの程度救命ができたのか、という仮定に基づく事象を証明しなければならないが、それは至極困難である。しかも、適切な診療行為がなされていたら平均余命まで生存できた、あるいは相当の長期にわたり延命ができた、といえなければ、医師の不作為と患者の死亡との間の因果関係が立証されたことにならないとすると、とりわけ重篤な疾病の場合には、死亡との因果関係が認められる余地がほとんどなくなってしまう。こうした因果関係の立証の困難を克服するべく、死亡による損害の賠償ではなく、治療機会の喪失等を理由とする慰謝料の形で損害賠償請求を認める下級審裁判例も、学説の後ろ盾のもと、多くみられるようになっていった[8]。

2 最高裁平成11年判決──「生存していたであろうこと」との因果関係

こうした状況にあって、因果関係の立証困難を克服する新たな途を拓いたのが、最判平成11・2・25民集53巻2号235頁（以下「平成11年判決」という）

---

5) 因果関係をめぐる議論については、潮見佳男・基本講義Ⅱ39頁以下、円谷峻『不法行為法・事務管理・不当利得〔第2版〕』（成文堂、2010年）92頁以下等に簡潔な紹介・分析がある。学説状況につき詳しくは、水野謙『因果関係概念の意義と限界』（有斐閣、2000年）等を参照されたい。
6) 最判昭和50・10・24民集29巻9号1417頁等。
7) 潮見・不法行為法133頁等参照。実際の裁判例では、救命率が6～7割の場合に死亡との因果

である。事案は，医師が適切な検査をしなかったため，がんが発見されたときには処置の施しようもなく患者が死亡した，というものである。原審は，検査をしていればがんを発見できた高度の蓋然性が認められ，施術が実施されていたなら治癒していたか長期にわたる延命の可能性が高かったと認定しつつも，「いつの時点でどのような癌を発見することができたかという点などの本件の不確定要素に照らすと，どの程度の延命が期待できたかは確認できない」とし，医師の過失と患者の死亡との間に相当因果関係を認めることはできないとした。

これに対して最高裁は，「医師が注意義務を尽くして診療行為を行っていたならば患者がその死亡の時点においてなお生存していたであろうことを是認し得る高度の蓋然性が証明されれば，医師の右不作為と患者の死亡との間の因果関係は肯定される」とし，「患者が右時点の後いかほどの期間生存し得たかは，主に得べかりし利益その他の損害の額の算定に当たって考慮されるべき事由であり，前記因果関係の存否に関する判断を直ちに左右するものではない」とした。

この判決は，因果関係の終点を「死亡」ではなく「死亡時点においてなお生存していたであろうこと」に求めることにより，医師の不作為と権利侵害との因果関係の立証を容易にしたものと評価することができる。「患者がどれだけの期間生存しえたか」を，因果関係ではなく損害算定の問題とすることにより，算定に困難がある場合でも民事訴訟法248条による対処が可能となる。

死亡との因果関係が認められれば，逸失利益等の財産的損害の賠償請求もできるようになるし[9]，慰謝料の内容も死亡を基準とした算定が可能になる。さらに，711条の適用により近親者の固有の慰謝料請求も認めうることになる[10]。

3　最高裁平成12年判決——「生存していた相当程度の可能性」との因果関係

平成11年判決の後，医療行為と患者の死亡との因果関係が証明されない場合にも損害賠償請求を認める新たな枠組みを提示したのが，最判平成12・9・

　　関係を認めるものが散見される一方，救命率が5～6割では死亡との因果関係を否定するものが多数となっている（中村哲「医療事故訴訟における因果関係について」判タ858号〔1994年〕23頁等参照）。
8）　裁判例や学説の詳細については，石川寛俊「治療機会の喪失による損害」自由と正義39巻11号（1988年）27頁以下，新美育文「医療事故事例における『期待権』の侵害について」自由と正義47巻5号（1996年）57頁等参照。

22 民集 54 巻 7 号 2574 頁（以下「平成 12 年判決」という）である。これは，十分な救命救急の措置がとられていれば，20%以下ではあるが救命できた可能性は残ると鑑定された事案についてのものである。最高裁は，「医療行為と患者の死亡との間の因果関係の存在は証明されないけれども，医療水準にかなった医療が行われていたならば患者がその死亡の時点においてなお生存していた相当程度の可能性の存在が証明されるときは」損害賠償義務が発生するとした。

同判決は，「生命を維持することは人にとって最も基本的な利益であって，右の可能性は法によって保護されるべき利益」である旨述べており，死亡時点で生存していた「相当程度の可能性」自体を法益ととらえたものである。

前述のとおり，下級審裁判例では治療機会の喪失等を理由とする慰謝料請求を認めたものもあるが，こうした「適切な治療を受ける期待」を対象とする賠償請求の構成に対しては，主観的な利益であって法の保護には値しない等の批判もないではなかった[11]。この点，平成 12 年判決は，生存可能性の有無を正面から問題としつつ，低い生存可能性しか認められない事案でも，高度の蓋然性が「相当程度の可能性」につき認められればよいとして，実質的に因果関係の証明度を低下させ，損害賠償の余地を拡大させたと評しうる。なお，「生存していた相当程度の可能性」の証明の度合いについて，平成 12 年判決は特段述べていないが，20%を下回る可能性しかない当該事案でもこれを認めていることからすると，判例は，相当低い可能性でも許容する姿勢をとっていると解される[12]。

9) 適切な治療行為がなされていれば得られたはずの延命の期間の就労能力がほぼゼロである，といった場合の逸失利益をどう算定するかは一個の問題である。この点については，死傷そのものを損害ととらえる考え方（死傷損害説）が参考となろうし，平成 11 年判決はこうした損害論が志向されているとみることもできる（水野謙・ジュリ 1165 号〔1999 年〕85 頁，鎌田薫・リマークス 20 号〔2000 年〕73 頁，窪田充見・民商 121 巻 4・5 号〔2000 年〕643 頁等参照）。
10) 本判決については，前注引用のものや八木一洋・最判解民事篇平成 11 年度 133 頁ほか多くの評釈がある。適宜参照されたい。
11) 稲垣喬『医事訴訟と医師の責任』（有斐閣，1981 年）320 頁以下，渡邉了造「過失あるも因果関係がない場合の慰藉料」判タ 686 号（1989 年）69 頁等。
12) 最判平成 15・11・11 民集 57 巻 10 号 1466 頁は，適切な処置がされていれば完全回復した確率が 22%程度の事例につき，重大な後遺症が残らなかった相当程度の可能性を認めた。
13) 前掲注 3) 最判平成 17・12・8 は，患者に重大な後遺障害が残らなかった相当程度の可能性の侵害は認められないとされたものであるが，補足意見では「適切十分な検査，治療を受けること自体に対する患者の利益」の侵害を理由とする損害賠償責任も「著しく不適切不十分な場合」に

では、平成12年判決のいう「生存していた相当程度の可能性」はどのような場合にまで認められるものなのか、また、この可能性が認められないとされた場合でも、さらに何らかの保護法益を観念して不法行為責任を追及することはできるのか。本事例の考察からは離れるが、新たな保護法益の創出による医師の不法行為責任の拡張と限界について、さらに検討を及ぼしてみてほしい[13]。

4 賠償されるべき損害の内容

前述のとおり、平成11年判決は、死亡についての損害を賠償の対象としており、慰謝料のほか逸失利益も認めている。他方、生存していた相当程度の可能性を法益として因果関係を認めた平成12年判決では、被害者自身の慰謝料請求のみが認容されている[14]。

平成12年判決は、あくまで生存「可能性」が法益とされている以上、平成11年判決の場合とは区別されるとみるのが多数であるが、学説には、生存可能性という法益が生命という法益の連続線上にあることをふまえ、財産的損害をも賠償の対象に含めてよいとする見解もみられる[15]。つまり、延命可能性が8割未満のため死亡との間の因果関係につき「高度の蓋然性」があるとはいえない場合にも、生存の可能性の割合に応じた損害賠償を認めようとするものであり、ここには「確率的心証論」との親和性をみてとることができる。しかし、確率的心証論をひろく適用することには消極的な見解が多く[16]、実際に

は認められる余地のあることが述べられている。また、最判平成23・2・25判時2108号45頁は、「適切な医療行為を受ける期待権」の侵害のみを理由とする医師の不法行為責任については、「当該医療行為が著しく不適切なものである事案について検討し得るにとどまるべきものである」等として責任を否定している。

14) 鎌田薫「判批」セレクト'00（法教246号別冊付録）23頁は、生命の維持という法益の侵害を理由にする以上、患者本人の慰藉料に限られるとする。なお、平成11年判決、平成12年判決も含め、医療事故における損害を俯瞰したものとして、米村滋人「医療事故における損害」内田貴＝大村敦志編『民法の争点』（有斐閣、2007年）300頁がある。
15) 窪田充見・重判解平成12年度（ジュリ1202号）70頁等。
16) 確率的心証論とは、証明が証明度に達しない場合でも、例えば裁判官が得た心証が70％であれば、その度合いに応じて、損害額の70％の責任を加害者に課すという考え方である。因果関係の立証困難に対処するためのものであるが、この手法を一般的に採用することには慎重な立場をとるのが学説の多数である（平井・前掲注4)90頁、加藤・民法大系Ⅴ255頁等）。

生存可能性を具体的数値で明確に認定できるかも疑問が残る。平成12年判決の構成で逸失利益の賠償まで認めることには慎重さが求められよう。

5 【設問1】ではどうなるか

では，【設問1】においてXらの請求はどう処理されるべきか。延命可能性が5割程度という鑑定結果をふまえ，事実認定についての裁判官の心証も同レベルのものとされたなら，Cが注意義務を尽くして行為していればAの死亡時点においてなお生存していたであろうことを是認しうる高度の蓋然性があるとするのは難しい。そこで，平成12年判決の枠組みに依拠し，生存の相当程度の可能性を立証して損害賠償を請求する途がとられることとなろう。判例によれば，この場合は逸失利益等の賠償請求はできず，（次項でふれる相続構成によれば）Xらが相続により取得したAの慰謝料請求のみが認められると解される。

III 扶養構成による損害賠償

1 生命侵害の損害の法的構成

賠償請求をなしうる損害には，財産的損害として①積極的損害と②消極的損害（＝逸失利益），そして③精神的損害がある。生命侵害の場合は，これらが本人（①：死亡までの医療費，②：生きていたら得られた逸失利益，③：自らの死亡に対する苦痛）と遺族（①：看護等に要した交通費や葬式費用，②：被扶養の逸失利益，③：近親者の死亡に対する苦痛）の双方において観念できる[17]。問題は，被害者の近親者による生命侵害に対する損害賠償請求は，どのような構成で，どの部分について認められるか，である。これには，死亡者本人が取得した損害賠償請求権が相続されるとの相続構成と，扶養請求権の侵害として，遺族が

---

17) 幾代通（徳本伸一補訂）『不法行為法』（有斐閣，1993年）247頁等参照。
18) 最大判昭和42・11・1民集21巻9号2249頁は，従前の判例の立場をあらため，生命侵害の被害者は，慰謝料請求の意思表示をしなくとも，精神的損害の発生と同時に慰謝料請求権を取得するものとした。米村滋人・家族法判例百選〔第7版〕130頁等参照。
19) 学説状況については，加藤・民法大系V 271頁以下等参照。
20) 最判平成5・4・6民集47巻6号4505頁では，死亡者の扶養を受けていた内縁の配偶者に扶養利益相当の損害賠償金が支払われている場合には，相続人に支払われるべき死者の逸失利益か

固有の損害賠償請求権を取得するとの扶養構成がある。

相続構成に対しては，死亡により生ずる損害賠償請求権を死亡により相続できるとするのは論理矛盾ではないか（いわゆる「死前に死あり，死後に死あり」の問題），とりわけ一身専属性をもつ慰謝料請求権を死者の請求の意思表示がないのに相続で取得できるのか[18]，さらに711条で慰謝料請求をなしうる近親者の範囲が掲げられているのに，あらゆる相続人に慰謝料請求（さらには死者の逸失利益の請求まで）を認めてよいか（いわゆる「笑う相続人」の問題）等の疑問が呈されている。しかし他方で，扶養構成による場合にも，扶養者をもたない者の生命を奪った加害者が賠償義務を免れられてしまうという問題のあることが指摘されている[19]。

判例は，相続構成と扶養構成のいずれに依拠した請求も認めている。また，両者の関係については，扶養利益は被害者の逸失利益から支出するものとの前提をとって，両構成が併存することにより賠償範囲が重複する事態を回避している[20]。学説でも，生命侵害による損害賠償請求権の相続があれば，その限りでは近親扶養の目的は達せられる以上，扶養利益に対する相続人固有の損害賠償請求を認めるべきではない等とされている[21]。

2 相続を放棄した者による損害賠償請求の可否

上述のような考え方を徹底させるならば，相続を自ら拒絶した者には扶養利益の賠償請求を認める必要はないとの帰結も導きえないではない[22]。しかし，死者の逸失利益の損害賠償請求権を相続しこれを行使した場合に，重ねて扶養請求権侵害の損害賠償請求をすることは認められないとしても，相続放棄により死者の逸失利益の損害賠償請求権が失われたからといって扶養構成による請求権をも失うとする論理的必然性はない。扶養構成による請求権は，被扶養者に固有のものとして，相続放棄には影響されないと解すべきであろう[23]。

　　ら，この扶養利益相当分の賠償額が控除されるとの立場がとられている。
21) 舟橋諄一「生命侵害による損害の賠償と相続」我妻先生還暦記念『損害賠償責任の研究(上)』（有斐閣，1957年）347頁等。学説状況につき詳しくは，前田陽一・リマークス24号（2002年）71頁参照。
22) 水野謙・判例評論509号（判時1746号）42頁参照。
23) 前田・前掲注21)72頁。

3 扶養利益の算定方法

では，扶養利益は実際どのように算定されるのだろうか。最判平成12・9・7判時1728号29頁は，xら妻子を扶養するaが殺害されたが，aは年収が780万円程度あるものの48億円の負債があったため，xらは相続放棄をしたうえで，加害者に扶養利益の喪失を損害として賠償請求をしたという事案にかかるものである。最高裁は，扶養利益侵害による損害の額について，「相続により取得すべき死亡者の逸失利益の額と当然に同じ額となるものではなく，個々の事案において，扶養者の生前の収入，そのうち被扶養者の生計の維持に充てるべき部分，被扶養者各人につき扶養利益として認められるべき比率割合，扶養を要する状態が存続する期間などの具体的事情に応じて適正に算定すべきものである」と述べて，賃金センサスにより逸失利益を算定し，それをxらの相続分に応じて分割して各人の扶養利益喪失分とした原審の判断を斥けた。

扶養利益額の算定にあたり考慮されるべき点としては，以下のようなものがある。

① 遺族の要扶養状態　請求権をもつのは，被害者から生前に扶養を受けており，かつ自活能力に不足している者に限られる[24]。

② 扶養可能期間　被害者の労働可能期間と遺族の要扶養状態の継続期間の共通部分が扶養可能期間となる。これを被害者の逸失利益等を基礎に算出された年間扶養利益額に乗じたものが，各人の扶養利益となる。子に関しては，扶養者の労働可能年数と子の成熟までの期間の共通部分が扶養可能期間となる。議論の余地があるのは妻についてである。基本的には，扶養者の労働可能年数と妻の平均余命年数との共通部分が扶養期間と解される。ただ学説には，幼児のない寡婦は損害軽減義務により就労すべきであるから相当期間経過後の扶養利益分につき減額すべきであるとか，統計的な再婚までの平均年数を考慮すべきである，あるいは再婚すれば賠償金を返還すべきである，といった見解もみられる[25]。しかし，再婚可能状態になったとはいえ，夫の死亡がなければそ

---

[24] 裁判例には，相続財産により遺族が自活できる場合，遺族が会社勤めで収入を得ている場合，第三者が遺族を扶養している場合等に扶養利益を否定したものがある（潮見一雄「相続構成と扶養構成」山田卓生編『新・現代損害賠償法講座(5)』〔日本評論社，1997年〕218頁等参照）。

[25] 四宮和夫『不法行為』（青林書院，1985年）591頁，潮見・前掲注24)220頁等。

の夫から扶養を受け続けられたのであり，何より再婚は自由な人生設計に委ねられるべき事項である。口頭弁論終結時までに具体的に婚姻の予定がたっている等のことがない限り，こうした事情を考慮すべきではないと考える[26]。

③　被害者の扶養能力　　被害者に多額の負債がある場合，これをどう考慮し，扶養に充てられるべき額を算定するかは，難しい問題である。多額の負債があってもなお被害者の収入によって扶養がなされていた事実があるのなら，（自己破産手続をとる途があったこと等にも鑑みれば）従前の扶養のための生活費の支出を基礎とし，それが過度のものと評価される場合はその分を考慮し額を調整することになろう。

4　【設問2】ではどうなるか

かりに【設問1】で検討したような「相当程度の可能性」という平成12年判決の構成しかとりえない場合であれば，財産的損害は賠償の対象とならず，また慰謝料請求もA自身のものしか認められないから，Xらは，相続放棄をすると賠償請求ができなくなる。しかし，延命可能性が9割を超え，平成11年判決の構成による賠償請求も可能な事案であるならば，相続放棄によりAの損害賠償請求権を主張できないとしても，Xら固有の慰謝料や，さきに述べたような方法で算出された扶養利益の賠償が認められることとなろう。

IV　複数原因の競合と賠償範囲

1　因果関係の有無をめぐって

続いて，【設問3】の検討に入ろう。ここでは，Aは，Dの加害による受傷の後に，これとは別の原因で死亡している。この場合，Dに対する損害賠償請求はどの範囲で認められるか。

後遺障害の逸失利益は，基礎年収×労働能力割合×労働能力喪失期間で算出される。次頁の図[27]では，当初は曲線①の水準での所得があったはずのとこ

---

[26]　水野謙・前掲注22)44頁，前田・前掲注21)73頁，平城恭子・判タ1096号（2002年）79頁等参照。
[27]　本図は，瀬川信久・判タ824号（1993年）61頁，三村量一・最判解民事篇平成8年度353頁等に掲げられた図を参考に作成したものである。

図

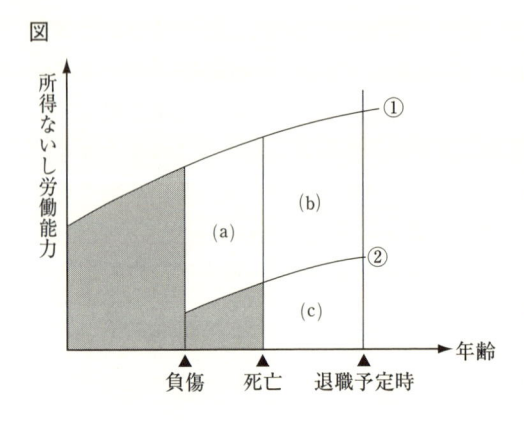

（縦軸）所得ないし労働能力
（横軸）年齢

曲線①、曲線②
領域(a)、(b)、(c)
負傷、死亡、退職予定時

ろ，交通事故による負傷で労働能力や所得が曲線②の水準にまで低下したとすると，まずは，その差の(a)(b)の部分が，交通事故加害者が賠償すべき逸失利益ということになる。

ところが，その後に生じた第2の原因で死亡にいたったとすると，曲線②の水準からゼロまで被害者の労働能力の低下が新たに生ずる。その差の(c)の部分については，第2の原因に加害者がいればその者が賠償すべきこととなり，被害者自らに起因するものであれば賠償は受けられないままに終わる。では，この第2の原因による死亡が生じたときに，交通事故の加害者に対して請求できる賠償額に影響はあるのか。

2　交通事故と死亡との間に因果関係がある場合

例えば，交通事故の後遺症を苦に被害者が自殺したとか，先行車に撥ねられ路上に横臥していた被害者が後続車に轢過されて死亡した，あるいは交通事故で搬送された先の病院で医療過誤により死亡した等，交通事故自体が直接の死亡の原因となっていないときであっても，もし最初の交通事故と死亡との間に因果関係があると判断される場合ならば，その加害者が賠償すべき逸失利益の対象は，(a)(b)(c)のすべてとなる。ただし，その場合でも，次に述べるように，全額の賠償まで認められるとは限らない。

①　心因的要素の勘案　　交通事故と自殺との間の相当因果関係について，かつての判例はこれを容易には認めなかったが[28]，その後は，相当因果関係を認めつつ，自殺には被害者の「心因的要素」も寄与しているとして減額をする形をとるものが増えている[29]。

②　共同不法行為ないし不法行為の競合　　交通事故の後に別の交通事故や医療過誤があって被害者が死亡した場合には，共同不法行為（719条）の成否も問題となる。判例・通説は，関連共同性要件について，行為者相互の意思の

連絡は要せず，客観的にみて関連していれば足りるとしており（客観的共同説）[30]，最判平成13・3・13民集55巻2号328頁も，交通事故と医療過誤のいずれもが被害者の死亡という不可分の一個の結果を招来したものとして共同不法行為の成立を認めている。しかし同判決の事案は，あくまで放置されれば死にいたる障害を交通事故により負い，だが医療水準に適った治療がされていれば高い救命可能性があったという，双方とも全損害との間に相当因果関係があるといいうるものであり，同判決が，交通事故による受傷が元来死にはいたらない程度のものであったとか，交通事故後の治療でいったんは生命の危機を脱していたといった場合も含め，交通事故と医療過誤につき共同不法行為の成立をひろく一般的に認めたものと解すべきではない[31]。なお，近時の学説は，共同不法行為の成立を，全行為者に全損害の連帯責任を負わせるという719条1項前段のもつ強力な効果にみあう範囲に限定する傾向にある[32]。

3 因果関係がない場合における逸失利益の賠償請求

では，第1の事故と被害者の死亡との間に因果関係が認められない場合はどうなるか。前述のとおり死亡損害は賠償の対象にならず，図の(c)が除外されるのは明らかであるとして，問題は，(b)の扱いである。

---

28) 例えば，最判昭和50・10・3交民集8巻5号1221頁は，被害者がその被った精神的・肉休的苦痛のために自殺を決意しこれを実行することが，事故によって通常生ずる結果といえること，すなわち，加害者において被害者が自殺するにいたることを予見しまたは予見しうる状況にあったといえることが必要となる，としている。
29) 最判平成5・9・9判時1477号42頁は，事故により被害者の被った障害が大きな精神的打撃を与え，しかもその衝撃が長い年月にわたり残るものであったこと，その後の補償交渉が円滑にすすまなかったこと等が原因で鬱病となり，自殺にいたったという事例において，自殺には被害者の「心因的要素」も寄与しているとして，8割の減額を認めている。
30) 最判昭和43・4・23民集22巻4号964頁等。
31) 二村晶子・最判解民事篇平成13年度(上)240頁等。
32) 学説では，同行為者間に危険共同体・利益共同体としての一体性がある等，強い関連共同性がある場合にのみ719条1項前段が適用されるが，他方，共同行為への関与の程度が低い者がいる等，弱い関連共同性しかない場合には同条項後段が適用されるとした上で，後者においては，各行為者が損害に対する自らの寄与度を証明できれば，その限度で減責を認められる，と解するものが有力である。また，そもそも連帯責任を課すに相応する強い関連共同性が認められる場合にのみ共同不法行為は成立するのであって，それ以外のものは709条の不法行為責任が競合しているにすぎない，とみる説もある。

人がいつまで生きられるかは分からない。100歳を超えても元気で仕事をしている人もいれば，病気や事故で若くして死亡する人もいる。将来どうなっていたかが分からないからこそ，平均稼働可能年齢（67歳）を用いて逸失利益が算出される。この点，被害者が別の原因で現に死亡したとなれば，真実が明らかとなった以上，逸失利益は現実の死亡時までのものに限定される，と解することがひとつには可能である（切断説）。しかし，そのような手法によると，たまたま口頭弁論終結時までに被害者が死亡した場合には加害者が賠償すべき額が低くなり，口頭弁論終結の直後に被害者が死亡した場合との間で，著しい不均衡が生じてしまう。そのため，加害行為後に生じた事象は損害額の算定において考慮されないとする見解もある（継続説）。学説は，切断説と継続説のほか，条件関係のある場合に継続説を採る見解等に分かれている[33]。

この問題について判断を示したのが，最判平成 8・4・25 民集 50 巻 5 号 1221 頁（以下「平成 8 年判決」という）である。事案は，交通事故により脳挫傷，頭蓋骨や肋骨等の骨折等の障害を負い，知能低下や神経麻痺等の後遺症が残った被害者が，リハビリをかねて海で貝を採っていたところ，心臓麻痺で死亡した，というものである。第 1 審は，条件関係が認められることを理由に継続説を，第 2 審は切断説を採ったが[34]，最高裁は，「交通事故の被害者が事故に起因する障害のために身体的機能の一部を喪失し，労働能力の一部を喪失した場合において，いわゆる逸失利益の算定に当たっては，その後に被害者が死亡したとしても，右交通事故の時点で，その死亡の原因となる具体的事由が存在し，近い将来における死亡が客観的に予測されていたなどの特段の事情がない限り，右死亡の事実は就労可能期間の認定上考慮すべきものではない」として，継続説を採用した。その理由には，「労働能力の一部喪失による損害は，交通事故の時に一定の内容のものとして発生している」こと，また，「交通事故の被害者が事故後にたまたま別の原因で死亡したことにより，賠償義務を負担する者がその義務の全部又は一部を免れ，他方被害者ないしその遺族が事故

---

[33] 学説状況については，水野謙・民法判例百選 II 〔第 5 版新法対応補正版〕188 頁ほか，後掲の最判平成 8・4・25 の評釈等を参照されたい。

[34] 原審では，切断説が採られた結果，逸失利益は第 1 審にくらべて格段に減少したが，その分，多額の慰謝料を認めており，賠償額の総額にそれほどの差が生じないような創意がこらされている。

により生じた損害のてん補を受けることができなくなるというのでは、衡平の理念に反する」こと等が挙げられている。

　損害賠償はあくまで被害者が現実に被った損失の塡補のためにある、という理念に忠実なのは、切断説といえるかもしれない。しかし、切断説には前述のような実際上の不都合のあることは否定できない。もしこれを克服しようとすれば、訴訟終結後でも被害者が死亡すれば再度賠償額を確定させる訴訟を提起できるとか、加害者がすでに支払った賠償金につき不当利得返還請求ができるとする必要がある。また、より根本的には、一時金払ではなく定期金払への移行を企図すべきことにもなろう。しかし、そのような措置をとるのは現実には難しい。そうであるならば、フィクションが露呈することの批判があるとしても、継続説を原則とすべきであろう。

4　因果関係がない場合における介護費用の賠償請求

　では、介護費用の賠償についてはどうか。最判平成11・12・20民集53巻9号2038頁は、次のような理由を示して、死亡によって不要となった介護費用を交通事故による損害として請求することはできないとし、上述の切断説の考え方によって結論を導いた。「介護費用の賠償は、被害者において現実に支出すべき費用を補てんするものであり、判決において将来の介護費用の支払を命ずるのは、引き続き被害者の介護を必要とする蓋然性が認められるからにほかならない。ところが、被害者が死亡すれば、その時点以降の介護は不要となるのであるから、もはや介護費用の賠償を命ずべき理由はなく、その費用をなお加害者に負担させることは、被害者ないしその遺族に根拠のない利得を与える結果となり、かえって衡平の理念に反することになる。」「交通事故による損害賠償請求訴訟において一時金賠償方式を採る場合には、損害は交通事故の時に一定の内容のものとして発生したと観念され、交通事故後に生じた事由によって損害の内容に消長を来さないものとされるのであるが、右のように衡平性の裏付けが欠ける場合にまで、このような法的な擬制を及ぼすことは相当ではない。」

　逸失利益と介護費用で扱いを別にするのは一貫していないようでもあるが、逸失利益が加害行為時に確定的に生じた労働能力の喪失を対象とするのに対し、介護費用については支出される都度に損害が発生するという相違の表れと解す

ることはできるであろう。結論だけみても，介護費用において継続説を採るのは，（切断説の弱点を凌駕するほどに）擬制が顕在化しすぎとなる，といえようか。そうした観点からも判決は妥当というべきであろう[35]。

5 【設問3】ではどうなるか

以上のことからすると，【設問3】における損害賠償請求はどう扱われるべきか。

かりに，交通事故に起因する言語障害が白血病に対する施術を妨げ，それがA死亡の結果を招来したといってよいほどに重要な要素であったのならば，交通事故と死亡との間に相当因果関係があるとすることもできる。

しかし，本設問にあらわれた事実のみから判断するなら，緊急に対処すべき（しかも対処すれば死を回避できたという）白血病の施術が，交通事故によって不可能となったという事情が具体的に認められる等，よほどのことでもない限り，因果関係に相当性があるとはいい難い。そうすると，本設問では，Dに対して死亡による損害賠償まで求めることはできず，後遺障害に対する損害の賠償にとどまると解される。

Xらとしては，Aの損害賠償請求権を相続により取得したとして，慰謝料と治療費，そして逸失利益と介護費用の請求をなしうる。判例によれば，逸失利益については67歳までの平均稼働年数分が認められるものの，介護費用についてはAが死亡した2011年12月までの間に実際に支出した分の賠償請求のみが認められることとなろう。

なお，本設問では，交通事故における被害者Aにも過失が認められているため，上述のような形で算出された，交通事故によってもたらされた分の全損害額から1割が控除されるべきこととなる[36]。

いまひとつ本設問において留意すべきは，平成8年判決の射程に関してであ

[35) 本判決についても，窪田充見・セレクト'00（法教246号別冊付録）24頁等，多くの評釈がある。適宜参照されたい。

36) 共同不法行為が成立する場合の過失相殺の方法については議論がある。判例は，被害者と各不法行為者の間の過失割合に応じて相対的に過失相殺をする方法（相対的過失相殺）と全加害者において共通の割合で過失相殺する方法（絶対的過失相殺）とを事例により使い分けている（前掲最判平成13・3・13，最判平成15・7・11民集57巻7号815頁。なお田高寛貴「演習」法教365号〔2011年〕137頁も参照されたい）。

る。同判決は、「右交通事故の時点で、その死亡の原因となる具体的事由が存在し、近い将来における死亡が客観的に予測されていたなどの特段の事情がない限り」という留保を付している。そこで、交通事故時にAが慢性骨髄性白血病に罹患していたことが、ここにいう特段の事情にあたるかが問題となるが、すでに手を尽くしても死を免れることができなかったのでない限り、切断説により逸失利益を算定すべき場合にはあたらないと解すべきであろう。

　ちなみに、本設問ではDに対する請求のみを問うているが、Bに対しての請求もなされた場合には、両請求の関係も問題となる。この点については、Ⅳ2②の叙述をも参考に、各自で検討してみてほしい。

Ⅴ　まとめ

　不法行為における損害、とりわけ逸失利益については、現実には起きていないことを「もしも」の仮定を積み重ねて具体的に算定しなければならない。「神のみぞ知る」領域にある以上、フィクションの要素が入り込んでくるのはやむをえない。それでもなお可能な限り、被害者と加害者双方が納得できるような理屈をたてること、限られた判断材料を駆使しフィクション性を減殺していくことが求められるのであり、そのために学説や判例は種々の理論や解釈手法を生み出してきた。以上に述べてきた本事例の考察でも、近時あらわれた最高裁判決を基礎に解答への道筋を描いてきたが、さまざまな叡智が込められた学説や判決について、直面する事案の解決において適切に利用できるようにするためにも、その意義や射程を正確に把握しておいてほしい。

　逸失利益をめぐっては、以上で取り上げたもの以外にも、さまざまな問題が山積している。年少者の死亡において（用いる平均賃金基準が違うため）男女で差異が生ずるのは妥当か、失業者や障害者が死亡したときの賠償額が僅少となることが人間としての価値を低くみていると受け止められはしないか等々——単に技術的な観点からではなく、損害賠償はいかにあるべきかという根本に立ち返りながら、種々の解釈問題を考察していってもらいたい。

19 「財布はひとつ？」

●事例

　A男とB女は1990年5月3日，婚姻した。AとBは，婚姻と同時に，Aの勤め先である株式会社Cの社宅で共同生活を始め，Bは1991年7月13日にDを出産した。AとBは，時々，Dの教育について話し合いをしたが，幼児期から密度の高い教育機会を与えることが良いか否かについて意見が対立し，結論が出ないことが多かった。

　1996年12月28日，A・Bの自宅に，幼児向けの英語教材を販売する業者Eの販売員が訪問した。販売員2人は午後8時頃に訪問し，Bが対応したが，午後11時前後になって，BがDのために買ってやりたい気持ちの中で，契約を締結するにいたった。この間，Aは留守であった。

　同時に，Bは，割賦購入あっせんを業とする会社Fとの間で，①Fに対し，英語教材セットの購入代金を，加盟店であるEへ立替払することを委託すること，②BがFに対し，立替金59万7490円に手数料12万8510円を加算した合計額72万6000円を，合計60回に分割して，1997年2月から2002年1月まで支払うこと，③Bが②に定める支払を怠り，Fから書面により支払を催告されたにもかかわらず，その支払を履行しないときは，Bは，期限の利益を失うこと，④遅延損害金は，年6分の割合とすることを内容とする立替払委託契約（以下「本件立替払契約」という）を締結した。当該教材は，テキストブック，テキスト用DVDなどからなる幼児用の教材セットであった。BはAに反対されると思い，Aには購入を告げていなかった。また，BはDにこの教材で英語を教えようと試みたが，Dは全く興味を示さず，結局，教材セットは使用されなかった。

　Fは，1997年1月20日，Eに対し，本件立替払契約に基づき，立替払をした。Bは，1998年8月までFに対し約定の分割金を支払ったが，9月は支払をせず，Fから未払金の支払を催告されたが，その履行をしなかった。

　他方で，1998年6月，Bは消費者金融業者Gから50万円を借り入れた。借入れの目的は，Dが私立小学校に入学して出費が嵩んだことにより不足した

生活費を補塡するためであった。BはGに対して，1999年2月までは毎月，約定の額の借入金の返済を行ったが，それ以降は返済が滞り，期限の利益を失った。

　Aは，1998年6月当時，月収約30万円，年収は約550万円であった。一方，Bも，生命保険相互会社の外交員として勤務しており，年間約120万円の収入があった。

　この場合について，以下の設問に答えなさい（設問はそれぞれ独立の問いである）。

【設問1】　1998年12月，FはAに対して，本件立替払契約は日常家事に関する法律行為に属するとして，立替金の未払分の支払を請求した。この請求は認められるか。

【設問2】　2000年2月，GはAに対して，Bの負っている借入金の残債務は日常家事債務であるとして，その支払を請求した。この請求は認められるか。

● CHECK POINT

□ 日常家事債務の連帯責任（761条）の根拠
□ 「日常家事に関する法律行為」の範囲

● 解説

I はじめに

　人は自己の行為によってのみ法的な拘束を受けるのが原則であり、そして、自らの意思で代理権を与えれば、代理人による行為の効果が帰属する。しかし、ある人（X）が誰か（Y）と婚姻関係にあると、XがYに代理権を与えていなくても、Yの行為の効果をXが引き受けなければならないことがある。Yが日常家事を行うことで生じた債務は、配偶者たるXも連帯して責任を負う（761条）からである[1]。典型例は、（少し古いが）馴染みの八百屋さんで、付けで大根を購入するような場合であり、このような例を考えれば、特に問題はないように思われる。
　しかし、本事例のように、高額の学習教材を個別割賦あっせん取引で購入した場合、消費者金融業者から50万円の借入れを行った場合は、どうであろうか。これらの事例を素材に、日常家事の範囲の限界づけ及びその基準を、日常家事債務の連帯責任の根拠と共に考えてみるのが本事例の目的である。

II 日常家事債務の連帯責任

1　761条の一般的な説明

　761条は、日常家事についてはどちらが行為をした場合でも、夫婦が共に連

1）761条を夫婦相互の任意代理権に基づくものとする見解もある。また、判例・通説は、761条は夫婦相互に法定代理権を認めたものだとする。代理（表見代理の問題を含む）と761条との関係については、本解説では詳細に扱えないため、新版注釈民法(21) 445頁［伊藤昌司］448-451頁等を参照願いたい。

帯して責任を負うことを規定している。一般的に，その趣旨は，夫婦が共同生活を維持する（同居・協力・扶助義務〔752条〕，婚姻費用の分担〔760条〕）ためには一定の法律行為が必要になると考えられるところ，そのような法律行為は夫婦の共同生活に伴うものであり，また行為の相手方としてもそれが夫婦の共同生活に関する事項であるから夫婦が共に責任を負うと期待すると考えられるからであると説明される。

2 日常家事の範囲——一般論

(1) 日常家事性の判断基準——昭和44年判例

日常家事に関する法律行為（以下では「日常家事」という）とは，個々の夫婦がそれぞれの共同生活を営むうえにおいて通常必要とされる事項であり[2]，夫婦の間の未成熟子の養育，教育にかかる事項も含むとされる[3]。

ある行為が日常家事に属するかどうか（以下では「日常家事性」という）を判断する基準については，昭和44年判例がその一般的な基準を示している。すなわち，日常家事とは，「個々の夫婦がそれぞれの共同生活を営むうえにおいて通常必要な法律行為」であり，その具体的な範囲は「個々の夫婦の社会的地位，職業，資産，収入等によって異なり，また，その夫婦の共同生活の存する地域社会の慣習によっても異なるというべきであるが，他方，……同条が夫婦の一方と取引関係に立つ第三者の保護を目的とする規定であることに鑑み，単にその法律行為をした夫婦の共同生活の内部的な事情やその行為の個別的な目的のみを重視して判断すべきではなく，さらに客観的に，その法律行為の種類，性質等をも充分に考慮して判断すべきである」。なお，この判例は，日常家事に属しない行為であっても，相手方が「その行為が当該夫婦の日常の家事に関する法律行為の範囲内に属する」と信じ，そのことに正当の理由があれば，110条の趣旨の類推適用により第三者の保護が図られるとしたことも確認しておきたい。

判例は，主観的要素と客観的要素との相関判断を行うとしたわけだが，それ

---

2) 我妻栄『親族法』（有斐閣，1961年）106頁，最判昭和44・12・18民集23巻12号2476頁（以下では「昭和44年判例」という）。
3) 新版注釈民法(21) 445頁〔伊藤〕。

らの要素は，①夫婦の個別事情（個々の夫婦の社会的地位，職業，資産，収入等及びその夫婦の共同生活の存する地域社会の慣習），②行為の個別的，主観的な目的，③行為の客観的事情（法律行為の種類，性質等）に分類，整理することができる。②を①と独立させるのは，主観的な動機，目的はその他の夫婦内部の個別事情とは異なる考慮を要すると思われるためである。

(2) 昭和44年判例の意義の限界

昭和44年判例はこのように日常家事性の一般的な判断基準を示したものの，あいまいさを残している。その一因は，昭和44年判例が，夫が妻の特有財産たる妻名義の不動産を，妻の名義で，第三者に売却した場合に関しての判断だったことにある。問題となった行為は，夫婦の一方による他方の特有財産の無断処分であり，行為の客観的な種類，性質からして，共同生活に必要な行為からは最も遠いような事案であった[4]。

そのため，①行為の種類，性質という客観的な要素がどのようであれば日常家事に属するのか，その限界はどの辺りにあるか，②客観的要素からは日常家事性が否定されないときに，夫婦の個別事情又は行為の主観的目的がどのように影響するのか等の具体的な判断の仕方を明らかにすることは，課題として残された。本問で問題となるのは，正に，これらの具体的な判断の仕方及びその根拠である。そこで，次に，具体的な行為類型を素材に，考えてみる。

3 日常家事の範囲──具体例で考える

(1) 僅少金額での基本食材等の購入

日常家事の典型例としてよく挙げられるのが，少量の米の購入など，基本食材を僅少金額で購入する事例である。購入の目的物が客観的に見て共同生活で通常費消される種類と量の食材であり，金額も高くないという特徴を有する。この種の行為を日常家事に属しないとする見解又は裁判例はないように思われるが，少量の米の購入であるが実は転売して遊興費に当てる目的であり現にそ

---

[4] もっとも，伝統的な通説は，他方配偶者の特有財産の処分行為であっても，事情に応じて，その目的が夫婦共同生活の維持にあれば，日常家事の範囲に含めるべきだとする（我妻・前掲注2）106頁，有地亨『新版家族法概論〔補訂版〕』〔法律文化社，2005年〕119頁）。

[5] 裁判例には，太陽熱温水器について当該夫婦にとっての効用と負担を比較検討し，日常家事性を否定したものがある（門司簡判昭和61・3・28判タ612号57頁）。

の目的に使われた場合，共に菜食主義者の夫婦の一方が来客の予定もないのに肉を購入したような場合には，問題がなくはない。

(2) **高額での家電，寝具，学習教材等の購入**（【設問1】）

家電，寝具，学習教材等の購入の場合，売買の目的物は夫婦及び子どもの共同生活において通常使用が予定される物であり，客観的な行為の種類，性質からは，日常家事に属することは否定されない。しかし，この種の行為は，日常家事に該当する典型例であるとまではいえない。その理由は，購入に要する金額が大きいことに求められるが，額が過大であるかどうかはどのように評価されるのだろうか。一方で，個々の夫婦の具体的な事情に応じて評価することが考えられるが，個別的事情にも，収入額や資産状況などの夫婦の客観的な経済的状況から，当該目的物がその夫婦の共同生活にもたらす便益の程度[5]，当該目的物に関係する夫婦の主観的な価値判断[6]まで，幅がある。個々の夫婦の状況に着目するのは，昭和44年判例の示した基準に適合的とも思われるが，学説には，その夫婦が裕福であるか否かとは関係なく，ある程度の額を超える高額品の購入は日常家事でないとする方向を示唆するものも有力であり[7]，下級審裁判例で問われているのも実質的には個々の夫婦の事情から独立した金額の多寡だと指摘するものもある[8]。

(3) **金銭の借入れ**（【設問2】）

日常家事性の判断に最もあいまいさが残る類型が，金銭の借入れである。客観的な事情として，金額の多寡は意味を持ちうるかもしれないが，行為の種類，性質だけからは共同生活に関わるとも関わらないともいえない行為である。借入れを行う者の主観的な動機，目的次第であり，それが，共同生活に必要な生活費の不足を補うためである場合もあれば，自己の遊興費を得るためということもある。また，行為者の主観的動機と，借入金が実際に共同生活の便益のために使用されたか否か（借入金の実際の使途）は一応区別しうる。行為者が相手方に対して，使途をどのように説明したかということも問題となる。

---

[6] 裁判例では，教材の購入契約について，夫婦の教育に対する主観的な関心の高低が考慮される傾向がある（八女簡判平成12・10・12判タ1073号192頁，東京地判平成10・12・2判タ1030号257頁を参照）。
[7] 二宮・家族法68-70頁。
[8] 右近健男・判タ1091号（2002年）67頁。

学説は，金額にかかわらず，借入行為の動機，目的によって，日常家事性を判断すべきとするものがある[9]。多くの学説は，借入金を生活費とする目的のときには，月々の生活費のつなぎとしての金額程度のものであれば日常家事に属するとする[10][11]。

(4) **購入の方法や購入の経緯（【設問1】）**

【設問1】は，個別割賦あっせん取引において立替払を行った業者からの請求である。個別割賦あっせんを伴う売買契約ではその代金総額が高額であることが通常であるため，高額の商品購入と同様の問題が生じる。さらに，たとえ売買契約自体が日常家事に属するとしても，立替払契約が日常家事に属すると直ちにいうべきではなく，手数料が加えられ，割賦弁済が長期にわたり，期限の利益喪失の約定が置かれる等の点が日常家事性を否定する要素として考慮されうる[12]。また，購入の経緯として，訪問販売における長時間にわたる居座りといった事情があれば，そのようにして締結された契約が，契約するかどうかを簡単に判断できないような，したがって夫婦の一方が他方に相談せずにすることが通常想定されないような契約であることを示す事情として，日常家事性の判断に影響を与える要素となるともいわれる[13]。

4　日常家事性の判断基準の検討

上記の具体例のうち(1)から(3)の類型の行為をめぐる議論を手がかりに[14]，日常家事性の判断基準として，何が問題とされているかを整理し，その根拠を探ることとする。

(1) **判断の基準，要素について**

昭和44年判例では明らかにされなかった客観的な事情の評価の仕方に関して，まず，学説及び裁判例では金額が重視されている。通常共同生活で使用されるような物品の購入であっても高額であれば慎重に判断がなされ，金銭の借入れについても高額であれば定型的に日常家事性が否定される傾向が強い。そ

---

9)　我妻・前掲注2)106頁。
10)　右近健男「金銭借用と日常家事債務」金法1051号（1984年）6頁，高森哉子「日常家事債務の連帯責任」婚姻法改正を考える会編『ゼミナール婚姻法改正』（日本評論社，1995年）141頁。
11)　なお，下級審裁判例において，借財の日常家事性の判断が分かれていることについて，松川正毅『民法 親族・相続〔第3版〕』（有斐閣，2012年）50頁参照。
12)　高森・前掲注10)142頁，右近健男・消費者取引判例百選163頁。

して，金額については，一方で個々の夫婦の具体的な事情に即して評価する立場と，どのような家庭であってもという標準的な発想をする立場とが見られる。この視点の違いは，761条の趣旨理解の違いにつながる（後述）。

次に，主観的目的を考慮することについては学説が明確に分かれている。近時の学説には，主観的な目的を考慮することに対する警戒が強い。しかし，昭和44年判例も依拠しているとされる伝統的な学説は，主観的に共同生活のためになされた行為は広く日常家事に含めようとしてきた。ただし，注意したいのは，伝統的な学説でいう行為の主観的な目的は，実際に当該行為の結果が夫婦の共同生活の便益に供されることを前提としている（生活費のためという動機であったが実際には使われなかったという事態は想定されていない）のではないかと思われることである。さらに，伝統的学説においても，少量の米の購入のような行為において主観的な動機や便益の帰属が夫婦の共同生活に存しなかった場合にまで日常家事性を否定はしないのではないだろうか。

(2) 判断基準の根拠

判断基準について上のように見解が分かれる理由を761条の存在理由を意識しつつ，考えてみよう。

① 婚姻費用分担との関係　まず，個別的事情，主観的目的を重視する伝統的な見解を取り上げる。昭和44年判例も，諸要素を挙げる際に，主観的，個別的な事情を考慮するのを原則とする表現になっており，論理構造的にはこの見解に沿っている。個別的，主観的な事情の重視は，婚姻費用の分担（760条）に対応した夫婦の対外的責任を定めたのが761条であるとの趣旨理解に基づくといわれる[15]。個々の夫婦の共同生活の内部的事情に応じて必要になり，その便益となる行為の負担は，対外的にも共同で責任を負ってしかるべきだというわけである（以下ではこの考え方を「見解A」という）。しかし，婚姻費用分担と表裏のものとするこの解釈については，2つの点で，限界を指摘できるように思われる。まず，夫婦の衣食住をみたすという意味で通常婚姻費用に含

---

13) 右近・前掲注8) 66頁，二宮・家族法68-69頁。
14) (4)については，消費者取引の特性を踏まえた考察を要すると考えられるため（久保野恵美子・消費者法判例百選72頁参照），日常家事性の判断基準に関するここでの検討からは除外する。
15) 道垣内弘人=大村敦志『民法解釈ゼミナール(5)親族・相続』（有斐閣，1999年）37頁［道垣内］。

まれるとされる住居の取得費用（住宅購入費用又は住宅建築請負代金）について，これらの負担を日常家事に属するとする見解はほとんど見られない。また，何らかの費用が婚姻費用に当たる場合には，その分担は夫婦の資産，収入等を考慮して決められるから，夫及び妻の収入の状況に応じて，夫婦の一方は，個々の婚姻費用を金銭的負担としては分担しないこともある。そのような婚姻費用の元となる債務について，夫婦が761条の連帯責任を負うとすれば，この責任は婚姻費用の分担からは説明がつかない。

これらの限界を考慮すると，婚姻費用分担と日常家事債務の負担の仕方の関連を意識することは，婚姻共同生活体の本質への着目という点で重要であるものの，760条と761条を完全に表裏のものとして捉えるのは適当でないと考えられる[16]。

② 日常性　そこで，日常家事の範囲を限定する根拠を再考するとき，学説，裁判例で客観的な債務負担額が問われ，また，昭和44年判例の文言とは異なり，どの家庭であってもという基準が有力に主張されていることが注目される。日常家事の「日常性」をどのように理解するかということに関わる。

1つには，第三者側の視点からのアプローチが考えられる。日常的ではない，高額の債務を負担する行為においては，相手方は債務負担者の資力に注意を払うことが通常であり，また，それが期待されるのであり，夫婦の他方が責任を負うと信頼しても保護に値しないといえる。このことは，反面で，日常性を，夫婦の他方が責任を負うかどうかについて取引の相手方に慎重な態度をとられると不都合を来すような行為を指すものと解し，そのような行為については，定型的に夫婦の連帯責任とすることが，夫婦の共同生活の円滑な運営に資するから761条があると説明することにつながろう（以下では「見解B」という）[17]。

別のアプローチとして，夫婦は同居・協力・扶助義務を負い，共同生活を営むのであるから，社会一般的に共同生活に必要とされる標準的な事項については，仮に内部的な意見の不一致や夫婦の一方の濫用的な振る舞いの危険性があ

---

16) もっとも，本文で述べたような婚姻費用の分担とのずれが生じうるとしても，見解Aのように夫婦の内部的個別事情に応じて必要な行為かどうかを基準として日常家事性を判断する方法が否定されるべきとはいえないだろう。

17) 木村晋介「日常家事債務と夫婦の連帯責任」長尾治助＝中坊公平編『セミナー生活者と民法』（悠々社，1995年）280-281頁。また，立法論として，高森・前掲注10)147頁。

るとしても，基本的に共同責任を負うのが，共同生活の本質に即した婚姻の一般的な効果であるとの考え方も成り立ちうる（以下では「見解 C」という）[18]。こちらの見解によれば，第三者の信頼は，誰の資力を当てにするかということに向けられるそれではなく，夫婦であれば相互に個別に許可をとることなく許されるだろうと定型的に期待される行為であるかどうかに向けられたものとなる[19]。

③ 761 条の趣旨　A から C の見解では，761 条の趣旨，すなわち，同条においてどのような要請をどのように調整すべきかについての立脚点が異なる。同条の趣旨については，一般的には，先述のとおり，①夫婦の共同生活の本質と②それに対応した行為の相手方の期待が挙げられるが，どちらの面についても，不明確な部分を残しているといえる。

　(a) 婚姻共同体の本質と夫婦の財産的独立　個々の夫婦の婚姻共同生活に必要な行為を広く日常家事とする見解 A は婚姻共同体の経済的管理を重視するのに対して，見解 B は，夫婦は財産的に独立していることを重視し，日常家事債務の連帯責任によって，それが脅かされることを危惧する。見解 B は，761 条を，第三者の保護のためと位置づける。ただし，第三者が保護されることによって，日常的な行為で取引の相手方が逐一債務負担者を慎重に判断する必要がなくなるので，夫婦の日々の共同生活に必要な取引が取引相手方の警戒によって円滑に運用できず不便を来すような事態を招かずにすむという付随的な効果もある。見解 B では，夫婦の側の視点からは，同条には，このように日常生活の不便の防止という機能的で消極的な存在理由が与えられるにとどまる。見解 C は，日常家事の範囲の広狭では見解 B に近い結論になるが，761 条に婚姻共同体の本質的効果を認める点で見解 A と共通する。見解 C は，ただし，見解 A と異なり，経済的に独立した個人が結合した夫婦において，対外的にも拘束される形で共同の責任を負う範囲を，日常的に最低限必要な範囲として定型的に，制限的に設定するのである。

---

[18]　見解 C は，明示的に主張されているものではないが，齊木敏文「日常家事代理権と表見代理」判タ 650 号（1988 年）62-63 頁，松川・前掲注 11)48 頁，明治民法の起草者の見解（「衣食住に関し何れの家に於ても通常必要とする法律行為」とする〔梅謙次郎『民法要義巻之四〔復刻版〕』（有斐閣，1984 年）191 頁〕）等からは，このような見解が構成できるように思われる。

[19]　齊木・前掲注 18)62-63 頁参照。

(b) 第三者の保護　法的保護に値する第三者の期待はどのようなものかは，夫婦の財産関係の独立とその共同体的拘束の調整の仕方という(a)の問題と不可分である。見解Aでは，夫婦が経済的に裕福な外観を呈していたため，高額の物品購入が当該夫婦の共同生活のためだと信じた場合や行為者が借財の使途を生活費の補塡であると説明したのを信じた場合に，それらの信頼が保護されるかもしれない[20]が，見解Bでは，相手方は高額の重要な行為については債務者の資力を慎重に判断すべきなのであり，夫婦は財産的に独立しているのが原則なのであるから，相手方は夫婦がお互いに他方の行為に責任を負うことを安易に期待すべきではないということになる。見解Cでは，取引相手方は，どのような家庭でも通常は共同生活に必要であろうと思われるような定型的な行為については，婚姻している以上，夫婦が共に責任を引き受けると期待してよいが，その範囲は広くないということになろう。

III　本問へのあてはめ

(1)　【設問1】について

　夫婦の子のための教材を購入する契約に伴う立替払契約であり，当該契約が日常家事に属するかが問題となる。目的物が客観的に子の養育に関係する物なので，その面からは日常家事性は否定されず，夫婦の個別事情や主観的目的をどのように評価するかによって結論が分かれる。見解Bや見解Cでは，教材本体だけで60万円近くという代金額ゆえに，日常性を否定され，日常家事の範囲外となろう。見解Aでは，夫婦の収入等の経済状況，当該目的物が夫婦にもたらす便益などが評価され，場合によっては日常家事に属するとされる余地もあろうが，一義的な結論は出にくい[21]。なお，見解Bでは，仮に売買契約自体は日常家事だとしても，長期間の債務負担となり，手数料がかかる立替払契約は，それが長期間の居座りによる勧誘で契約締結にいたるような慎重な

---

20)　見解Aによれば，昭和44年判例で示された110条の趣旨の類推適用法理により，本文で挙げたような夫婦の内部事情や行為者の主観的目的に対する第三者の信頼を保護するものと考えられる。これに対して，見解B及び見解Cからは，そのような信頼はそもそも法的な保護に値しないとして，昭和44年判例が批判されよう。

21)　高額の子ども用教材の購入契約について，下級審裁判例において，主観的側面と客観的側面と

判断を要する契約であるとの事情も合わせて，夫婦の財産的独立を脅かすものとして，日常家事性が否定されると考えられる。

(2) 【設問2】について

見解Aでは，借入れの主観的目的及び実際の使途が問われ，生活費の補塡のための本件借入れは，日常家事の範囲に含まれる。見解Bでは，取引相手方の信頼と夫婦の財産的独立を強調すれば，少額の場合でも，金銭の貸主は借主の資力につき慎重に判断すべきであるから，日常家事性を一般的に否定することになる。見解Cでは，月々の生活費をつなぐ程度の額であれば，使途，目的にかかわらず，借入れが日常家事であるとされることもありうるが，本件では50万円という金額であるため，日常家事性は否定されよう。

IV まとめ

日常家事債務の連帯責任の規定は，夫婦であれば，自己の欲しない行為に関わる債務も負担する可能性を認めるものであるから，解釈次第では強力な影響力を持ち，夫婦の経済的独立を重視する立場には同条の廃止論がある[22]のも頷ける。他方で，少量の米を購入する程度の契約であれば細かい事情を問わずに夫婦の双方に責任を負わせても構わないのではないかという感覚は，多くの人に共有されうるのも確かではないだろうか。後者のような感覚には，夫婦と共同生活というものに対する社会の一般的なイメージが投影されているように思われる。日常家事の範囲及び日常家事性の判断基準をどう考えるかは，このような761条の評価の幅の中で，どこに立ち位置を定めるかに依存する。

最後に，761条の位置づけを考える一助として，仮に，本事例において「AとBは共同生活に伴って負担する対外的な債務につき，相互に責任を負わない」旨の夫婦財産契約がなされていたらどうなるか考えてみてほしい。見解Bのように夫婦の財産的独立を重視し，761条は夫婦の日常生活を円滑に運営す

の総合考慮による日常家事性の評価が微妙であることを指摘するものとして，小池覚子「夫婦の日常家事債務の連帯責任」野田愛子＝梶村太市編『新家族法実務大系(1)』(新日本法規出版，2008年) 297頁を参照。

22) 高森・前掲注10)147頁に紹介されている研究会での議論を参照。

るための便宜を図るものと捉えるならば，排除の効力を認めることとなり，見解Cのように夫婦共同生活の本質を重視するのであれば，共同生活に必要最小限の行為に関しては，連帯責任を排除することは婚姻の一般的効果の享受を否定するものとして，基本的には認められないという帰結もありうるだろう23)。

---

23) 見解Aにおいては，共同生活の管理の側面を重視すれば夫婦財産契約による761条の排除が否定され，夫婦の個別事情の考慮を重視すればこれを認めることになるだろうか。なお，761条の条文の位置及び個々の行為の相手方に対する予告による連帯責任の排除が認められること（同条但書）からすれば，本文で見解Cによる解釈の可能性として挙げたように761条を強行規定的に解することには無理があることは確かであるが，学説には，夫婦財産契約によっても排除しえないとするもの（新版注釈民法(21)［伊藤］458頁），合理的な理由がなければ異なる定めをすることができない規定と解そうとする（論者は「半強行法規化」という）ものがあることが注目される（大村・家族法77頁）。

20 「どっちもどっち？」

●事例

　X男（73歳）とY女（66歳）とは1968年10月に婚姻し，両名間には子B（40歳）及び子C（34歳）がある（年齢はいずれも2011年2月時点）。

　Xは医師として病院勤務などを経た後，1976年5月から診療所（G医院）を開業した。Yは，G医院の開業後は，家事を担いながら，G医院の経営や診療報酬請求事務等を手伝い，また，G医院の経理を引き受けてきた。しかし，X・Y間では，次第に様々な確執が生じるようになり，また，Xは，個人病院の院長として多忙を極めていたが，夜間にも入院患者への対応が必要となることをYが嫌がるなどしたため，Yとの生活に安らぎを感じることができず，不満を募らせていた。

　Xは1985年ころ，海外ツアーでAと知り合い，一緒に食事をするようになり，将来の結婚を約束するようになった。そして，Xは1988年2月に甲マンションを購入し，Aを呼び寄せてそこに住まわせ，週に何回か同マンションを訪ねるようになった。Xは1988年8月ころから，寝床を自宅の寝室から居間兼応接間に移し，一人で寝るようになり，2001年ころからは，自宅の隣地に建つG医院の建物内の院長室で寝泊まりしてきた。1988年ころから，X・Y間に夫婦関係はなくなったが，Xは自宅でYが作った食事をとり，掃除や洗濯はYが主に行っていた。Xは早い段階から自宅ないし前記院長室を出て離婚をしたいと考えていたが，診療規模の縮小などを恐れ，行動に移すことは控えていた。そして，2002年ころ，Bが大学医学部を卒業し，Cも就職したことから，Yに離婚の話を切り出したが相手にされなかった。その一方で，Xら夫婦は，そのころ，病院用の介護用品を買いに隣県に行ったり，C及びその子を交えて一緒に外食したりすることもあった。その後，2006年夏ころ，Yが上記自宅の寝室の鍵をXに無断で取り替え，寝室にあったXの私物を自宅の庭先に積み上げたことがあった。Xは2007年2月ころ，自宅を出て甲マンションでAと生活するようになり，また，G医院の経理もXが行うようになり，現在にいたっている。なお，Xは自宅を出て以降，Yに対して生活費等を

一切支給していない。2010年3月，XはG医院を閉院した。

Xら夫婦には，婚姻後にX名義で取得した財産として，甲マンション，乙土地（G医院の敷地），丙土地（Xら夫婦の自宅の敷地），丁建物（Xら夫婦の自宅）がある。Xの収入は，2009年ころまでは年間約4000万円程度あったが，2010年3月からは，医師年金を含めて年間約1000万円である。他方，Yは2007年ころから今日まで医療事務のパート勤めをしており，収入は平均して年間約150万円である。

2011年2月，X・Y間で離婚調停が行われたが不成立となったため，Xは，X・Y間の婚姻生活は既に破綻しているとして，Yに対して離婚訴訟を提起した。

この場合について，以下の設問に答えなさい（設問はそれぞれ独立の問いである）。

【設問1】 XのYに対する離婚請求は認められるか。なお，Xは当該訴訟において，離婚が認められれば，上記の丙土地及び丁建物を含む相当の財産をYに分与する旨を申し入れているものとする。

【設問2】 X・Y間の離婚が認められる場合に，XからYに対する財産分与を算定するに当たってどのような事情が考慮されうるか。

- ● CHECK POINT

□ 破綻を理由とする離婚請求（770条1項5号）における有責性の考慮の仕方
□ 有責配偶者からの離婚請求が認められるための基準
□ 財産分与（768条）の性質及び内容

- ● 解説

I　はじめに

（1）　夫と妻が共に離婚する意思を有する場合には，夫婦は協議により離婚できる。配偶者の一方は離婚を望むが，他方の配偶者には離婚の意思がないときには，調停を経て（調停前置主義〔家事257条〕），最終的には裁判での離婚請求となり，法定の離婚事由が存するときにのみ，離婚請求が認容される。

【設問1】では，XがYに対して婚姻が破綻したことを理由に離婚を請求している。「その他婚姻を継続し難い重大な事由」（770条1項5号〔以下では「5号」という〕）が存することを理由とする離婚請求であり，同号所定の事由（以下では「5号事由」という）の存在が認められるかが問題となる。X・Y間の婚姻関係の破綻が認められるとしても，XのAとの関係が破綻の原因となっていると思われるのであり，そのように自ら破綻の原因を作出した配偶者からの離婚請求は封じられるべきではないか。しかし，他方で，Yにも婚姻共同生活への協力に欠けるところがなかったともいえず，Xの有責性だけを理由に離婚請求を否定するのは行き過ぎかもしれない。

このようにして，5号に基づく離婚請求において，婚姻当事者の有責性という事情を考慮するのか，いかに考慮するのか，が問題となる。この問題については，「踏んだり蹴ったり判決」（最判昭和27・2・19民集6巻2号110頁）以来の判例の立場を変えて，いわゆる有責配偶者からの離婚請求が認められるための判断枠組みを示した最大判昭和62・9・2民集41巻6号1423頁（以下では「昭和62年判決」という）[1])が存する。本問を考えるには，同判決の理解が不可

欠であるが，同判決には不明瞭な点が多い。そもそも，双方の配偶者に多少とも有責な事情が認められる場合に，「有責配偶者からの離婚請求」として同判決の判断枠組みが適用されるのかも問題となる。

(2)　有責配偶者からの離婚請求を制限する場合に考慮されているのは，自らの意思に反して離婚を強いられる無責の相手方配偶者の立場である。しかし，相手方配偶者の保護は，離婚を認めたうえで，離婚給付（財産分与及び慰謝料）により図ることも考えられる。昭和62年判決では，相手方配偶者の離婚による不利益は離婚給付によって解決されるべきであり，基本的には離婚を否定する事情とはならないとの方向性が示されている。そこで，【設問2】で，有責配偶者からの離婚請求が認められて以降，ますます重要性を増している，財産分与（768条）の内容に着目する。別居中の婚姻費用の分担（760条）も，関連して，問題となりうる。

(3)　離婚の許否と離婚給付が密接に関わる点は，手続上の扱いにも反映される必要がある。人事訴訟法における扱いを最後に一瞥することとする。

II　婚姻の破綻を理由とする離婚請求における有責性の考慮

1　問題の所在

Xは，X・Y間の婚姻が破綻しており，5号事由があるとして離婚請求をしている。これに対して，Yは，当該事由が存することを争うとともに，仮に，X・Y間の婚姻が破綻しているとしても，破綻の原因となったのはXのAとの関係であり，X側に破綻の責任があるから，離婚請求は認められないと反論することが予想される。Yの反論は，破綻を理由とする離婚請求において，破綻に対する有責性を考慮することを求め，請求者に有責性が認められる場合には請求が棄却されるべきというものである。5号にはYの主張を基礎づけるような文言上の手がかりはない。しかし，自ら破綻の原因を作出した夫婦の一方が，それを理由に離婚請求できるとすれば，他方配偶者の意思に反して一方的に婚姻を解消させることができてしまう。民法では，両配偶者の合意による

---

1)　この判決の評釈又は解説類は数多くあるが，門口正人・最判解民事篇昭和62年度540頁以下，高橋朋子・家族法判例百選〔第7版〕30頁以下，大村敦志『消費者・家族と法』（東京大学出版会，1999年）279頁以下とそこに挙げられた文献を参照。

協議離婚と別に裁判離婚を設けており，裁判離婚においては，一方当事者の意思に反して離婚が強制されることに鑑み，法定の離婚事由が存するときにのみ離婚が認められる。このような離婚法の構造からすれば，上のような一方当事者の意思による追い出し的な離婚を可能とすることには疑問の余地がある。

この問題については，いわゆる「有責配偶者からの離婚請求」として一定の判例の蓄積がある。Xの請求の許否を，それらの判例の状況を踏まえ，検討を加えつつ，考えてみよう。なお，Yの反論に対するXの再反論として，Yの非協力的な態度が破綻の原因となったのであり，Yにも有責性があるとの主張が予想される。そもそも「有責配偶者からの離婚請求」に当たるのはどのような場合なのか，にも注意を払いたい。

2 判例の状況

(1) 前提

5号事由は，婚姻関係が深刻に破綻し，婚姻の本質に応じた共同生活の回復の見込みがない場合（不治的破綻）をいうとされる[2]。不治的破綻は当事者の主観に即して判断されるのではない。破綻に基づく離婚請求がなされるときには，原告には共同生活を維持する意思は確定的に失われているのが通常であり，その場合に常に不治的破綻が認定されるということでは，離婚原因を定めている意味がない。ただし，離婚訴訟の段階までいたっていること自体，夫婦の婚姻関係が相当程度に破綻していることを示すとされる。夫婦間の別居が既に始まっている場合，さらに，それが長期に及んでいる場合には比較的容易に破綻が認められる。

5号には，破綻に対する有責性を問う文言はなく，また，破綻の事実が存する場合に，何らかの理由を根拠に離婚請求を棄却することは規定されていない[3]。しかし，判例は有責な配偶者からの勝手な請求を認めれば相手方配偶者は踏んだり蹴ったりであるとして離婚請求を否定した前掲の最判昭和27・2・19以来，同号に基づく離婚請求において，破綻に対する有責性を考慮し，有責配偶者からの離婚請求を認めない立場（いわゆる消極的破綻主義）を採ってい

---

2) 新版注釈民法(22) 375頁［阿部徹］。
3) 770条2項と同条1項5号の関係については議論があるが（新版注釈民法(22) 356頁［阿部］を参照），文言上，裁量棄却条項（2項）は1項の1から4号にのみかかる。

た。これに対し、昭和62年判決は、有責配偶者からの離婚請求であっても認められる場合があるとし、「有責配偶者からの離婚請求」が認められるかどうかを判断する枠組みを示した。

(2) **昭和62年判決**

① 昭和62年判決の事案は、訴外A女と不貞な関係を持ち同女と同棲する夫Xが妻Yに対して離婚請求を行ったものであり、XA間の関係の発覚を契機に始まったX・Y間の別居は約36年に及び、その間、XはAとの間に二子をもうけつつ、Yに対して生活費等の交付を一切行っておらず、Yは訴訟時点では無職で資産を持たないという事情があった。

判決は、一方で、5号の解釈として、有責配偶者からの離婚請求を一切許容すべきではないとまではいえないとして、従来の判例の消極的破綻主義の立場を明示的に変更し、他方で、離婚請求が、信義則に照らして容認されない場合があるとし、有責配偶者からの離婚請求が許されるかどうかを判断する枠組みを示した。

② どのような場合に「有責配偶者からの離婚請求」が認められるかについて、同判決は、種々の考慮要素を挙げている。すなわち、「有責配偶者の責任の態様・程度を考慮すべきであるが、相手方配偶者の婚姻継続についての意思及び請求者に対する感情、離婚を認めた場合における相手方配偶者の精神的・社会的・経済的状態及び夫婦間の子、殊に未成熟の子の監護・教育・福祉の状況、別居後に形成された生活関係、たとえば夫婦の一方又は双方が既に内縁関係を形成している場合にはその相手方や子らの状況等が斟酌されなければならず」、「時の経過がこれらの諸事情に与える影響も考慮されなければならない」とされる（以下では、この判示の部分を「総合判断基準」という）。他方で、同判決からは、有責配偶者からの離婚請求が認められるための基準として、いわゆる「三要件」と呼ばれる枠組みを抽出することができる。すなわち、夫婦の別居が両当事者の年齢及び同居期間との対比において相当の長期間に及ぶこと、夫婦の間に未成熟の子が存在しないこと、相手方配偶者が離婚により精神的・社会的・経済的に極めて苛酷な状態におかれる等離婚請求を認容することが著しく社会正義に反するといえるような特段の事情の認められないこと、である（以下では「三要件基準」という）。

総合判断基準と三要件基準との関係は、同判決からは必ずしも明らかではな

く,その後の判例等を踏まえる必要があるが((3)),その前に,同判決の理由づけにはもう1つの重要な点がある。離婚の効果論との関係である。

③　総合判断基準と三要件基準のどちらの枠組みにおいても,離婚を認めた場合における相手方配偶者の状態が考慮事項とされるが,離婚請求の許否の判断にこの要素が与える影響は,離婚の効果との関係において,限定される。相手方配偶者の状態のうち,経済的な不利益については,「本来,離婚と同時又は離婚後において請求することが認められている財産分与又は慰藉料により解決されるべきものである」(昭和62年判決)とされる。破綻につき自己に責任がない(または小さい)にもかかわらず意思に反して離婚を強制される相手方配偶者の不利益は,離婚請求を否定することによってではなく,離婚の効果のレベルで解決されるべき問題だと位置づけるものであり,従前の消極的破綻主義に立つ判例からの大きな転換点である。

(3)　昭和62年判決以後の状況

①　昭和62年判決は内容や論理が明晰ではなく,とりわけ,総合判断基準と三要件基準との関係があいまいであった。一応,後者は前者を具体化したものであるとの理解が可能であり,同判決以後の判例によりその具体化が図られたが(②),同時に,三要件基準が必ずしも十分ではないことも明らかとなっている(③)。

②　三要件基準の具体化として,まず,別居の期間については,昭和62年判決は「同居期間や双方の年齢と対比するまでもなく相当の長期間」と評価される約36年間の事案に関するものだったところ,その後の判例では,10年間の別居で離婚請求が認められている(最判昭和63・12・8家月41巻3号145頁)。未成熟子は,実質上両親による監護を必要とする者で,通常は20歳より幾分低めの年齢の子と解されるが,成人の子であっても日常生活全般に介護を要する等の事情により,未成熟子に準じて扱われることがある(東京高判平成19・2・27判タ1253号235頁参照)[4]。他方で,未成熟子が存在する事案で離婚請求を認めた判例も現れており(最判平成6・2・8家月46巻9号59頁),未成熟子

---

4)　新版注釈民法(22)404頁[阿部]を参照。
5)　このように「有責配偶者からの離婚請求」に当たる場合はどのような場合かを問う前提には,昭和62年判決で示された判断枠組みが適用されるのは有責配偶者からの離婚請求の場合に限られるとの理解がある。昭和62年判決の示す,5号に基づく離婚請求と信義則の適用関係の論理

不在の要件は相対化されている。苛酷条項については，相手方配偶者が子宮内膜症にり患しているために就職して収入を得ることが困難であるとの事情のある場合につき，離婚によって精神的・経済的に苛酷な状況におかれるとして離婚請求を否定した判例が存する（最判平成 16・11・18 家月 57 巻 5 号 40 頁）。

③ 三要件の具体化を図ることは重要であるが，判例の状況からは，三要件基準は，そのままでは不十分であることも窺える。最高裁には，別居約 8 年の事案につき，相当の長期とはいえないとした判例と，相当の長期間に当たるとした判例があるが（それぞれ最判平成元・3・28 家月 41 巻 7 号 67 頁及び最判平成 2・11・8 家月 43 巻 3 号 72 頁であり，各事案における同居期間は 26 年及び 23 年である），後者の判例では，単に同居期間や双方の年齢と対比して別居期間が相当長期かどうかを判断したとはいいがたい，多様な事情が考慮されている。別居中の有責配偶者による生活費の負担，財産関係の清算についての具体的で相応の誠意があると認められる提案がなされていること，有責配偶者と不貞の相手方との関係が解消されていること，相手方が別居開始後 5 年経過ごろに婚姻関係の継続の希望を疑わせかねない法的手段をとっていることなどである。このような判例の存在は，昭和 62 年判決の事案ほどに別居が長期に及んでいない事案においては，三要件基準には尽くされない事情を考慮する必要がありうることを示唆する。昭和 62 年判決の総合判断基準において示された種々の考慮要素が参考になる。

(4)　「有責配偶者からの離婚請求」に該当するのはどのような場合か

ところで，「有責配偶者からの離婚請求」に当たるのはどのような場合だろうか。有責性とは婚姻の破綻状態を招いたことに対する責任を指すため，婚姻が破綻した後の不貞行為などがあっても，離婚請求が否定される理由にはならない（最判昭和 46・5・21 民集 25 巻 3 号 408 頁）。さらに，判例は，請求者に有責性が存しても，主として破綻の原因が相手方にある場合には，離婚請求が認められるとする（最判昭和 30・11・24 民集 9 巻 12 号 1837 頁）。これらの判例で示された基準は，昭和 62 年判決の後にも通用することになろう[5]。

からは，有責配偶者からの離婚請求とそうでないものに分けて異なる判断基準を適用することは必然ではないが，同判決は，5 号に基づく離婚請求一般ではなく，「有責配偶者からの離婚請求」の場合を前提として信義則判断の枠組みを示しているものと理解される。

3 有責配偶者からの離婚請求の許否判断基準の検討

(1) 検討の視点

2までに見たように，有責配偶者の離婚請求の許否を判断する基準について，昭和62年判決以降の判例の状況は必ずしも明確ではなく，また，立法論としては，1996年の民法改正要綱（「民法の一部を改正する法律案要綱」）において，いわゆる5年別居条項，苛酷条項，信義則条項を組み合わせた裁判離婚事由が提案されている[6]。どのような判断基準が適当であるかについては，様々なレベルでの議論があるが，次のような点が主要な手がかりとなる[7]。

① 婚姻観　一方で，婚姻は愛情に基づくものであり，愛情が冷めて完全に破綻した形骸化した婚姻を維持することには意味がないとの婚姻観がある。破綻した婚姻関係の中で育てられることが子の幸福に反するとの意見も強い。これに対し，愛情や意思次第で容易に解消可能な関係とは区別される婚姻という制度の安定性が個人を保護する面があることも否定できない。

② 離婚の効果との関係　消極的破綻主義を採用していたかつての判例法理が，離婚を請求される相手方配偶者の保護に役立っていたことは確かである。しかし，保護は，婚姻を継続することによってではなく，離婚を認めつつ，離婚の効果によって図っていくべきとの考え方もできる。ただし，このように離婚の効果に焦点を移すのであれば，離婚給付の内容，水準が決定的に重要になるのであり，財産分与及び慰謝料の現状及び問題点を吟味しなければならない。

破綻した婚姻の傍らで形成，継続されていく重婚的な内縁関係がある場合には，その関係をどう考えるかということもある。近時は，形骸化した婚姻の外で形成された男女関係に対し，一定の法的な効果を認める判例も現れている[8]。

---

[6] 改正要綱第七の一の4（別居条項），及び二（苛酷条項，信義則条項）。改正要綱については，ジュリ1084号126頁以下，1086号6頁（1996年），大村・家族法155頁以下を参照。

[7] この問題についての論考は数多くあるが，若林昌子「有責配偶者の離婚請求」小田八重子＝水野紀子編『新家族法実務大系(1)』（新日本法規出版，2008年）455頁以下，犬伏由子「離婚原因の見直し」内田貴＝大村敦志編『民法の争点』（有斐閣，2007年）322頁以下及びそれらに引用されている文献を参照。

[8] 最判昭和58・4・14民集37巻3号270頁（遺族年金の受給資格），最判昭和61・11・20民集40巻7号1167頁（全遺産の3分の1の割合の包括遺贈〔90条違反を否定〕）。

[9] LQ親族・相続88頁。

有責配偶者の離婚請求が否定されれば，内縁関係を法律婚にすることも，生まれた子に嫡出子の地位を与えることも不可能となる。相手方配偶者の保護は経済的給付で図り，内縁配偶者及びその間の子を婚姻の保護に入れることを可能とすべきだろうか[9]。

　③　**離婚事由の客観化**　改正要綱における5年別居条項の提案は，離婚事由の客観化を進めたものだといわれる。離婚請求の判断において有責性などの評価的な要素が考慮されるとすると，プライバシーに関わる日々の些事を双方が暴きあい人格攻撃にいたるなどの弊害が生じ，殊に夫婦に子がある場合には，問題が大きい。また，総合的な諸事情の考慮によって離婚の許否が判断されるとすれば，離婚しようとする当事者にとって，結果の予測可能性は低くなる。離婚事由の客観化には，個人の尊厳に基礎づけられる婚姻制度において，一定の明確な判断枠組みのもとで離婚をできる自由を保障するという意味もある。

　(2)　検討——別居要件を中心に

　有責配偶者からの離婚請求の許否の判断基準をどうするかという問題は，裁判離婚における離婚事由の存在理由の根本に関わる大問題であるが，本事例と関係する範囲で，別居要件を中心に分析を試みよう。

　相手方配偶者の保護は基本的に離婚の効果論の問題とすることに反対しないのであれば，離婚請求許否の基準として中心となるのは，「別居」ということになる[10]。別居が基準になるのはなぜかということについては，2つの異なる見解がありうる。ひとつは，別居は破綻の端的な徴表であるとの考え方である。この場合，婚姻の本質を何に求めるかによって，別居の具体的な捉え方が分かれうる。

　婚姻の本質を精神的・身体的な結合に基づく共同生活に認めるのであれば，

---

10)　未成熟子がいないという要件も——殊に，それが絶対的な要件として働くなら——重要であるが，先述（Ⅱ 2(3)②）のとおり，既に当該要件を相対化した判例が出ており，また，同要件を求めることを疑問視する学説も有力である（大村・前掲注1)290頁参照）。なお，未成熟子の要件については，相手方配偶者の保護に関するのと同様に，効果論との関係を考える必要がある。すなわち，離婚が認められた場合の子の監護，養育，面会交流などの規律をどうするかという効果論との関係において，離婚請求の許否判断において未成熟子の存在が持つ意味が再考されるべきである（例えば，離婚後に父母の双方が責任をもって子の養育に当たることを担保できるような法制が整うなら，離婚請求で子の存在を消極の方向で考慮する必要性は低くなるといえるのではないか〔二宮・家族法88-90頁参照〕）。

共同生活の解消としての外形的な別居が基準とされ，身体的な男女関係の存在を重視するなら，寝室の別が問題とされよう。ただし，婚姻の本質を後者のように解するとしても，離婚事由の客観化の観点からは，なお家庭内の事情に立ち入らない外形的な認定が可能な共同生活の解消を別居の認定基準とすべきとも考えられる。

これに対して，昭和 62 年判決の三要件基準におけるように，不治的破綻（5 号所定事由）の認定と別に離婚請求の信義則違反を問題にするときに考慮される「別居」は，論理的には破綻の徴表にとどまらない意義を与えられているはずである。こちらの考え方においては，別居という要素は，一見すると客観的な事情でありながらも，「相当の長期間」という評価の余地を有することによって，有責性の風化，離婚請求者の態度の誠実さ，相手方の態度及びその変化，婚姻外で形成された関係の存在などの諸事情を考慮する場を提供していると見ることができる。もっとも，このような別居要件の位置づけに対しては，「相当の長期間」の評価で考慮される要素を具体化する必要性があり，そうだとすれば，別居要件に多様な事情を含ませるのではなく，総合判断基準で示された要素を参照しつつ，三要件自体を修正すべきとの批判が可能である[11]。

4 【設問 1】にあてはめる

判例の状況とその検討を踏まえて，本事例の【設問 1】を考えると，どうなるか。

(1) 婚姻を継続し難い事由の存否

不治的破綻の具体的な判断には裁量の余地が大きいが，本事例では，別居の期間[12]，寝室を別にした後も身の回りの世話，買い物，外食などが続いた事実，寝室の鍵を取り替えるなどの Y の態度の評価などが考慮要素となりうる。2006 年にいたって，Y の方も拒絶的態度を明らかに示していることからは，不治的破綻が認められやすいといえる。

---

[11] 別居要件の意義について，改正要綱の 5 年別居条項は，破綻の徴表としての別居という考え方に沿ったものであり，昭和 62 年判決は別居要件に評価的要素を含むものと理解できる。

[12] X・Y 間の別居については，寝室を別にしてから（約 23 年），又は隣地の医院で寝泊まりを始めてから（約 10 年）の期間を重視するのか，X が自宅を出て本格的に別居が開始した後の期間

(2) 「有責配偶者からの離婚請求」であるか

不治的破綻が認められるとすれば，YからはXが有責配偶者であるとの反論がされよう。これに対してXからは，YにもXの職業への理解不足など円満な婚姻生活維持への非協力的態度が見られたのであるから，Xの有責性が破綻の原因となったものではない，そうでなくとも，Yにも有責性が存するとの再反論がありうるが，Xの不貞行為及び別居とそれ以前のYの上記態度とを対照したとき，Xの再反論はどちらも通りにくいだろう。

(3) 離婚請求が信義則に反するか

① 三要件基準を手がかりに　まず，X・Y間には成人して就職した子しかいないため，未成熟子の要件は問題とならない。

次に，苛酷要件のうち，相手方配偶者の経済面については，本件における離婚給付がどうなるかを考えるべきことになる（(4)）。相手方配偶者の精神的，社会的状態については，本事例には特段の事情は見当たらない[13]。

問題は，別居要件である。X・Y間の本格的，外形的な別居は，Xが自宅を出た後の4年間である。X・Yの年齢（それぞれ73歳，66歳），同居期間38年余と比較して，相当の長期間とはいいがたい。したがって，三要件基準を機械的にあてはめれば，本件では離婚請求は認められないものと思われる。

これに対し，X・Yが寝室を別にしてからの期間は約23年に及ぶ。寝室を別にすることを婚姻破綻の表れと見て，この期間を別居期間と認めるのであれば，別居要件を満たすともいえる。しかし，破綻の表れということであれば，不治的破綻の認定に属する問題であって，不治的破綻とは別になされる信義則の判断における基準となるのは落ち着きが悪い。

それでは，本事例ではX・Y間の離婚が認められる余地はないのだろうか。

② 諸事情の考慮と客観化の試み　総合判断基準で示された事情を参照すると，本事例において相手方配偶者にも非協力的な態度があったこと，そのことも一因となってX・Yが寝室を別にしてから長期間が経過していること，Xは財産分与を申し入れていること，X・A間の婚姻が可能となることなどを考

（4年余）を重視するのかが問題となる。

[13] 離婚給付によって経済的な苛酷さが避けられるとしても，なお精神的・社会的な状態が苛酷であるといえるのはどのような場合かについては，昭和62年判決からは明らかではなく，その後の裁判例にもあまり例がない。

慮して，離婚請求が信義則に反しないとの評価を下すことも可能である。総合判断によるなら，三要件にしばられることなく，柔軟に離婚請求を認容できる。しかし，多様な要素を考慮するということであれば，他の事情として，Xが別居後に生活費を一切支給していないこと，夫婦の関係の調整などを真摯に行った様子がないことなどを挙げることもでき，これらの事情に照らして，反対の結論——Xの請求は信義則に反する——を導くこともできる。総合判断基準には，離婚事由の客観化による予測可能性の確保に課題が残る。

(4) 離婚の効果との関係

本事例のYはパートとはいえ収入を得る能力を有しており，また，YはX・Yの共同生活が営まれていた自宅に住み続けている。Yの生活費が足りるか，Yが自宅への居住を継続できるかは，Yに対する財産分与の内容に依存する。本事例ではXが，X・Yらの共同生活の本拠であった丙土地及び丁建物を含む相当の財産分与をすることを申し入れているため，離婚後のYの経済面での保護は図られそうであり，離婚請求の許否の局面で，Yの経済的な不利益を考慮する必要性は低いといえる。ただし，Xの提起している離婚訴訟のなかで財産分与の問題も同時に解決されるのかが問題となる。この点については，Ⅲ3で，手続の問題としてまとめて扱いたい。

Ⅲ　財産分与の性質及び算定の際に考慮される一切の事情

1　序

有責配偶者からの離婚請求に対する制限を緩める判例，学説の方向性を支えるのは，それまで離婚請求を否定することによって守ろうとしていた相手方配偶者の不利益は離婚の効果の問題とするとの考え方であった。そこで，より一層重要な意味を有することとなる，財産分与の性質と内容に着目しようというのが，【設問2】である。一般的に，財産分与には，清算，慰謝料，扶養の要素があるといわれるが（最判昭和46・7・23民集25巻5号805頁），それぞれがどのようなことか，他に考慮される要素はないか，概観しよう。

2 財産分与の性質と考慮される事情

(1) 清算

　婚姻中に取得された夫婦の共有財産が清算の対象となるが，民法の採用する別産制のもとでは，一方配偶者にのみ収入がある場合，他方配偶者には単独又は共同の所有財産は存在せず，清算される財産はないということになりかねない[14]。これに関して，判例，学説は，主に妻が専業主婦である婚姻を念頭において，一方配偶者の稼得した財産についても，取得について他方の協力があったものと見て，実質的に夫婦の共有財産として清算するという解釈を行ってきた。今日では，改正要綱で示された2分の1ルール[15]も参考とし，専業主婦の妻は実質的共有財産の清算として財産の2分の1を分与されるのが原則とされる。本事例において，甲ないし丁の不動産はXの収入によってXの単独名義で取得されているが，Yの協力があったものとして，特段の事情がない限り，Yはそれらの2分の1に相当する清算的財産分与を受けられよう。もっとも，X・Y間の財産の清算関係を妻が専業主婦の場合と同様に考えてよいかには疑問もある。夫婦が共同で家業を営む場合や夫婦の両方に稼働収入がある場合には，財産取得の名義にかかわらず共有関係が認められうる。本事例で，YはG医院の事務に実質的に関与しており，Xの収入源たるG医院の経営にはYとの共同事業的な側面があるといえなくもない。この点を重視するならば，潜在的共有ではなく，端的に共有関係を認める解釈もありうるだろう。ただし，そのように共有関係を認めていく場合の清算の割合をどうするかについては，上記の潜在的共有についての考え方との均衡上，困難がある。夫婦の財産所有及び清算のより分析的な規律がなされるべきではないかと考えるが，むしろ，名義や所有関係を厳密に問わずに公平を図る夫婦財産の理解が適当との見方もあろう。なお，離婚時には年金請求権も分割の対象となりうることにも注意しよう[16]。

---

[14] 762条1項の「自己の名で得た財産」には，婚姻共同生活の中で各自が得た収入やその収入で得た財産も含まれると解されている。

[15] 改正要綱第六の二の3後段。

[16] 2004年に導入された離婚時年金分割制度による。同制度については，岡健太郎「年金分割事件の概況について」判タ1257号（2008年）5頁以下を参照。

(2) 慰謝料

　離婚の原因となった有責な行為が不法行為に当たることは多く，判例は，これに関して請求可能な慰謝料につき，財産分与手続と別途の不法行為訴訟によるのではなく，財産分与の要素として考慮することを認める（前掲最判昭和46・7・23）。本事例では，XのAとの不貞行為について一般的にYがXに対して請求できると考えられている慰謝料が財産分与の算定の際に考慮されうる。しかし，離婚請求の判断において離婚事由を客観化することを適当と考えるのであれば，それにもかかわらず財産分与の算定において有責性を問う慰謝料請求の要素を入れることには慎重であってよい。また，有責な行為に基づく慰謝料とは別に，離婚を余儀なくされたこと自体による慰謝料が認められるともいわれるが[17]，今日では疑問とする論者が多い。

(3) 扶養

　財産分与の扶養的要素については，なぜ婚姻解消後にも扶養をしなければならないのか，扶養義務の根拠を欠くのではないかという根本的な疑問がある。そこで，婚姻によって失われた稼得能力の補償としての正当化などが試みられている。本事例では，離婚後のXとYの収入額に大きな差が存する。婚姻中の扶養を延長して考えるのか，婚姻中よりも低い水準での扶養で構わないとするか，あるいは，清算的分与が十分であるために扶養的要素は考えなくてよいのかなど，離婚後の扶養をどのように正当化するのかによって，具体的算定が異なってくる。なお，実務の算定では，扶養的要素は補充的なものとされる。

(4) 婚姻費用分担の態様

　離婚前の別居期間中における婚姻費用分担の態様も財産分与を算定する際の事情として考慮できるとするのが判例である[18]。これに従えば，本事例において，Xが別居後にYに生活費を一切支給していなかった事情が考慮されることになる。しかし，婚姻費用分担は婚姻中の権利関係であって本来は離婚の前に解決されるべき事柄であること[19]，近時は離婚にいたる前に婚姻費用分

---

[17] 最判昭和31・2・21民集10巻2号124頁参照。

[18] 最判昭和53・11・14民集32巻8号1529頁。婚姻費用については，そもそも別居中の義務のあり方，過去の婚姻費用の分担請求の可否について議論がある。その点も含めて，この判決の解説（水野紀子・家族法判例百選〔第7版〕34頁以下）を参照。

[19] 手続面では，婚姻費用分担請求は離婚訴訟の附帯処分事項（人訴32条）に含まれず，併合審理の対象（人訴17条参照）にもならない。

担を実効的に強制する前提条件が整備されつつあること（民執 151 条の 2・167 条の 15・167 条の 16 参照），婚姻費用には夫婦の子の養育費という異質の要素が含まれうることを考えると，婚姻費用分担は財産分与とは独立して扱われるのが本来だろう[20]。

3　財産分与の手続

　財産分与に関する従来の判例，学説の議論は，当事者に一回的解決の機会を与えるなどの手続面での考慮を背景とする面があった。離婚とそれに伴う問題を解決する手続については，2003 年成立の人事訴訟法によって変更が加えられている。そこで，最後に，財産分与の手続面に着目しよう。

(1)　離婚請求との同時解決について

　財産分与は，本来家事審判事件とされる処分であるが，離婚訴訟において当事者が附帯申立てをし，離婚と同時解決を図ることができる（附帯処分〔人訴 32 条 1 項〕）。

　上記のとおり，適切な財産分与によって相手方配偶者の経済的な不利益を解決することは，離婚請求を認容するための重要な条件となる。これを手続面に反映させるならば，離婚請求において必ず財産分与が同時に審理，解決されるのが望ましい[21]。人訴法 32 条の解釈において，財産分与の請求者が附帯処分の申立てをしたときには，裁判所は例外なく同時解決を行わなければならないとする見解が注目される[22]。さらに，財産分与を，分与をする義務者側から申し立てることを認めるべきと主張される[23]。

(2)　財産分与と慰謝料請求権

　判例のように慰謝料請求を財産分与に含めることを認める見解には，本来民事訴訟事件である慰謝料請求を家事審判事件たる財産分与のなかで一括して扱えるという手続的な利点がある。しかし，人訴法では，当事者の選択に従って，離婚請求原因に関連する損害賠償請求を──家裁の管轄となった──離婚訴訟

---

[20]　水野・前掲注 18) 34 頁以下。
[21]　昭和 62 年判決の補足意見を参照。
[22]　同時解決を主張する見解が有力であることについて，梶村太市＝徳田和幸編『家事事件手続法〔第 2 版〕』（有斐閣，2007 年）225 頁を参照。
[23]　昭和 62 年判決の補足意見で主張されていたが，その後の裁判例，学説の対立状況について，梶村＝徳田編・前掲注 22) 277-278 頁を参照。

において併合審理することが認められており（人訴17条），慰謝料請求を財産分与に包含させることに積極的意義があるとはいいがたい[24]。

Ⅳ　おわりに

　婚姻の「破綻の経緯は概ね極めて微妙複雑でありその原因の所在を当事者の一方のみに断定し得ない」場合があるとのある判例[25]の言を思わせるXとYとの関係である。XとYの離婚を認めるのが適当かどうかは評価が分かれるところだろう[26]。問題は結論にいたる過程である。単純に，愛情の冷めた夫婦の関係を法的に強制しても意味がないというのでは，意思に反する離婚を無条件には認めない裁判離婚制度を備えた婚姻制度の意義が問われる。意思に反して離婚を強いられる無責配偶者の保護を離婚の効果でどのように図るのかということを抜きにして，破綻に基づく離婚を積極的に進めていくことは適当でない。他方配偶者の経済的不利益の問題は離婚の効果で解決するとして，離婚を認めるかどうかの判断枠組みをどのように考えるか。昭和62年判決が示した三要件基準を出発点にするとしても，上記のとおり，相当長期の別居期間という要件の有する意義を検討する必要があり，さらに，請求者側の別居中の婚姻費用負担などの婚姻上の義務履行の態様，婚姻共同生活維持に向けての真摯な努力の有無，相手方配偶者の非協力的な態度，婚姻外で形成された内縁関係の存在なども考慮されるべきだとすれば，三要件基準では不十分である。だからといって，単に総合判断によるべきというのでは客観性に欠けるおそれがあり，三要件基準を修正した判断枠組みが目指されるべきだろう。Ⅱ3を手がかりとしつつ，本事例のX・Y間（及びX・A間）に未成熟の子があったらどう

---

[24] 協議離婚の場合や，裁判離婚であっても離婚訴訟の後に独立して財産分与が請求される場合には，慰謝料を財産分与に包含させることを認めることには，なお当事者の手続上の便宜というメリットが認められる。しかし，本文のⅢ2(2)で触れたとおり，離婚に関連して請求されることの多い慰謝料の内容及び根拠については，実体法レベルでの疑問もあるため，それらの場合であっても，慰謝料を財産分与に含めることは適当ではないと思われる。
[25] 最判昭和31・12・11民集10巻12号1537頁（本文引用の部分は1538頁）参照。
[26] 本事例は，名古屋高判平成17・5・19判例集未登載の事案を基としている。同事案には本事例に含まれていない事情もあるものの，同判決は，原判決（請求棄却）と反対の結論（請求認容）にいたっている。

かということも含めて，考えてみてほしい。

21

「別れても vs. 別れたら」

● 事例

　A女，B男は，1985年に婚姻し，それ以来，Bの母C，父Dと，P県Q郡に所在する建物甲（D所有）で，同居してきた。Dは1950年から甲の一角で漬物製造販売業を営んでいたが，1975年頃からは，Dの体力が低下してきたため，Bがそれまで正社員として勤めていた会社を辞め，家業を手伝うようになった。Bの婚姻後はAも加わり，Dが販売，仕入れなどを担当し，AとBが，無報酬で，漬物の漬け込み作業等の労力を要する仕事を担当してきた。A, B間には1990年に第1子Eが，1998年に第2子Fが出生した。1990年頃からDには認知症が現れ，夜間徘徊などが見られるようになり，Cが高齢で他人の面倒を見ることができない状態にあることもあって，Aは昼夜の別なくDに付き添って療養看護に努めた。Dは2000年に肺炎をきっかけに入院し，入院6か月後に死亡した。Dの入院中は，AはDの病院に毎日通い，Dの身の回りの世話を行った。C, DにはBの他にG, H, Iの子があったが，Bは，会社勤務時代に貯めてあった貯蓄を元手に，Dの療養看護にかかる費用を支払い，また，1990年以降は，甲の火災保険，公租公課を負担し，Dらの生活費の不足を補ってきた。1995年には，甲が老朽化し，またDの介護にも不便であったため，Bの負担により甲の補修改造が行われた。BがG, H, Iにこれらの負担の分担を求めることはなく，G, H, IからDの療養看護の仕方や甲の補修等について異論が出されることもなかった。Dの死亡の際には，BがDの葬儀を主宰し，BがDを含むB方家の祭祀財産を承継した。

　この場合について，以下の設問に答えなさい（設問はそれぞれ独立の問いである）。

【設問1】　上記事例において，B及びAがDと同居し，家業を手伝い，療養看護に努め，生活費等を負担してきた事情は，Dの遺産からのBらの取り分を増やす方向に作用するか。Dに対する扶養義務の履行との関係はどのように考えられるか。

【設問2】　上記事例に続いて，次のような事柄が生じたとする。A, Bは引き続き甲でCと共に生活していたが，2003年にBが水難事故で死亡した。Bの葬儀は，Aが喪主として執り行い，親族からは異議はなかった。Aは引き続き甲にとどまり，Cと同居し，家事及びCの身辺の世話を行ったほか，B方家の毎年の盆の法事を主宰するなどした。ところが，2006年頃から，CとAとの折り合いが悪くなり，AとG, H, Iとの間で話し合いが持たれるなどしたが，結局Aが甲を出てCと別居することとなった。CはかわいがってきたE, Fと離れることを拒んだが，AはE, Fを連れて出た。また，この際，AはBの位牌を持ち出して，自ら仏壇を備え，また，将来的にはBの遺骨を引き取り自分達夫婦の墳墓を建立したいと考えたが，Cの理解が得られなかった。その後，AはJ男と知り合い，2008年にJと再婚した。Jは，親子としてE, Fの養育に関わっていきたいと希望している。

　この場合において，①AがCと円満な同居生活を送っている段階，②Aが甲を出てJと再婚する段階（この段階の基準時は2008年とする）のそれぞれで，Aの氏，AとCとの関係，B方家の祭祀承継，E・Fの養育の諸事項は法的にどのように扱われることになるか，根拠となる条文を示して，述べなさい。

【設問3】　上記事例に続いて，次のような事柄が生じたとする（【設問2】に記された事柄は【設問3】では考慮しないこと）。

　A, Bは引き続き甲でCと共に生活していたが，2002年にAとBは協議により離婚し，Aが甲を出た。その際，B及びCはE及びFを手放したくないと強く訴えたため，E及びFは甲に残された。その後，2003年にBはゴルフ競技中に心臓発作で倒れ，死亡した。B死亡後，AはCに対してE及びFを引き取って育てたい旨を申し入れたが，Cとの話し合いはまとまらなかった。2006年，AはJと再婚した。A・Jは，E及びFを引き取って，育てていくことを希望している。

　この場合において，A, Bの離婚の効果を，【設問2】におけるBの死亡の場合と対比しつつ，簡潔に説明しなさい。

　また，この場合において，A, Bの離婚後のE及びFの親権者にBが指定されていたとき，Bの死亡後，2006年の時点で，A, C, Jとの関係においてE及びFの監護教育及び財産管理に関する法律関係はどのようになるか。

● CHECK POINT

- [ ] 夫婦の離別及び死別の場合における氏，姻族関係，夫婦の間の子，祭祀承継に関する効果
- [ ] 親の相続における子及びその配偶者の寄与の考慮
- [ ] 婚姻解消後の夫婦の一方の再婚等の事情が親子関係に与える影響

● 解説

I　はじめに

　夫婦の一方の死亡及び夫婦の離婚は，婚姻の解消原因[1]である。婚姻によって結ばれていた夫と妻という個人と個人の関係が解消されるのである。しかし，死別と離別とでは，同じ婚姻の解消といっても，その効果が異なる部分がある。本事例の目的の第1は，漫然と条文を眺めているときには必ずしも浮かび上がってこない，死別と離別との効果の違いを整理するという基礎的作業にある。同時に，本事例には，夫婦が夫婦の一方の親と同居をして家業を手伝ったり，親の面倒を見続けたりしていた場合の相続の問題，夫婦の一方と他方配偶者の親との姻族関係，解消された婚姻の夫・妻とその子，さらに当該子をめぐる夫・妻と祖父母又は夫・妻の再婚相手との関係等の問題が含まれている。死別と離別の違いは夫婦というヨコの関係というよりも，一方配偶者と他方配偶者の親との関係や夫婦と夫婦の間の子との関係に関わることが多いからである。本事例を通じて，夫婦の関係と親・子・孫というタテの関係との絡み合いを確認したい。

---

1)　泉久雄『親族法』（有斐閣，1997年）122頁。なお，一方配偶者の死亡が婚姻の解消事由とされることは，養子縁組は一方当事者の死亡によっても当然に解消されない（死後離縁〔811条6項〕がなされてはじめて解消される）ことと対照的である。

II　親の相続における子の寄与分の考慮

【設問 1】は寄与分制度及び扶養義務の履行と寄与分との関係に関する。

1　寄与分制度の概観

　相続人の1人たる成人の子が，その親の農業や商業などの家業を手伝ったり，親の療養看護を行ったが，対価を得ていない場合，及び，親の住宅の改築に多額の資金を出捐したりしたような場合には，当該親の相続において，被相続人の財産に関して寄与を行った者として，一定の補償的な利益を受けられる場合がある。1980年に設けられた「寄与分」の制度により，寄与を行った相続人に，本来の相続分に寄与の分を加えた具体的相続分を割り当てることが認められたことによる。考慮されうる寄与は，①「被相続人の事業に関する労務の提供又は財産上の給付，被相続人の療養看護その他の方法により」，②「被相続人の財産の維持又は増加について」なされた，③「特別の寄与」(904条の2)である。②の財産の維持には財産の価値の減少を防ぐこと，出費を減らすことも含まれる。③については，扶養義務の履行として当然に求められる水準の寄与であるとき，他の相続人全員にも同程度の寄与があるときなどには，特別の寄与とは認められないとされる。①から③の要件を満たすものだけが「寄与」と評価されるのであり，何らかの貢献があれば広く寄与分が認められるというわけではない。

2　寄与の類型

　本事例は，①の要素として挙げられる代表的な場合である，家業の手伝い，療養看護，そして扶養に当たりうる場合である。寄与の有無は評価的な判断であり，一律に基準を示すことはできないものであるが，本事例は，家業の手伝い，療養看護について寄与を認めた裁判例[2]に表れた事実に基づいて作成されており，それぞれに，ここまでいたれば寄与が認められるであろうという事例

---

[2]　大阪家審昭和40・9・27家月18巻4号98頁（家業の手伝いの例），盛岡家審昭和61・4・11家月38巻12号71頁（療養看護の例）。その他，寄与分に関する裁判例については，中川善之助＝泉久雄『相続法〔第4版〕』（有斐閣，2000年）296頁注(5)を参照。

である。問題は，扶養義務を負う子が同居により扶養した事実をどのように評価するかである。本事例のように，複数の子がありながらその1人が長年にわたり親と同居して扶養し，親の所有する土地建物の維持管理（公租公課の負担，補修改造など）を行ってきた場合には，本来負うべき扶養義務を超えて負担したといえ，超過部分については寄与分に当たるとした裁判例がある[3]。寄与分は共同相続人間の公平を図るためのものであるから，共同相続人である他の扶養義務者が負うべき部分の扶養まで行った共同相続人の1人の相続分を加算することはその趣旨に適うといえそうであるが，そのような扶養義務者は他の扶養義務者に対して求償できるのであり，相続の枠外で，求償権の行使として問題とすべきではないかとの疑問も生じる。そこで，次にこの問題を考えよう。

3 扶養義務者間の求償と寄与分

1人の扶養権利者に対して複数の扶養義務者がある場合，扶養の順位や程度は当事者の協議によって定められ，協議が調わないときには，家庭裁判所が定める（878条・879条）。現実には，協議がなされないまま，扶養義務者の1人が扶養を行っている場合が考えられる。そのようなとき，扶養を行った者は既に行った扶養について，他の扶養義務者に求償できるか。

扶養権利者から扶養義務者に対する過去の扶養料の請求については，扶養が現実の要扶養状態に対して行われる性格のものであること，また，扶養料の負担は長期にわたることが多く，事後的な請求を受けることによる負担が膨大になるおそれがあることから，それを認めるかどうかについて議論がある[4]。扶養義務者間での過去の扶養料の求償関係についても，後者の問題が妥当するが，他の扶養義務者が本来負担すべきだった扶養の負担を免れるのは扶養義務者間

---

[3] 大阪家審昭和61・1・30家月38巻6号28頁（なお，当裁判例では同居期間は18年間に及んでいる）。
[4] 過去の扶養料の請求については，LQ親族・相続206-207頁，窪田・家族法326-327頁を参照。
[5] LQ親族・相続207-208頁。ただし，過去のどの時点まで遡って求償できるかについては，裁判申立時以降に限るもの，扶養義務者間で分担の請求がされた時点以降とするものなど，見解が分かれている。
[6] 猪瀬慎一郎「寄与分に関する解釈運用上の諸問題」家月33巻10号（1981年）18-19頁及び同所に引用された立法解説資料を参照。
[7] 扶養料の求償構成と寄与分構成との違いは，扶養を行った相続人に有利にも不利にも働く。他の扶養義務者が扶養可能状態でなかったために扶養料の求償が否定される場合，（過去の扶養料

の公平を害すること等から、これを肯定するのが通説、判例である[5]。そうだとすれば、扶養による被相続人の財産維持等への貢献は、本来、他の扶養義務者に対する求償の問題であり、相続の問題ではないと考えられる。

しかし、共同相続人と複数の扶養義務者は人的に重なることが多いこと、寄与分も扶養義務者間の求償もそれらの者の間での公平を図るという共通の目的を有すること、実際の紛争では、扶養の問題も含めて被相続人の遺産分割手続の中で問題となりがちであることから、過去の扶養料の負担についても、寄与分として考慮し、遺産分割の中で一度に清算してしまうことを認めるのが便宜である。寄与分制度導入時の立法解説では、過去の扶養料の負担を寄与分の算定として考慮することを認める見解が示されており[6]、審判例でも認められている扱いである。ただし、共同相続人の1人によって行われた扶養の経済的価値とそれによって維持又は増加した被相続人の財産の価値が同等であるとは限らないこと、他の扶養義務者の負担割合は本来扶養可能状態との相関で決められるものであること、過去の扶養料の求償をどの時点まで遡ってできるかについて問題があることなど、過去の扶養料の求償関係と寄与分による相続分の加算処理とでは、違いがありうる。遺産分割手続での寄与分としての一括処理を行うとしても、算定の根拠となる法律構成の違いを意識した扱いが目指されるべきだろう[7]。

4 相続人の配偶者の寄与

寄与分の制度は、遺産分割手続の中で共同相続人間の公平を図るためのものであり、寄与者は共同相続人に限られている。したがって、例えば親と同居していた子の1人とその配偶者が共同で親の家業の手伝い及び療養看護をしてい

の求償について扶養義務者への請求があった時点以降についてだけ認める見解を前提として）他の扶養義務者に対して扶養料の請求を行っていなかった場合、扶養の経済的価値よりも被相続人の財産の増加分の価値が大きい場合には、寄与分構成が扶養を行った相続人に有利である。これに対して、扶養の経済的価値が遺産価値の増加分よりも大きかったときには、寄与分構成によって扶養の負担分を十分に考慮することはできない。このような違いがありうることを踏まえて、とられるべき構成や構成相互の関係が検討されるべきであり、例えば、ある共同相続人が、扶養能力を欠くために扶養料の分担を求められないが、遺産分割手続では扶養を行った共同相続人との関係で、より少ない相続財産を取得するということを正当視するかどうか等が問われなければならない（これを正当とするものとして、橋本昇二＝三谷忠之『実務家族法講義〔第2版〕』〔民事法研究会、2012年〕321頁がある）。

たようなとき，さらには子の配偶者が単独で子の親の家業の手伝いや療養看護をした場合であっても，子の配偶者の貢献を遺産分割手続において寄与分として直接考慮することはできない。これについて，寄与分制度導入時の立法解説では，立法以前から審判例等で配偶者の寄与が認められてきたことを背景として，配偶者の貢献は子の手足としてなされたものとして，子自身の貢献と一体のものとして，相続人たる子が，配偶者の分も含めて寄与として主張できるとされた[8]。この解釈は，その実質的な狙いは理解できるが，現行法が夫婦の財産的独立の立場を採用していること，配偶者以外の者が寄与した場合には同様の考慮はできないため不均衡が生じうること，逆に，子が先に死亡して相続人とならないとすると配偶者の貢献が考慮できなくなるという不均衡もありうることから，問題があると考えられる。配偶者の貢献を不均衡を生じさせずに考慮しようとすれば，相続人の寄与分としてではなく，配偶者と子の親との間に黙示的な雇用契約関係を認めるなど，財産法上の一般則に従うのが適当であろう[9]。

III　婚姻の解消──死別

夫婦が死別した場合の効果の基本は，配偶者との個人的な関係は消滅するが，それ以外の関係は維持されるということである。生存配偶者は，それを望まないときには，意思表示等によって関係を終わらせることができる。生存配偶者に選択権が与えられているのである。以下では，【設問2】に即して，AがBの血族との親族関係を維持することを望んでいる場合と，AがBの血族との親族関係を解消して，再婚へ向かっていく場合とに分けて，具体的に見ていこう。

1　AがBの血族との親族関係の維持を望む場合

①　Bの死亡によりAとBとの婚姻が解消されても，Aは婚姻前の氏に復

---

[8]　猪瀬・前掲注6)12頁及び同所に引用された立法解説資料を参照。
[9]　寄与分は，法改正以前からの実務での扱いを立法化した制度であるが，法改正前の実務では，共有持分の認定や不当利得構成によって寄与者の財産的利益取得を認めるのが主流であった（これらの財産法的な理論構成については，新版注釈民法(27)253-254頁［有地亨］を参照。また，現

するわけではなく、そのまま婚姻中の氏を称する。

② AとBとの婚姻によって生じた、AとB方の血族との姻族関係も、A,Bの婚姻の死別解消により直ちに影響されることはない。

③ 祭祀承継については、Bの死亡によって、Bを含む祭祀について、祭祀財産をAが承継する場合がありうる。Bの死亡によりA,B間の婚姻が解消されていても、AがB方家の祭祀財産の承継者となることは妨げられない。

④ 夫婦の子E及びF（以下では「Eら」という）との関係では、Bが死亡することで共同親権者の1人が欠ける結果、Aが単独親権者となる。AがBの親（Eらの祖父母たるC,D）と同居しているときには、C,DによってEらの事実上の監護養育がされていることもあるが、Aの親権とC,Dの事実上の監護養育との関係が問題化することはほとんど考えられない[10]。

2 AがBの血族との親族関係の解消・再婚等を望む場合

【設問2】におけるようにAが同居するBの親と折り合いが悪くなったとき、そうでなくても何らかの事情により、AがBの血族との親族関係を解消し、場合によっては再婚をしたいという場合は、どうか。

①まず、Aはいつでも婚姻前の氏に復することができる（751条1項）。②また、B方の姻族との関係を終了させることもできる（728条2項）。①と②の一方のみを行ってもよいし、両者を同時に行う必要もない（B方の姻族との同居の有無とも直結しない）。③AがBの祖先の祭祀財産を承継した後に、復氏又は姻族関係の終了の意思表示を行ったときには、Aは祭祀承継の権利を失う。新しく祭祀財産を承継すべき者は、関係者の協議により、又は家庭裁判所によって定められることになる（751条2項・769条）。④Eらの養育については、AはEらの親権者なので基本的に問題は生じない。ただし、Aが婚姻前の氏に復することでAとEらの氏が異なることになった場合には、E（15歳以上）は自ら、F（15歳未満）については親権者Aが、家庭裁判所の許可を得て届け出ることによって、氏をAと同じ氏にすることができる（791条1項）。そして、

現行法の下での財産権的アプローチについては、二宮・家族法354-355頁を参照）。
10) なお、本文で記したようなEらとC,Dとの関係は、親権者たるAがEらの監護教育を部分的にC,Dに委託していると見ることもできる。

Eらの氏の変更が認められた場合，Eら（Aの代理によったFだけでなく，自分自身で氏を変更したEも）は，成人後1年以内に，従前の氏に戻ることを選択することができる（791条4項）。

このように，AがB方との関係を解消することはAがその意思に従って自由に行うことができるが，③，④については，次のような紛争が起こりうる。③について，（本事例の当事者記号を用いていうと）Aが亡夫Bの焼骨及び位牌をB方の墳墓及び仏壇から引き取り，自ら祭祀を主宰することを望み，B方の親族がこれを拒んで争いになった例がある。当該事案について，裁判所は，B方の祖先の祭祀については，関係者の協議によりBの兄弟が祭祀の主宰者に定められ，祭祀財産を承継するとする一方で，Bの祭祀についてはその配偶者たるAが原始的に亡夫Bの祭祀を主宰しているため，Bの兄弟が承継した祭祀財産にはBの焼骨，位牌は含まれないとした。この裁判例は「夫の死亡後その生存配偶者が原始的にその祭祀を主宰することは，婚姻夫婦（及びその間の子）をもって家族関係形成の1つの原初形態（いわゆる核家族）としているわが民法の法意……及び近時のわが国の慣習……に徴し，法的にも承認されて然るべきものと解され」ると判示している[11]。この判示自体は，現行の家族法が，憲法24条を受けて家制度を廃止し，婚姻夫婦を家族像として想定していると理解されていること[12]からすれば，概ね支持されうる。しかし，生存配偶者が原始的に亡夫の祭祀を主宰するとすれば，亡夫方の祖先の祭祀承継から亡夫の部分が欠けることにもなりかねず，これをどう考えるかは問題として残る。この問題は，祭祀承継に関する現行の規定が祖先の祭祀を一括して念頭に置いていることから生じるものであり，立法論を含めた検討が必要である[13]。現行法においても，配偶者の祭祀主宰を認めつつ，祭祀承継者による

---

[11] 東京高判昭和62・10・8家月40巻3号45頁。
[12] 大村・家族法24頁。
[13] 本文に記した上記東京高判昭和62・10・8に対する評価については，許末恵・家族法判例百選〔第7版〕112-113頁を参照。
[14] 親権者からの養育の委託は，親権者から一方的にいつでも解除できると解されている（棚村政行「祖父母の監護権」判タ1100号〔2002年〕148頁）。
[15] なお，この場合に，Aによる監護教育の態様に問題があり，かつEらの祖父母による監護状態が良好であるような場合には，766条の趣旨の類推適用によりEらの祖父母の申立てによってEらの祖父母を監護者と指定し，祖父母らに監護の権限を与えることを認める解釈がありうる

供養も可能とするような，例えば，亡夫の分骨を認め祭祀を別々に行えるようにするような，柔軟な解釈が試みられるべきではないだろうか。

　Eの養育に関して④は，AがEらを連れて甲を離れようとする場合に，Eらと同居してきたCが，Eらを甲宅にとどめることを欲し，子の奪い合い，引き渡しの紛争に発展するおそれがある。もっとも，AはEらの親権者である一方，Cは事実上，監護教育に携わっていたか，Aから委託を受けていたと解されるにすぎないため[14]，AがEらを連れて別の場所に居住し，Eらの監護教育を行うことをCは妨げられないことになる[15]。

　さらに，⑤AがJと再婚をする場合に，JとEらとの関係はどうなるか。何もしなければ，JとEらとは一親等の姻族であり，相互にその限りで扶養義務を負う程度の関係にとどまる（877条2項）。氏については，AがJの氏を称するときには，A・JとEらの氏が異なることになる。この場合に，AとEらの氏が異なることを理由にEらの氏を変更できるかどうかは裁判所の判断にかかることは，先にAの復氏のところで触れたとおりである。JがEらと親子の関係になるには，養子縁組の方法がある。Eらは未成年者なので，本来家庭裁判所の許可が求められるところ，このようないわゆる連れ子養子においては，裁判所の許可は不要である（798条ただし書）。この例外扱いは，A・Jが婚姻関係にあり，AとEらが親子である場合には，搾取や虐待のおそれはなく，養子の福祉について疑問の生じる余地がないという趣旨によるとされるが，未成年者の利益の観点からは，一律に家庭裁判所の許可を要するとすべきとの批判がある[16]。

　なお，学説には，JがAと婚姻する意思を有することを重視して，JとEらとの間で養子縁組がなされない場合であっても，Jに，Aの連れ子に対する親

（主に未成年者の父母が離婚している場合を念頭におく議論であるが，棚村・前掲注14）149頁，二宮・家族法226-227頁参照）。しかし，この解釈は，親権者や監護者の権限に対する第三者からの不当な干渉となりかねず，また，親権者の監護態様に問題があるときには親権喪失等（2011年の民法改正以降は，親権の一時停止〔834条の2・836条〕により，親権者の監護態様に問題があるときに，従前よりも柔軟に対応可能となった）をなしうることから，近時の高裁判例（東京高決平成20・1・30家月60巻8号59頁。なお，仙台高決平成12・6・22家月54巻5号125頁も参照）では否定的に解されている。

16) 久貴忠彦『親族法』（日本評論社，1984年）218頁，LQ親族・相続149頁。

に準じた義務を課し，Eらに対する一定の権限を認める解釈の方向性を示唆するものがあり，注目される[17]。

Ⅳ　婚姻の解消——離別

次に，【設問3】に即して，夫婦が離婚した場合，夫婦の離婚の後に一方配偶者が死亡した場合を見よう。

1　夫婦の離婚

①　氏については，死別の場合と原則が逆であり，離婚により当然復氏となる（767条1項・771条）。身分の変動に伴って氏が変わる場合の一場面である。ただし，復氏すべき配偶者は，届出により，婚姻中の氏を称し続けることができる（767条2項・771条）[18]。

②　姻族関係は離婚により終了する（728条1項）。死別の場合と異なり，姻族関係を継続させるかどうかについて，当事者の意思による選択の余地はない。

③　離婚による婚姻の解消の場合には，婚姻解消時において直ちに子Eらの処遇が問題となる。離婚の際には，父母の一方を親権者と定めなければならないため（819条1項・2項），AとBの間で離婚後の親権者の指定で争いが生じることがあり，その背後には，Eらと同居を続けることを望むBの父母の意向が働いていることもある。A，Bが協議によって親権者を定められないときには，裁判所が定めることになるが，その際の基準は「子の利益」であり，考慮要素として，離婚後に父母それぞれが用意できる養育環境，子の年齢，学校や友人との関係等の状態，子の意向，子の養育環境の継続性・安定性などが挙げられる[19]。本事例の場合にどのように判断されるかは一概にいえないが，Eらの年齢，性別，A方における養育環境——Aが再婚により家庭を築く可

---

[17]　大村・家族法284頁。
[18]　前者は身分関係の変動に伴って氏が変わる場合（氏の変動）であり，後者（婚氏続称）のような身分関係の変動を伴わずに氏を変える場合（氏の変更）と対置される。
[19]　LQ親族・相続163頁。子の意向の考慮については，2011年に成立した家事事件手続法において，親権者の指定の審判事件では15歳以上の子の陳述の聴取をしなければならないものとされ（169条2項），また，子が15歳未満の場合にも，裁判所は，相当と認める方法で子の意思の把握に努めなければならないとされる（65条）。

能性や当該家庭の状況の見込みも含まれる——，B方における養育環境——B方におけるCによる養育への助力の態様も含まれる——，Eら自身の意向，Eらの甲での生活継続の利益と甲を離れることによる環境変化の不利益との比較などが考慮要素となろう[20]。

2　離婚後に単独親権者が死亡した場合

では，離婚の後にBが死亡した場合は，どうなるだろうか。A，B間の関係は，既に解消されているため，影響を受けない。また，Eらの監護教育・財産管理について，離婚後の親権者がAとされていた場合には，特に法律関係に変動は生じないが，Bが親権者に指定されていた場合には問題が生じる。【設問3】の後段に関わる。Eらに対する単独の親権者であったBが死亡したことにより，Eらの親権者がいなくなるため，Eらに未成年後見（以下では「後見」という）が開始すると考えられる（838条1号）。しかし，Eらには母Aがあり，Aは，Bの生前であれば，親権者の変更によりなお親権者となりうる立場にいた者である。そこで，Aの存在を重視し，後見が開始するのではなく，Aを親権者とする考え方，いったん後見が開始するとしつつも，いつでもAを親権者とすることができるとする考え方も提唱されるが，Aもまた未成年後見人（以下では「後見人」という）に選任されうるにすぎないとする立場もある[21]。条文を単純に適用すれば，「未成年者に対して親権を行う者がないとき」（838条1号）として後見が開始し，仮に監護教育及び財産管理の地位をAに認めるのが適当なのであれば，Aを後見人に選任すればよいということになる。にもかかわらず，Aを後見人に選任するのではなく，Aの親権を復活させる考え方が提唱されるのは，1つには，Aが親であることから，後見人ではなく親権者とするのが国民感情に合うという，比較的素朴な名称に関わる理由による。さらに，その背後には，親がいる以上は，その者が不適格であるな

---

20) 親権者指定の具体的基準について詳しくは，野田愛子「子の監護に関する処分の基準について」中川善之助先生追悼『現代家族法大系(2)』（有斐閣，1980年）226頁以下，特に232-234頁，及び若林昌子「親権者・監護者の判断基準と子の意見表明権」野田愛子＝梶村太市編『新家族法実務大系(2)』（新日本法規出版，2008年）383頁以下，特に389頁以下を参照。

21) 学説・裁判例について，新版注釈民法(25) 287-288頁［久貴忠彦］，大村・家族法173頁を参照。なお，裁判例では，今日では後見人選任の先後を問わずに親権の回復可能性を認める立場が主流になっている。

どの場合を除いて、状況に応じて、親による親権の行使を認めるべきとの価値観が存するものと思われる。この価値観は、比較法的に優勢になりつつある離婚後の共同親権制度を支えるものと通じる[22]。

反面で、民法は未成年者に対して最後に親権を行う者が遺言で後見人を指定しておくことを認めている（839条1項）。離婚後の単独親権者が同条の親権者として後見人を指定しうると解すると、生存親の親権を回復させ又は生存親を後見人に選任して、指定後見人に優先させるとすれば、同条の趣旨に合わないとも考えられ、問題が残る[23]。Aを親権者又は後見人とすることを積極に評価する立場をとるのであれば、離婚後の非親権者も潜在的な親権者であると解し[24]、離婚後の単独親権者は「最後に親権を行う者」（839条1項）には当たらないと解するのが適当だろう。

3 離婚後に再婚した場合の子と再婚夫婦との関係

【設問3】において、AがJと再婚し、Eらを引き取って育てたいという場合について、まず、Bの死亡の事実がなかったものと仮定して、一般的に見てみよう。状況は、Eらの年齢と、離婚後の親権の所在によって異なる。Eは15歳に達しているので、自らJと養子縁組を行うことになる。Fは15歳未満であるから、代諾による縁組となり、離婚後にAが親権者となっていれば、Bが監護者に指定されていない限り、Aの代諾によって（797条）、FとJとの養子縁組ができる。どちらの場合も、家庭裁判所の許可は不要であることは（798条ただし書）前記の場合と同様である。離婚後にBが親権者であるときには、Aは797条1項の代諾権者ではなく、Bが養子縁組に同意することは考えられないだろうから、そのままではA・JがFを引き取ることを実現するのは難しい[25]。

次に、2で扱った、離婚後のB死亡の場面において、Eらに後見が開始する

---

22) 離婚後の共同親権制度の導入については、その導入に対する批判的見解も含めて、LQ親族・相続105頁、及び中田裕康編『家族法改正――婚姻・親子関係を中心に』（有斐閣、2010年）128-129頁、133-134頁、284-291頁を参照。
23) 新版注釈民法(25) 288頁［久貴］。
24) 新版注釈民法(25) 13-15頁［山本正憲］。
25) A・JがFの引き取りを実現しようとするなら、BからAへの親権者変更を申し立てることになる。

か，Aが親権者となり又は後見人に選任されうるかという論点は，JとFの養子縁組の可能性に次のように影響する。まず，Aが親権者になるのであれば，上記と同じ扱いとなり，特に問題はない。これに対して，Fに後見が開始し，A以外の者，又はAが（親権者ではなく）後見人に選任されるとする場合には，Aが親権を得るためにFと養子縁組をすることも考えられるだろうが，落ち着きの良い結論が得られないように思われる。まず，J・F間の養子縁組は後見人の代諾によって可能である。しかし，この場合のA・F間の養子縁組[26]がどういうものかには，あいまいさが存する[27]。さらに，Aが後見人に選任されると解すると，J・F間の縁組についてはAが代諾でき，かつ「配偶者の直系卑属を養子とする場合」として家庭裁判所の許可が不要とされる反面，A・F間の縁組については，後見人による被後見人の養子として家庭裁判所の許可を要することになりそうである（794条）。直系卑属関係にあるA・F間の養子縁組については家庭裁判所の許可を要し，J・F間の養子縁組については，A・F間に直系卑属関係があるゆえに家庭裁判所の許可が不要とされるというのは，奇妙である。

こうしてAの再婚家庭でのFの養育の可能性まで視野に入れて考えると，B死亡後の後見，親権の扱いの問題は，Aの親権を復活させることを優先し，後見は補充的に機能すると解するのが，民法の条文構造に適合的なのではないだろうか。

V　まとめ

夫婦の死別又は離別により婚姻は解消する。しかし，前者では，別れても生存配偶者と死亡配偶者の血族との関係が続き，婚姻中の氏が維持される。後者では，別れれば相互の配偶者の血族との関係が切れ，婚姻時に氏を変えた夫婦

---

[26]　この場合のA・F間の養子縁組は，実親であるが離婚後に親権者とならなかった者が親権を得るという効果を得るために行うものということになる。

[27]　民法上，非嫡出親子関係を嫡出親子関係にする効果を期待して自己の非嫡出子を養子とすることが想定されているように（795条ただし書前段はこのような養子縁組がありうることを前提とした規定である），実親子関係にある者の間での養子縁組が禁じられるわけではないが，本文に挙げたような場合には，離婚後の非親権者が親権を得るのは親権の変更によるのが本筋であり，それが認められない場合には養子縁組は否定されるべきだろう。

の一方は復氏する。婚姻は夫と妻との間の個人的な権利義務関係を設定するだけではなく，それぞれの親族やその間の子との身分関係を作り出す。そのことが，本事例の後半で扱った，婚姻の解消時における死別と離別の効果の違いにつながっている。本事例の前半で取り上げた寄与分もまた，直接的に夫婦と夫婦の一方の血族との関係を規律しているわけではないが，夫婦相互の個人の関係と夫婦2人を超える範囲の親族との関係について考えさせる問題である。

22 「あなたを当てにしていました」

●事例

　食肉卸業を営むA会社は，2005年6月15日に，加工食品を製造販売するB会社との間で，継続的に加工食品の材料となる食肉を供給する契約を締結した。Aは，この契約に基づいてBに食肉を売却して取得する売掛代金債権およびその遅延損害金等を担保するために，Bの経営者であるCとの間で，極度額を500万円として，CがBの連帯保証人となる旨の契約を締結し，契約書を取り交わした。Bは，Cが加工食品を自宅付属の店舗で販売するために起こした企業であり，E（Cとその妻Dとの間の子）が店舗での販売や配達業務などを手伝っていた。CとDとの間には，Eの他に子Fがおり，Fは2007年9月以来海外留学中である。Fは留学に際して，Cから経済的援助を得ている。

　2010年11月18日にCが急逝し，EがBの経営を引き継いだ。Cの生前にはBの経営は順調だったが，Cの死後，その経営状態は悪化し，BのAに対する売掛代金債務の弁済も滞るようになり，C死亡時に60万円だった未払債務の額は，現在（2011年8月）までに300万円となっている。

　Cは遺言を残しておらず，Cの相続人はD, E, F（相続分はそれぞれ1／2, 1／4, 1／4）である。

　この場合について，以下の設問に答えなさい（設問はそれぞれ独立の問いである）。

【設問1】　Cが死亡した後，DはCの居室を整理し，Cが収集していた古民芸品の一部をFに送り，残りを廃棄した。他方で，FはBの経営状態やCの負債について何も知らなかったため，Cの相続について不安を抱き，D, Eと相談をした結果，DおよびFは2011年3月6日に相続放棄をした。この場合に，AがD・E・Fに対して300万円の支払を請求してきた。D・E・Fはそれぞれこれを拒むことができるか。

【設問2】　D・E・FはCの相続について放棄または限定承認をせず，2011年

8月に，遺産分割協議を行い，Cの所有していた自宅およびその敷地たる宅地をそれぞれDとEが各1／2の持分により取得することとした。Cにはほかに相続財産はない。Fには留学中の学費を賄う程度のアルバイト収入があるだけで，資産はないことから，Aは，Fに相続財産を取得させないこの遺産分割協議は，Aの債権回収を困難にするものだと考えている。この場合に，Aはこの遺産分割協議を詐害行為であるとして取消しできるか。

● CHECK POINT

□ 連帯根保証債務の相続
□ 法定単純承認（921条）が認められる場合
□ 熟慮期間（915条1項）の算定
□ 遺産分割協議の詐害行為（424条）該当性

● 解説

I はじめに

　(1)　相続が開始すると，被相続人に属した一切の権利義務が，当然，直接，包括的に相続人に承継される。ただし，相続人は承継を強制されるのではなく，放棄または（単純もしくは限定）承認をする選択権が与えられている。相続人は，相続財産の負債状況を考慮して，それらの選択を行うことができる。被相続人の財産の相続人への承継がどのように行われるかは，被相続人および相続人の債権者（相続債権者および相続人債権者）にも影響を与える。当然，直接，包括承継主義および相続人の選択権という相続法の枠組みのなかで，これらの債権者の利益も考量されることになる。
　本事例は，連帯根保証契約の保証人が死亡したときに根保証にかかる法的地位はどのように相続されるか，債務の承継に関して相続人の選択権はどのように保障されるのかという問い（【設問1】），および，相続人が相続の過程でなす行為に対して相続債権者はどこまで介入できるのか（【設問2】）を検討することを通じて，相続における相続人と債権者との関係，あるいは相続過程において生じる責任財産の変動について，考えようというものである。
　(2)　【設問1】の保証契約は，食肉の継続的供給契約から生じる不特定の売掛代金債務を担保するいわゆる根保証（継続保証）契約であり，連帯保証契約である。根保証契約は保証人の責任が広汎にわたるおそれがあり，また，人的信頼関係を基礎とする関係であるのが一般的であることから，根保証契約に基づく保証人の責任を制限する解釈が志向される[1]。相続の場面においても責任

の限定が問題となりうるが，相続開始以前に発生していた主債務に対する保証債務と保証人としての地位とは区別して考えられる。なお，2004年の民法改正により設けられた根保証契約に関する諸規定は，主債務に「金銭の貸渡し又は手形の割引を受けることによって負担する債務」（貸金等債務〔465条の2第1項〕）を含まない本事例の根保証契約の場合には直接適用されない。連帯保証債務については，相続人が複数いる場合に，相続の前後で担保力が変化することをどう考えるかが課題となる。これらの問題をどう考えるかは，相続人の負担に直結するが，同時に，債権者の利益にも関係し，また，相続人は相続財産の状態に応じて承認，放棄を選択できることも考えなければならない。

【設問2】では，共同相続人の1人が全く財産を取得せず，一部の共同相続人だけが財産を取得する遺産分割協議が行われている。この場合に，財産を取得しない相続人に他に見るべき財産がなく，かつ，——判例法理に従って——相続債務は遺産分割協議の外で共同相続人間に当然分割されるとすると，相続債権者の債権回収が困難になる。そこで，相続債権者は，遺産分割協議を詐害行為として取り消すことが考えられる。しかし，遺産分割は相続という身分に関わる財産承継の過程においてなされる行為であり，責任財産保全のためとはいえ，債権者による介入は許されないとも思える。424条2項にいう「財産権を目的としない法律行為」の範囲が問題であり，また，被相続人の債権者である相続債権者が自らの債務者ではない相続人の行為に介入できる理由も問われる。

II 連帯根保証債務の相続

1 根保証債務の相続

(1) 判例の状況

相続が開始すると被相続人に属した一切の権利義務が承継されるのが原則であるが，判例は，根保証人が死亡した場合において，根保証人としての地位は相続の対象とならないとする（最判昭和37・11・9民集16巻11号2270頁[2]）。

---

1) 包括根保証人の責任を限定する判例法理については，久保淳一「包括根保証人の責任」金法1565号（1999年）44頁に概説がある。
2) 本判決については，道垣内弘人・家族法判例百選〔第4版〕174頁参照。

保証人の生前に既に生じていた主債務を保証する債務は相続されるが、保証人としての地位は一身専属的なものであって相続の対象とならず、したがって、相続人は保証人の死後に生じた主債務に対する責任を負わないとする。判例が保証人としての地位は相続されないとするのは、根保証が信頼関係を基盤とするものであって属人的な性格を有するものであることがあるが、保証人の責任が広汎にわたるおそれがあることから責任を制限する必要があるということも重要な要素となっており、一身専属的との性格づけは、ある権利義務を相続人に相続させるのが妥当ではないことを意味する評価的なものとして理解されるべきことが指摘される[3]。

　責任の広汎性が相続性を否定する重要な要素だとすると、問題となる根保証における責任の範囲がどうなっているかが問題となる。上記判例の事案は、極度額および期間の定めのない包括根保証の事案であったが、極度額および期間の一方または双方の定めのある根保証（限定根保証）の場合には、どうだろうか。確かに、極度額の定めがあれば責任の限度額は明らかであり[4]、期間の定めがあればそれに応じて責任を負う額はある程度の額にとどまることになるだろうから、相続性を否定するほどに責任が広汎にわたるおそれは大きくないともいえる。しかし、極度額が定めてあっても、期間の限定なく責任を負い続けることは過大な負担ではないかとも思える。これに対しては、期間の定めがない場合には、保証人は解約権を行使することができ、かえって、同解約権が認められない期間の定めのある根保証の方が相続人に不利であるとの指摘もある[5]。また、相続人は放棄または限定承認を選択することができることから、責任の限度が予測可能かどうかが重視されるべきだと考えれば、極度額の定めの有無こそが問題であり、期間の定めの有無は相続性に影響しないことにな

---

[3]　伊藤進「債務の相続性と債権者」判タ 403 号（1980 年）12 頁。

[4]　極度額に利息や遅延損害金まで含まれるかは契約の定めによる。極度額の定めに関する契約の解釈については、最判昭和 62・7・9 金法 1171 号 32 頁（その解説として、河上正二・担保法の判例 II 177 頁）がある。

[5]　鈴木禄弥「根保証の相続性」金法 500 号（1968 年）35 頁。判例、学説では、期間の定めのない根保証契約においては、保証人に通常（任意）解約権、特別解約権が認められると解されており、極度額の定めがある場合でも、これらの解約権が否定されるわけではないと考えられる（橋本恭宏・担保法の判例 II 184 頁を参照）。

る[6]。判例は，古くから限定根保証の相続性を認め，前掲の最判昭和 37 年は極度額と期間のどちらの定めもない包括根保証に関する判例だと整理されてきたが[7]，今日におけるその意義は，2004 年の民法改正で導入された貸金等根保証債務に関する特別の規定の内容も参照して，考えてみる余地がある。これについては次項で扱おう。

同判決は他方で，「特段の事由」があれば相続性が認められる場合があることを示していると理解される。特段の事由としては，個人企業の債務につきその経営者が包括根保証をした場合に，例えばその子など共同相続人の誰かが共同で経営をしていていつでも会社の財産状態を知りうるような場合が考えられる[8]。もっとも，共同相続人の 1 人にそのような事情があるとして，相続財産の一部について，共同相続人の 1 人だけが相続するという形での相続の効果を認めるということはどういうことなのかは必ずしもはっきりしない[9]。

(2) 貸金等根保証債務に関する法改正を受けて

① 2004 年の民法改正[10]では，保証契約は書面でなされなければならないとされ（446 条 2 項），さらに，貸金等債務を主債務に含む根保証については，保証人の責任を制限するために重ねられてきた従前の解釈が具体化，明文化された。同改正では，貸金等根保証契約の責任を画する方法として，元本の確定の考え方が採られた。そのうえで，元本確定期日の規律（465 条の 3）によって，保証の期間の制限が図られ，また，債務者の資産状況の悪化を示す出来事や主債務者または保証人の死亡などが元本の確定事由として明記された（465 条の 4）。

さらに，そもそも極度額の定めのない貸金等根保証契約は効力を生じないとされる（465 条の 2 第 2 項）。少なくとも極度額の定めのある限定根保証として

---

6) 鈴木・前掲注 5)33-35 頁。
7) 中田・債権総論 510 頁。
8) 酒井栄治「保証債務の共同相続(1)」手形研究 245 号（1976 年）15 頁。
9) 平野裕之「根保証契約における保証人の死亡」法律論叢 73 巻 4・5 号（2001 年）118 頁注 12 は，「共同相続である場合には，経営を承継したものだけが相続することになるのだろうか。もしそうだとすると，その点を相続財産の分割で考慮すべきかは問題が残る」と指摘する。
10) 2004 年の保証に関する民法改正について一般的には，吉田徹＝筒井健夫編著『改正民法の解説――保証制度・現代語化』（商事法務，2005 年），平野裕之「保証規定の改正について」法教 294 号（2005 年）16 頁を参照。

しか存在しえない貸金等根保証契約について，元本確定による責任の限定をする考え方が採用されたことは注目に値する。

　②　貸金等根保証契約についてだけ規定が設けられたことは，それ以外の根保証契約に対して責任制限的な解釈をすることを排除する趣旨を含まないとされる[11]。主債務に貸金等債務を含まない根保証契約についても，貸金等根保証契約に関する規定内容が参照に値するだろう。元本確定期日や元本確定事由の考え方を根保証契約一般に直接持ち込むことは考えにくいが，根保証契約の内容の合理的な解釈を通じて，貸金等根保証契約に関する規定の趣旨を活かしていくことは妥当な方向だと思われる。また，根保証契約に極度額の定めがあり，責任が無限定に拡大するおそれはない場合であっても，保証人の責任を限定する解釈がありうるだろう[12]。

2　連帯債務の相続

　根保証について，少なくとも保証人の死亡前に生じた主債務についての保証債務は相続されるというとき，当該債務は共同相続人間にどのように承継されるのか。可分債務は当然に分割されて承継されるというのが判例[13]であるが，連帯保証債務が共同相続人間に分割して相続されれば，担保力が弱められることになる。債権者の不利益を考えれば，連帯保証債務については，各相続人が債務全額を負担すると解することも考えられるが，判例は，連帯債務もまた，共同相続人間に分割して承継されるとする[14]。この判例に対しては，連帯債務の担保力が弱まるという点のほかに，不等額連帯による複雑な関係が生ずる等として批判する見解も強いが[15]，各共同相続人が全額について連帯債務を負うのだとすると担保力が強まり債権者が相続のなかったときよりも有利にな

---

[11]　中田・債権総論511頁。

[12]　もっとも，継続的な供給契約の代金債務の保証においては，金融機関と顧客との間の継続的な融資関係の保証に比べて，相対的に保証人の責任が拡大することによる危険が小さいとの指摘（小粥太郎「根保証・共同保証・連帯保証と相続」鎌田ほか編・民事法Ⅱ393頁）もあり，貸金等根保証契約に適用される規律の他の根保証契約類型への拡大については，さらに検討が必要であろう。

[13]　大決昭和5・12・4民集9巻1118頁（可分債務の事案），最判昭和29・4・8民集8巻4号819頁（可分債権の事案），および後掲注14）の最判昭和34・6・19（連帯債務の事案）参照。なお，最判平成21・3・24民集63巻3号427頁では，債務が当然分割される割合の基準となる相続分は，相続分の指定がある場合であっても，債権者との関係では法定相続分となるのが原則である

りすぎるという逆の問題もあり16)、可分債務が分割されるとの原則に従うのであれば、連帯債務についても分割を否定すべきとまではいえないと考えられる。

3　相続人による選択

　相続財産に債務が含まれているとき、相続人はその承継を余儀なくされるわけではなく、相続放棄または限定承認の選択をすることができる。相続人が相続対象となる債務額を予測し、これらの選択を実効的になすことができるときには、債務の承継はいわば相続人の意思に基づくのであるから、承継について限定的に解する必要はないともいえる17)。そこまで解さないとしても、相続人による債務承継に対する選択がどうなっているかということと、債務の承継のあり方は関連づけて考えられるべきである18)。

(1)　熟慮期間

　相続人が承認または放棄の選択を行えるのが相続開始の「後」に限られるのは、選択の機会を実質的に保障するためであるとされる。熟慮期間についても、事情によって伸長を請求できる（915条1項ただし書）。加えて、判例は、相続財産の状況を調査することが合理的に期待できない事情が認められる例外的な場合には、熟慮期間の起算点をずらすことを認める。すなわち、熟慮期間の起算点たる「相続の開始を知った時」とは、相続開始の原因たる事実（被相続人の死亡・失踪宣告など）およびそれによって自分が相続人となったことを知った時を指し、相続人が相続財産の存在を認識したかどうかは斟酌されないのが原則であるが、相続人がこれらの事実を知った時から3か月以内に相続放棄等をしなかったのが、相続財産が全く存在しないと信じたためであり、かつ、当

　　　ことが示された。判例の可分債権債務の当然分割帰属の原則については、二宮周平「債権・債務の相続」法時75巻12号（2003年）70頁参照。
14)　最判昭和34・6・19民集13巻6号757頁（その解説として、福田誠治・家族法判例百選〔第7版〕134頁）。
15)　福田・前掲注14)。
16)　前田達明『口述債権総論〔第3版〕』（成文堂、1993年）309-310頁。
17)　鈴木・前掲注5)における主張は、このような基本的発想に立つと考えられる。
18)　椿寿夫「相続の承認・放棄と債権者」判タ403号（1980年）14頁によって示されている視点である。

該相続人に相続財産の調査を期待することが著しく困難な事情があって，相続人において上記のように信じるについて相当な理由があると認められるときには，例外的に，熟慮期間は「相続人が相続財産の全部又は一部の存在を認識した時又は通常これを認識しうべき時から起算すべきもの」とされる[19]。

(2) **法定単純承認**

相続人は相続の放棄または承認の意思表示により債務の承継について選択をすることができるが，相続人が相続財産の全部または一部を処分したときには，意思表示によらずに，法定の効果として，単純承認をしたものとみなされる（921条1号）。判例は，この法定単純承認について「黙示の単純承認があるものと推認」されるものとするのに対し[20]，学説では，意思の推認ではなく，単純に一定の事実に対して法が与える効果だとする見解もあるが，いずれにしても，単純承認が擬制されれば，相続人は被相続人の債務を限定的な責任ではなく承継するという重大な効果がもたらされるから処分の意味は相続人に不意打ち的な効果をもたらさないよう，厳格に解釈されるべきだと考えられる[21]。

4 【設問1】を考える

Cの相続についてのDおよびEによる放棄，承認については，まず，DがCの大切にしていた（取引に値する一定の経済的価値を有する）古民芸品をFに送り，また，廃棄したことは，形式的には相続財産の処分に当たるが，当該古民芸品の財産的価値が著しく高いといった事情のない限り，921条1号の「処分」には該当しないというべきである。相続放棄については，DとFは，Cの死亡の時に，Cの死亡および自己がCの相続について相続人であることを知っていたといえるところ，Cの死亡の時から3か月を経過した後に相続放棄

---

[19] 最判昭和59・4・27民集38巻6号698頁（その解説として，小賀野晶一・家族法判例百選〔第7版〕158頁）。

[20] 最判昭和42・4・27民集21巻3号741頁。

[21] 潮見・相続法62頁。

[22] 根保証契約において債権者が保証人にどの時点で何を請求できるかについては契約ごとに様々でありうるが，一般的には，債権者が保証人への請求を欲するときには，その時点での主債務を保証対象として確定して請求することができ，当該請求に応じて保証人が弁済した後には，弁済額の分だけ極度額が縮減し，根保証契約が継続すると解すべきだと考えられる（中田・債権総論513頁，山野目章夫「根保証の元本確定前における保証人に対する履行請求の可否」金法1745

をしており，かつ，DとFにはCの相続財産が全くないと信じたといった事情は認められないから，熟慮期間を徒過してなされたものとして，その効力を認められない。

A・C間の連帯根保証契約は書面で有効になされている。そして，貸金等債務を主債務に含むものではないため，465条の2以下は適用されない。そこで，従来の判例の考え方に従って責任の広汎性を問題とすれば，本事例の根保証契約は極度額の定めのある限定根保証契約であるから，責任が広汎になるおそれは大きくなく，その相続性が認められる。したがって，Aが主債務の残額300万円について保証人に請求することを欲すれば，主債務の額が確定し，Cの相続人らに請求できることになる[22]。上記のとおり，連帯保証債務であっても，共同相続人間に分割して承継されるとの判例の結論も支持できることから，AはD，E，Fにそれぞれ150万円，75万円，75万円の保証債務の履行を求めることができる（なお，D，E，Fのこれらの保証債務はそれぞれその額の範囲でBとの連帯債務となる）。

これに対して，極度額の定めはあっても期間の定めなく不特定の債務について責任を負い続ける関係であることを重視すれば，貸金等根保証債務に関する民法の規定の趣旨も踏まえ，A・C間の連帯根保証契約を，Cが死亡すれば責任の額が確定され，Cの死亡後に生じる債務を相続人には承継させないような趣旨のものと解釈し，相続人らの責任はCの死亡前に生じた主債務額60万円にとどまる（Aは，D，E，Fに対してそれぞれ30万円，15万円，15万円を請求できる）とする結論も考えられる[23]。

号〔2005年〕9頁参照）。
[23] 根保証人たる地位の相続を肯定する場合であっても，共同相続人のうちCの生前からBの経営に関与してBの債務状況に通じ，Cの死後にBの事業を引き継いだEについては保証人たる地位を承継することを認めてもよいかもしれないが，法律構成があいまいであるのは本文で述べたとおりである。むしろ，期間の定めがないことが問題なのであれば，相続性自体を否定しなくとも，Cの死亡またはBの経営状況の悪化を理由に，解約権の行使を認めることが考えられるだろう（前掲注5)を参照）。この構成によるときには，Bの経営に関与してきたEの解約権行使を否定することで，一部の共同相続人について相続性を否定する無理な解釈を行わずに，経営者保証の実質に即した妥当な結論が得られるように思う。

III 相続債権者による遺産分割協議の詐害行為取消し

1 問題の所在と判例の状況

　詐害行為取消権は，債務者の責任財産の保全の目的のために，債権者が債務者の行為に介入することを認める制度であるから，その目的からすれば，対象となる債務者の行為は財産権を目的とする行為（財産的行為）に限られ，身分に関する行為（身分的行為）は債務者自身の意思を尊重する要請が高いので，詐害行為取消権の対象とはならない。しかし，債務者の行為が財産権を目的とするか，身分に関係するかは，相互排他的に区別可能なものではなく，結局，当該行為を行う債務者の意思を尊重する要請と財産保全目的との調整の観点から，責任財産保全の目的のためとはいえ債権者の介入を許してはならない程度に，債務者の意思の尊重が要請される行為はどのようなものかを評価していくことになる。相続の過程で債務者がなす，相続放棄，遺産分割協議などの行為は，身分的性質と財産的性質を兼ね備えており，債権者の介入がどこまで許されるかが問題となる[24]。

　判例は，相続放棄は詐害行為取消権の対象とならず，遺産分割協議は対象となるという立場であると整理することができる[25]。相続放棄は，「既得財産を積極的に減少させる行為というよりはむしろ消極的にその増加を妨げる行為にすぎない」（前掲注25)最判昭和49・9・20）のに対し，遺産分割協議は，「相続の開始によって共同相続人の共有となった相続財産について，その全部又は一部を，各相続人の単独所有とし，又は新たな共有関係に移行させることによって，相続財産の帰属を確定させるもの」（前掲注25)最判平成11・6・11）だからというのである。

---

[24]　本文で触れたような観点から遺産分割協議の身分行為性を検討するものとして，鹿野菜穂子「遺産分割協議と私的自治」法時75巻12号（2003年）79頁がある。
[25]　放棄に関する最判昭和49・9・20民集28巻6号1202頁および遺産分割協議に関する最判平成11・6・11民集53巻5号898頁（後者の解説として，池田恒男・家族法判例百選〔第7版〕142頁）。
[26]　池田・前掲注25)142頁。
[27]　吉田邦彦・家族法判例百選〔第4版〕204頁。これに対しては，相続を遺族の生活保障によっ

2 相続債権者と相続人債権者

　判例では，それぞれの行為の性質から結論が導かれており，そこから取消権を行使する債権者が誰であるかによって結論を分ける趣旨は必ずしも読み取れない[26]。これに対して，学説では，取消権を行使するのが相続人の債権者か，相続債権者かで利害関係が大きく異なることが説かれる。まず，相続放棄に関する議論を見よう。相続債権者は，事前調査を行い，人的担保・物的担保等の手段をとり，債務者死亡の場合も担保設定や信用保険の方法などにより取立ての手段を講じうるなど，自己の債務者たる被相続人の責任財産から債権を回収できる地位にあるため，相続債権者の相続人固有財産への期待にはやや無理がありそれほど重視しなくともよい。これに対して，相続人の債権者の場合，相続人が放棄しないで相続債権を承継した段階では，相続財産がプラスの場合には，債権者の期待は相続人の相続分だけ膨らみ，この責任財産の増加への期待は法的保護に値する。このような違いから，相続放棄について，相続人債権者による詐害行為取消しは認めてよいとする見解も有力である[27)28)]。

　それでは，遺産分割については，相続債権者の責任財産への期待は正当視されるだろうか。ここでは，期待の内容が相続放棄の場合と異なっている。遺産分割協議については，相続財産が相続分に従って分割されることへの期待の保護が問われており，そこでの期待は，相続人の固有財産ではなく，相続財産に対するものである。そうだとすれば，相続債権者は財産分離（941条）を行うことができ，また，遺産分割の前の段階で遺産共有の代位登記を行って強制執行をすることができるから，これらを怠った勤勉でない相続債権者を詐害行為取消権で保護する必要はないとも思える。これに対しては，相続時に相続財産の範囲内で相続債務を清算したうえで相続人に財産を承継させる仕組みを持たない日本の相続法では，相対的に相続債権者の地位が弱いため，その地位を強

　　て正当化する立場からは，相続人の債権者には法律上保護される期待権は認められず，相続放棄は詐害行為取消権の対象とならないとする反対説がある（内田Ⅳ 354頁）。

28) 相続放棄については，放棄者は初めから相続人とならなかったものとみなされる（939条）から，そもそも相続債権者は放棄者の債権者たりえず（内田Ⅳ 354頁），また，相続人の債権者には放棄者の財産が相続分だけ膨らむことに対する期待は生じえないとも思われるが，882条，896条に沿って考えることもできるのであり，これらの理屈は形式的に過ぎるとされる（吉田・前掲注27）205頁）。

化する特殊な機能を果たすものとして債権者取消権の行使を認めるべきとの見解もある。具体的には，被相続人が負っていた相続債権者に対する債務は共同相続人間に当然分割されるという前述の判例法理を前提にすると，相続放棄においては，放棄した相続人が債務も積極財産も承継せずに他の共同相続人らが両方を承継することになるが，遺産分割が相続分どおりにされないときには，債務は当然分割されつつ，積極財産は特定の相続人に偏在するという事態が生じうる[29]。したがって，遺産分割協議によって，相続放棄の場合よりも，相続債権者が害されるおそれが大きいといえるのである。

3 遺産分割協議の詐害性

判例の一般論に従い，または相続債権者の遺産分割協議に対する期待の正当性を考慮したうえで，遺産分割協議が相続債権者による詐害行為取消権の対象になることを認めたとして，個々の具体的遺産分割協議が詐害行為に該当するかどうかはどのように判断されるだろうか。これまで裁判例で問題となってきたのは，相続財産を共同相続人の一部だけが取得し，他の共同相続人は何も取得しないという遺産分割協議がなされた場合である。このような分割は，財産を取得しない相続人から財産を取得する相続人に対する，自己の相続分の贈与と同視しうるものとして，詐害行為と評価されやすいといえる。しかし，遺産分割は「遺産に属する物又は権利の種類及び性質，各相続人の年齢，職業，心身の状態及び生活の状況その他一切の事情を考慮」してなされ（906条），かつ，遺産分割の基準となるべき相続分は寄与分および特別受益を考慮した具体的相続分であることを考えれば，問題はそう単純ではない。特定の相続人に財産が割り当てられたのが，当該相続人のなした寄与または他の相続人が得た特別受益を考慮した結果であるとか，問題となっている相続財産が居宅であるなど相続人の生活上の利益に密接に関わるため，相続人の生活の状況や心身の状

---

29) 池田・前掲注25)143頁，吉田・前掲注27)205頁，伊藤昌司・リマークス21号（2000年）28頁，中川良延・判例評論242号（判時916号）31頁。
30) 右近健男「遺産分割協議と詐害行為」金法1576号（2000年）46頁，佐久間邦夫・最判解民事篇平成11年度(上)482頁。前掲最判平成11年が，遺産分割協議に対する詐害行為取消権行使の基準を法定相続分レヴェルで判断したとはいえないことに注意を促すものとして，伊藤昌司「疎んじられる具体的相続分」判タ1016号（2000年）79頁がある。
 なお，相続における寄与分の考慮については本書事例㉑を参照。

態を考慮して分割がなされたなどの事情があるときには，そのような遺産分割協議に詐害性があるとはいいがたい[30]。さらに，主観的な側面に着目すれば，従来の裁判例では，既に債務の履行請求が行われている段階で行われた遺産分割協議が問題となっていることに特徴があり，この点でも，詐害行為該当性が認められやすかったといえる。

結局，424条2項の問題として，遺産分割協議が詐害行為取消権の対象となることを肯定したとしても，具体的な遺産分割協議の詐害行為該当性が認められる場面は限られる[31]。

4 【設問2】を考える

遺産分割協議が一般的に詐害行為取消権の対象となりうるかについては，判例には相続人債権者のケースでこれを肯定したものがあるところ，学説では，その射程は相続債権者が詐害行為取消権を行使する場合にも及ぶことを前提としつつ，判例が支持されている。この見解によれば，本事例でも，遺産分割協議がおよそ詐害行為取消権の対象とならないとするのではなく，D，E，Fの行った遺産分割協議が詐害行為に該当するかどうかを評価することになる。D，E，Fによる遺産共有状態からの変更を捉えれば，遺産分割協議の結果Fの取り分がゼロとなり，Eが法定相続分よりも多い1／2の持分の相続財産を取得していることの詐害性が問題となりうる。しかし，FがCの生前に留学に対する資金援助を受けていることが特別受益に当たる可能性があること，相続財産はCの自宅およびその敷地であり，EがDとこの自宅に同居している事情があるような場合には，EおよびDがこれらの財産を取得する形で遺産分割協議を行うことに合理性があるといえることから，本問における遺産分割協議は，D，E，FがことさらにAからの保証債務の請求を免れることを意図していたなどの事情のない限り[32]，詐害行為に当たらないというべきと考えられる。

---

31) 中川・前掲注29)31頁。
32) 相続人債権者による詐害行為取消しについてだが，フランス法を参照しつつ，分割が見せかけにすぎない場合，債権者の遺産分割に参加する旨の申出を避けるため急いで分割のなされた場合，債権の存在または債権額を確認する書類を未だ有しない債権者を害する意図で分割のなされた場合に債権者取消権を認める方向性を示すものとして，星野英一「遺産分割の協議と調停」同『民法論集(3)』（有斐閣，1972年）503頁参照。

Ⅳ　まとめ

　本事例で取り上げたのは，債務者の死亡によって債権者がこうむる不利益をできる限り軽減するという要請と，相続人が自ら負担したのではない債務によって過重な責任を負わないようにするという要請との調整をどのように図るかが問題となる場面であった。日本の相続法とその判例による解釈においては，単純承認が原則として機能しており相続人らは相続から逃げにくく，相続強制に近づいているが，責任は分割責任などで軽くなっているといわれる[33]。【設問1】における根保証債務の相続の制限，連帯債務の分割，その基礎となっている判例の債務の当然分割の原則，【設問2】における相続債権者による遺産分割協議に対する介入のあり方は，このようなバランスに沿うものであるといえるだろう。債権の承継，相続人債権者の地位，財産分離制度，破産制度まで視野に入れて，より包括的に検討するに値する問題であるが，本事例が債権や債務について他の財産と異なる扱いがされることの意味を考える[34]一助となればと思う。

---

33)　椿・前掲注18)19-20頁。
34)　窪田・家族法443頁のコラムを参照。

23 「同じ兄弟なのに……」

● 事例

Aには実子B，C，Dがいる。

Aは，L県M市に建物甲及びその敷地乙，N県O町に別荘地として取得した土地丙を所有し，甲，乙，丙各不動産の登記名義人であった。Aは1985年に配偶者を亡くし，それ以降は，D，Dの妻E，D・Eの子Fと建物甲に居住していた。

Aは1989年10月，自筆証書により，「丙をCに相続させる」旨の遺言（第1遺言）をした。その後，Aは，1993年1月に成人したFと養子縁組をし，1993年2月に，公正証書により「甲，乙，丙をFに相続させる」旨の遺言（第2遺言）をした。第2遺言に遺言執行者の指定はなかった。

Aは，2003年1月22日に死亡した。Aには，甲，乙，丙以外に相続財産（積極財産，消極財産）はない。

この場合について，以下の設問に答えなさい（設問はそれぞれ独立の問いである）。

【設問1】 Fは第2遺言に基づいて甲，乙，丙について，自己名義の所有権移転登記を取得した。これにより第2遺言の存在を初めて知ったB及びCは，甲，乙，丙をFが取得することに不満を抱き，「Aの生前にAがDらと共に居住していた建物甲及びその敷地乙をDの家族が取得することはともかく，土地丙までD家族のものになるのは納得がいかない。土地丙は自分たちが相続したい。そもそも，第2遺言の直前にAがFと養子縁組をしているのはAの財産をD一家に取得させ，B，Cの相続分を減らすためであって不当だ」と主張している。

D，E，Fは現在建物甲に住み続けているが，Fが喘息を患っているため，Aの死亡を機に，自然環境の豊かなN県O町にある土地丙に新居を建築して転居することを考えている。

A死亡時の甲，乙，丙の時価はそれぞれ1200万円，2000万円，800万円で

あるものとする。
　B及びCの主張を実現するための手段について，検討しなさい。

【設問2】　Bの債権者Gは2003年3月，Bに代位してBが法定相続分により甲，乙，丙を相続した旨の登記をしたうえで甲，乙，丙上のBの持分の仮差押えを申し立てた。Fは，Gの仮差押えは自己の財産に対する不当なものであると考えている。FはGの仮差押えの執行を排除することができるか。

● CHECK POINT

- 遺言の自由とその限界
- 共同相続人の1人に特定の財産を相続させる旨の遺言の性質及び効果
- 共同相続人の1人に特定の財産を相続させる旨の遺言に基づく不動産の取得の第三者に対する対抗

● 解説

I　はじめに

　Aの死亡により相続が開始し，B，C，D，Fの4名が相続人（法定相続分は各4分の1）であるという事例である。Aは2つの遺言を残しているが，第1遺言は第2遺言によって撤回されている。第2遺言は相続人のうちの1人に対して特定の財産を相続させる旨を内容とする。このような遺言の性質及び効果はどのようなものと考えられるだろうか。遺贈か，遺産分割方法の指定かが問われてきたところ，最判平成3・4・19民集45巻4号477頁（以下では「最判平成3年」という）はその両方の性質を備えた折衷的なものと位置づけた。この判例に対しては批判が強く，そこで何が問題とされているのかを理解しておくことが有益である（【設問1】がこれに関係する）。批判的検討を経ておくことは，最判平成3年が折衷的な性格を有する財産処分を認めたために，今後の課題として残された諸問題（【設問2】はその1つである）を考えるためにも重要である。なお，第2遺言で財産を与えられたのはAが第2遺言の直前に縁組をした養子である点にも注意したい。

II　遺言の自由と遺言の撤回

1　遺言の自由とその限界

　被相続人は遺言を残すことによって，自己の死亡時に，その意思に基づいて自由に財産を処分することができる。遺言が存する場合には，遺言の内容に従っ

た財産承継が法定相続に優先する。遺言制度は，遺言者の最終意思を尊重することを趣旨としており，厳格な要式性（960条・967条以下）や他の法律行為と比べて緩和された能力要件（961条・962条）等の遺言制度の特徴も，この文脈で理解できる。

ただし，遺言の自由は無制限に認められるものではない。第1に，遺言で行えることは民法に限定列挙された事項に限られる（遺言事項法定主義）。例えば，遺言で推定相続人ではない誰かを相続人に指名することはできない。第2に，遺言の自由は遺留分（1028条以下）による制約を受ける。遺留分が遺言の自由を制約することがなぜ正当化されるのか（遺留分制度の趣旨）については，遺留分を一定範囲の相続人に保障された不可侵的な相続分とする遺留分観と，遺留分を生活保障と捉える遺留分観とが理念的に対立する。遺留分を認めることの効果として，前者によれば遺留分権者に現物を取得させることが重視され，後者では生活保障に必要な限りで価値が確保されれば足りるとされる。日本民法の下で遺留分の趣旨ないし基本理念をどう捉えるかは必ずしも明らかではなく，遺留分と遺言の自由の調整の具体的方法において解釈が分かれる一因となっている[1]。

2　遺言の撤回

遺言制度は遺言者の最終意思を尊重することを目的としているため，遺言者は死亡の直前まで自由に遺言を撤回することができる。撤回は遺言の方式に従って意思表示によってなされることもあるが，複数の遺言が存在し，相互に内容が抵触する場合には，後の遺言によって前の遺言が撤回されたとみなされる（1023条1項）。

本事例では，Aは第2遺言によって第1遺言を撤回する旨を明示的に表示していないが，第1遺言で土地丙をCに相続させるとした後，土地丙をFに相続させる旨の第2遺言をしているので，第2遺言によって第1遺言は撤回されたとみなされる。

---

[1] 遺留分制度の趣旨及び課題については，参照，西希代子「遺留分をめぐる問題」内田貴＝大村敦志編『民法の争点』（有斐閣，2007年）362頁。

Ⅲ 共同相続人の1人に特定の財産を相続させる旨の遺言

1 遺言者の意思

　本事例における遺言は共同相続人のうちの特定の1人に対して，特定の財産を指定して相続させる趣旨のものである（以下ではこのような遺言を「特定相続人型相続させる遺言」といい，指定された相続人を「受益相続人」という）。財産を相続させる旨が記された遺言には，複数の相続人や相続人以外の者を対象とする場合，財産を特定せずに包括的又は割合的に示す場合などもありうるが，これらはここで取り上げる遺言とは一応区別して検討されるべきものである[2]。

　さて，遺言の解釈においては遺言者の意思を尊重すべく，その意思を探求することが出発点となるところ[3]，本事例の遺言における遺言者の意図はどのようなものか。遺言者の意図の探求は容易でないことが多いが，特定相続人型相続させる遺言は公証実務において発展してきた経緯があり，その実務上，このような遺言は次のような遺言者の意思を表すものと説明された[4]。すなわち，遺言者は，特定の財産を特定の相続人に確実に承継させようと望んでおり，確実に承継させるために，遺産分割を経ずに当該特定相続人が特定財産を承継できるようにすることで死後の遺族間の紛争を回避したいと考えているとの説明である。このような意思によるものだとすれば，狙われている効果は，遺言の効力発生と同時に財産帰属の物権的効果を発生させるという特定遺贈と同様の効果ということになる。他方で，「相続」の文言を用いるのは，財産承継の性質は遺贈ではなく相続であると位置づけることを意味するとされた。公証実務

---

[2]　本文で挙げた点に加えて，本事例の第2遺言は，特定された個々の財産が相続財産の全部であるという特徴を有する。受益相続人に法定相続分を超える財産が与えられており，相続分の指定を伴う遺言である。さらに，受益相続人が遺言の内容どおりに財産を取得するなら，他の相続人の遺留分が害される場合である。特定相続人型相続させる遺言はこのような場合に限定されないが，本事例では，特定の相続人に特定の財産を相続させる旨の遺言をめぐる判例学説上の論議において問題にされている点が捉えやすいよう，上記のような特徴を有する遺言を前提として検討を進める。

[3]　最判昭和58・3・18家月36巻3号143頁。遺言者の意思の尊重と遺言の解釈については，批判的な視点も含め，潮見・相続法217-220頁を参照。

[4]　吉田克己「『相続させる』旨の遺言」法時75巻12号（2003年）83頁。

が相続としての性質づけを狙った背景には，この種の遺言が発展した当時には登録免許税の節税の効果があったことがあるが，現在はこの前提は失われている[5]。他に相続という性質づけが好まれる理由としては，遺贈の典型は相続人以外の第三者に対するものであるから，相続人に対して財産を帰属させようとするのを遺贈と見るのは不当との考え方がある[6]。

2 遺言の性質と効果

(1) 遺言者の意思が上のとおりだとしても，それをそのまま実現できるとは限らない。先述のとおり，遺言でできることは遺言事項法定主義によって制限されている。遺言者の意思として説明される上記の内容は，現行の法定された遺言事項である遺贈（964条・985条以下）又は遺産分割方法の指定（908条）で本来想定されたものの枠に収まらないのではないかが問題となった。遺産分割方法の指定は，（すぐに述べるように判例はこの類型に新たな意味を付加したのだが）本来的には，相続承継の流れのなかで，遺産共有状態を経て遺産分割が行われて財産が承継されることを前提とするものと理解されてきた[7]ため，遺産分割を省きたいという遺言者の意思に合致しない。遺贈（この場合，特定遺贈）とすれば，遺言の効力発生と同時に財産帰属の物権的効果が発生すると解され，その限りで遺言者の意思に合致する。しかし，遺贈の場合には，登記義務者たる他の共同相続人の協力を得なければ登記が取得できないため，先述のとおりに遺言者が死後の遺族間の紛争を回避することを意図しているのであれば，遺言者の意思に完全には適合しないとも思われる[8]。

この問題に決着をつけたとされるのが前掲の最判平成3年である。判例は，

---

5) 公証実務で特定相続人型相続させる遺言が発展してきた当時は，遺贈の場合と相続承継の場合とで登録免許税に差があったが（前者が目的不動産の価額の 25/1000，後者が同 6/1000），2003年の登録免許税法の改正により，相続人に対する遺贈の場合と相続承継の場合に同一の税率（4/1000）が適用されることとなった。
6) 中川善之助『相続法』（有斐閣，1964年）172頁。
7) 遺産分割方法の指定は，本来的には，現物分割か価額分割か代償分割かの遺産分割における分割態様の指定をいうが，特定の具体的財産を特定の相続人に帰属させる指定を含むことも否定されず，いずれにしても，遺言の効力発生の後に，遺産分割手続を行うことを要すると解されてきた（注釈民法(25) 293頁［山本正憲］，潮見・相続法 198頁）。
8) 本文で述べた点以外の点を含めて，遺贈と遺産分割方法の指定の違いについては，潮見・相続法 199-201頁を参照。

特定相続人型相続させる遺言が複数なされていた事例9)において、そのような遺言を「遺産分割方法の指定」と性質づけつつ、その効果として、遺産分割を要さずに、被相続人の死亡の時、すなわち遺言の効力発生と同時に特定された財産が受益相続人に物権的に帰属することを認めた。この判例は、遺産分割方法の指定という相続承継の性質を持ちながら、遺贈的な効果を有する、折衷的な新しい類型の遺言による処分を創設したものといえる10)。判例は、遺産分割方法の指定に、従来本来的なものとして想定されていた内容と異なる内容を盛り込むことでこのような折衷的な性格の処分を可能としたものであり、ここでは、この新たな類型を「遺産分割方法の指定（転用型）」と呼ぶことにする。

(2) 遺産分割方法の指定（転用型）を承認した判例は、公証実務には歓迎されたものの、学説には反対が強い。遺言者の意思に合致しており、かつ何も弊害がないのであれば、問題がないようにも思われるが、どうだろうか。判例に対する批判として、次の3点が挙げられる。

第1は、遺言者の意思は死亡を原因として特定の財産を特定の相続人に移転することであり、この効果は正に遺贈によって得られるものであるところ、今日では、遺贈ではなく相続承継であると位置づけることによる登録免許税の節約という実務的利点が失われたのであるから、端的に遺贈と解すれば足りるとの批判である。これに対しては、遺贈と遺産分割方法の指定とでは、なお相続の放棄との関係で差異が生じうることが指摘される。すなわち、受益相続人が相続放棄をしたとき、遺贈と解すれば当該相続人は遺言で特定された財産を取得することができるが、遺産分割方法の指定の場合には相続承継である以上、相続放棄をした相続人は当該財産を取得できないと解される。特に、相続財産に債務が含まれる場合には、遺贈であれば、相続放棄により債務の承継を免れつつ、遺言に従って積極財産だけを取得できる。遺言者がこのような効果を意図しているのかが問題であり、相続放棄をした相続人には財産を取得させない

---

9) 最判平成3年の事案では、遺言で特定された遺産は被相続人の相続財産の一部である。
10) 最判平成3年で問題となっているのはあくまでも遺言の解釈であり、本文で述べた新たな類型の遺言処分としての性質づけ及びその効果は、特定の遺産を特定の相続人に「相続させる」趣旨の遺言の原則的な解釈として示されたものである。同判決は、「遺言書の記載から、その趣旨が遺贈であることが明らかであるか又は遺贈と解すべき特段の事情」や「当該遺言において相続による承継を当該相続人〔受益相続人：筆者注〕の受諾の意思表示にかからせたなどの特段の事情」が存すれば、異なる解釈となることを認めている。「特段の事情」が問題となった裁判例に

意思と解すべきではないかと指摘される[11]。

　第2の批判として，判例の立場は均分相続の理念ないし共同相続人間の公平を害するという強い懸念が表明されている。この懸念は，一見，根拠がないようにも思われる。なぜなら，特定相続人型相続させる遺言によって受益相続人による相続財産の独り占め状態が生じるようであっても，実体法的には他の相続人は遺留分減殺請求権を行使することによって受益相続人の権利取得の効力の一部を否定することができ，最終的には遺留分の限度で共同相続人間の公平が確保されるはずであるからである。しかし，ここで問題とされているのは，受益相続人が，いったんは他の共同相続人との合意なくして遺言に従って財産を取得し，登記を得ることで，財産取得を既成事実化し，事後的に，他の共同相続人から遺留分減殺請求がなされた場合にのみ，遺留分を侵害する限度で財産を返還すれば済むとされることへの疑問である。

　遺贈の場合，遺言者の意思表示による物権変動であり，受遺者が遺言に従った財産取得の登記を得るためには，登記権利者たる受遺者と登記義務者たる遺贈義務者の共同申請が必要である（不登60条）。したがって，受益相続人は，遺贈義務者である他の相続人の協力を得てはじめて（共同申請により，又は，他の相続人が協力しない場合には彼らを相手方とする移転登記手続請求により）遺言内容に従った移転登記を得ることができる[12]。また，本来的な遺産分割方法の指定の場合は，遺産分割の結果を特定するのではなく，遺産分割の方法を示すものに過ぎないため，遺産共有を経た遺産分割手続によりはじめて受益相続人の権利取得が確定すると考えられてきた。どちらの性質づけによっても，他の相続人が受益相続人の権利取得を認識する機会が制度的に存在することがポイントである。認識を契機に，共同相続人間で遺産分割又はそれに準じた任意の話し合いが行われる，家事調停における家庭裁判所の後見的機能の発動によって共同相続人間の公平が図られる等の可能性があり，また，遺留分侵害を知っ

　　　については，北野俊光「『相続させる』旨の遺言の実務上の問題点」久貴忠彦編集代表『遺言と遺留分(1)遺言〔第2版〕』（日本評論社，2011年）178-179頁を参照。
[11]　水野謙・家族法判例百選〔第7版〕181頁。
[12]　遺産分割手続での相続人間の公平の実現を重視する立場からは，このような遺贈の履行を遺産分割で処理するのが望ましいとの指摘もなされる（伊藤昌司「最判平成3年の評釈」民商107巻1号〔1992年〕131-132頁）。

た相続人が遺留分減殺請求権を行使することも考えられる¹³⁾。

　これに対して，判例の生み出した遺産分割方法の指定（転用型）では，相続承継であるがゆえに登記の単独申請が可能（不登63条2項）とされ¹⁴⁾，かつ，相続でありながら遺産分割は不要とされるため，受益相続人が他の相続人に知られることなく，遺言内容どおりの権利を取得し，登記まで備えることが可能となる。判例に反対する学説は，このような既成事実化を憂慮する¹⁵⁾。その背景には，日本で遺言者の意図を無限定に尊重することは，一子相続を助長し，共同相続人間の公平を欠くことになりがちであるとの認識があり，そのような日本の現状のもとで，遺言者の意思に従った既成事実化を認める解釈は，均分相続の理念を害すると危惧されるのである¹⁶⁾。

　第3に，判例が複合的な性質を有する新たな遺言事項を認めたことの適否も問題となる。遺言は，共同相続人間はもとより，第三者をも含んだ様々な利害関係者に関係するため，円滑な財産承継の秩序を保つために遺言事項が法定されているといえる。遺贈とも本来的な遺産分割方法の指定とも異なる新たな遺言による処分について，第三者との関係，遺言執行者の位置づけ，寄与分との関係などの種々の問題について，具体的にどのような効果を認めるのか，それらを全体として整合化できるのか，法定遺言事項で保たれるべき枠組みにひずみをもたらさないかなどが課題となる¹⁷⁾。これらの課題の検討結果いかんによっては，上記第1，第2の批判とあいまって，敢えて新たな遺言事項を認めるべきなのかが再度問われることになろう。

---

13) 吉田・前掲注4)86頁及び同「『相続させる』旨の遺言・再考」野村豊弘＝床谷文雄編著『遺言自由の原則と遺言の解釈』（商事法務，2008年）57頁。
14) 相続させる旨の遺言の受益相続人による単独での所有権移転登記手続が可能であることを述べた判例として，最判平成7・1・24集民174号67頁，最判平成11・12・16民集53巻9号1989頁がある。
15) 二宮・家族法412頁，水野紀子「『相続させる』旨の遺言の功罪」久貴編集代表・前掲注10) 214頁。
16) 相続させる旨の遺言をめぐる日本の現状の認識や価値判断の対立については，水野（謙）・前掲

IV 【設問1】について

1 第2遺言の効果

　最判平成3年とそれに対する批判に照らして，【設問1】を考えてみよう。B，Cが不満を抱いているのは，共同相続人の1人であるFが相続財産を全て独占する結果になることである。もっとも，B，Cは，自分たちの法定相続分どころか遺留分額[18]相当分の財産さえ欲しているわけではなく，D及びFが現に居住する建物甲とその敷地乙以外の土地丙を自分たちのものにしたいという希望を有している。B，Cがとれる手段を検討しよう。

　本問では，共同相続人の1人であるFのみに相続財産の全部である甲，乙，丙各不動産を相続させる旨の遺言が存する。この遺言の性質及び効果を判例のように解すれば，Fが得ている所有権移転登記は遺産分割方法の指定（転用型）の効果として認められた直接の物権的効力に裏づけられている。B，Cとしては，希望どおりに一定程度の分け前を得たければ，遺留分減殺請求権を行使していくことになる（2参照）。なお，本事例は，Fが登記を取得したのを機に何らかの事情によりB，Cが第2遺言の存在を知ったという設定だが，判例に従えば，FはB，Cの協力を得ずに単独で登記申請が可能であるから，この段階でB，Cが第2遺言の存在及びそれによって自らの遺留分が侵害されることを認識するとは限らない。

　これに対して，判例を批判し，遺産分割を要すると考える立場によれば，Fによる単独申請で了された登記は遺産分割なしには確定的効力を生じないと主張し[19]，遺産分割を求め，遺産分割手続による解決を目指すことになる。遺産分割協議が行われれば，第2遺言の存在を前提としつつも，B，Cの遺留分

注11）180頁及びそこに掲げられた文献を参照。

17) 吉田・前掲注13）47頁。水野（紀）・前掲注15）211頁も参照。

18) 本問では遺留分算定の基礎として相続財産に加算すべき贈与及び控除すべき債務がないので，相続財産総額4000万円の2分の1が総体的遺留分であり，B，Cの法定相続分は各4分の1なので，B，Cの個別的遺留分の額は500万円となる（1028条1号・1029条）。

19) 具体的な請求としては，遺産分割協議を経なければ遺産共有状態にとどまるとして，甲，乙，丙各不動産のF単独名義の登記の更正登記手続の請求をすることが考えられる。

が侵害されていること，B，Cが取得を希望している土地丙の価値はB，Cの遺留分額より低いことなどが考慮されて，B，C，D，Fの合意により，B，Cの希望する内容が実現する可能性があろう[20]。

2 遺留分減殺請求

(1) 第2遺言を遺贈と位置づければ，B，Cは遺留分減殺請求権を行使して自己の分け前を一定程度確保することができる[21]。遺産分割方法の指定（転用型）の場合はどうか。この点につき，最判平成3年は，遺留分減殺請求権の行使が妨げられないことを傍論として述べていた。しかし，新たな遺言処分であるため，遺留分減殺請求との関係で具体的にどのようになるのか，その効果はどのようなものかが問題となる。

判例は，特定の財産を特定の相続人に相続させる趣旨の遺言に対する減殺請求を遺贈の場合と同様に扱う傾向を示している（最判平成10・2・26民集52巻1号274頁，最判平成11・12・16民集53巻9号1989頁）。遺産分割方法の指定（転用型）は法形式としては相続であるが，その効果は実質的に遺贈であることに即した位置づけである。

(2) 特定遺贈と同様に扱われるとして，B，Cはその希望のとおりに，土地丙を取得することができるか。

まず，遺留分減殺請求の効果は現物返還を原則とするといわれるが，請求権者は複数の遺贈の1つだけを狙いうちにして，当該遺贈の目的物でのみ遺留分を満たすことは認められていない。複数の遺贈が存するときには，各遺贈は，遺言に別段の定めのない限り，減殺の対象として同順位とされ，減殺は目的物の価額を按分して行われる（1034条）。本問の場合，B，Cの具体的遺留分額はそれぞれ500万円であり，甲，乙，丙各不動産の価額の比率は3：5：2であるので，B，Cは，甲につき150万円，乙につき250万円，丙につき100万円の減殺額について，遺留分減殺請求権を行使することになる。Fが価額弁償を選

---

20) 当事者間で協議がまとまらない場合には，遺産分割調停における家庭裁判所の後見的機能に期待することになる（最判平成3年の調査官解説は，同判決の結論を採った場合でも，遺言の対象財産を含めて，例えば遺産分割調停で柔軟で妥当な遺産分割の方途を目指すべきは当然のこととする〔塩月秀平・最判解民事篇平成3年度230頁〕）。

21) 本来的な遺産分割方法の指定と性質づけたときに遺留分減殺の方法や効力がどうなるかは，相続分の指定に対する遺留分減殺に準じて考えられようが，相続分の指定が遺留分を侵害する場合

ばなかったときには，遺留分減殺請求の結果，甲，乙，丙各不動産はFとB，Cの物権的な共有状態となり[22]，B，Cが分割を希望するときには，遺産分割ではなく，共有物分割を求めることになる[23]。

さらに，Fが価額弁償を選択する可能性があり，その場合に，Fはどの財産を現物返還し，どの財産を価額弁償するかを自由に決めることができる（最判平成12・7・11民集54巻6号1886頁）。本問の場合，B，Cは，土地丙を取得することを希望しているのに対して，Fとしては，土地丙への転居を考えていることから，むしろ，甲，乙は現物返還とし，丙は価額弁償によることを選択する可能性が高い。

このように，遺留分減殺請求権の行使という方法は，価値的にはB，C，Fという共同相続人間の公平を確保できるとしても，B，Cの希望に沿った現物返還を実現できる手段ではないことがわかる。

3 養子縁組の効力

B，Cは第2遺言の直前になされたAとFの養子縁組が不当だとも主張している。その趣旨は，AがFと養子縁組をしたのは，死亡時にできるだけ財産をDの一家に承継させようという相続対策のためであって，養親と養子としての親子関係を真に設定する意思がないということであろう。仮にB，Cの認識が正しいとすれば，養子縁組は無効だろうか。普通養子縁組は，婚姻と同様に，縁組意思の存在を前提に届出によって成立し，縁組意思を欠く縁組は無効となる。縁組意思の内容については，婚姻意思についてと同様の，実質的意思説と形式的意思説との対立が見られるが，通説は実質的意思説であり，当事者間に社会観念上親子であると認められる関係の設定を欲する意思の合致があることを要するとされる。そこで，真に親子関係を形成する意思とは何か，相続目的はこれに含まれるかが問題となる。日本では，養子縁組は，当事者間に社会観念の上で親子関係といえるほどの共同生活や養育の事実，精神的な関係

の効力については明文がなく，性質づけから直ちに結論が得られるわけではない。この点につき，判例（最判平成24・1・26家月64巻7号100頁）では，遺贈の場合と異なる効果を認める方向性が示されている。

22) 甲，乙，丙各不動産につき，Fの持分が4分の3，B及びCの持分が各8分の1の共有状態となる。

23) LQ親族・相続408頁参照。

を形成する意思を必ずしも伴わない多様な目的のために行われており，立法論は別として，現行法のもとではそのような多様な目的の縁組が直ちに無効とされるとは考えがたい[24]。相続関係は親子関係の主たる効果の1つであるともいえ，A・F間の養子縁組は縁組意思を欠くゆえに無効との主張は容れられがたいと考えられる。

V　最判平成3年が残した課題――権利取得の第三者に対する対抗

　最判平成3年が法形式は相続承継でありながら遺贈的な効果を有する新しい遺言による財産処分の類型を認めたことで，個別に生じうる様々な問題について，どのように考えるかが課題として残された[25]。【設問2】は，その1つである。特定の財産を相続させる旨の遺言に基づいて財産を取得した受益相続人が，他の共同相続人の法定相続分について利害関係を有するにいたった第三者に対して遺言に従った所有権取得を対抗するために登記を要するかという問題である。従前の判例によれば，遺贈による財産取得の対抗には登記を要するが，相続承継であれば，相続に基づく法定又は指定相続分の財産取得は登記なしに対抗可能であり，ただ，遺産分割による法定又は指定相続分を超える財産取得の対抗には登記が必要ということになる[26]。

　判例は，この問題について登記を不要と解し，この局面では相続承継の性質に沿った解決を示した（最判平成14・6・10家月55巻1号77頁[27]）。

　遺贈の場合と異なる扱いをすることについては，遺贈による所有権移転の完全な実現のために相続人に登記協力義務があるのに対して，相続させる旨の遺言による所有権移転の場合には他の共同相続人が関与する余地が全くない点で遺贈の構造と異なるという説明が可能である[28]。しかし，相続承継と対比す

---

24)　婚姻意思を実質的意思と理解したとしても，その具体的な内容は多様でありうるが（前田陽一・家族法判例百選〔第7版〕4頁），普通養子縁組の意思の内容は，婚姻意思における以上に，広範な内容を含みうるものと解されている（LQ親族・相続151頁を参照）。

25)　西口元「『相続させる』遺言の効力をめぐる諸問題」判タ822号（1993年）48頁，北野・前掲注10)169頁を参照。

26)　最判昭和39・3・6民集18巻3号437頁（特定遺贈），最判昭和38・2・22民集17巻1号235頁（法定相続分に従った相続承継），最判平成5・7・19家月46巻5号23頁（指定相続分による相続承継），最判昭和46・1・26民集25巻1号90頁（遺産分割）。

るなら，特定の財産を相続させる旨の遺言の受益相続人は遺産分割を待たずに権利を取得するとされ，しかも，単独申請による登記が可能なのであるから，遺産分割による権利取得の場合と同様に，登記の具備を要求する理由があるとも思われる[29]。判例は，特定の財産を特定の相続人に相続させる旨の遺言の場合には，登記の必要性がどの時点でも生じないという，通常の相続承継の論理をも超える解決を与えているといえる[30]。相続財産の共同相続人の1人への集中の既成事実化を憂慮する立場からは，このような強力な効果を認めることにも批判が寄せられよう。さらに，法定相続分の割合と異なる処分の有無を第三者が知ることは困難であることを考えると，登記を不要とするときには，第三者の保護を十分に図ることができるかも課題となる[31]が，この問題は，指定相続分の登記なき対抗が認められている点や，遺言執行者がある場合の法律関係など，相続と登記をめぐる判例法理全体の問題といえる[32]。

【設問2】では，第2遺言により甲，乙，丙各不動産の単独所有権を取得したFが，その所有権取得について登記を具備しないうちに，第三者Gが他の共同相続人Bの法定相続分に従った甲，乙，丙の共有持分権を仮差押えしている。Fが，自己が所有権を有することを理由に第三者異議（民保45条，民執38条）により仮差押えの執行を排除できるかが問題となるが，判例によれば，Fは登記なくしてGに所有権取得を対抗できるため，第三者異議が認められることになる。

VI おわりに

日本では近時遺言が増加[33]し，それに伴って遺言をめぐる紛争が生じるおそれが大きくなっている。相続法では，遺言相続を法定相続に優先し遺言の自

---

27) 本判例については，加毛明・家族法判例百選〔第7版〕156頁及びそこに掲げられた文献を参照。
28) 佐久間・基礎2 106頁。
29) 佐久間・基礎2 106頁，窪田・家族法487頁。
30) 吉田・前掲注13)43頁。
31) 佐久間毅・法教272号（2003年）122頁。
32) 副田隆重「遺言の効力と第三者の利害」野村＝床谷・前掲注13)64頁以下及びそこに掲げられた文献を参照。

由を確保しつつ、遺言事項の法定、遺留分の保障等により、被相続人、共同相続人及び利害関係者の利益、取引秩序の安定の要請の調整が図られているはずである。特定の財産を特定の相続人に相続させる遺言の位置づけをめぐる議論の対立の背後には、相続法が用意する枠組みをどのようなものと捉え、それをどのように評価するかという根本問題が見え隠れする[34]。そのような根本問題に正面から取り組むのは容易ではないが、最高裁によって承認された新たな遺言による処分について、課題として残された諸問題について現実的、具体的に検討を進めていくことが、相続法の枠組みについて考察を深めることにつながるといえよう[35]。

---

33) 遺言書の検認事件（家審9条1項甲類34号〔現行法では家事別表第1の103項〕）の新受件数は、平成4年に6696件、平成14年に1万503件、平成24年に1万6014件と増加している（司法統計年報・家事編より）。
34) 判例に対して均分相続の理念から反対をする立場は、一連の相続過程のなかで、公証人等の専門家が関与するなどして、上記のような諸利益の調整が図られる仕組みが必ずしも十分に用意されていない日本の現行法の下で、なるべく混乱のない形で、事後的対処によることなく、諸利益の調整が図られる相続過程を解釈によっていかに構想するかを考えているように思われる。
35) 【設問2】で取り上げた問題を含めて最判平成3年が残した問題については、前掲注25)の諸文献を手がかりに勉強を進めてもらいたい。問題となる諸点のうち、受益相続人が遺言者よりも先に死亡していたときの遺言の効力について、最高裁（最判平成23・2・22家月63巻7号84頁）が、「遺言者は、通常、遺言時における特定の推定相続人に当該遺産を取得させる意思を有するにとどまる」として、原則として遺言は効力を生じない（遺言の効力が直ちに受益相続人の代襲相続人に及ぶということはない）と判示したのが注目される。判例は、一方で相続承継よりは遺贈に近づけた解決を行い（遺留分との関係、受益相続人の先死の場合の扱い）、他方で相続による承継の論理を利用している（対抗要件の要否）といえる。

Rethinking Civil Law
through Cases

論点対応表

判例索引

事項索引

民法典の体系と本書事例で取り上げる論点との対応表

第1編　総則
　第2章　人
　　　　保佐人の権限：事例①
　　　　被保佐人の行為能力：事例①
　第5章　法律行為
　　○意思表示
　　　　意思表示の成立要件：事例②
　　　　錯誤無効：事例②，事例④，事例⑩
　　　　詐欺取消し：事例②，事例④，事例⑩
　　○代理
　　　　表見代理：事例①，事例②
　　　　無権代理と相続：事例⑭
　　○無効及び取消し
　　　　制限行為能力者の返還義務の範囲：事例①
　第7章　時効
　　　　所有権の取得時効：事例③

第2編　物権
　第1章　総則
　　　　取得時効と登記：事例③
　　　　取消しと登記：事例④
　　　　解除と登記：事例④
　　　　遺言相続と登記：事例㉓
　　　　94条2項の類推適用：事例②
　第3章　所有権
　　　　添付（付合・加工）：事例⑰
　　　　共有物の管理：事例⑤

　　　　共有物の明渡請求：事例⑤
　　　　共有者による登記手続請求：事例⑤
　第10章　抵当権
　　　　転貸賃料債権に対する物上代位：事例⑥
　　　　物上代位と相殺の優劣：事例⑥
　　　　共有関係がある場合の法定地上権の成否：事例⑤
非典型担保
　　　　集合動産譲渡担保：事例⑦
　　　　債権譲渡担保：事例⑪
　　　　債権担保目的でされる代理受領：事例⑪

第3編　債権
　第1章　総則
　　○債権の目的
　　　　種類物の特定：事例⑧
　　　　善管注意義務：事例⑧
　　○債権の効力
　　　　受領遅滞：事例⑧
　　　　債務不履行に基づく損害賠償責任：事例⑬，事例⑭
　　　　詐害行為取消権：事例⑨，事例㉒
　　○多数当事者の債権及び債務
　　　　共同保証人の1人に対する免除の影響：事例⑩
　　　　共同保証人間での求償：事例⑩
　　　　連帯根保証債務の相続：事例㉒
　　○債権の譲渡
　　　　将来債権の譲渡ないし譲渡予約の有効性：事例⑨
　　　　債権譲渡の債務者対抗要件：事例⑪
　　○債権の消滅
　　　　債権の準占有者に対する弁済：事例⑫
　　　　債権譲渡と相殺：事例⑪

第2章　契約
- 〇総則
  - 危険負担：事例⑧
  - 解除と第三者：事例④
- 〇売買
  - 他人物売主の責任：事例⑭
  - 他人物売買と相続：事例⑭
  - 瑕疵担保責任：事例⑬
- 〇賃貸借
  - 建物賃貸借における特約の効力：事例⑮
  - 借地借家法32条1項による賃料減額請求：事例⑮，事例⑯
  - 賃貸借終了の転貸借への影響：事例⑯
  - 建物賃貸借における更新料不払の効果：事例⑮
  - 保証金返還請求権の法的性質：事例⑥
- 〇請負
  - 元請負契約と下請負契約の関係：事例⑰
  - 請負建物の所有権の帰属：事例⑰

第5章　不法行為
- 建築施工業者等の不法行為責任：事例⑬
- 被害者が死亡した場合の保護法益：事例⑱
- 生命侵害における相続構成と扶養構成：事例⑱
- 複数原因競合事例における賠償範囲：事例⑱

第4編　親族

第2章　婚姻
- 日常家事債務の連帯責任：事例⑲
- 夫婦の離別及び死別の効果：事例㉑
- 有責配偶者からの離婚請求：事例⑳
- 財産分与：事例⑳
- 婚姻関係の変動と親子関係：事例㉑

第3章　親子
　　　　未成年者の養子：事例㉑
　第4章　親権
　　　　未成年者の監護：事例㉑
　第5章　後見
　　　　未成年後見の開始：事例㉑

第5編　相続
　第3章　相続の効力
　　　　寄与分：事例㉑
　　　　遺産分割協議：事例㉒
　第4章　相続の承認及び放棄
　　　　熟慮期間：事例㉒
　　　　法定単純承認：事例㉒
　第7章　遺言
　　　　遺言の自由と限界：事例㉓
　　　　共同相続人の1人に特定の財産を相続させる旨の遺言：事例㉓

判例索引

●大審院・最高裁判所

大判明治 39・5・22 民録 12 輯 792 頁	171
大判明治 41・10・1 民録 14 輯 937 頁	72
大連判明治 41・12・15 民録 14 輯 1276 頁	234
大判明治 43・2・25 民録 16 輯 149 頁	171
大判明治 44・10・3 民録 17 輯 538 頁	142
大判大正 5・6・3 民録 22 輯 1132 頁	169
大判大正 5・11・22 民録 22 輯 2281 頁	143
大判大正 6・3・31 民録 23 輯 596 頁	153
大判大正 6・6・7 民録 23 輯 932 頁	142
大判大正 6・10・27 民録 23 輯 1867 頁	55
大判大正 6・12・27 民録 23 輯 2262 頁	55
大判大正 7・3・2 民録 24 輯 423 頁	47
大判大正 8・4・7 民録 25 輯 558 頁	55
大判大正 8・7・11 民録 25 輯 1305 頁	143
大判大正 8・11・13 民録 25 輯 2005 頁	165
大判大正 8・12・25 民録 25 輯 2400 頁	124
大判大正 9・7・16 民録 26 輯 1108 頁	43, 47
大判大正 9・10・30 民録 26 輯 1811 頁	168
大判大正 9・12・27 民録 26 輯 2096 頁	142
大判大正 10・3・18 民録 27 輯 547 頁	76
大判大正 10・6・13 民録 27 輯 1155 頁	76
大判大正 10・6・18 民録 27 輯 1168 頁	149
大判大正 11・2・20 民集 1 巻 56 頁	68
大判大正 11・6・22 民集 1 巻 343 頁	151
大判大正 12・2・7 新聞 2102 号 21 頁	132
大判大正 13・4・25 民集 3 巻 157 頁	142
大判大正 14・3・13 民集 4 巻 217 頁	230
大連判大正 14・7・8 民集 4 巻 412 頁	47
大判大正 15・12・25 民集 5 巻 897 頁	42
大決昭和 5・12・4 民集 9 巻 1118 頁	374
大判昭和 6・10・31 新聞 3339 号 10 頁	237
大判昭和 9・3・7 民集 13 巻 278 頁	277
大判昭和 9・7・12 民集 13 巻 1372 頁	70
大判昭和 10・11・18 民集 14 巻 1845 頁	276
大判昭和 11・5・11 民集 15 巻 808 頁	221

判例	頁
大判昭和 14・7・7 民集 18 巻 748 頁	58
大判昭和 15・8・12 民集 19 巻 1338 頁	44
大判昭和 17・9・30 民集 21 巻 911 頁	61
最判昭和 24・5・31 民集 3 巻 6 号 226 頁	130
最判昭和 27・2・19 民集 6 巻 2 号 110 頁	336, 338
最判昭和 28・4・24 民集 7 巻 4 号 414 頁	42
最判昭和 29・3・12 民集 8 巻 3 号 696 頁	71
最判昭和 29・4・2 民集 8 巻 4 号 745 頁	146
最判昭和 29・4・8 民集 8 巻 4 号 819 頁	374
最判昭和 29・8・20 民集 8 巻 8 号 1505 頁	26, 28
最判昭和 29・12・23 民集 8 巻 12 号 2235 頁	80, 81, 82
最判昭和 30・5・31 民集 9 巻 6 号 793 頁	67, 235
最判昭和 30・6・2 民集 9 巻 7 号 855 頁	105
最判昭和 30・10・18 民集 9 巻 11 号 1642 頁	125, 135, 217
最判昭和 30・11・24 民集 9 巻 12 号 1837 頁	341
最判昭和 31・2・21 民集 10 巻 2 号 124 頁	348
最判昭和 31・4・24 民集 10 巻 4 号 417 頁	58
最判昭和 31・5・10 民集 10 巻 5 号 487 頁	76, 77
最判昭和 31・12・11 民集 10 巻 12 号 1537 頁	350
最判昭和 32・11・1 民集 11 巻 12 号 1832 頁	144
最判昭和 33・6・20 民集 12 巻 10 号 1585 頁	129
最判昭和 33・7・22 民集 12 巻 12 号 1805 頁	77
最判昭和 33・8・28 民集 12 巻 12 号 1936 頁	47
最判昭和 33・9・26 民集 12 巻 13 号 3022 頁	143
最判昭和 34・6・19 民集 13 巻 6 号 757 頁	374, 375
最判昭和 34・9・22 民集 13 巻 11 号 1451 頁	221
最判昭和 35・2・11 民集 14 巻 2 号 168 頁	111
最判昭和 35・6・24 民集 14 巻 8 号 1528 頁	124, 129
最判昭和 35・7・27 民集 14 巻 10 号 1871 頁	39, 47
最判昭和 35・11・29 民集 14 巻 13 号 2869 頁	58
最判昭和 36・2・16 民集 15 巻 2 号 244 頁	304
最判昭和 36・2・24 民集 15 巻 2 号 304 頁	264
最判昭和 36・7・20 民集 15 巻 7 号 1903 頁	47
最判昭和 36・11・21 民集 15 巻 10 号 2507 頁	239, 240
最判昭和 36・12・15 民集 15 巻 11 号 2852 頁	230
最判昭和 36・12・21 民集 15 巻 12 号 3243 頁	276
最判昭和 37・4・20 民集 16 巻 4 号 955 頁	245
最判昭和 37・5・18 民集 16 巻 5 号 1073 頁	42
最判昭和 37・8・10 民集 16 巻 8 号 1700 頁	250
最判昭和 37・8・21 民集 16 巻 9 号 1809 頁	196
最判昭和 37・9・14 民集 16 巻 9 号 1935 頁	28

最判昭和 37・10・9 民集 16 巻 10 号 2070 頁	149
最判昭和 37・11・9 民集 16 巻 11 号 2270 頁	371
最判昭和 38・2・22 民集 17 巻 1 号 235 頁	77, 79, 234, 396
最判昭和 38・4・12 民集 17 巻 3 号 460 頁	277
最判昭和 38・10・10 民集 17 巻 11 号 1313 頁	146
最判昭和 38・12・27 民集 17 巻 12 号 1854 頁	247
最判昭和 39・1・23 民集 18 巻 1 号 76 頁	149
最判昭和 39・3・6 民集 18 巻 3 号 437 頁	396
最判昭和 40・4・20 判時 411 号 63 頁	148
最判昭和 40・5・20 民集 19 巻 4 号 859 頁	75
最判昭和 40・6・18 民集 19 巻 4 号 986 頁	246
最判昭和 40・12・21 民集 19 巻 9 号 2221 頁	58
最判昭和 41・3・3 判時 443 号 32 頁	76
最判昭和 41・4・22 民集 20 巻 4 号 752 頁	196
最判昭和 41・4・26 民集 20 巻 4 号 826 頁	249
最判昭和 41・4・28 民集 20 巻 4 号 900 頁	110
最判昭和 41・5・19 民集 20 巻 5 号 947 頁	69
最判昭和 41・5・27 民集 20 巻 5 号 1004 頁	143
最判昭和 41・9・8 民集 20 巻 7 号 1325 頁	243
最判昭和 41・10・4 民集 20 巻 8 号 1565 頁	196
最判昭和 41・10・27 民集 20 巻 8 号 1649 頁	80
最判昭和 41・11・22 民集 20 巻 9 号 1901 頁	47
最判昭和 42・4・27 民集 21 巻 3 号 741 頁	376
最判昭和 42・6・29 判時 492 号 55 頁	144
最判昭和 42・7・21 民集 21 巻 6 号 1643 頁	39
最判昭和 42・10・27 民集 21 巻 8 号 2161 頁	178
最判昭和 42・11・1 民集 21 巻 9 号 2249 頁	310
最判昭和 42・11・9 民集 21 巻 9 号 2323 頁	143
最判昭和 43・4・23 民集 22 巻 4 号 964 頁	315
最判昭和 43・10・17 民集 22 巻 10 号 2188 頁	29, 30
最判昭和 43・11・15 民集 22 巻 12 号 2649 頁	165, 166
最判昭和 43・12・24 民集 22 巻 13 号 3366 頁	44
最判昭和 44・3・4 民集 23 巻 3 号 561 頁	184
最判昭和 44・9・11 判時 572 号 25 頁	289
最判昭和 44・11・4 民集 23 巻 11 号 1968 頁	80, 82
最判昭和 44・12・18 民集 23 巻 12 号 2467 頁	39
最判昭和 44・12・18 民集 23 巻 12 号 2476 頁	5, 193, 323, 324, 325, 326, 327, 328, 330
最判昭和 44・12・19 民集 23 巻 12 号 2518 頁	144
最判昭和 45・4・16 民集 24 巻 4 号 266 頁	28
最判昭和 45・6・2 民集 24 巻 6 号 465 頁	29, 30
最大判昭和 45・6・24 民集 24 巻 6 号 587 頁	94, 95, 179

最判昭和 45・7・16 民集 24 巻 7 号 909 頁	298
最判昭和 45・7・24 民集 24 巻 7 号 1116 頁	28
最判昭和 45・9・22 民集 24 巻 10 号 1424 頁	28
最判昭和 46・1・26 民集 25 巻 1 号 90 頁	396
最判昭和 46・3・5 判時 628 号 48 頁	289
最判昭和 46・3・25 民集 25 巻 2 号 208 頁	105
最判昭和 46・5・21 民集 25 巻 3 号 408 頁	341
最判昭和 46・7・23 民集 25 巻 5 号 805 頁	346, 348
最判昭和 46・9・21 民集 25 巻 6 号 823 頁	142
最判昭和 46・11・19 民集 25 巻 8 号 1321 頁	143, 144, 145
最判昭和 46・11・30 民集 25 巻 8 号 1437 頁	42
最判昭和 46・12・21 民集 25 巻 9 号 1610 頁	81
最判昭和 47・4・13 判時 669 号 63 頁	153
最判昭和 47・11・28 民集 26 巻 9 号 1715 頁	29, 30
最判昭和 48・3・27 民集 27 巻 2 号 376 頁	201
最判昭和 48・6・28 民集 27 巻 6 号 724 頁	28
最判昭和 48・7・3 民集 27 巻 7 号 751 頁	248
最判昭和 48・7・19 民集 27 巻 7 号 823 頁	182
最判昭和 48・11・30 民集 27 巻 10 号 1491 頁	144, 145
最大判昭和 49・9・4 民集 28 巻 6 号 1169 頁	247, 248
最判昭和 49・9・20 民集 28 巻 6 号 1202 頁	378
最判昭和 50・7・17 民集 29 巻 6 号 1119 頁	142
最判昭和 50・9・25 民集 29 巻 8 号 1320 頁	41
最判昭和 50・10・3 交民集 8 巻 5 号 1221 頁	315
最判昭和 50・10・24 民集 29 巻 9 号 1417 頁	306
最判昭和 50・11・7 民集 29 巻 10 号 1525 頁	67
最判昭和 50・12・8 民集 29 巻 11 号 1864 頁	179
最判昭和 50・12・25 金法 784 号 34 頁	235, 243, 244
最判昭和 51・2・13 民集 30 巻 1 号 1 頁	221
最判昭和 51・7・19 金判 507 号 8 頁	146, 150
最判昭和 51・9・7 判時 831 号 35 頁	76
最判昭和 51・11・25 民集 30 巻 10 号 939 頁	179
最判昭和 52・3・17 民集 31 巻 2 号 308 頁	182
最判昭和 53・7・13 判時 908 号 41 頁	67
最判昭和 53・10・5 民集 32 巻 7 号 1332 頁	148
最判昭和 53・11・14 民集 32 巻 8 号 1529 頁	348
最判昭和 54・1・25 民集 33 巻 1 号 12 頁	148
最判昭和 54・1・25 民集 33 巻 1 号 26 頁	285, 293, 294
最判昭和 56・2・17 判時 996 号 61 頁	289
最判昭和 56・12・17 民集 35 巻 9 号 1328 頁	111
最判昭和 57・1・22 民集 36 巻 1 号 92 頁	105

最判昭和 57・3・30 金法 992 号 38 頁	201
最判昭和 57・3・30 判時 1039 号 66 頁	304
最判昭和 57・9・28 判時 1062 号 81 頁	110
最判昭和 58・3・18 家月 36 巻 3 号 143 頁	388
最判昭和 58・3・24 民集 37 巻 2 号 131 頁	40
最判昭和 58・4・14 民集 37 巻 3 号 270 頁	342
最判昭和 59・4・27 民集 38 巻 6 号 698 頁	376
最判昭和 59・5・25 民集 38 巻 7 号 764 頁	42
最判昭和 61・11・10 判時 1219 号 63 頁	185
最判昭和 61・11・20 民集 40 巻 7 号 1167 頁	342
最判昭和 62・7・9 金法 1171 号 32 頁	372
最大判昭和 62・9・2 民集 41 巻 6 号 1423 頁	336, 337, 339, 340, 341, 342, 344, 345, 349
最判昭和 62・9・4 家月 40 巻 1 号 161 頁	235
最判昭和 62・11・10 民集 41 巻 8 号 1559 頁	105
最判昭和 63・5・20 判時 1277 号 116 頁	69
最判昭和 63・12・8 家月 41 巻 3 号 145 頁	340
最判平成元・3・28 家月 41 巻 7 号 67 頁	341
最判平成元・10・27 民集 43 巻 9 号 1070 頁	86
最判平成 2・11・8 家月 43 巻 3 号 72 頁	341
最判平成 3・4・19 民集 45 巻 4 号 477 頁	386, 389, 390, 393, 394, 395, 396, 398
最判平成 4・10・20 民集 46 巻 7 号 1129 頁	214
最判平成 5・1・21 民集 47 巻 1 号 265 頁	246
最判平成 5・1・21 判タ 815 号 121 頁	246
最判平成 5・2・26 民集 47 巻 2 号 1653 頁	115
最判平成 5・4・6 民集 47 巻 6 号 4505 頁	310
最判平成 5・7・19 家月 46 巻 5 号 23 頁	234, 396
最判平成 5・9・9 判時 1477 号 42 頁	315
最判平成 5・10・19 民集 47 巻 8 号 5061 頁	290, 292
最判平成 6・2・8 家月 46 巻 9 号 59 頁	340
最判平成 6・4・7 民集 48 巻 3 号 889 頁	81
最判平成 6・12・20 民集 48 巻 8 号 1470 頁	82
最判平成 7・1・20 民集 49 巻 1 号 1 頁	170
最判平成 7・1・24 集民 174 号 67 頁	392
最判平成 7・6・9 民集 49 巻 6 号 1499 頁	304, 305
最判平成 7・9・19 民集 49 巻 8 号 2805 頁	298
最判平成 7・12・15 民集 49 巻 10 号 3088 頁	41
最判平成 8・4・25 民集 50 巻 5 号 1221 頁	316, 318
最判平成 8・4・26 民集 50 巻 5 号 1267 頁	201, 204, 207
最判平成 8・11・12 民集 50 巻 10 号 2673 頁	239
最判平成 8・12・17 民集 50 巻 10 号 2778 頁	71
最判平成 9・2・25 民集 51 巻 2 号 398 頁	274, 275, 276, 278, 279, 281

最判平成 9・6・5 民集 51 巻 5 号 2053 頁 ･･･ 182
最判平成 10・1・30 民集 52 巻 1 号 1 頁 ････････････････････････････････････ 87, 88, 89, 91, 93, 94, 99
最判平成 10・2・26 民集 52 巻 1 号 274 頁 ･･･ 394
最判平成 10・3・24 判時 1641 号 80 頁 ･･ 70, 75
最判平成 10・6・12 民集 52 巻 4 号 1121 頁 ･･ 146
最判平成 10・7・17 民集 52 巻 5 号 1296 頁 ･･ 246
最判平成 11・1・29 民集 53 巻 1 号 151 頁 ･･･ 140
最判平成 11・2・25 民集 53 巻 2 号 235 頁 ･･････････････････････････････････ 306, 307, 308, 309
最判平成 11・5・17 民集 53 巻 5 号 863 頁 ･･･ 115
最判平成 11・6・11 民集 53 巻 5 号 898 頁 ･･･ 378, 380
最判平成 11・12・16 民集 53 巻 9 号 1989 頁 ･･ 392, 394
最判平成 11・12・20 民集 53 巻 9 号 2038 頁 ･･ 317
最判平成 12・2・29 民集 54 巻 2 号 582 頁 ･･ 304
最判平成 12・4・14 民集 54 巻 4 号 1552 頁 ･････････････････････････････････ 89, 90, 91, 92, 93
最判平成 12・4・17 判時 1713 号 50 頁 ･･ 72
最判平成 12・4・21 民集 54 巻 4 号 1562 頁 ･･･ 141
最判平成 12・7・11 民集 54 巻 6 号 1886 頁 ･･･ 395
最判平成 12・9・7 判時 1728 号 29 頁 ･･･ 312
最判平成 12・9・22 民集 54 巻 7 号 2574 頁 ･･･････････････････････････････ 307, 308, 309, 310
最判平成 13・3・13 民集 55 巻 2 号 328 頁 ･･ 315, 318
最判平成 13・3・13 民集 55 巻 2 号 363 頁 ･････････････････････････････ 94, 95, 96, 97, 98, 99
最判平成 13・10・25 民集 55 巻 6 号 975 頁 ･･･ 99
最判平成 13・11・22 民集 55 巻 6 号 1056 頁 ･･ 146
最判平成 13・11・27 民集 55 巻 6 号 1090 頁 ･･ 146
最判平成 13・11・27 民集 55 巻 6 号 1154 頁 ･･ 304
最判平成 14・3・12 民集 56 巻 3 号 555 頁 ･･ 99
最判平成 14・3・28 民集 56 巻 3 号 662 頁 ･･････････････････････････････ 277, 278, 279, 280, 281
最判平成 14・3・28 民集 56 巻 3 号 689 頁 ･･･ 95, 99
最判平成 14・6・10 家月 55 巻 1 号 77 頁 ･･ 396
最判平成 14・9・24 判時 1801 号 77 頁 ･･･ 226
最判平成 14・9・24 判時 1803 号 28 頁 ･･･ 304
最判平成 15・3・12 刑集 57 巻 3 号 322 頁 ･･ 203
最判平成 15・7・11 民集 57 巻 7 号 787 頁 ･･･ 77
最判平成 15・7・11 民集 57 巻 7 号 815 頁 ･･ 318
最判平成 15・10・21 判時 1844 号 50 頁 ･･･ 257, 271
最判平成 15・10・21 民集 57 巻 9 号 1213 頁 ････････････････････････････････････ 271, 278, 281
最判平成 15・10・23 判時 1844 号 54 頁 ･･･ 271
最判平成 15・10・31 判時 1846 号 7 頁 ･･･ 48, 49, 50
最判平成 15・11・11 民集 57 巻 10 号 1466 頁 ･･･ 305, 308
最判平成 16・11・8 判時 1883 号 52 頁 ･･ 271
最判平成 16・11・18 家月 57 巻 5 号 40 頁 ･･ 341

最判平成 17・9・8 民集 59 巻 7 号 1931 頁 ·· 75
最判平成 17・9・8 判時 1912 号 16 頁 ·· 304
最判平成 17・12・8 判時 1923 号 26 頁 ·· 304, 308
最判平成 18・2・7 民集 60 巻 2 号 480 頁 ·· 107, 108
最判平成 18・2・23 民集 60 巻 2 号 546 頁 ·································· 28, 30, 31
最判平成 18・7・20 民集 60 巻 6 号 2499 頁 ······································ 111, 114
最判平成 18・10・27 判時 1951 号 59 頁 ··· 304
最判平成 19・2・15 民集 61 巻 1 号 243 頁 ·· 148
最判平成 19・7・6 民集 61 巻 5 号 1769 頁 ····························· 226, 227, 228, 229
最判平成 20・4・24 民集 62 巻 5 号 1178 頁 ·· 304
最判平成 20・7・17 民集 62 巻 7 号 1994 頁 ··· 76
最判平成 20・10・10 民集 62 巻 9 号 2361 頁 ······································· 203, 207
最判平成 21・3・24 民集 63 巻 3 号 427 頁 ·· 374
最判平成 21・7・3 民集 63 巻 6 号 1047 頁 ·· 96, 97, 98
最判平成 22・4・20 判時 2078 号 22 頁 ··· 76
最判平成 22・6・1 民集 64 巻 4 号 953 頁 ··· 222
最判平成 22・6・17 民集 64 巻 4 号 1197 頁 ·· 222
最判平成 22・12・2 民集 64 巻 8 号 1990 頁 ·· 115, 116
最判平成 23・2・22 家月 63 巻 7 号 84 頁 ··· 398
最判平成 23・2・25 判時 2108 号 45 頁 ·· 309
最判平成 23・3・24 民集 65 巻 2 号 903 頁 ····················· 254, 259, 260, 261, 263
最判平成 23・7・12 判時 2128 号 43 頁 ··························· 254, 259, 260, 261, 263
最判平成 23・7・15 民集 65 巻 5 号 2269 頁 ···················· 255, 259, 260, 261, 263
最判平成 23・7・21 判時 2129 号 36 頁 ·· 227, 229
最判平成 23・10・18 民集 65 巻 7 号 2899 頁 ··· 250
最判平成 24・1・26 家月 64 巻 7 号 100 頁 ·· 395
最判平成 24・3・16 民集 66 巻 5 号 2321 頁 ······························· 44, 45, 48, 49, 50
最判平成 24・5・28 民集 66 巻 7 号 3123 頁 ··· 158

●高等裁判所

札幌高函館支判昭和 37・5・29 高民集 15 巻 4 号 282 頁 ···························· 124, 128
大阪高判昭和 48・11・22 判時 743 号 60 頁 ··· 146
大阪高判昭和 49・10・9 金判 444 号 10 頁 ··· 78
東京高判昭和 52・4・14 判タ 357 号 242 頁 ··· 187
大阪高判昭和 58・4・12 判タ 500 号 165 頁 ··· 170
高松高判昭和 59・4・26 金判 701 号 17 頁 ··· 78
東京高判昭和 61・11・27 判タ 641 号 128 頁 ··· 152
東京高判昭和 62・10・8 家月 40 巻 3 号 45 頁 ·· 360
東京高判平成 2・2・19 金判 848 号 3 頁 ·· 187
福岡高判平成 3・3・14 金法 1369 号 77 頁 ··· 145, 146
東京高決平成 10・12・10 判時 1667 号 74 頁 ··· 80

東京高判平成 11・11・29 判時 1714 号 65 頁 ·· 169, 170
仙台高決平成 12・6・22 家月 54 巻 5 号 125 頁 ··· 361
東京高決平成 12・9・7 金法 1594 号 99 頁 ··· 90
東京高判平成 12・11・28 判時 1758 号 28 頁 ··· 170
名古屋高判平成 17・5・19 判例集未登載 ·· 350
東京高判平成 19・2・27 判タ 1253 号 235 頁 ··· 340
東京高決平成 20・1・30 家月 60 巻 8 号 59 頁 ··· 361
仙台高判平成 21・10・28 判時 2077 号 58 頁 ··· 188

● 地方裁判所

大阪地判昭和 36・3・17 下民集 12 巻 3 号 522 頁 ·· 74
東京地判昭和 46・3・23 判時 640 号 63 頁 ·· 186
東京地判昭和 60・9・19 金判 751 号 30 頁 ·· 151
東京地判昭和 62・2・26 判時 1262 号 115 頁 ·· 145
東京地判昭和 63・6・28 判タ 687 号 184 頁 ··· 264
東京地判平成元・5・24 判時 1351 号 74 頁 ·· 152
大阪地判平成元・5・30 判タ 725 号 168 頁 ··· 166, 169
東京地判平成 2・11・30 金法 1287 号 34 頁 ··· 145
東京地判平成 6・7・25 判タ 879 号 207 頁 ·· 152
東京地判平成 9・7・24 金判 1039 号 48 頁 ·· 148
東京地判平成 10・3・23 判時 1670 号 37 頁 ··· 272
東京地判平成 10・12・2 判タ 1030 号 257 頁 ·· 325
水戸地下妻支判平成 11・3・29 金判 1066 号 37 頁 ··· 162
東京地判平成 12・7・6 判時 1730 号 33 頁 ·· 152
東京地判平成 13・10・29 金法 1645 号 55 頁 ··· 96
東京地判平成 15・6・20 金法 1699 号 67 頁 ··· 147, 148
福岡地小倉支決平成 19・8・6 金法 1822 号 44 頁 ··· 92
新潟地判平成 19・9・28 判タ 1260 号 289 頁 ·· 152
福岡地判平成 21・3・26 判タ 1299 号 224 頁 ·· 151

● 家庭裁判所・簡易裁判所

大阪家審昭和 40・9・27 家月 18 巻 4 号 98 頁 ·· 355
大阪家審昭和 61・1・30 家月 38 巻 6 号 28 頁 ·· 356
門司簡判昭和 61・3・28 判タ 612 号 57 頁 ·· 324
盛岡家審昭和 61・4・11 家月 38 巻 12 号 71 頁 ··· 355
神戸地判昭和 61・9・3 判時 1238 号 118 頁 ··· 213
八女簡判平成 12・10・12 判タ 1073 号 192 頁 ··· 325

事項索引

あ 行

遺言 …………………………………… 386
　　──事項法定主義 ……………… 387
　　──の自由 ……………………… 386
　　──の撤回 ……………………… 387
　　相続させる旨の── ……… 388〜397
遺産共有 ……………………… 66〜68, 71, 235
遺産分割 ……………………………… 67, 68, 73, 75
遺産分割協議 ………………………… 380
遺産分割方法の指定 ……………… 389〜394
慰謝料 ………………………………… 337
　　──請求 …………………… 307, 309, 310, 311
　　離婚に伴う── ……… 337, 348, 349〜350
遺贈 ……………………………… 389〜394
逸失利益 ……………………………… 307〜319
　　──をめぐる諸問題 …………… 319
　　相続放棄と死者の── ………… 311
　　賃金センサスによる──の算定 … 312
　　平均稼働可能年齢を用いた──の算出 … 316
遺留分減殺請求権 ……………… 394〜395
因果関係 ………………………………… 305〜319
　　──がない場合における逸失利益の賠償請求
　　　 …………………………………… 315
　　──がない場合における介護費用の賠償請求
　　　 …………………………………… 317
　　──の立証 ……………………… 306
姻族関係 ……………………………… 359, 362
請負契約における目的物の所有権帰属 … 286〜293
　　材料提供者帰属説 …………… 286, 289
　　所有権帰属に関する特約 ……… 289
　　注文者帰属説 ………………… 287, 289
請負契約の解除 ……………………… 225
請負代金債権の担保 …………… 286, 287, 289
氏の変更 ……………………………… 360, 362
縁組意思 ……………………………… 395
押しつけられた利得 ………………… 297

か 行

解除 …………………………… 54, 120〜123, 127, 276
　　──と第三者 …………………… 57
　　──の効果 …………………… 55, 57
　　一部不履行と── ……………… 240
　　債務不履行に基づく── ……… 277
　　複合契約の── ………………… 239
　　付随的給付義務違反と── …… 239
解除後の第三者 ………………………… 58
解除前の第三者 ………………………… 57
拡大損害 ……………………………… 227
隠れた瑕疵 …………………………… 222
加工 …………………………………… 293
　　──規定を適用する基準時 …… 294
瑕疵 …………………………………… 222
　　客観的──概念 ……………… 222
　　主観的──概念 …………… 222, 230
瑕疵修補請求 ………………… 210, 213, 216, 218
瑕疵修補費用相当額の損害賠償
　　 ……………………………… 210, 216, 224, 230
瑕疵担保責任 ………………………… 241
　　──（請負人の） ……………… 216
　　──（売主の） ………………… 210
　　──の法的性質 …………… 210, 211
　　債務不履行責任説（契約責任説）
　　 ……………………………… 210, 214, 229, 230
　　時的区分説 ……………………… 215
　　対価制限説 …………………… 215, 224
　　法定責任説 ………… 210, 211, 229, 230
家事調停 ……………………………… 336, 391
瑕疵なき物の給付義務 ………… 212〜214, 220
完全履行請求　→　瑕疵修補請求・代物請求
危険の移転 ……………………………… 121, 133
危険負担 ……………………… 120〜123, 127〜133, 224
　　債権者主義による── ……… 128, 129
　　債務者主義による── ……………… 129

客体承認	215	——と物上代位	92
求償	168, 171	——による物上代位妨害	88
給付危険	122, 123, 125, 127, 131, 133, 212, 213	——の詐害性	144, 145
共同相続	66, 67, 234, 246	——の取消しの効果	150〜152
共同不法行為	315	将来の——	147
共同保証	158〜172	債権譲渡禁止特約	181
——人間での求償	168	債権譲渡担保	177
共有	66〜	債権譲渡予約	141, 147
相続財産の——	66〜68, 71, 235	——と公序良俗違反	141
共有財産（夫婦の）	347	債権の準占有者に対する弁済	194
共有物分割	67	再婚	361, 364
寄与分	355〜358	財産分与	337, 346〜350
均分相続	392	2分の1ルール	347
組戻し	205	祭祀承継	359
契約締結上の過失	224	再調達義務	122, 123
契約の成立	21	裁判離婚	336
契約法と不法行為法の機能分担	227	詐害行為取消権	138〜155, 378
契約目的の達成不能	237〜240	——の時効消滅	153
結果債務	220, 243, 244	身分的行為と——	378〜381
原始取得	43, 286, 289	詐欺取消し	23, 55, 161
原始的一部不能論	212, 214, 215	錯誤無効	23, 56, 161〜165
現状引渡しの原則	212	——と第三者	61
建築施工者等の不法行為責任	226	——への96条3項類推適用	24, 61
限定承認	375	差押えと相殺	179
権利の瑕疵についての担保責任	235	サブリース	269〜281
権利濫用	72	敷金	96, 99
公序良俗	140, 141	敷金返還請求権	95
更新料	255	敷引金	254
——不払の効果	264	敷引特約	254, 259
更新料特約	255, 259, 264	自己の財産におけるのと同一の注意義務	
5年別居条項	343		128, 213
誤振込み	201, 203	持参債務	124
婚姻費用分担	327, 348	自主占有権原	40
婚氏続称	362	下請貸代金債権の担保	290, 292
		指名債権の譲渡	177
さ 行		——異議をとどめない承諾	178
債権質	177	——と相殺	179
債権者代位権	225	——の第三債務者への対抗	177
——と635条ただし書	225	借地借家法	74, 79, 269〜271
債権譲渡	93, 139〜155	借賃増減請求 → 賃料増減請求	
——と公序良俗違反	140	集合動産（集合物）	104, 105, 112, 113

事項索引　413

集合動産譲渡担保 …………………… 104, 112〜116
　——における「通常の営業の範囲」
　………………………………………… 112〜114, 116
重大な契約違反 ………………………………… 238
住宅の品質確保の促進等に関する法律（品確法）
　………………………………………………… 215, 216
熟慮期間 ………………………………………… 375
授権　→　処分授権
手段債務 …………………………………… 220, 244
取得時効と登記 ………………………………… 46
取得時効の起算点 ……………………………… 39
受領遅滞 …………………… 121, 122, 128, 133, 134, 213
純粋経済損失 ……………………………… 226, 228
償金請求（添付により所有権を失う者の）…… 297
承継取得 ………………………………………… 286
使用貸借 ……………………………………… 68〜73
譲渡担保 …………………………………… 104〜117
　——における受戻権 ………………………… 105
　——における清算金 ………………… 105, 107, 111
　——の所有権的構成 ………… 105, 106, 109〜112
　——の担保権的構成 …… 105, 106, 109〜111, 113
　——に基づく物上代位 ……………………… 114
　——の重複設定 ……………………… 109〜112
譲渡担保権設定契約 …………………………… 105
　——の認定 …………………………… 106〜108
消費者契約 …………………………………… 258
消費者契約法 ………………………………… 258
　—— 10 条後段該当性 ………………… 258, 261
　—— 10 条前段該当性 ………………………… 258
　—— 10 条にいう任意規定 …………………… 259
　—— 10 条による契約条項の無効 …………… 258
　——における事業性 ………………………… 258
消滅時効 ……………………………………… 153
将来債権 ………………… 98, 140, 141, 147, 148
処分授権 ………………………………… 236, 250
所有権の取得時効 ……………………………… 38
　——の完成 ……………………………………… 38
　——の効果 ……………………………………… 43
親権者の指定 …………………………………… 363
親権者の変更 …………………………………… 363
信頼利益 ……………………… 223, 224, 241〜243

制限行為能力違反の行為の取消し ……………… 4
制限行為能力者の返還義務の範囲 ……………… 8
制限種類債務 ………… 120, 126〜128, 132, 134, 217
　——の履行不能 ……………………………… 126
性状錯誤 ……………………………………… 212
性状承認 ……………………………………… 215
製造物責任 …………………………………… 228
責任財産 ……………………………………… 204
善管注意義務 ………………… 123, 127, 213
占有改定 ……………………… 105, 111, 112
占有の承継 …………………………………… 42
相殺 ……………………………… 93〜100, 149
　——による物上代位妨害 …………………… 88
相続
　——と登記 ………………………………… 397
　他人物売買と —— …………………………… 245
　無権代理と —— ……………………………… 245
相続債権者 …………………………………… 379
相続させる旨の遺言 ………………… 388〜397
相続人債権者 ………………………………… 379
相続放棄 …………………… 311, 313, 375, 378
即時取得 …………………………………… 111〜113
損益相殺 ……………………………………… 222
損害賠償 ………………… 219〜224, 241〜245
　——の範囲 …………………………… 221, 223, 241
　瑕疵担保責任に基づく —— ………… 222〜224
　債務不履行に基づく —— …… 219〜222, 242
　他人物売主の担保責任に基づく —— ……… 242
　相続構成による —— ………………………… 310
　代金減額 —— ………………………… 215, 224
　扶養構成による —— ………………………… 310
　帰責事由（債務者の）………………… 219, 220
　居住利益の控除 ……………………… 221, 222
　使用利益の控除 ……………………………… 221

た 行

対価危険 ……………………… 122, 123, 129〜133
代金減額請求 ………………………………… 237
第三者
　取消しと —— ………………………………… 59
　96 条 3 項の —— ……………………………… 60

110条の── ……………………… 26
177条の── ……………………… 58
545条1項ただし書の── ……… 57
第三者による未完成建物の完成 ………… 293
代替物・不代替物 ……………………… 213
代物請求 ……………………… 210, 218〜219
代物弁済 ……………………… 143, 144, 148
代理 ……………………… 25
　── の法的構成 ……………………… 11
代理権授与行為 ……………………… 11
代理行為 ……………………… 11
代理受領 ……………………… 146, 176, 182
　── の債務者による承認 …………… 183
他主占有権原 ……………………… 40
他主占有事情 ……………………… 40
他人物売主の担保責任 …………………… 241
　── に基づく損害賠償 ……………… 242
　── の法的性質 …………………… 241
他人物売買 ……………………… 234〜251
　── における移転不能 ……………… 236
他人物売買と相続 ……………………… 245
　他人物売主の責任の相続 …………… 248
担保責任
　権利の瑕疵についての── ………… 235
担保不動産収益執行 ……………………… 87, 96
中等の品質 ……………………… 134, 217
賃料増減請求 ……………………… 270, 280
　借地借家法32条1項による──
　　……………………… 255, 260, 270
追完請求　→　瑕疵修補請求・代物請求
追奪担保責任 ……………………… 235
連れ子養子 ……………………… 361
定期預金の期限前払戻し ………………… 196
抵当権 ……………………… 79〜82, 86〜100
　── に基づく物上代位 ……………… 88
抵当不動産の時効取得の効果（397条）… 45
転貸借 ……………………… 88〜92, 90, 268〜281
　── 契約の終了時期 ………………… 273
　── による物上代位妨害 …………… 88
添付 ……………………… 285, 293
　── 規定の任意規定性 ………… 285, 289

転用物訴権 ……………………… 297
動機錯誤 ……………………… 56, 161, 162, 212
登記手続請求 ……………………… 76, 78
　自分の持分権についての── ……… 77
動産譲渡登記 ……………………… 105, 111〜113
特定 ……………………… 122〜127, 131, 133
　必要行為完了による── …………… 124
特定物・不特定物 ……………………… 213
特定物ドグマ ……………………… 212, 214, 215
特別受益 ……………………… 73
土地と建物の関係 ……………………… 285
取消しと第三者 ……………………… 59
取消後の第三者 ……………………… 60
取消前の第三者 ……………………… 60
取立債務 ……………………… 125

な　行

日常家事債務 ……………………… 322〜332
日常家事に関する法律行為 ………… 193, 323
日常生活に関する行為 …………………… 5
根保証債務 ……………………… 371
　── の相続 ……………………… 371〜374
　賃金等── ……………………… 373〜374
農地の譲渡 ……………………… 41

は　行

背信性不存在の抗弁 …………………… 264
背信的悪意者 ……………………… 58
必要費償還請求権 ……………………… 95
表見代理 ……………………… 14, 25
　109条の── ……………………… 25
　110条の── ……………………… 26
表見法理 ……………………… 198
表示意識（表示意思） …………………… 21
表示意識必要説 ……………………… 22
表示意識不要説 ……………………… 22
夫婦財産契約 ……………………… 331
夫婦の死別 ……………………… 358〜362
複合契約 ……………………… 291
複合契約の解除 ……………………… 239

付合 …………………………………… 293	
動産―― …………………………… 293	
不動産―― ………………………… 294	
不作為の不法行為 ……………… 304, 306	
付随的給付義務違反と解除 ………… 239	
不訴求特約 ……………………… 167, 168	
附帯処分（人訴23条1項）………… 349	
物上代位 ……………… 86～100, 114, 116	
賃料債権に対する―― ……………… 87	
抵当権に基づく―― ………………… 88	
転貸賃料債権への―― …………… 89, 92	
保険金請求権に対する―― …… 115, 116	
物上代位妨害 …………………………… 88	
不法行為責任 …………………… 211, 309	
――と契約責任の関係 …………… 211	
建築施工者等の―― ……………… 226	
扶養義務 ………………………… 348, 356	
扶養利益 ………………………… 311, 312	
振込み ………………………………… 196	
併合審理（人訴17条）……………… 350	
変更権（債務者の）………………… 219	
弁済 …………………………………… 196	
弁済の提供 ……………… 122, 124, 134, 213	
現実の提供 ………………………… 124, 125	
口頭の提供 ………………………… 125	
法定単純承認 ………………………… 376	
法定地上権 ………………………… 79～82	
保険金請求権に対する物上代位 …… 115	
保佐人	
――の代理権 ………………………… 6	
――の同意を要する行為 …………… 11	
保証 …………………… 158～172, 162, 164	
保証委託 ………………… 161～164, 169	
保証金返還請求権 ………………… 93～100	
保証契約 ……………………………… 163	
――の錯誤無効 …………………… 165	
――の付随義務違反 ……………… 164	
保証連帯 ………………………… 158～172	

ま　行	
未成年後見 …………………………… 363	
民法の一部を改正する法律案要綱（1996年）	
………………………… 342～344, 347	
無権代理 ………………………… 14, 32, 235	
無権代理行為の追認 ……… 13, 245, 246	
無権代理と相続 ……………………… 245	
無権代理人の責任の相続 ……… 248, 249	
免除 …………………………… 165～168	
元請負契約と下請負契約の関係 …… 290	
や　行	
有責配偶者からの離婚請求 …… 336～346	
養子縁組 ………………… 361, 365, 395	
預金者の認定 ………………………… 200	
定期預金の―― …………………… 200	
普通預金の―― …………………… 201	
ら　行	
履行認容受領 …………………… 215～216	
履行不能 ………………………… 120～135	
――の帰責事由 …………………… 127	
履行補助者の過失 …………………… 220	
履行利益 ………………… 223, 224, 241～243	
離婚 …………………………… 336～350, 362	
離婚給付 ………… 337, 340, 342, 346～350	
離婚後の共同親権 …………………… 364	
離婚事由 ………………………… 336, 342	
――の客観化 ……………… 343, 345～346	
利得の消滅 ……………………………… 9	
流動動産譲渡担保 …………………… 104	
類推適用	
94条2項の―― ………… 27, 58, 62, 234	
478条の―― ……………………… 206	
連帯債務 ……………… 160, 165, 166, 169, 171	
――の相続 …………………… 374～375	
連帯保証 ………………………… 158～172	

事例から民法を考える
Rethinking Civil Law through Cases

2014 年 4 月 20 日　初版第 1 刷発行

法学教室
LIBRARY

著　者	佐　久　間　　　　毅
	曽　野　裕　夫
	田　髙　寛　貴
	久　保　野　恵　美　子
発　行　者	江　草　貞　治
発　行　所	株式会社　有　斐　閣

郵便番号 101-0051
東京都千代田区神田神保町 2-17
電話　(03)3264-1314〔編集〕
　　　(03)3265-6811〔営業〕
http://www.yuhikaku.co.jp/

印刷・株式会社暁印刷／製本・大口製本印刷株式会社
©2014, Sakuma Takeshi, Sono Hiroo, Tadaka Hirotaka, Kubono Emiko.
Printed in Japan

落丁・乱丁本はお取替えいたします。

★定価はカバーに表示してあります。

ISBN 978-4-641-13675-5

JCOPY　本書の無断複写(コピー)は、著作権法上での例外を除き、禁じられています。複写される場合は、そのつど事前に、(社)出版者著作権管理機構(電話03-3513-6969、FAX03-3513-6979、e-mail:info@jcopy.or.jp)の許諾を得てください。